Grundwissen Politik

Reihe herausgegeben von
L. Holtkamp, Hagen, Deutschland
V. Kaina, Hagen, Deutschland
S. Lütz, Hagen, Deutschland
M. Stoiber, Hagen, Deutschland
A. E. Töller, Hagen, Deutschland

Weitere Bände in der Reihe http://www.springer.com/series/12703

Ulrich von Alemann · Philipp Erbentraut
Jens Walther

Das Parteiensystem
der Bundesrepublik
Deutschland

Eine Einführung

5., aktualisierte und überarbeitete Auflage

Ulrich von Alemann
Institut für Sozialwissenschaften
Heinrich-Heine-Universität
Düsseldorf, Deutschland

Jens Walther
Heinrich-Heine-Universität
Düsseldorf, Deutschland

Philipp Erbentraut
Institut für Politikwissenschaft
Goethe-Universität Frankfurt am Main
Frankfurt am Main, Deutschland

Grundwissen Politik
ISBN 978-3-658-21158-5   ISBN 978-3-658-21159-2   (eBook)
https://doi.org/10.1007/978-3-658-21159-2

Die Deutsche Nationalbibliothek verzeichnet diese Publikation in der Deutschen National-
bibliografie; detaillierte bibliografische Daten sind im Internet über http://dnb.d-nb.de abrufbar.

Springer VS
© Springer Fachmedien Wiesbaden GmbH, ein Teil von Springer Nature 2000, 2001, 2003,
2010, 2018

Gedruckt auf säurefreiem und chlorfrei gebleichtem Papier

Springer VS ist ein Imprint der eingetragenen Gesellschaft Springer Fachmedien Wiesbaden GmbH
und ist ein Teil von Springer Nature
Die Anschrift der Gesellschaft ist: Abraham-Lincoln-Str. 46, 65189 Wiesbaden, Germany

Vorwort

Parteien sind in der Politik allgegenwärtig. Sie prägen und kanalisieren die politische Willensbildung und Interessenvermittlung jedes Einzelnen und großer Gruppen. Der Parteienwettbewerb stellt den zentralen und wichtigsten Mechanismus demokratischer Politik dar, ohne den die Demokratie nicht funktionieren würde. Es gibt allerdings in der Konkurrenzdemokratie unterschiedliche Ausprägungen der Parteien, die sich nach ihren Inhalten und Richtungen unterscheiden. Diese bilden unterschiedliche Parteiensysteme, die unabhängig von den Institutionen des Regierungssystems auf demokratische Politik wirken. Schließlich gibt es auch unterschiedliche Parteitypen in verschiedenen Staaten, z. B. den Typus der basisdemokratischen Partei oder die Kaderorganisation, die große Massenmitglieder- oder enge Milieupartei, die Honoratiorenpartei oder den Typus des postmodernen politischen Dienstleistungsbetriebs.

Parteien sind ein klassischer Untersuchungsgegenstand der Politikwissenschaft und der Politischen Soziologie. Die Parteienforschung gehört deshalb auch in Deutschland zu den ausdifferenziertesten Feldern der Disziplin. Sie ist immer viele Wege gegangen: historisch oder institutionenkundlich orientiert, staatstheoretisch oder systemtheoretisch konzipiert, ideologiekritisch oder politiksoziologisch engagiert. Dieses Buch will versuchen, keinen dieser wichtigen Zugänge zu versperren und auch der interdisziplinären Öffnung zu dienen. Die aktuellen Probleme der Parteienverdrossenheit und der Parteienfinanzierung werden dabei nicht ausgelassen.

Die fünfte Auflage dieses Lehrbuchs ist gründlich überarbeitet und aktualisiert und damit auf den neuesten Stand der Forschung und realen Entwicklung gebracht worden. Es ist schon erstaunlich, wie viel sich allein in den wenigen Jahren seit der letzten Bearbeitung 2010 im deutschen Parteiensystem verändert hat. Der ursprüngliche Text geht auf einen Kurs zurück, den *Ulrich von Alemann* bereits 1999 für die Fernuniversität Hagen konzipiert hat. In diesen Kurs sind auch zahlreiche frühere Überlegungen und Analysen aus der jahrzehntelangen Beschäftigung des Verfassers mit den politischen Parteien eingeflossen. Bereits die vollständige Neuedition zur vierten Auflage 2010 ist dann ganz wesentlich von *Philipp Erbentraut* und *Jens Walther* mitgetragen worden – damals noch als Mitarbeiter des Instituts für Deutsches und Internationales Parteienrecht und Parteienforschung (PRuF) der Heinrich-Heine-Universität Düsseldorf.

Mit der fünften Auflage treten wir nun erstmals als gleichberechtigtes Autoren-Trio an. Die anfängliche Intention des Buches ist jedoch dieselbe geblieben: Wir wollen eine kompakte, fachlich fundierte und dennoch stets verständlich geschriebene Einführung in das Thema bieten, die sich gleichermaßen an Studierende, Fachkollegen und die interessierte Öffentlichkeit wendet.

Das Gelingen eines solchen Unternehmens ist immer der Anstrengung Vieler geschuldet. Unser besonderes Dankeschön gilt *Annika D'Avis,* die alle Kapitel sorgfältig Korrektur gelesen und mit unermüdlichem Engagement die Mühen der Redaktion auf sich genommen hat. Bei *Alexandra Bäcker* möchten wir uns für ihre Hinweise zum Thema Parteienfinanzierung bedanken. Auch wollen wir nicht versäumen, *Annika Niederkorn* und *Noam Himmelrath* für ihre geleisteten Recherchetätigkeiten ganz herzlich zu danken.

Viel zu früh und für uns immer noch unverständlich ist während der Zeit, als wir an dem Buch geschrieben haben, unser lieber Freund und Kollege *Tim Spier* verstorben. Die politischen Parteien waren der Gegenstand, für den Tim in seiner wissenschaftlichen Laufbahn immer gestanden und auch gelebt hat. Wir vermissen seinen fachlichen Rat und seine menschliche Wärme. Ihm ist das Buch gewidmet.

Frankfurt am Main, im Januar 2018
Ulrich von Alemann, Philipp Erbentraut und Jens Walther

Inhalt

Grundlagen: Worum geht es in diesem Buch?

1

1.1 Was ist eine Partei?

Um über die Entstehung von politischen Parteien zu reden, muss man sich zunächst darüber verständigen, was man überhaupt darunter verstehen will. Da hilft ein Nachschlagen im Lexikon. Aber damit beginnt bereits das Problem: Zu welchem der Sprach-, Konversations-, Fach- oder Speziallexika soll man greifen? Nimmt man noch Lehr- und Handbücher der Politik und der Parteien hinzu, dann erhält man auf die eine Frage nach einer Definition oder Begriffsbestimmung der Partei mehrere Dutzend Antworten. Wir lernen daraus zweierlei: Erstens ist die politische Partei in Zeit und Raum (bzw. in wissenschaftlicher Perspektive) ein ziemlich amorphes Ding und zweitens hat kein Lexikon oder Lehrbuch die Autorität, eine endgültige und verbindliche Definition an die Hand zu geben, die man schwarz auf weiß getrost nach Hause tragen kann.

Um dieses Problem zu umgehen, werfen wir zunächst einen Blick in ein Lexikon zur historischen Wortbedeutung:

> „*Partei* f. (< 13. Jh.) (…) Das Wort bezeichnet im frühen Deutschen den (selbständigen) Teil eines größeren Ganzen, z. B. eine Prozeßpartei, eine Seite in einer Auseinandersetzung (während die einfache Bedeutung ‚Teil' mehr und mehr von *Part* und *Partie* übernommen wird). Bei den politischen Auseinandersetzungen, vor allem um die Einheit Deutschlands im 19. Jh., hat *Partei* normalerweise einen schlechten Klang. Zwar gibt es bei der politischen Gruppenbildung im 19. Jh. *Partei* auch als Selbstbezeichnung, doch wird im Parlament *Fraktion* vorgezogen, außerhalb *Verein*; eine *Partei* ist dagegen nur eine Interessengruppe (Lasalle gründet 1863 den *Allgemeinen deutschen Arbeiterverein*, spricht aber von *Arbeiterpartei* und *Fortschrittspartei*). Zwar fordern programmatische Überlegungen schon seit der Mitte des Jahrhunderts für eine Partei auch eine klare Organisation, doch bildet sich der heutige Parteienbegriff erst im

© Springer Fachmedien Wiesbaden GmbH, ein Teil von Springer Nature 2018
U. von Alemann et al., *Das Parteisystem der Bundesrepublik Deutschland*,
Grundwissen Politik, https://doi.org/10.1007/978-3-658-21159-2_1

Lauf des 20. Jhs. aus (speziell nach dem Ende des 1. Weltkriegs, z. T. wohl unter eng-
lischem und französischem Einfluß). Adjektive: *parteiisch, parteilich* (...)" (KLUGE
1995, S. 614).

Es stimmt, dass „Partei" bei den politischen Auseinandersetzungen, vor allem um
die Einheit Deutschlands, zunächst einen schlechten Klang hatte. Dies hat eine
alte deutsche Tradition, schrieb doch schon Goethe an Schiller: „Die Fratze des
Parteigeistes ist mir mehr zuwider als irgendeine andere Karikatur". Später dekla-
rierte Bismarck: „Ein großer Staat regiert sich nicht nach Parteiansichten". Oder
es behauptete der konservative Historiker Heinrich von TREITSCHKE: „Jede Partei
ist einseitig, sie ist ihrem Wesen nach beschränkt und engherzig neben der gleich
austeilenden Gerechtigkeit des Staates" (VON TREITSCHKE 1897, S. 148). Daneben
mögen emphatische Gegenstimmen schon im 19. Jahrhundert, wie das Hohelied
auf die Partei durch den radikaldemokratischen Dichter Georg Herwegh (1842),
für manchen geradezu peinlich deplatziert wirken:

> „Partei! Partei! Wer wollte sie nicht nehmen,
> Die noch die Mutter aller Siege war!"

In derselben Traditionslinie liegt Berthold Brechts Gedicht „Lob der Partei" aus
seinem Lehrstück „Die Maßnahme" von 1930 mit den uns heute gruselig anmutenden, weil an George Orwells „1984" erinnernden ersten Zeilen:

> „Der Einzelne hat zwei Augen.
> Die Partei hat tausend Augen."

Denn bis in die deutsche Einheit der 1990er Jahre, bis in immer wieder neu dis-
kutierte und in den Medien artikulierte „Krisen" der Parteien und des Parteienstaates klebt am Wort Partei ein schlechter Klang in Deutschland. Auch die abge-
leiteten Adjektive „parteiisch" und „parteilich" oder „parteipolitisch" haben einen
pejorativen Beigeschmack – ganz im Gegensatz zum hochwürdigen „staatspoli-
tisch" – behalten.

Der wichtige Aufsatz von Erwin FAUL „Verfemung, Duldung und Anerkennung des Parteiwesens in der Geschichte des politischen Denkens" (1964) ist zur
Begriffsgeschichte der Partei (und zwar nicht nur in Deutschland) immer noch
lesenswert. Allerdings war FAUL damals so optimistisch, von einer ständig sich
verbessernden Akzeptanz auszugehen. Mit der Durchsetzung der Parteien ging
es danach immer aufwärts in einer gleichmäßig ansteigenden Kurve. Schließlich
wurde mit der Inkorporierung der Parteien in den Artikel 21 des Grundgesetzes in
der Bundesrepublik sogar die verfassungsmäßige Anerkennung erreicht.

Dieser lineare Fortschrittsoptimismus hat sich bei der Parteiendiskussion jedoch als trügerisch erwiesen – es war schon von der 68er APO (*Außerparlamentarischen Opposition* der Studentenbewegung) aufgekündigt worden, und es hat auch die Diskussion um die „Parteienverdrossenheit" zu Beginn der 1990er Jahre nicht beeindruckt. Heute erleben wir mit der Rückkehr von Populisten und Autokraten in Europa erneut einen Anstieg von politischen Kräften, die die berechtigte Existenz von Parteien, das demokratische Parteiwesen insgesamt, grundsätzlich in Frage stellen.

Doch vielleicht ist das Bild einer beständig ansteigenden Linie von der Verfemung bis zur Anerkennung der politischen Parteien auch von Beginn an schief? Tatsächlich hat die Etablierung vom Gegenstand und Begriff Partei in Deutschland nämlich schon um die Mitte des 19. Jahrhunderts begonnen. Neuere Forschungen legen zudem nahe, dass man mit Parteien bereits im Vormärz reale politische Gruppierungen assoziierte und keine bloßen Gesinnungsgemeinschaften. Auch war der vielfach unterstellte generelle Antiparteienaffekt im deutschen politischen Denken des 19. Jahrhunderts in dieser Ausschließlichkeit wohl eher ein Mythos der Forschung. Stattdessen existierte – neben kritischen Stimmen, die es natürlich weiterhin gab – bereits am Vorabend der 1848er Revolution eine differenzierte Theorie der politischen Parteien, der ein positives Parteienverständnis zugrunde lag (vgl. ERBENTRAUT 2016). Und schließlich war das große Vorbild für Deutschland in erster Linie England und kaum Frankreich.

Eine der ersten prominenten Erwähnungen des Begriffs Partei im politischen Sinne ist schon 1715 von einem H. Castleton verbürgt: „An Essay Towards a Coalition of Parties in Great Britain" (vgl. VON ALEMANN 1973, S. 26). Eine noch heute gern zitierte frühe Definition von Partei (z. B. NICLAUSS 1995, S. 9) stammt von Edmund Burke aus dem Jahr 1770:

„Party is a body of men united for promoting by their joint endeavors the national interest upon some particular principle in which they all agreed."

Während in Deutschland noch auf Barrikaden für demokratische Rechte gekämpft und gestorben wurde, war in der britischen Politik die Anerkennung der Parteien bereits in der Mitte des 19. Jahrhunderts vollzogen, durch den Premierminister Benjamin Disraeli, der 1848 im Unterhaus sagte:

„… you cannot choose between party government and parliamentary government. I say, you can have no Parliamentary government if you have no party government."

Bis diese Einsicht auch in Deutschland durchgängig Raum griff, brauchte es in der Tat noch weitere gut 100 Jahre, denn noch in der Weimarer Republik gab es zwar eine demokratische Parteienregierung, aber keine breite Parteienanerkennung in Wissenschaft und Politik. Wobei auch hier anzumerken wäre, dass zuletzt neue Beiträge zur Ideen- und Verfassungsgeschichte des Artikels 21 GG erschienen sind, die die üblicherweise erzählte Geschichte von einer angeblich besonderen Parteienfeindschaft der Weimarer Republik in Frage stellen (vgl. DREIER 2015). Immerhin hatte Max Weber, der Klassiker der politischen Soziologie, bereits 1922 eine fein ausgearbeitete Definition von Parteien vorgeschlagen:

> „Parteien sollen heißen auf (formal) freier Werbung beruhende Vergesellschaftungen mit dem Zweck, ihren Leitern innerhalb eines Verbandes Macht und ihren aktiven Teilnehmern dadurch (ideelle oder materielle) Chancen (der Durchsetzung von sachlichen Zielen oder der Erlangung von persönlichen Vorteilen oder beides) zuzuwenden. (...) Da wo die Leitung durch (formal) freie *Wahl* besetzt wird (...), sind sie primär Organisationen für die Werbung von Wahlstimmen" (WEBER 1976, S. 167).

Aber so honorig ein Max Weber-Zitat den Beginn jeder Abhandlung schmückt, so sehr ist es doch zeitgebunden und kann heute nicht mehr so recht überzeugen. Das gilt für seine „Vergesellschaftungen" genauso wie für die Annahme, eine Partei müsse den Leitern eines Verbandes Macht zuwenden.

Eine Minimaldefinition von Partei hat SCHULTZE (1985, S. 656) vorgeschlagen: Es handele sich um

> „eine Gruppe gleichgesinnter Bürger, die sich die Durchsetzung gemeinsamer politischer Vorstellungen zum Ziel gesetzt haben".

Diese Definition ist aber wohl doch zu mager, weil selbst eine kleine Bürgerinitiative oder auch große Interessenverbände, wie z. B. *Amnesty International* oder auch die Gewerkschaften und die Unternehmerverbände, darunter fallen könnten.

Was sind also Parteien? In der Wissenschaft wimmelt es nur so von weiteren Definitionsversuchen. Aber auf diese unendliche Geschichte müssen wir uns nicht einlassen. Stattdessen soll hier ein eigener Vorschlag einer Parteidefinition unterbreitet werden:

> ► **Parteien sind auf Dauer angelegte, freiwillige Organisationen, die politische Partizipation für Wähler und Mitglieder anbieten, diese in politischen Einfluss transformieren, indem sie politisches Personal selektieren, was wiederum zur politischen Integration und zur Sozialisation beiträgt und zur Selbstregulation führen kann, um damit die gesamte Legitimation des politischen Systems zu befördern.**

Diese spröde Definition der Parteien ist ein harter Brocken und keineswegs selbst-verständlich. Um den Brocken etwas leichter verdaulich zu machen, zunächst einige Hinweise, was laut dieser Definition Parteien eben nicht sind, bzw. welche Voraussetzungen für ihre Existenz gegeben sein müssen: Parteien sind keine spon-tanen, kurzfristigen Initiativen oder Bewegungen. Sie sind gesellschaftliche Orga-nisationen, also keine staatlichen Organe.

Allerdings kann es in Diktaturen auch Staatsparteien geben, die man nicht ein-fach heraus definieren sollte. Dass mehrere Parteien miteinander konkurrieren, ist nur in Demokratien eine notwendige Voraussetzung. Parteien haben Anhän-ger, deren ideelle und/oder materielle Interessen sie mobilisieren und vertreten. Sie sind keine bloßen Kader und keine Sekten, die nur vorgeben, ewige Ideen ver-wirklichen zu wollen. Sie wollen die Kontrolle von Macht durch die Übernahme von Wahlämtern in Parlamenten und Regierungen oder zumindest Macht durch Oppositionspolitik – und das unterscheidet sie von den Interessenverbänden, de-nen sie in vielen anderen Punkten gleichen.

1.2 Was ist ein Parteiensystem?

Wir haben nun eine erste Vorstellung davon, was eine Partei ist. Eine Partei kommt jedoch selten allein, sondern sie befindet sich zumindest in der Demokratie im Wettbewerb mit anderen Parteien. Bereits 1815 konstatierte daher der Altertums-forscher Barthold Georg Niebuhr: „sobald es eine Parthei giebt, so sind deren auch zwei" (NIEBUHR 1815, S. 9). Auch der Junghegelianer Arnold Ruge betonte frühzeitig den pluralistischen Charakter des Parteiwesens und warnte gleichzeitig die einzelnen Teile vor gefährlichen Allmachtsphantasien. Denn: „Eine Partei, die ihre Gegenpartei vernichtet, vernichtet sich selbst" (RUGE 1843, S. 81).

Ein Parteiensystem besteht also aus mindestens zwei Parteien. Es umfasst aber noch mehr als die Summe seiner Einzelteile. Neben der reinen Anzahl sind für die politikwissenschaftliche Analyse die Beziehungen der Parteien untereinander so-wie zur sozialen Umwelt mindestens ebenso bedeutend. Unter einem Parteiensys-tem versteht man somit „die Gesamtheit der Parteien in einem politischen System sowie deren Beziehungsgeflecht" (NIEDERMAYER 2013a, S. 84).

Streng genommen bilden Parteien und Parteiensysteme somit zwei unter-schiedliche Analyseebenen, die in der Fachliteratur daher auch zu Recht getrennt behandelt werden (vgl. NIEDERMAYER 2013a, S. 83). In dieser Einführung in das Parteiensystem der Bundesrepublik Deutschland nehmen wir jedoch ganz bewusst sowohl die Ebene der Einzelparteien als auch die des Parteiensystems in den Blick.

Doch mit welchen Kriterien lassen sich Parteiensysteme nun weiter unter-scheiden? Dieser Frage hat die internationale Parteienforschung seit den klassischen Studien von Maurice DUVERGER (1959) und Giovanni SARTORI (1976) viel Aufmerksamkeit geschenkt. Das Ergebnis ist eine Art Stichwortkatalog, der ein knappes Dutzend möglicher Parteiensystemeigenschaften umfasst (vgl. WINKLER 2010, S. 226 ff.). Es gibt in der Literatur jedoch keinen Konsens darüber, welche dieser Charakteristika in die Analyse von Parteiensystemen einzubeziehen bzw. wie sie zu operationalisieren sind (vgl. WOLINETZ 2006).

Von Niedermayer stammt jedoch der ordnende Vorschlag, die Systemvariation zum einen auf strukturelle und zum anderen auf inhaltliche Merkmale des Parteiensystems zu beziehen (vgl. NIEDERMAYER 2013a, S. 85 ff.). Für die *Struktur* oder das *Format* wären sodann die Anzahl der vorhandenen Parteien (Ein-, Zwei-, Mehr- oder Vielparteiensysteme) sowie die Fragmentierung – der Grad an Zersplitterung oder Konzentration eines Parteiensystems – entscheidend.

Auf der inhaltlichen Ebene, der *Mechanik*, geraten als zentrale Eigenschaften die Polarisierung oder ideologische Distanz, die Segmentierung, also der Grad der gegenseitigen Abschottung oder Koalitionsfähigkeit der einzelnen Parteien sowie die Frage der Richtung des Parteienwettbewerbs in den Blick.

Mithilfe dieser Systemeigenschaften lässt sich nicht nur die Vielzahl der heute existierenden Parteiensysteme näher beschreiben. In der Literatur finden sich darüber hinaus Versuche, durch Kombination verschiedener Merkmale Typologien von Parteiensystemen zu entwerfen (vgl. ebd., S. 97 ff.). Die bekannteste unter ihnen stammt von SARTORI (1976) und kombiniert die Fragmentierung mit der Polarisierung und der Richtung des Parteienwettbewerbs. Er unterscheidet zwischen Zweiparteiensystemen, gemäßigtem Pluralismus, segmentiertem Pluralismus und polarisiertem Pluralismus.

Das Parteiensystem der Bundesrepublik Deutschland galt lange Zeit als ein Paradebeispiel für den Typus des gemäßigten Pluralismus mit drei bis fünf relevanten Parteien, moderatem Wettbewerb und wechselnden Koalitionsregierungen. Viele Forscher sind heute jedoch der Ansicht, dass das deutsche Parteiensystem seit etwa 2005 in eine neue, „fluide" Phase seiner Entwicklung eingetreten ist, die unter anderem durch eine deutliche Zunahme der Anzahl relevanter Parteien, neue Koalitionsmodelle und eine spürbare Polarisierung der politischen Auseinandersetzungen gekennzeichnet ist. Wir nennen diese neue Phase „Fragmentierungsphase" (vgl. Kapitel 3.5).

Wie die Parteien in Deutschland überhaupt entstanden sind und wie sie sich in der Bundesrepublik weiter ausdifferenziert haben, werden wir in Kapitel 2 und 3 näher untersuchen. Obwohl der Titel dieses Lehrbuches „Das Parteiensystem der Bundesrepublik Deutschland" lautet, wird der historischen Vorentwicklung bis 1945 und der zeitgeschichtlichen Weiterentwicklung seitdem bewusst breiter Raum gegeben. Der Band wird einen großen Bogen von den Vorläufern deutscher Parteien in der Frankfurter Paulskirche 1848 über die Ausläufer der Par-

Abbildung 1   Typologie von Parteiensystemen nach Sartori

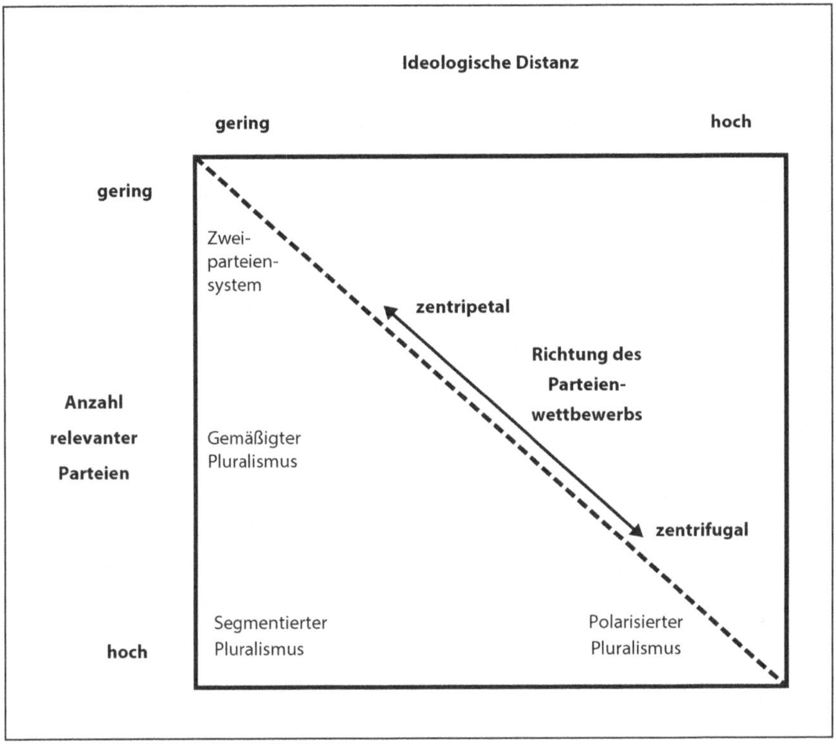

Ideologische Distanz

gering   hoch

gering

Zwei-
parteien-
system
                        zentripetal

                                    Richtung des
                                    Parteien-
Anzahl   wettbewerbs
relevanter   Gemäßigter
Parteien   Pluralismus

                                    zentrifugal

                Segmentierter   Polarisierter
hoch   Pluralismus   Pluralismus

Aus: Sartori 1976, S. 292

teienverdrossenheitsdebatte am Beginn des neuen Jahrtausends bis in die Gegenwart hinein schlagen. Denn dadurch lassen sich nicht nur die heutigen Parteien, ihr politisches Verhalten, ihre Organisationsformen und ihr programmatischer Hintergrund besser verstehen. Es lassen sich auch manche Theorien über die Parteienentwicklung realistischer einschätzen.

Doch warum gibt es überhaupt unterschiedliche Parteiensysteme und nicht überall die gleichen? Warum wird Japan seit Jahrzehnten praktisch von einer einzigen Partei dominiert? Warum haben Deutschland und Italien traditionell starke christdemokratische Parteien, Großbritannien aber nicht, während in Skandinavien früher die Sozialdemokraten alles beherrschten? Und wie lässt sich etwa das verstärkte Aufkommen grüner und rechtspopulistischer Parteien in zahlreichen Parteiensystemen Westeuropas seit den 1980er Jahren erklären?

Zur Beantwortung solcher Fragen haben sich in der Parteienforschung vor allem drei konkurrierende Ansätze etabliert: ein sozialstruktureller, ein institutioneller und ein interessentheoretischer (Rational Choice). Der sozialstrukturelle Ansatz, der eng mit der sogenannten *Cleavage*-Theorie verbunden ist, geht davon aus, dass Parteien ihren Ursprung bestimmten historischen Konfliktlinien *(cleavages)* innerhalb der Gesellschaft verdanken.

Doch Parteien entstehen nicht nur aus Konflikten, ihre Existenz verkörpert demokratischen und gesellschaftlichen Konflikt schlechthin. Peter LÖSCHE (1994) hat die Entstehung (nicht nur) der deutschen Parteien aus solchen politischen und gesellschaftlichen Großkonflikten prägnant zusammengefasst:

> „der Liberalismus gegen das alte Regime des Absolutismus und Feudalismus;
>
> der Konservatismus gegen den politisch sich konstituierenden Liberalismus;
>
> die Arbeiterparteien gegen das Kapital und das bürgerliche System;
>
> die Agrarparteien gegen den Industrialismus;
>
> regionale Parteien gegen den Zentralismus und konkret gegen die Metropole;
>
> christliche Parteien gegen die zunehmende Verweltlichung und gegen die Trennung von Staat und Kirche;
>
> kommunistische Parteien gegen den ‚Sozialdemokratismus';
>
> faschistische Parteien gegen die politische Demokratie;
>
> Protestparteien (wie Anti-Steuer-Parteien) gegen das bürokratisch-wohlfahrtsstaatliche System;
>
> ökologische Parteien gegen die Wachstumsgesellschaft" (LÖSCHE 1994, S. 23).

Einen der Cleavage-Theorie verwandten, im Kern ebenfalls sozialstrukturellen Ansatz zur Erklärung von Parteiensystemen liefert die Milieutheorie. Soziale Milieus sind künstliche Konstrukte, die Gruppen von Menschen mit ähnlichen Weltanschauungen oder Lebensstilen voneinander unterscheiden. Auch diese Theorien verstehen Parteien in erster Linie als Produkte der Wechselwirkung zwischen Gesellschaft und Politik. Eine gezielt auf die deutsche Parteienentwicklung abgestimmte Theorie von der Reichsgründung bis zum Ende der Weimarer Republik hat Rainer M. LEPSIUS bereits 1966 mit seinem Konzept der „sozialmoralischen Milieus" vorgelegt. Neuere Ansätze in dieser Richtung, wie zum Beispiel die bekannten „Sinus-Milieus", versuchen aus der Zugehörigkeit zu einer bestimmten Lebenswelt sogar konkrete Rückschlüsse auf das Wahlverhalten zu ziehen.

Der institutionelle Ansatz hingegen sucht, wie der Name bereits vermuten lässt, die Ursachen für die Entstehung und Entwicklung verschiedenartiger Parteiensysteme in den unterschiedlichen institutionellen Rahmenbedingungen, denen die Parteien in den jeweiligen Ländern unterworfen sind. Ein besonders bekanntes Beispiel für einen solchen Erklärungssatz bietet „Duvergers Gesetz" (1959), benannt nach dem französischen Parteienforscher Maurice DUVERGER. Dieser ging davon aus, dass die Gestalt eines Parteiensystems in erster Linie vom jeweiligen Wahlsystem abhängig sei. So würden in Ländern mit einem Mehrheitswahlsystem wie etwa Großbritannien in aller Regel Zweiparteiensysteme entstehen, wohingegen in Ländern mit Verhältniswahl wie Deutschland Mehrparteiensysteme typisch sind.

Auch wenn die Wahlsystemforschung den starren Determinismus und die Monokausalität dieser Theorie später relativiert hat, ist „Duvergers Gesetz" noch immer ein guter erster Gradmesser für das Format eines Parteiensystems. Frei nach dem Motto: Sag mir, wie du wählst, und ich sage dir, wie viele Parteien du hast. Dass Wahlsysteme das Verhalten von Parteien beeinflussen, kann jedenfalls als gesichert gelten. Tatsächlich wirken jedoch noch weitere institutionelle Faktoren auf die Konfiguration eines Parteiensystems, etwa das Regierungssystem (präsidentiell oder parlamentarisch), Art und Umfang staatlicher Parteienfinanzierung oder auch ganz allgemein die rechtlich-institutionelle Einbindung der Parteien in Gesetz und Verfassung.

Für das Verständnis des Parteienrechts ist ebenfalls die historische Genese eine wichtige Voraussetzung. Denn nur dadurch kann man richtig ermessen, wie weit der Sprung von der wilhelminischen Parteienprüderie in die voll etablierte Parteiendemokratie des Grundgesetzes reicht. Aber die rechtliche Institutionalisierung der Parteien, die in Kapitel 4 und 5 skizziert wird, bleibt nicht statisch, sondern ist permanent im Fluss und selbst wiederum konfliktreich, wie sich besonders am Problem der immer wieder vom Bundesverfassungsgericht monierten und dann erneut novellierten Parteienfinanzierung ablesen lässt. Ein wichtiges Thema wäre in diesem Zusammenhang auch die mit dem neuerlichen Scheitern des NPD-Verbotsverfahrens 2013–2017 wieder aktuell gewordene Diskussion nach den rechtlichen Möglichkeiten, aber auch dem politischen Sinn oder Unsinn von Parteiverboten in der Demokratie.

Interessentheorien des Politischen schließlich erklären Parteien in erster Linie als programmatisch flexible und auf Effizienz getrimmte Maschinen zur Stimmenmaximierung auf komplexen Wählermärkten. Nicht historische Konstellationen, gesellschaftliche Milieus oder Konfliktlinien der Sozialstruktur wären demnach für das Handeln von Parteien und die Gestalt von Parteiensystemen prägend, sondern mit dem Aufkommen ökonomischer Theorien der Demokratie ab den 1960er Jahren wurden Parteien zunehmend als entideologisierte Interessenverbünde zum eigenen Vorteil interpretiert. Der deutsch-amerikanische Politikwissenschaftler Otto KIRCHHEIMER (1965) prägte in diesem Zusammenhang den Begriff der „catch-all-party" als sinnbildlich für eine Partei neuen Typs, die auf dem Gebiet der Politik das Ebenbild eines allseits bekannten Marken- und Massenartikels aus der Werbung verkörpere. In Kapitel 6 gehen wir auf die hier bereits kurz vorgestellten Parteientheorien näher ein. Neben ihrer rechtlichen Einbindung und gesellschaftlichen Vernetzung spielen heutzutage für die Systemumwelt der Parteien die Medien eine herausgehobene Rolle. Häufig zu hören ist diesem Zusammenhang das Schlagwort einer angeblichen „Medialisierung" von Politik im Sinne einer einseitigen Anpassung der Parteienkommunikation an die Medienlogik. Tatsächlich gestaltet sich das spannungsreiche Wechselspiel zwischen Parteien und Medien jedoch komplizierter. Parteien sind keineswegs immer nur Getriebene der neuesten Schlagzeile. Im Gegenteil instrumentalisieren politische Akteure mitunter auch ganz bewusst die Medien, entweder ganz offen über eigene Medienbeteiligungen von Parteien, zum Teil aber auch heimlich durch die Hintertür, angefangen mit dem gelegentlichen „Durchstechen" von vertraulichen Informationen bis hin zur gezielten Einflussnahme auf Inhalte und Posten großer Medienunternehmen. Zu unterschätzen ist schließlich in Zeiten von Facebook, Twitter und Co. auch nicht die Macht des Publikums, und damit der Bürgerinnen und Bürger, selbst Probleme auf die politische Agenda zu setzen und dadurch öffentliche Meinung zu beeinflussen. In Kapitel 7 stellen wir zunächst ausführlich drei mögliche Kräfteverhältnisse zwischen Politik und Medien dar: das Top-down-Modell, das Mediokratie-Modell sowie das Bottom-up-Modell, bevor wir schließlich ein eigenes Synthese-Modell, das symbiotische Biotop-Modell, vorschlagen möchten.

Wir leben in einer organisierten Gesellschaft. Auch Parteien sind Organisationen – und zwar sehr komplizierte. Denn sie haben durch das Neben-, oft auch Gegen- und nicht selten Durcheinander von freiwilligen Mitgliedern, von ehrenamtlichen Aktivisten, von gewählten politischen Mandatsträgern und von hauptamtlichen Funktionären eine viel unübersichtlichere Struktur als andere Großorganisationen, beispielsweise Verwaltungen oder Unternehmen. Sie müssen dem Postulat innerparteilicher Demokratie, das auch das Grundgesetz vorschreibt, genügen und gleichzeitig effizient und schlagkräftig agieren. Probleme lösen und Partizipation garantieren – das verlangt oft eine Gratwanderung. Widersprüche sind damit vorprogrammiert und tragen sicherlich zu Frustrationen über die Leistungsfähigkeit der Parteien in der Öffentlichkeit bei. Alle diese Fragen werden in Kapitel 8 zur Struktur der Parteien angesprochen.

Das folgende Kapitel 9 zur Strategie ändert die Blickrichtung vom Innenleben der Parteien nach außen zu den Aktionsformen. Die Leitfrage lautet: „Was tun die Parteien überhaupt?" In der allgemeinen Öffentlichkeit gibt es hier viel Unkenntnis. Die Parteien beschäftigen sich keineswegs permanent und ausschließlich mit Wahlkampf, sondern die gewählten Mandatsträger machen Politik. Das ist ihr Beruf. Nur wenige Schlaglichter können durch Zeitbudgetanalysen, Kontaktstudien oder Sozialstrukturuntersuchungen auf den Alltag der Parteipolitiker geworfen werden. Ein wesentlicher Teil der parteipolitischen Aktivitäten wird durch Kontakte zu anderen Organisationen okkupiert, dies sind insbesondere die Verbände. Kapitel 10 stellt die Frage nach den Aufgaben der Parteien neu: Welche Funktionen kommen ihnen in der Gesellschaft zu? Ein Blick auf die Fachdebatte zeigt, dass eine vielfältige Palette angeboten wird, mit Katalogen von annähernd zwei Dutzend Funktionen. Hier soll dagegen ein vergleichsweise übersichtlicher Vorschlag von sieben Funktionen unterbreitet werden: Partizipation, Transmission, Selektion, Integration, Sozialisation, Selbstregulation, Legitimation. Damit schließt sich der Kreis: Denn diese sieben Parteifunktionen verweisen zurück auf die ersten Seiten des Buches, wo sie sich bereits in einem ersten Definitionsvorschlag von politischen Parteien wiederfinden.

In Kapitel 11 wird die Debatte um die vermeintliche Krise der deutschen Parteiendemokratie wieder aufgenommen, die in der ersten Hälfte der 1990er Jahre die öffentliche Diskussion besonders prägte, aber in ihrer Grundtendenz bis heute andauert. Manche Kritiker wärmen dabei lediglich altbekannte Topoi der deutschen Parteienpolemik früherer Jahrhunderte auf. Ein typischer Vorwurf lautet etwa, die Parteien wollten nur Macht und seien nicht gemeinwohlorientiert genug. Andererseits gibt es bedenkenswerte empirische Symptome: den Rückgang der Wahlbeteiligung, schwindende Mitgliedschaft, die Entfremdung von Jugendlichen oder das sinkende Vertrauen in Parteien und Politik insgesamt. Dies sind harte Fakten. Die Ursachen für die Probleme sind indes weniger im Fehlverhalten einzelner Politiker, sondern in generellen gesellschaftlichen Wandlungstendenzen zu suchen, die in ähnlicher Form in den meisten Demokratien beobachtet werden können.

Zum Abschluss fragen wir in Kapitel 12 nach aktuellen Reformansätzen, mit denen die Parteien auf ihre Probleme reagieren. Sind die Parteien noch zu retten? Eine mögliche Antwort liegt vielleicht in Organisationsreformen. Auch positionieren sich die Parteien verstärkt in neuen Medien. Damit sich die Kassandrarufe vom Verfall der Parteien nicht eines Tages doch bewahrheiten, müssen sie sich weiterhin den gesellschaftlichen Veränderungen öffnen. Dazu waren sie seit nun mehr als 150 Jahren immer wieder gezwungen.

Parteien und Parteiensysteme zählen traditionell zu den Großthemen nicht nur der deutschen Politikwissenschaft. Lesenswerte Klassiker der internationalen Parteienforschung im 20. Jahrhundert sind zum Beispiel aus Frankreich Maurice DUVERGER (1959), aus Italien Giovanni SARTORI (1976) und Angelo PANEBIANCO (1988) oder aus dem angelsächsischen

Raum Alan WARE (1996) und Peter MAIR (1997). In der deutschen Literatur sticht seit einigen Jahren das „Handbuch Parteienforschung" von Oskar
NIEDERMAYER (2013b) als umfassendes Nachschlagewerk zum Thema heraus. Der aktuelle Stand der Forschung findet sich bei KOSCHMIEDER (2017).
Mit dem Parteiensystem der Bundesrepublik bzw. den deutschen Parteien
beschäftigen sich in überblicksartiger Weise auch die Publikationen von
Frank DECKER/Viola NEU (2018), Frank DECKER (2011), Peter LÖSCHE
(2006), Elmar WIESENDAHL (2006a), Wichard WOYKE (2003), Karlheinz
NICLAUSS (2002) und Heinrich OBERREUTER et al. (2000). Die Einführung von Klaus DETTERBECK (2011) ist international vergleichend angelegt.
Oscar W. GABRIEL/Oskar NIEDERMAYER/Richard STÖSS (2002) sprechen
in ihrem Sammelband statt von Parteiensystem von der „Parteiendemokratie".

Genese: Wo kommen die Parteien her? 2

Voraussetzungen für das Entstehen von Parteien sind die Möglichkeit, freie gesellschaftliche Organisationen zu bilden sowie für Wahlämter in Parlament und Regierung kandidieren zu können. Diese beiden Prämissen entwickelten sich erst mühsam – mit Rückschlägen und plötzlichen Sprüngen gerade in Deutschland im Laufe des 19. Jahrhunderts. Frankreich, USA oder England hatten zwar einen Vorsprung in demokratischer Entwicklung. Gegen Ende des Jahrhunderts aber hatte Deutschland diese Staaten in der Herausbildung eines klar konturierten Parteiensystems überholt, wenngleich die Etablierung der ersten deutschen Demokratie noch bis zum Fall des Kaiserreiches 1918 brauchte.

Parteien im ursprünglichen lateinischen Wortsinn von *pars* – also Teil, Gruppe – gab es schon in der Vormoderne. Bei Hofe intrigierende Cliquen, in italienischen Stadt-Republiken rivalisierende Gruppen, in der Aufklärung Logen und Geheimgesellschaften – sie alle blieben jedoch informell, waren keine anerkannten Organisationen zur Ämterbesetzung und deshalb keine Parteien in unserem Sinne.

2.1 Entstehung vom Vormärz bis zum Kaiserreich

Es kann heute gleichwohl nicht mehr genügen, den Beginn der deutschen Parteiengeschichte erst in den Jahrzehnten nach der Revolution von 1848 und der Nationalversammlung der Frankfurter Paulskirche einsetzen zu lassen. Vielmehr hat es Vorformen von Parteien in Deutschland bereits im „Vormärz", also in der Epoche rapiden gesellschaftlichen und politischen Wandels nach 1815, gegeben. Vereinzelt ist die Entstehung politischer Strömungen in Deutschland sogar bis in das Jahr 1770 zurückverfolgt worden (vgl. VALJAVEC 1951). Indem die Forschung diese Vorläufer der heutigen Parteien jedoch lange Zeit zu pauschal

© Springer Fachmedien Wiesbaden GmbH, ein Teil von Springer Nature 2018
U. von Alemann et al., *Das Parteiensystem der Bundesrepublik Deutschland*,
Grundwissen Politik, https://doi.org/10.1007/978-3-658-21159-2_2

als bloße Gesinnungsgemeinschaften diskreditiert hat, hat sie sich den Blick auf die tatsächlichen Anfänge des deutschen Parteiwesens verstellt (vgl. DANN 2005, S. 46).

Tatsächlich stellt die Einsicht in den Organisationscharakter politischer Parteien bereits ein zentrales Element der vormärzlichen Parteiendiskussion dar. Von einem mangelnden Praxisbezug, einem geistigen Vakuum gar, in Fragen des Parlamentarismus und der politischen Parteien kann im Vormärz keine Rede mehr sein. Vielmehr boten die Fraktionsbildungen in den süddeutschen Landtagen, das politische Vereinswesen, die demokratische Versammlungsbewegung sowie nicht zuletzt die bereits weiter entwickelte parlamentarische Praxis des Auslands spätestens seit Anfang der 1830er Jahre eine Vielzahl von praktischen Anregungen und realen Anschauungsobjekten für die vormärzliche Parteiendiskussion in Deutschland (vgl. ERBENTRAUT 2016, S. 14 ff.).

Doch nicht nur die Quantität, auch die Qualität der Stellungnahmen, mit denen die Wichtigkeit der Parteien betont wurde, mag überraschen. So zum Beispiel, wenn der Demokrat Gottlieb Christian Abt die „Lehre von den Parteien" am Vorabend der 1848er Revolution als einen der „wichtigsten Abschnitte in der Politik" erkennt und in diesem Zusammenhang von den „eigentlichen Organen der politischen Bewegung, des öffentlichen Lebens" (ABT 1848, S. 479) spricht. Oder wenn der Konservative Friedrich Rohmer die Parteien als „unzertrennlich verbunden mit dem Staatsleben" (ROHMER 1844, S. 17) charakterisiert. Wieder andere Autoren sprechen ganz existenzialistisch vom „Lebensstoffgas der Verfassung" (VON WITZLEBEN 1847, S. 121) oder behaupten rundheraus, die Parteien seien zur Erhaltung des politischen Lebens genauso notwendig, wie ein „Schlagadern-System" (ANONYM 1822, S. 369) zur Erhaltung des physischen. 100 Jahre vor dem Grundgesetz sprach der spätere Abgeordnete der Paulskirche Julius Fröbel bereits von Parteien „verfassungsmäßiger Existenz" (FRÖBEL 1847, S. 91), in denen er die geeigneten Vehikel zur Verwirklichung seiner radikalen Volkssouveränitätsideale erblickte.

In diesem Sinne forderte auch der Linkshegelianer Arnold RUGE die vollkommen freie politische Betätigung der Parteien. Hierin könne die „befruchtende Macht der Negativität" (RUGE 1842, S. 1182) geschichtlich wirksam werden. Bei Marx und Engels schließlich war die Parteientheorie in das Konzept des historischen Materialismus eingebettet. Allein der kommunistischen Partei sollte hier die welthistorische Mission zufallen, den Sturz der Bourgeoisie und damit den Aufstieg des Proletariats zur herrschenden Klasse vorzubereiten. Doch selbst auf der politischen Rechten finden sich vor 1848 vereinzelte Versuche, den neuen Gegenstand wissenschaftlich zu fassen. So forderte etwa Victor Aimé Huber schon sieben Jahre vor dem Kommunistischen Manifest die Gründung einer konservativen Partei in Deutschland (vgl. HUBER 1841). Weil er für dieses Unternehmen viel

Geld brauchte, bringt der Autor sogar schon den Gedanken einer staatlichen Parteienfinanzierung ins Spiel.

Die Idee einer direkten Machtausübung durch die Parteien, wie wir sie heute in der modernen Funktionsweise der repräsentativen Demokratie verwirklicht sehen, befremdete viele Autoren aber weiterhin. So ermahnte etwa der Hegel-Schüler Karl Rosenkranz 1843 die preußische Regierung, über dem „Waschbeckentumult eines parteiischen Treibens" (ROSENKRANZ 1843/1962, S. 66) den Staat nach seiner Ganzheit und Einheit zu vertreten. Das dialektische Ringen der Parteien eröffne der Regierung allerdings die Möglichkeit, „aus dem Buche der öffentlichen Meinung das, was Noth thut, herauszulesen" (ebd., S. 72).

Entsprechend der Verschiedenartigkeit der damals kursierenden Ideen fanden sich dann auch im Frankfurter Paulskirchen-Parlament von 1848/49 Gruppierungen mit ganz unterschiedlichen Politikentwürfen wider. Dabei wurde auch schon damals die progressive, fortschrittliche oder demokratische Richtung als die linke Partei bezeichnet – zurückgreifend auf die Sitzordnung der französischen Deputiertenkammer nach der Revolution –, der folgerichtig die rechte Partei gegenüberstand (bzw. gegenübersaß), die das bewahrende, konservative, teilweise auch restaurative Element verkörperte. Die einzelnen Fraktionen wurden nach ihren Versammlungslokalen benannt. Folgende Richtungen zeichneten sich ab:

„1. Demokratische Linke (Deutscher Hof, Donnersberg)
Sie forderte ein allgemeines Wahlrecht und lehnte, wenn auch nicht immer offen ausgesprochen, die Monarchie ab. Sie wollte zumindest das Parlament als gleichberechtigte und gleichwertige Kraft neben das Staatsoberhaupt stellen. Die Abgeordneten dieses Flügels lassen sich – wie auch die anderer Gruppen – nur nach der generellen Tendenz charakterisieren, da so etwas wie Fraktionsdisziplin völlig unbekannt und auch nach der Art der Zusammensetzung des Parlaments unmöglich war.

2. Linksliberale Mitte (Württemberger Hof, Augsburger Hof u. a.)
Dieser Gruppierung gehörten vorwiegend süd- und südwestdeutsche Abgeordnete an. Sie besaß von allen hier genannten die geringste Homogenität.

3. Rechtsliberale Mitte (Casino)
Hier dominierten die norddeutschen Liberalen, insbesondere die Historiker Dahlmann, Droysen und Waitz, die an der Universität Kiel gelehrt hatten oder noch lehrten und daher mit der Schleswig-Holstein-Frage in Berührung gekommen waren. Sie betonten stark die nationalen Belange und kamen immer mehr zu der Unterscheidung zwischen theoretischer Verfassungsdiskussion und realer Machtpolitik. Als die Frankfurter Versammlung sich allzusehr in der Diskussion verlor, neigten sie zunehmend einer realpolitischen Lösung, der Beschränkung auf einen kleindeutschen Zusammenschluß un-

ter Führung der preußischen Großmacht, zu. Sie stellten die meisten führenden Köpfe der Versammlung. Außer den Wissenschaftlern gehörten zu dieser Gruppe noch zahlreiche Männer der aufstrebenden Wirtschaft des Rheinlands.

4. Gemäßigt-konservative Rechte und katholische Rechte (Steinernes Haus, Café Milani, Pariser Hof)

Diese Gruppen hatten nur einen relativ geringen Anteil an der politischen Entwicklung in der Nationalversammlung. Die gemäßigten Konservativen traten überwiegend für eine kleindeutsche, die Katholiken überwiegend für eine großdeutsche Lösung ein. Extreme Konservative waren in der Frankfurter Nationalversammlung nicht vertreten" (KAACK 1971, S. 26 f.).

Die beiden großen Hauptströmungen – links gegen rechts, fortschrittlich gegen konservativ, jung und neu gegen alt und bewährt – wurden in manchen politischen Theorien geradezu als Wesen des Politischen, als natürlich vorgegeben hochstilisiert. So trieb etwa im einflussreichen Rotteck-Welckerschen Staatslexikon der Verfasser des Artikels „Parteien", Gottlieb Christian Abt, den Gegensatz von Fortschritt und Beharrung auf die Spitze, indem er den partikularen Kräften des Staates, der Kirche und des Kapitals die Gesamtheit des Volkes und damit die Bewegungs- oder demokratische Partei gegenüberstellte. Letztere repräsentiere dabei die „organische Entwicklung vom Alten zum Neuen, vom Unbrauchbar-Gewordenen zum Besseren". Folgerichtig hieß es am Ende des Artikels: „Factisch kann jede Partei herrschen, rechtlich nur die demokratische" (ABT 1848, S. 495 f.).

Die einfache Gegenüberstellung links gegen rechts erwies sich allerdings in der politischen Praxis als unzulänglich. Mit der Mitte wurden schnell drei Parteien daraus, und nach einem vorgeblichen Symmetriegesetz glaubten manche, dass es natürlich fünf Richtungen geben müsste: die Mitte, die gemäßigte Rechte und die gemäßigte Linke sowie die radikale Rechte und die radikale Linke. Der Schweizer Staatsrechtler Friedrich Rohmer propagierte schließlich ein Naturgesetz von vier Parteirichtungen: Danach sei der Knabe radikal, der Jüngling liberal, der Mann konservativ und der Greis absolut (ROHMER 1844, S. 54 ff.).

Diese kunstvolle Theorie der Parteien, abgeleitet aus dem Wesen der menschlichen Lebensstufen, ist sicher recht typisch für die metaphorischen und organologischen Argumentationsweisen des 19. Jahrhunderts. Nicht umsonst avancierte Rohmer mit dieser Theorie zu einem der bekanntesten Pioniere der Parteienforschung im deutschsprachigen Raum. In der internationalen Parteienforschung ist eine solche Vorstellung von Parteien als sterblichen Organisationen mit einer bestimmten Lebenskurve erst 1982 durch das „Lifespans-of-parties"-Modell des dänischen Politikwissenschaftlers Mogens Pedersen wieder aktualisiert worden, der zur Typologisierung der „Lebensspanne" von Parteien ebenfalls eine chronologische Vierstufenfolge ins Spiel brachte (vgl. PEDERSEN 1982).

So merkwürdig diese Theorie anmutet, so ist sie dennoch Ausdruck einer bis heute nicht gänzlich vergessenen Idee, Parteien aus unterschiedlichem Wesen, unterschiedlichen Charakteren oder zumindest aus unterschiedlicher Ideologie zu erklären. Erst mit dem Beginn der Sozialwissenschaften – ob in den Theorien von Marx und Engels oder den Analysen von Max Weber – wurde die rein weltanschauliche Betrachtung von Parteien mehr und mehr auf soziale, ökonomische und historisch bedingte Interessenlagen übertragen. Parteien entstehen demnach nicht so sehr aus Ideen, sondern aus Interessen.

Im Gegensatz zu Frankreich oder England blieben die republikanisch-parlamentarischen Bewegungen im Deutschland des Vormärz vergleichsweise schwach. Die wenigen liberalen, republikanischen und radikaldemokratischen Geistestraditionen konnten zunächst keine prägende Kraft gewinnen. Monarchisches Gepräge, Staatsverehrung und Politikferne sowie ein unausrottbares Harmoniebedürfnis prägten die deutsche politische Kultur im 19. Jahrhundert. Idealismus und Romantik lehnten Konflikt und Interessenverfolgung ab. Politische Kompromisse wurden gern als faul bezeichnet. Relikte dieser unseligen Tradition sind bis heute erhalten.

Aber Deutschland konnte sich nicht von der europäischen Entwicklung abkoppeln. Das Bürgertum erstarkte, befreite sich von feudalen Zwängen. Gewerbefreiheit ging voran, der Ruf nach politischer Mitsprache, nach Presse- und Vereinigungsfreiheit folgte. Politische Bewegungen, die sich zunächst im Umkreis von Clubs und bestimmten Publikationsorganen bildeten, propagierten neues Gedankengut. Konservative Kräfte hielten dagegen. Bis zur Revolution von 1848 kamen frühe sozialistische Strömungen hinzu. Katholiken wehrten sich gegen die Unterdrückung durch das protestantische Preußen mit der Entwicklung politischer Vereine. Nach dem schnellen blutigen Scheitern der ersten deutschen nationalen Demokratisierung 1848/49 hatten diese Gruppen zunächst keinen Bestand. Erst in den 1860er Jahren, mit dem Beginn der neuen Ära in Preußen und nach Lockerungen in einigen süddeutschen Ländern, konturierte sich eine permanente deutsche Parteienlandschaft.

Seit Mitte des 19. Jahrhunderts nahmen Industrialismus und Kapitalismus einen rasanten Aufstieg in Deutschland. Damit einher gingen drastische Veränderungen des sozialen Gefüges. Die Menschen strömten in die Städte, es bildete sich eine wohlhabende Industriebourgeoisie. Ihr gegenüber wuchs eine ausgebeutete Arbeiterschaft. Auf dem Land verarmte die einfache Landbevölkerung, die Kapitalkraft der großen Gutsherrn stieg, religiöse Haltungen gerieten gegenüber zunehmender Verweltlichung und Trennung von Staat und Kirche in die Defensive. Eine Zwischenschicht aus Beamten, Angestellten, Technikern und Wissenschaftlern begann sich zu formieren. Alle diese Konflikte wurden in Deutschland durch die fehlende nationale Einigung noch verschärft. Deutschland blieb eine „verspätete Nation".

Gegen Mitte des vorvorigen Jahrhunderts bildeten sich zunächst vier Parteiströmungen heraus: Konservative, Liberale, Katholiken und Sozialisten. Die ersten beiden teilten sich aber schon früh in jeweils zwei Unterströmungen, sodass das Deutsche Kaiserreich bis zur Weimarer Republik im Wesentlichen von sechs Parteien geprägt wurde. Aus ideengeschichtlicher Perspektive hat mittlerweile die Auffassung von der Eigenständigkeit einer vom Liberalismus und vom Sozialismus klar abgrenzbaren demokratischen Bewegung und damit einer möglichen fünften Traditionslinie der deutschen Parteiengeschichte ebenfalls einige Anhänger gefunden. Zur Begründung wird häufig und nicht ganz zu Unrecht darauf verwiesen, dass Demokratie und Liberalismus in einem traditionellen Spannungsverhältnis von politischer Gleichheit und individueller Freiheit stünden, das erst durch die spezifische Einrichtung des demokratischen Verfassungsstaates aufgelöst oder wenigstens abgeschwächt worden sei.

Einen einflussreichen Beitrag zur näheren Unterscheidung der Lager leistete Anfang der 1960er Jahre der Staatsrechtler Ernst Rudolf Huber im zweiten Band seiner monumentalen „Deutschen Verfassungsgeschichte" mit der Identifizierung eines für die deutsche Parteiengeschichte angeblich konstitutiven Fünf-Parteiensystems, dessen Konturen er bereits im Vormärz zu erkennen glaubte (HUBER 1988, S. 318 ff.). Dabei trennte der Autor streng zwischen „Liberalismus" und „Radikalismus". Den zentralen Gegensatz zwischen beiden Richtungen sah er im jeweiligen Streben nach Reform oder Revolution (ebd., S. 402 f.).

Den quellengerechten, aber heutzutage leicht missverständlichen Begriff des Radikalismus zur Bezeichnung der Demokraten im Unterschied zu den Liberalen gebrauchte im Anschluss an HUBER auch Peter WENDE (1975). Zuletzt betonte Uwe BACKES (2000) in seiner Habilitationsschrift über das Wechselverhältnis von Liberalismus und Demokratie im Vormärz ebenfalls eher die Antinomie als die Synthese beider politischer Strömungen. Die genannten Autoren konnten sich dabei allesamt auf die Autorität des Historikers Erich BRANDENBURG berufen, der bereits 1919 für eine scharfe Scheidung von Liberalismus und Demokratie plädiert hatte, da beide „von ganz verschiedenen Gesichtspunkten her orientierte Gedankensysteme" seien (S. 80).

Was berechtigt uns angesichts dieser kenntnisreichen Analysen also weiterhin, von lediglich vier Stämmen der deutschen Parteiengeschichte auszugehen? Die Antwort liegt darin begründet, dass die Konstruktion zweier Idealtypen von Liberalismus und Demokratie aus einem rein ideengeschichtlichen Erkenntnisinteresse heraus zwar durchaus fruchtbar erscheinen mag, eine so fundamentale Trennung in der historischen Wirklichkeit, die uns hier vor allem interessiert, aber niemals stattgefunden hat, etwa in dem Sinne, dass es in Deutschland jemals eine rein demokratische oder eine ausschließlich liberale Partei gegeben hätte.

Schon Friedrich Meinecke verwies deshalb in seiner Debatte mit Brandenburg auf die Tatsache, dass man in der realen Parteiengeschichte viel häufiger „Mischungen liberaler und radikal-demokratischer Elemente" sowie „Übergänge und Schattierungen zwischen Liberalismus und Demokratie" vorfinde (MEINECKE 1917, S. 57). Diese Sichtweise entspricht ebenfalls der Deutungslinie von Ludwig BERGSTRÄSSERS Standardwerk zur deutschen Parteiengeschichte (1965).

Auch im Sinne einer erkenntnisstiftenden Komplexitätsreduktion bleibt es also dabei: Der Stammbaum der deutschen Parteien besteht – wie Abb. 2 noch einmal illustriert – aus den vier Stämmen: Liberale, Konservative, Katholiken und Sozialisten. Diese vier Stämme mit ihren wichtigsten Zweigen, deren Hauptäste bis heute reichen, werden die folgende Darstellung prägen.

Die wichtigste Gründungsphase der Parteien lag in dem Jahrzehnt zwischen 1861 mit der Gründung der *Deutschen Fortschrittspartei* und 1871 mit der Reichsgründung. Die von Bismarck geprägte Reichsverfassung von 1871 bildete nach der Gründungsphase den eigentlichen institutionellen Rahmen für die Frühentwicklung der deutschen Parteien. Der Reichstag ist in seiner Bedeutung für die deutsche Demokratiegeschichte lange Zeit unterschätzt worden. Tatsächlich verfügte das Parlament schon zu Bismarcks Zeiten über relativ weitgehende Gesetzgebungs-, Budget- und Kontrollrechte. Auch galt für den Reichstag ein allgemeines, gleiches und geheimes Männerwahlrecht. Was fehlte, war allerdings die Verantwortlichkeit der Regierung, die durch den Reichskanzler repräsentiert wurde, der in Personalunion auch preußischer Ministerpräsident war. Er wurde nur vom Vertrauen des Kaisers getragen. Daneben behielten die Fürsten im Bundesrat – das Deutsche Reich bestand aus vier Königreichen, sechs Großherzogtümern, vier Herzogtümern, acht Fürstentümern, drei freien Städten und dem Reichsland Elsass-Lothringen – wichtige eigene Rechte in Legislative und Budgetkontrolle. Der Reichstag als Bühne der Parteien blieb also bis 1918 ein amputiertes Parlament, zwar demokratisch gewählt (anders als das preußische Abgeordnetenhaus, das sein Dreiklassenwahlrecht bis Ende des Ersten Weltkrieges konservierte), aber ohne volle demokratische Rechte.

Diese Janusköpfigkeit prägte auch die deutschen Parteien. Zwar verfügten sie über eine wirksame politische Bühne, aber sie blieben deklamatorische politische Rhetoriker. Regie und Intendanz führten andere Kräfte: die alten Eliten des Adels bei Hofe, in den Bundesstaaten, im ostelbischen Großgrundbesitz, beim Militär und in der hohen Justiz und Bürokratie sowie die erstarkende Großbourgeoisie in der Wirtschaft des Frühkapitalismus, der bereits damals dramatische Boom- und Baissephasen durchmachte.

Abbildung 2 Stammbaum der deutschen Parteien – Kaiserreich und Weimarer Republik

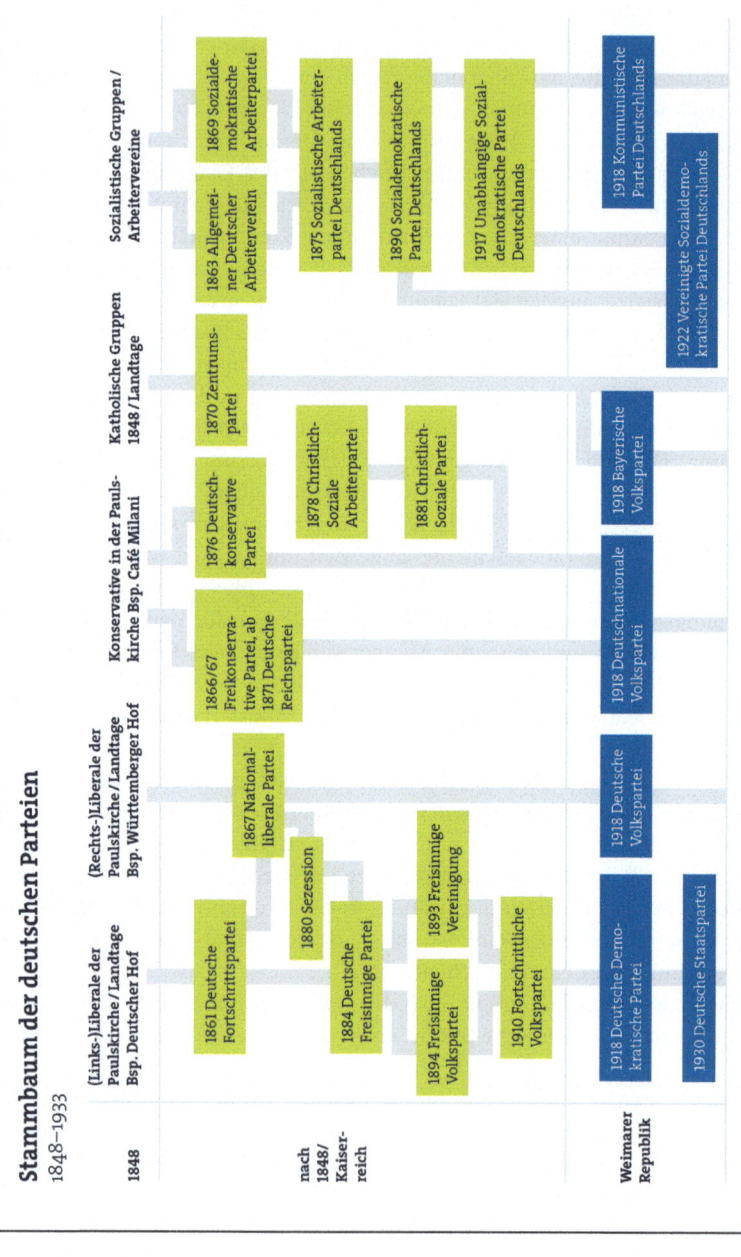

Stammbaum der deutschen Parteien
1848–1933

Aus: Ziemann 2016

Abbildung 3 Die Reichstagswahlen von 1871 bis 1912

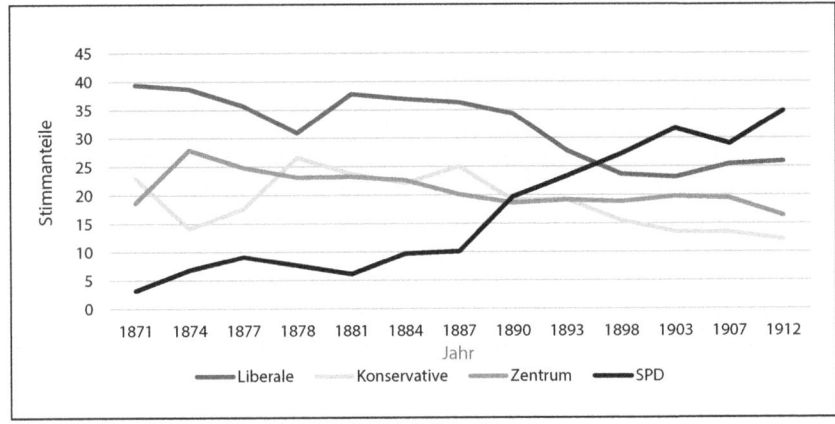

Nach: HOFMANN 1993, S. 23

2.1.1 Die Liberalen

Obwohl die Konservativen die etablierten Kräfte des alten Regimes in Monarchie und Staatsbürokratie repräsentierten, bildeten nicht sie die erste Partei. Denn sie waren ja die „geborenen" Mitglieder der politischen Elite und mussten die Macht nicht mittels Parlament oder Öffentlichkeit oppositionell erstreiten. Anders die fortschrittlichen Kräfte des Bürgertums, die sich liberal verstanden. So hat es auch ein Klassiker der deutschen Parteiengeschichte, Sigmund NEUMANN, schon 1932 formuliert:

> „Erste Parteien entstehen immer als Oppositionsgruppen gegen die bestehenden Verhältnisse. Ihre Bedrohung ruft Abwehr, Reaktion und Vertreter dieses Prinzips selbst hervor. Erst die Erschütterung festgefügter Ordnung wandelt dumpfen Traditionalismus naiver Lebensunmittelbarkeit als Erwiderung auf den Angriff zum politisch wachen Konservatismus" (NEUMANN 1986, S. 20).

Der deutsche Liberalismus hatte seit 1848 immer mehr einen Kampf für Rechtsstaatlichkeit in einem deutschen Nationalstaat geführt als für Demokratie und konsequenten Parlamentarismus. Auch das ungerechte preußische Dreiklassenwahlrecht wurde nicht konsequent bekämpft, denn das „Volk" der Liberalen blieb das Bürgertum, von dem aufkommenden Proletariat fühlte man sich eher bedroht. Wurden noch in der Frankfurter Paulskirche die frühen politischen Gruppen, Klubs und Fraktionen nach den Namen ihrer Versammlungslokale benannt, so war die erste deutsche Partei, die sich formell selbst so nannte, die *Deutsche Fortschrittspartei*.

Die *Deutsche Fortschrittspartei* wurde im Juni 1861 von einigen Mitgliedern des Preußischen Abgeordnetenhauses zusammen mit bekannten Persönlichkeiten – so dem Unternehmer Werner von Siemens, dem Historiker Theodor Mommsen oder dem Mediziner und Pathologen Rudolf Virchow – gegründet. Den Anstoß für die Gründung gaben Konflikte um das Budgetrecht des Parlaments, insbesondere der Streit um die Heeresreform und die Mittel, die die Regierung hierfür verlangte.

Das Programm der Partei forderte demokratische Rechte für das Parlament, die Verantwortlichkeit der Regierung, kommunale Selbstverwaltung, Trennung von Kirche und Staat sowie Gleichberechtigung der Konfessionen. Aber neben den demokratischen Forderungen standen auch nationale Ziele, wie die Einigung Deutschlands unter preußischer Führung, und die Versicherung der Loyalität gegenüber König und Regierung. So begann das Gründungsprogramm typisch für die Zeit folgendermaßen:

> „Wir sind einig in der Treue für den König und in der festen Überzeugung, daß die Verfassung das unlösbare Band ist, welches Fürst und Volk zusammenhält" (zitiert nach KAACK 1971, S. 30).

Am Beginn des politischen Liberalismus stand bereits der Zwiespalt zwischen nationaler Loyalität und demokratischem Fortschritt, ein Zwiespalt, der die Geschichte des Liberalismus noch lange belasten sollte.

Die soziale Zusammensetzung der *Fortschrittspartei* war relativ homogen. Über die Wählerschaft ist zwar wenig bekannt, aber die Berufe der Abgeordneten sind dokumentiert:

> „Hier saßen nämlich Vertreter des Großbürgertums, mittlere Unternehmer, Großgrundbesitzer, Kleinbürger und Intellektuelle nebeneinander. Unter den Berufsgruppen dominierten die Beamten, die – nichtadligen – Ritterguts- und Gutsbesitzer und Landwirte, die Fabrikanten, Rentiers und Bankiers sowie Rechtsanwälte, Ärzte und Journalisten" (LÖSCHE 1994, S. 29).

Organisatorisch handelt es sich bei allen frühen liberalen und konservativen Parteien um den Typus der „Honoratiorenpartei". Dabei bildet die jeweilige Fraktion das Zentrum der Partei. Die einzelnen Abgeordneten ließen sich in ihren Heimatwahlkreisen von lockeren Gruppen, regionalen Komitees und Wahlvereinen aufstellen. Eine breite Mitgliedschaft oder eine Parteiorganisation außerhalb des Parlaments war praktisch nicht existent.

Politisch war die *Fortschrittspartei* kurzfristig recht erfolgreich, denn sie gewann im Dezember 1861 die Wahlen und zog als die stärkste Gruppe in den preußischen Landtag ein. Dort bildete sie mit der linken Mitte die absolute Mehrheit. Bismarck wurde 1862 auf dem Höhepunkt der Krise um die Heeresverfassung, die von der Parlamentsmehrheit blockiert wurde, zum preußischen Ministerpräsidenten berufen. Er war zwar ein Gegner des demokratischen Parlamentarismus überhaupt und damit auch von Parteien, aber er ließ sich auf sie ein und es gelang ihm meisterhaft, mit den politischen Kräften zu spielen und sie insbesondere gegeneinander auszuspielen. So beeinflusste er für die folgenden 30 Jahre das entstehende deutsche Parteiensystem nachhaltig.

Eine Folge des Krieges von Preußen gegen Österreich 1866 war die Abspaltung der *Nationalliberalen Partei,* die die Bismarcksche Politik einer (klein-)deutschen Einheit unter Preußens Führung unterstützte und den Verfassungskonflikt mit ihm beendete. Sie löste sich von der *Fortschrittspartei* zuerst als Fraktion, im Jahr 1867 auch als eigenständige Partei. Die Nationalliberalen wurden – neben den Konservativen – zur verlässlichsten Stütze von Bismarcks Politik. Ihren Höhepunkt erlebten sie bei der Reichstagswahl unmittelbar nach der Reichsgründung 1871 mit 30 % Stimmenanteil, der sich bis 1890 halbierte und dann bis 1912 ungefähr konstant blieb.

Programmatisch stand bei ihnen zunächst vor allem die „Treue zu Kaiser und Reich" im Vordergrund. Zwar erhoben sie auch liberale verfassungsrechtliche Forderungen, die aber in der Regel der Tagespolitik untergeordnet blieben. Zur „Abwehr staatsgefährlicher Umtriebe" war ihnen deshalb Bismarcks Sozialistengesetz in den 1880er Jahren gerade recht. Zwar befürworteten sie in den 90er Jahren auch sozialpolitische Maßnahmen, aber gegen Ende des Jahrhunderts hatten sie sich den Konservativen so weit genähert, dass sie 1897 sogar ein Wahlbündnis mit ihnen eingingen.

Ihr Programm von 1907 dokumentiert schließlich die völlige Übereinstimmung mit der imperialistischen Außen- und Aufrüstungspolitik des Reiches und der Diktion der alldeutschen Propaganda:

„Unverbrüchliche Treue zu Kaiser und Reich! Das Vaterland über der Partei, das allgemeine Wohl über allen Sonderinteressen (…) Pflichtbewußtsein und rechtzeitige Opferwilligkeit, wo die Macht und das Ansehen des Reiches noch außer Frage stehen. Aufrechterhaltung der Wehrkraft der Nation, insbesondere auch eine achtungsgebietende Flotte zum Schutze des Landes und der überseeischen deutschen Interessen. Zielbewußte Fortführung der Kolonialpolitik (…) Schutz des Deutschtums gegen Angriffe jedweder Art. Nachdrückliche Unterstützung der deutschen Volksgenossen in der Ostmark gegen die nationalpolnische Gefahr" (zitiert nach HOFMANN 1993, S. 49).

Soziologisch war die Partei besonders Ausdruck der Interessen des großindustriellen Bürgertums, von Agrariern und Teilen des Bildungsbürgertums. Organisatorisch verkörperten die *Nationalliberalen* ebenfalls den Typus der Honoratiorenpartei. Die Fraktionsführung fungierte meist gleichzeitig als Parteivorstand und politisches Zentrum.

Während die *Nationalliberalen* ab etwa 1890 eine stabile Kraft von ca. 15 % des Parteienspektrums blieben, waren die Linksliberalen von ständigen Spaltungen, Fusionen und erneuten Sezessionen gebeutelt. Auch ihr Wahlerfolg schwankte. Die *Deutsche Fortschrittspartei* erreichte zwischen 1871 und 1878 knapp 10 % der Stimmen. 1884 verbündete sie sich dann mit der *Liberalen Vereinigung* zur *Deutschen Freisinnigen Partei* und konnte somit bei der Wahl im selben Jahr ihren Stimmenanteil fast verdoppeln. Die *Deutsche Freisinnige Partei* spaltete sich 1893/94 erneut in den größeren Teil *Freisinnige Volkspartei* (die zwischen 6 % bis 9 % der Stimmen erzielte) und die kleinere *Freisinnige Vereinigung* (2,5 % bis 3,5 % der Stimmen).

Noch weitere kleinere Abspaltungen müssen hier nicht gesondert erwähnt werden, allerdings vollzog man 1910 wieder eine Einigung mehrerer linksliberaler Gruppen zur *Fortschrittlichen Volkspartei*. Eine Stärkung der Linksliberalen ergab sich dadurch in den Vorjahren zum Ersten Weltkrieg allerdings nicht. Bei den letzten Reichstagswahlen von 1912 erreichten sie keine nennenswerten Stimmengewinne.

Die soziale Basis der Linksliberalen bestand aus Kreisen der Groß- und Kleinunternehmer, wie des Handels- und Bankkapitals, aus Handwerkern, Klein- und Mittelbauern sowie aus Lehrern, Rechtsanwälten und Journalisten (vgl. HOFMANN 1993, S. 37).

Peter Lösche resümiert die Konfliktlagen des Liberalismus im Kaiserreich folgendermaßen:

> „Das Problem des deutschen Liberalismus, insbesondere des Nationalliberalismus, war sein Schwanken zwischen den liberalen Ideen und der Anpassung an die Bismarcksche Politik bzw. die jeweils aktuelle politische Situation. Nach außen mußte der Liberalismus als politisch zerrissen erscheinen, und er war es tatsächlich auch. So konnten die Nationalliberalen als ‚Reichsgründungspartei' (...) sehr eng mit den Konservativen kooperieren, während Teile der Linksliberalen mit den Sozialdemokraten zusammenarbeiteten, ja einige Vertreter sogar in die SPD eintraten und dort liberales Gedankengut verstärkten. Es überrascht dann nicht, daß der Liberalismus auch in der Weimarer Republik von Widersprüchlichkeit und Zerrissenheit bestimmt war" (LÖSCHE 1994, S. 50).

Abbildung 4 Wahlergebnisse der Liberalen im Kaiserreich

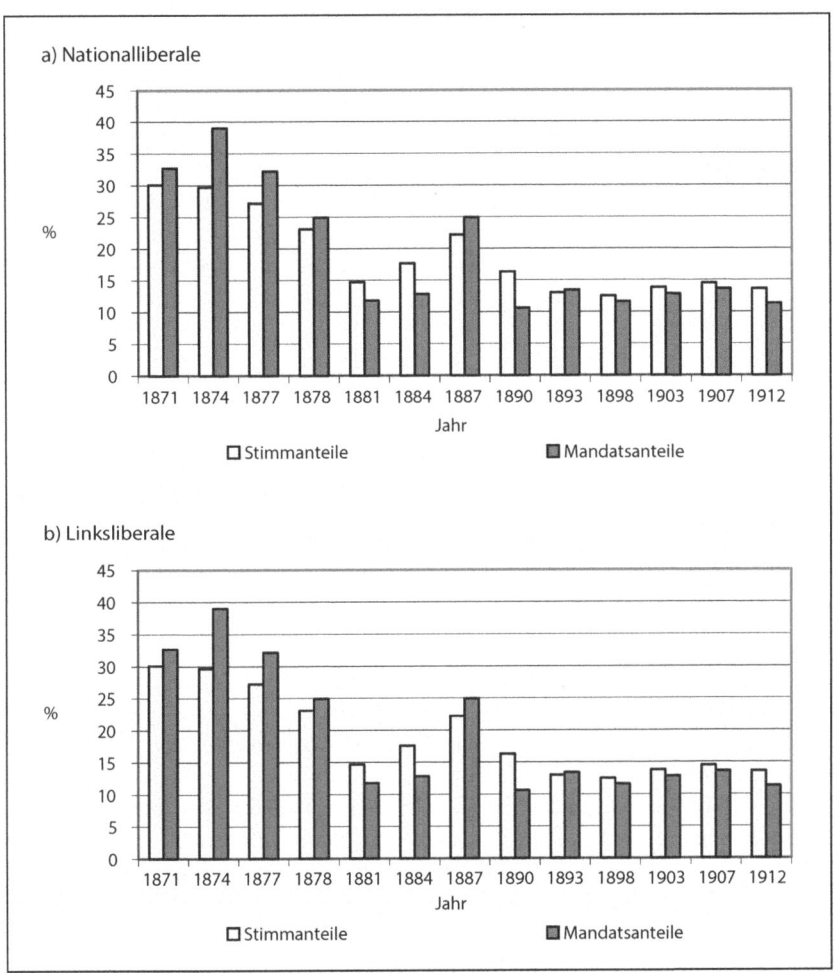

Nach: Hofmann 1993, S. 23

2.1.2 Die Konservativen

Viel mehr noch als die Nationalliberalen verkörperten die Konservativen in Preußen und im späteren Deutschen Reich ab 1871 die führende Schicht in Adel, hoher Bürokratie, Militär, Großgrundbesitz und zunehmend auch im Besitzbürger-
tum sowie selbstverständlich in den staatsdienenden Funktionen der Akademiker
an den Universitäten.

Die ersten Vorläufer von Parteien waren Vereine, wie z. b. der *Preußische
Volksverein* von 1861, der die Interessen des preußischen Großgrundbesitzes gegen das liberale Marktprinzip des beginnenden Kapitalismus verteidigte und deshalb auch andere vom Kapitalismus bedrohte Schichten einzubinden suchte, wie
das Handwerk und sogar die Arbeiterschaft. Wurzeln eines „konservativen Sozialismus" liegen hier, die auch die spätere konservative Sozialpolitik Bismarcks
befruchteten, der damit den Sozialisten das Wasser abgraben wollte. Aber eine
„Volkspartei" entstand hieraus mitnichten.

Die konservativen Eliten zogen es zunehmend vor, wieder unter sich zu bleiben. Sie reklamierten, die „Verkörperung" eines organisch gedachten Staates zu
repräsentieren. Gerade die adeligen Großgrundbesitzer pflegten die Gewissheit,
dass ihre Interessen mit denen von Staat, Gesellschaft und Volksganzem identisch
seien – eine Ideologie, der allerdings nur allzu viele Partialinteressen immer wieder und bis heute erliegen. Typisch für diese Auffassung war die Gründung eines
konservativen Vereins schon kurz nach der Frankfurter Paulskirchenversamm-
lung 1848 mit dem vielsagenden Namen *Verein zur Wahrung der Interessen des
Großbürgertums und der Förderung des Wohlstandes aller Volksklassen* (vgl. Bergsträsser 1965, S. 87). Dies war gleichzeitig eine erste Keimzelle der späteren konservativen Parteien.

Die schon 1866 gegründete *Freikonservative Partei,* die sich später *Deutsche
Reichspartei* nannte, versuchte, die Interessen von Großgrundbesitz und Großindustrie zu verbinden und zu bündeln. So begründete ihr Vorsitzender, Wilhelm
von Kardorff, 1876 den *Zentralverband Deutscher Industrieller.* Im Übrigen vertrat
die Partei kaum profilierte Ziele, da sie prinzipiell der Politik der konservativen
Reichsregierung folgte. Im gemeinsamen Interesse von Großindustrie und Großgrundbesitz verlangte sie Schutzzölle, um die Agrar- und Montanindustrie ihrer
Klientel vor ausländischer Konkurrenz zu schützen.

Allerdings blieb sie eine relativ kleine Partei, deren höchster Stimmenanteil
1878 bei über 13 % lag, der aber bis 1912 kontinuierlich auf schmale 3 % sank.
Nichtsdestotrotz blieb sie überproportional einflussreich auf die Politik der Eliten im Kaiserreich.

Stärker war die zweite, größere Gruppierung, die *Deutschkonservative Partei,*
die 1876 gegründet wurde. Sie erhielt 1881 ihr stärkstes Ergebnis mit zwar auch nur

16 % der Stimmen, blieb aber kontinuierlicher auf dieser Höhe und sank bis 1912 nur auf knapp 10 %.
Programmatisch forderte sie in einem Gründungsaufruf:

> „1. Stärkung und Ausbau der nationalen Einheit auf verfassungsmäßiger Grundlage unter Beibehaltung föderalistischer Freiheit der Einzelstaaten,
> 2. Bekenntnis zur Monarchie und zum starken Obrigkeitsstaat,
> 3. Selbstverwaltung in Provinz, Kreis und Gemeinde ohne das allgemeine Wahlrecht,
> 4. Bekenntnis zur Konfessionsschule und Distanzierung vom Kulturkampf,
> 5. Ablehnung des Manchester-Liberalismus und die Forderung nach einer geordneten wirtschaftlichen Freiheit,
> 6. Forderung an die Wirtschaftspolitik, die Interessen von Grundbesitz, Industrie und Handwerk stärker zu berücksichtigen und die ‚Bevorzugung des großen Geldkapitals' schrittweise zu beseitigen,
> 7. Bekämpfung der ‚Ausschreitungen der sozialistischen Irrlehren'" (HOFMANN 1993, S. 90).

Im Laufe der Jahre radikalisierte sich allerdings die Programmatik und bekam in Teilen reaktionäre und auch antisemitische Züge. So enthielt das Programm von 1892 u. a. die Punkte:

> „1. Ein Bekenntnis zur ‚Erhaltung und Kräftigung der christlichen Lebensanschauung in Volk und Staat', die Forderung nach enger Kooperation von Staat und Kirche als ‚von Gott verordnete Einrichtungen'. Ferner ein Bekenntnis zur konfessionellen christlichen Volksschule als ‚wichtigste(n) Bürgschaft gegen die zunehmende Verwilderung der Massen und die fortschreitende Auflösung aller gesellschaftlichen Bande'. Ferner ein deutlicher Antisemitismus: ‚Wir bekämpfen den vielfach sich vordrängenden und zersetzenden jüdischen Einfluß auf unser Volksleben.' (…)
> 3. Bekenntnis zur Monarchie von Gottes Gnaden und Abwehr jeden Versuches, ‚die Monarchie zu Gunsten eines parlamentarischen Regimentes zu beschränken'. (…)
> 10. Aufrechterhaltung der Schutzzölle für die Landwirtschaft;
> 11. Bewahrung und Ausbau der Schutzzölle für die Industrie; (…)
> 14. Bekämpfung derjenigen Anhänger der Sozialdemokratie und des Anarchismus, ‚deren vaterlandslose und auf den Umsturz gerichtete Bestrebungen weite Kreise unseres Volkes gefährden', als Feinde der staatlichen Ordnung;
> 15. Bekämpfung der ‚gewissenlosen Presse, welche durch ihre Erzeugnisse Staat, Kirche und Gesellschaft untergräbt'" (HOFMANN 1993, S. 90 f.).

Im Gegensatz zu den *Freikonservativen* vertraten die *Deutschkonservativen* noch einseitiger die Interessen des ostelbischen Großgrundbesitzes, der Junker. Trotz aller Interessengegensätze war man sich mit der Industrie in der Forderung nach Schutzzöllen einig, um sich vor Getreideeinfuhren zu schützen.

Im Übrigen kultivierte man einen gemeinsamen Feind: die Sozialdemokratie und deren „reichsfeindliche Umtriebe". Aber da man fast durchweg protestantisch war, gab es noch einen zweiten Gegner: die Katholiken und ihre „ultramontane", d. h. über die Alpen reichende, Steuerung durch den Papst. Bismarcks Kulturkampf gegen den Katholizismus wurde deshalb gerne unterstützt. Feinde waren reichlich vorhanden, denn die Linksliberalen und natürlich alle Demokraten in Öffentlichkeit, Kultur und Wissenschaft zählten zu ihnen, und das feindliche Ausland sowieso.

Man fühlte sich eingekreist, insbesondere aber vom britischen und französischen Imperialismus und Kolonialismus abgedrängt. Der begehrte „Platz an der Sonne" mit eigenen Kolonien wollte und wollte nicht glücken.

Organisatorisch ähnelten die konservativen den liberalen Parteien im Typus der Honoratioren- und Komiteepartei. Örtliche Notabeln und Honoratioren, in erster Linie die ostelbischen Großgrundbesitzer, ließen sich von örtlichen Komitees, die sie ganz in der Hand hatten, aufstellen. Konservative Vereine und Interessengruppen bildeten eine unterstützende Peripherie. In Theodor Fontanes Romanen werden das Lebensgefühl dieses Landadels und seine politischen Ambitionen – teilweise schon nostalgisch im Abendrot einer untergehenden Kultur gesehen – geschildert.

Manche der Satellitenvereine, die die Konservativen umkreisten, entwickelten allerdings eine eigene Schwerkraft. Dies galt besonders für den 1893 gegründeten *Bund der Landwirte,* in dem sich ostelbische Großgrundbesitzer und -pächter zusammengeschlossen hatten, um für Schutzzölle und Steuervergünstigungen zu kämpfen. Neben Anti-Demokratismus, Anti-Liberalismus und Anti-Sozialismus war auch ein wachsender Antisemitismus unverkennbar – gepaart mit bündisch-völkischen, patriarchalischen und sozialdarwinistischen Ideen.

„Der Bund der Landwirte war hervorragend organisiert. Er umfaßte 200 000 bis 300 000 Mitglieder. In den 90er Jahren wurde ein regelrechter Apparat aufgebaut, das Büro in Berlin wuchs personell und verwaltete aus der Hauptstadt die Organisation zentralistisch. Im Zusammenhang der Parteiengeschichte ist nun interessant, daß der Bund der Landwirte sich zu einer Art Wahlkampfmaschine entwickelte. Er stellte Flugblätter und anderes Material her und mobilisierte seine Mitglieder und Sympathisanten über seine Presseorgane. Dies geschah erstmals bei den Reichstagswahlen 1898, bei den Kommunalwahlen erst ab 1909. Naturgemäß konzentrierten sich diese Aktionen auf die Wahlen zum preußischen Abgeordnetenhaus. Dabei unterstützte der Bund der Landwirte Kandidaten, die sich zuvor auf sein Programm verpflichten mußten. Diese Wahlkampfhilfe geschah prinzipiell parteiübergreifend, aber die weitaus meisten der geförderten Kandidaten gehörten zur Deutschkonservativen Partei. Doch war der Bund nicht nur an deren Wahlkampf, sondern bereits auch an der Kandidatenrekrutierung beteiligt. Es ginge zu weit, in diesem Zusammenhang von einer Symbiose zwischen dem Bund der Landwirte und der Deutschkonservativen Partei zu sprechen" (Lösche 1994, S. 51 f.).

In einigen Teilen Ostdeutschlands war die Dominanz konservativer Kandidaten unter dem geltenden absoluten Mehrheitswahlrecht (keine Listenkandidaten, sondern ausschließlich Wahlkreiskandidaten in Einerwahlkreisen; im ersten Wahlgang ist der Kandidat mit der absoluten Mehrheit gewählt, wird die nicht erreicht, wird ein zweiter Wahlgang als Stichwahl zwischen den beiden stimmenstärksten Bewerbern durchgeführt) so hoch, dass man sie als „Riviera-Wahlkreise" bezeichnete: Der Bewerber brauchte sich aus seiner Riviera-Villa für den Wahlkampf und die Wahl nicht zu bemühen, da er sowieso gewählt wurde.

Thomas Nipperdey schildert diese Situation sehr eindrucksvoll:

„… in ihren (den konservativen, d. Verf.) Kerngebieten im Osten waren die Autorität und die Einflußmöglichkeiten der maßgebenden Großgrundbesitzer, die sie bis zum rücksichtslosen Wahlterror ausnutzten, lange Zeit noch so stark, daß ohne weitere Organisation und Werbung ein fester Wählerstamm gesichert, ja die Wahl entschieden war. Die Landarbeiter kannten keine anderen als konservative Zeitungen, sie wurden jeweils geschlossen zur Wahl geführt und bekamen konservative Stimmzettel zugeteilt, die, da es bis 1903 keine Wahlkuverts gab, vom Gutsbesitzer als Wahlvorsteher leicht zu kontrollieren waren. In sehr vielen Dörfern waren andere als konservative Versammlungen unmöglich, da die Wirte, die über Säle verfügten, völlig vom Gutsbesitzer als Amtsvorsteher abhängig waren. Auch Pastoren und Lehrer waren z. T., infolge des Patronatsrechts, im wesentlichen auf die Gutsbesitzer angewiesen" (Nipperdey 1961, S. 241).

Stärker auf sozialen Ausgleich war eine Abspaltung bedacht, die sich *Christlich-soziale Arbeiterpartei* nannte und 1878 von dem protestantischen Hofprediger Adolf Stoecker gegründet wurde. Allerdings sollte eine Förderung der Arbeiter streng im christlichen Glauben und in Loyalität zu König und Vaterland erfolgen. Mit populistischer Demagogie sollte die Sozialdemokratie bekämpft werden. Dies verband sich seit 1880 mit immer offenerem Antisemitismus. Seit 1881 gehörte die *Christlichsoziale Partei* als selbstständige Gruppe zur *Deutschkonservativen Partei* (vgl. Lösche 1994, S. 53). Diese Gruppierungen konnten zwar keine größeren Wahlerfolge erringen, erreichten aber mit wenigen Abgeordneten eine beträchtliche demagogische Wirkung, deren Inhalte in der Weimarer Republik und von der NSDAP leicht wieder aufgenommen werden konnten.

Abbildung 5   Wahlergebnisse der Konservativen im Kaiserreich

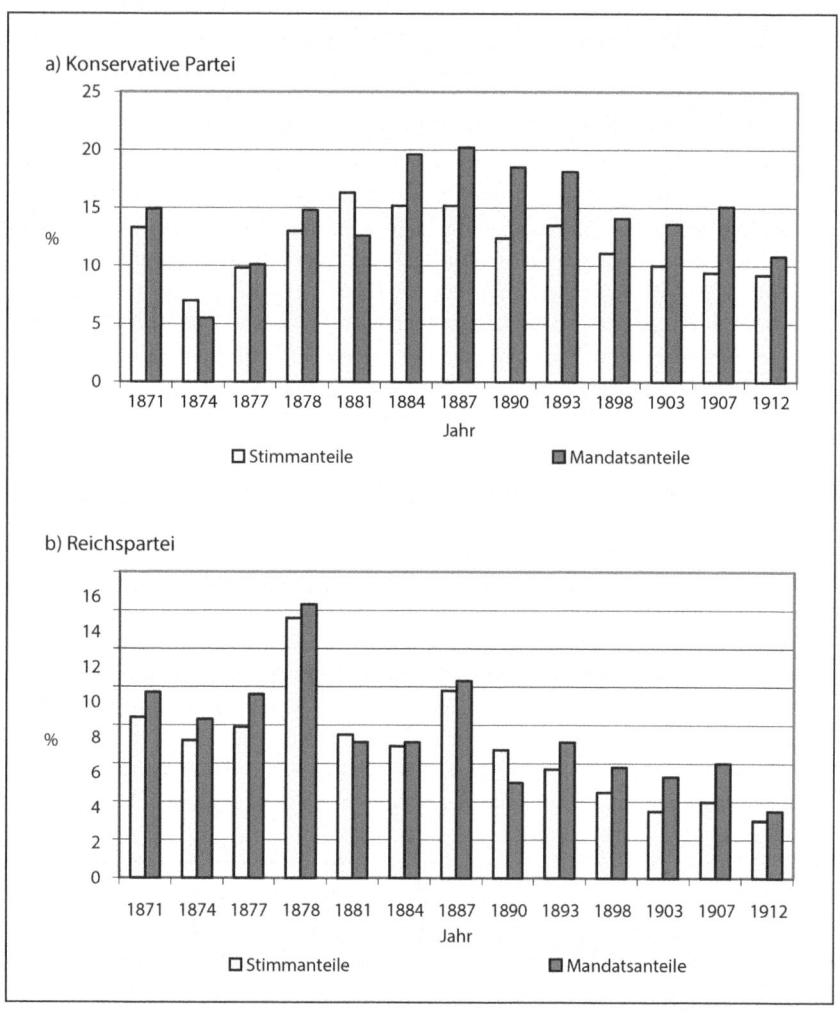

Nach: Lösche 1994, S. 195 ff.

Insgesamt fasst Hofmann als Resümee für die konservativen Parteien des Kaiserreichs zusammen:

„Obwohl die Konservativen am Anfang des 20. Jahrhunderts nur noch ca. 13 % der Wählerstimmen auf sich vereinigten, war ihr tatsächlicher politischer und gesellschaftlicher Einfluß erheblich größer, als dies die Wahlergebnisse vermuten lassen. In den 90er Jahren entwickelten sich die Konservativen zu einer agrarischen Interessenpartei, die durch ihre populistische, nationalistische und antisemitische Politik größere Bevölkerungsteile ansprechen konnte und auch in andere Parteien (Nationalliberale, Zentrum) hineinwirkte. Gleichzeitig wurde der sozialintegrative Flügel an den Rand der Partei gedrängt und ein konfrontativer Kurs gegenüber der Arbeiterbewegung eingeschlagen. Die imperialistische, auf Krieg und Expansion setzende Außenpolitik hatte in den konservativen Parteien, vor allem den Deutschkonservativen, ihre Hauptstütze" (Hofmann 1993, S. 94).

2.1.3 Die Katholiken

Der politische Katholizismus im Deutschen Reich sah sich immer in einer eigenartigen Zwitterstellung. Von seiner ganzen kirchlichen Hierarchie und geistlichen Autorität her eigentlich konservativ eingestimmt, fand er sich doch in Opposition zum vorherrschenden protestantischen Preußentum wieder, was vielen Katholiken und insbesondere den geistlichen Autoritäten im hohen Klerus völlig gegen den Strich ging. Der Katholizismus stand auch scharf gegen Liberalismus in Kultur, Gesellschaft, Wissenschaft und Politik und insbesondere in der Wirtschaft. Aber auch das war ambivalent, denn die Alternative sollte ein diffuser berufsständischer (nicht parlamentarischer!) autoritärer Monarchismus sein mit Schutz von Handwerk und Mittelstand, aber ohne den süddeutschen und rheinischen katholischen Großgrundbesitz zu verprellen – es gab keine klare katholische gesellschaftlich-politische Konzeption.

Das katholische Milieu im preußischen Rheinland/Westfalen, in Süddeutschland sowie in Südwestdeutschland organisierte sich zunächst in zahlreichen Vereinen. Dabei ging es schon für die katholischen Abgeordneten in der Frankfurter Paulskirche 1848 um die Abwehr staatlicher Eingriffe und insbesondere um die Sicherung kirchlicher Schulen. Im preußischen Abgeordnetenhaus 1852 hatten sich 60 katholische Abgeordnete zu einer Fraktion zusammengeschlossen, die sich wegen ihrer Platzierung im Parlament zwischen rechten und (liberalen) linken Abgeordneten die „Fraktion des *Zentrums*" (vgl. Lösche 1994, S. 34) nannte. Bei diesem Verlegenheitsnamen blieb es – nicht zuletzt, weil man sich scheute, sich als „Partei" und als „katholisch" zu bezeichnen. Das *Zentrum* war schon damals populär wie die „Mitte" heute, in deren Unverbindlichkeit sich die meisten Parteien zurückziehen möchten.

Es ist fraglich, ob ohne den von Bismarck forcierten „Kulturkampf" eine katholische Partei in Deutschland eine Chance gehabt hätte. Die Parteiengeschichte wäre ohne das *Zentrum* anders verlaufen, vielleicht gäbe es sogar eine CDU/CSU heute nicht in dieser Form.

> „Der Kulturkampf setzte sehr schnell und schon 1872/73 ein: Der preußische Verfassungsartikel, der die kirchliche Freiheit begünstigte, wurde aufgehoben; die obligatorische Zivilehe wurde eingeführt, der Kirchenaustritt erleichtert und das staatliche Aufsichtsrecht über Kirche und Schule verstärkt; fast alle Orden in Preußen fielen der Auflösung anheim. Generell begann ein Kampf gegen den Ultramontanismus, gegen die angebliche Romhörigkeit des Katholizismus. In einer Zeit, in der es eigentlich der innenpolitischen Stabilisierung des eben gegründeten Reiches bedurft hätte, begann der angeblich so hervorragend kalkulierende Realpolitiker Bismarck einen Konflikt, der auf Seiten der katholischen Bevölkerung nur Bitterkeit hervorrufen konnte. Tatsächlich blieben Aversionen gegen das protestantische, preußisch dominierte Reich und das evangelische Kaisertum auch lange nach Beendigung des Kulturkampfes erhalten. Und erst in der Konfliktzeit gewann das Zentrum seine eigentliche politische Identität" (LÖSCHE 1994, S. 35).

In der sozialen Zusammensetzung ihrer Wähler repräsentierte die 1870 gegründete Partei *Zentrum* die erste Volkspartei. Sie war für Arbeiter, Handwerker, Mittelstand und Unternehmer, Adelige, Bürokratie und Klerus die Partei der Wahl – wenn man katholisch war. In der Führungselite der Partei dominierten allerdings die höheren Schichten, zuallererst die katholische Geistlichkeit, aber auch der katholische Adel und das Großbürgertum.

Programmatisch versprach die Partei folgerichtig allen ihren Unterstützern etwas und hielt sich möglichst allgemein. So formulierte das Essener Programm des *Zentrums* 1870 seine politischen Grundsätze folgendermaßen:

1. „Unversehrte Aufrechterhaltung der durch die preußische Verfassungsurkunde gewährleisteten Selbständigkeit der Kirche in Ordnung und Verwaltung ihrer Angelegenheiten, insbesondere auch hinsichtlich der Bildung und Entwicklung kirchlicher Gesellschaften.

2. Abwehrung aller gegen den konfessionellen Charakter des Volksunterrichts gerichteten Bestrebungen und Angriffe zur Sicherung des heiligsten Rechts der christlichen Familie sowie endlich Verwirklichung der verfassungsmäßig verheißenen Unterrichtsfreiheit.

3. Festhaltung an dem christlichen Charakter der Ehe als dem festen und unter jeder Bedingung aufrechtzuerhaltenden Fundamente der Familie.

4. Bewahrung des im Bundesvertrag und in der Bundesverfassung festgestellten föderativen Charakters des Norddeutschen Bundes gegenüber allen auf Einführung eines zentralisierten Einheitsstaates gerichteten, mit der wahren Freiheit und der eigenartigen Entwicklung des großen Deutschen Vaterlandes unverträglichen Parteibestrebungen.

5. Dezentralisation der Verwaltung und Verwirklichung der Selbstverwaltung des Volkes in Gemeinde, Kreis und Provinz.

6. Ermäßigung der finanziellen Belastung des Landes, insbesondere durch Verminderung der Ausgaben für das Militärwesen sowie durch Verteilung der Steuern nach den Grundsätzen der Gerechtigkeit und Billigkeit, namentlich in Hinsicht auf die Überbürdung des Arbeiters.

7. Beseitigung der sozialen Mißstände und Förderung aller Interessen des Arbeiterstandes durch eine gesunde christliche Gesetzgebung" (zitiert nach KAACK 1971, S. 42 f.).

Organisatorisch hat auch das *Zentrum* weitgehend dem Typus der Honoratiorenpartei entsprochen. Allerdings mit einem wichtigen Unterschied zu den liberalen und konservativen Parteien: Die Anleitung durch örtliche katholische Geistliche war immer spürbar, und der Unterbau durch ein vielfältiges katholisches Vereinswesen – vom *Volksverein für das katholische Deutschland* bis zum *Kolpingverein des Handwerks* – blieb sehr viel lebhafter und prägender.

Durch die Opposition zum preußisch-protestantischen Kaiserreich bildete sich ein Milieu aus: Von der Wiege bis zur Bahre konnte man im katholischen Verein, Jugendverband, Schule, Zeitung, Gewerkschaft, Handwerker- und Unternehmerverband, Kultur- und Sportverein, Spar- und Kreditverein aufgehoben bleiben. Das *Zentrum* blieb mit diesem Milieu im Rücken erstaunlich konstant in seinen Wahlerfolgen, die immer um die 20 % changierten, von 18,6 % im Jahre 1871 über den Höhepunkt mit 27,9 % im Kulturkampf 1874 bis zu respektablen 16,4 % in den letzten Wahlen von 1912 vor dem Ersten Weltkrieg.

Man darf dabei nicht vergessen, dass der Kulturkampf Bismarcks mit seinen verschiedenen Gesetzen gegen den Katholizismus drastisch und einschneidend war:

„Die direkten Auswirkungen dieser Gesetze waren spektakulär. So wurden 300 Ordensniederlassungen mit fast 4 000 Mitgliedern aufgelöst, fünf Bischöfe wurden inhaftiert, sechs abgesetzt und ins Exil getrieben. Anfang der 80er Jahre waren über ein Viertel der katholischen Pfarreien verwaist" (HOFMANN 1993, S. 101).

Abbildung 6   Wahlergebnisse des *Zentrums* im Kaiserreich

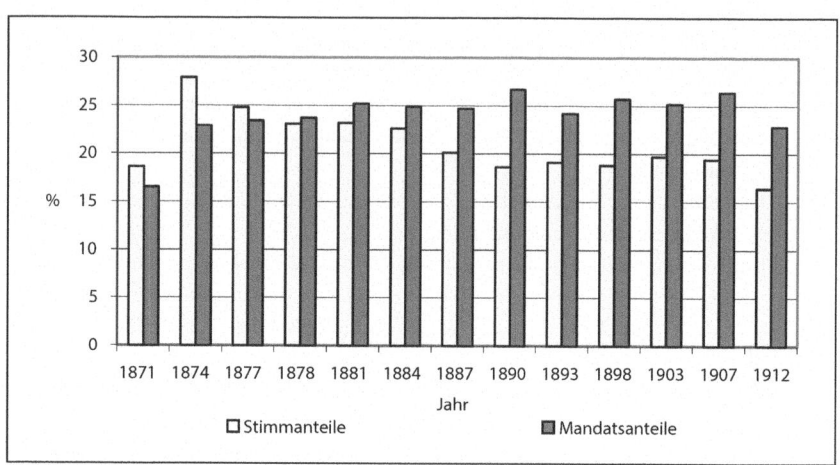

Nach: HOFMANN 1993, S. 23

Dabei blieb es ein Hauptproblem des *Zentrums*, dass gerade durch den Druck von außen scheinbar unvereinbare Kräfte zusammengezwungen wurden. Die soziale Vielfalt der Partei zeigt sich in der Reichstagsfraktion des *Zentrums* von 1887:

> „Von ihren 101 Mitgliedern waren 24 Adlige, 13 bürgerliche Rittergutsbesitzer, 11 Fabrikanten und Kaufleute, 14 Geistliche und 26 Beamte, die meisten von ihnen Juristen. Später, mit Gründung der christlichen Gewerkschaften 1894, kamen noch Arbeiter bzw. deren Repräsentanten, nämlich Gewerkschaftssekretäre, in die Fraktion" (LÖSCHE 1994, S. 54).

Wilfried Loth hat in seiner hervorragenden Studie des politischen Katholizismus folgende vier Kräfte des *Zentrums* herausgearbeitet:

1)   die konservativen Kräfte der katholischen Aristokratie und der kirchlichen Hierarchie,
2)   die populistischen Kräfte des traditionellen Mittelstandes,
3)   die bürgerlichen Kräfte und der „neue" Mittelstand,
4)   die Arbeiterbewegung (vgl. LOTH 1984, Kapitel II–V).

Das *Zentrum* stand so für vieles und gegen alle anderen Parteien: gegen die Liberalen wegen ihres Laizismus und Kapitalismus, gegen die Konservativen wegen ihres protestantischen Preußentums und natürlich gegen die Sozialisten, die eine konkurrierende Weltanschauung anboten. Trotzdem zieht HOFMANN ein für den Erfolg des *Zentrums* recht positives Resümee:

> „Trotz der im Zentrum vorhandenen unterschiedlichen Klassen und Schichten sorg-
> te die Integrationskraft des Katholizismus für eine bemerkenswerte Stabilität der Par-
> tei und ihrer Wahlergebnisse. Seit 1881 konnte die Partei in fast allen Legislaturperio-
> den ca. 100 Abgeordnete stellen. In Konkurrenz zur Sozialdemokratie gelang es dem
> Zentrum, weite Teile der katholischen Arbeiterschaft zu integrieren. Eine überkonfes-
> sionelle Öffnung gelang hingegen nicht. Ab 1893 ist ein Einschwenken auf die imperia-
> listische Außenpolitik des Reichs erkennbar, die bis weit in den I. Weltkrieg hinein un-
> terstützt wurde" (HOFMANN 1993, S. 108).

2.1.4 Die Sozialisten

Die vierte Säule des deutschen Parteiensystems bildet die Sozialdemokratie. Alle bisher porträtierten Parteien stützten kritisch oder loyal den wilhelminischen Obrigkeitsstaat und das wirtschaftliche Modell des Kapitalismus; nur das *Zentrum* hatte hier gewisse Vorbehalte. Die Sozialisten waren – neben einigen Splittergruppen – die einzig bedeutsame Anti-Systempartei, die ein radikal anderes Politik- und Gesellschaftsmodell realisieren wollte – durch drastische Reform, zur Not aber auch durch Revolution.

Bereits 1848 war zwar das „Kommunistische Manifest" von Karl Marx und Friedrich Engels veröffentlicht worden mit dem berühmten Schlussfanal: „Proletarier aller Länder – vereinigt Euch!" Aber die deutschen Arbeiter brauchten noch 30 Jahre bis zur Vereinigung, und international sollte es nie so richtig gelingen. In den Jahren seit 1848 begann sich überhaupt erst eine nennenswerte Arbeiterschaft neben den Handwerkern und Gesellen durch die anlaufende Industrialisierung auszubilden. Diese waren zunächst kaum zur Selbstorganisation fähig, sondern wurden von den christlichen Verbänden, aber insbesondere von liberalen „Arbeiterbildungsvereinen" betreut. Nur versprengte frühsozialistische Gruppen und autonome Arbeitervereine organisierten sich selbst.

1863 wurde dann von Ferdinand Lassalle, der aus dem Liberalismus kam, in Leipzig der *Allgemeine Deutsche Arbeiterverein* (ADAV) gegründet. Zentrale Forderungen waren allgemeine, gleiche und geheime Wahlen sowie Produktivgenossenschaften der Arbeiter, die vom Staat zu unterstützen seien. Lassalle setzte auf Reformen – wenn auch für seine Zeit radikale – und auf ein Bündnis mit dem Staat und beeinflusste damit nachhaltig eine Hauptströmung der Sozialdemokraten.

Als konkurrierende Organisation zu Lassalles Arbeiterverein wurde 1869 in Eisenach von August Bebel und Wilhelm Liebknecht die *Sozialdemokratische Arbeiterpartei* ins Leben gerufen, die sich stärker auf die Marxsche Theorie berief. Zwar wurde das allgemeine Wahlrecht gefordert, aber auch die „Errichtung des freien Volksstaates", die direkte Gesetzgebung durch das Volk, die Abschaffung der Klassenherrschaft und des Kapitalismus zugunsten eines Genossenschaftswesens, das auch durch Staatskredite zu fördern sei.

Durch die Eigendynamik der beiden konkurrierenden Arbeiterparteien, die Bündnispartner bei den entstehenden Gewerkschaften suchten, schwand die liberale Unterstützung und wandelte sich allenthalben in scharfe Ablehnung. Unter dem Druck der Verhältnisse schlossen sich die beiden Flügel 1875 in Gotha zur *Sozialistischen Arbeiterpartei Deutschlands,* die seit 1891 als *Sozialdemokratische Partei Deutschlands* (SPD) firmierte, zusammen. Trotz des revolutionären Pathos im gemeinsamen Programm von Gotha erstrebte die neue Partei

> „mit allen gesetzlichen Mitteln den freien Staat und die sozialistische Gesellschaft, die Zerbrechung des ehernen Lohngesetzes durch Abschaffung des Systems der Lohnarbeit, die Ausbeutung in jeder Gestalt, die Beseitigung aller sozialen und politischen Ungleichheit" (zitiert nach KAACK 1971, S. 47).

Dies spiegelt pointiert die Widersprüche der deutschen Arbeiterbewegung der kommenden Jahrzehnte wider: Die Abschaffung der Ausbeutung in jeder Gestalt wurde gefordert, aber streng mit „gesetzlichen Mitteln". Prompt traf das Gothaer Programm das strenge Verdikt von Karl Marx, der es vernichtend kritisierte.

Auf der anderen Seite brachte dieses ambivalente Verhältnis zum Staat aber keineswegs Freunde bei der Staatsmacht. Im Gegenteil, Bismarck nutzte jede Gelegenheit, die SPD zu unterdrücken und einzuschränken. Eine solche bot sich nach zwei anarchistisch motivierten Attentatsversuchen auf den Kaiser und wurde von Bismarck 1878 zum „Gesetz gegen die gemeingefährlichen Umtriebe der Sozialdemokraten" (Sozialistengesetz) ausgenutzt. Nur das *Zentrum,* die linksliberale *Deutsche Fortschrittspartei* (sowie auch die polnische Minderheitspartei) und natürlich die wenigen ersten sozialdemokratischen Abgeordneten im Reichstag stimmten dagegen. Bismarck konnte aus Nationalliberalen und Konservativen ein festes Bündnis schmieden, das bis zur Aufhebung des Gesetzes 1890 hielt. Die SPD behielt zwar ihre Parlamentsmandate und konnte weiter bei Wahlen antreten, aber die gesamte Organisation und Werbung wurden verboten. Die Folgen waren weitreichend (vgl. LÖSCHE 1994, S. 57 f.):

- Der Wilhelminische Staat wurde einerseits zum „Klassenfeind", der marxistische, revolutionäre und antipreußische Flügel setzte sich damit durch.

- Parteiorganisationen und freie Gewerkschaften wichen in private Vereine aus, deren Mitglieder sich als Sportler, Sänger, Esperanto-Freunde oder Abstinenzler tarnten; sie verschafften der Arbeiterbewegung damit ein mächtiges Milieu, förderten aber auch eine gewisse Vereinsmeierei.
- Andererseits wurde die parlamentarische Aktivität der sozialdemokratischen Abgeordneten wichtiger, was der lassalleanischen Tradition entsprach.
- Insgesamt wurde die Bewegung dadurch erst zur Partei, der Druck von außen schweißte die Flügel zusammen.

Aus der Verfolgungszeit ging die SPD in den 90er Jahren gestärkt hervor. 1890 wurde sie mit einem Wahlergebnis von 19,7 % sogar zum ersten Mal die nach Stimmen stärkste Partei im Reichstag. Sie erhielt allerdings nur 35 Mandate. Das Wachstum hielt bis zur letzten Reichstagswahl des Kaiserreichs 1912 kontinuierlich an, als sie mit 34,8 % der Stimmen 110 Sitze erreichte und damit mehr als doppelt so viele Stimmen wie die zweitstärkste Fraktion, das *Zentrum* (16,4 %). Dank der nie reformierten, unfairen Wahlkreiseinteilung, die die wachsenden industriellen Hochburgen der Sozialdemokratie krass benachteiligte, konnte das *Zentrum* mit ihren halb so vielen Stimmen aber immerhin 90 Mandate erringen.

Noch beeindruckender wuchsen die Mitgliederzahlen der SPD zwischen 1903 von 250 000 auf über eine Million 1913; davon 175 000 Frauen, die endlich ab 1909 gleichberechtigte Mitglieder werden konnten. Die Zahl der Ortsvereine wuchs bis 1913 auf über 5 000; mehr als 11 000 Sozialdemokraten waren Mitglieder von Gemeindevertretungen, über 100 000 waren in sozialen Verwaltungs- und Vertretungsorganen aktiv. Die Partei verfügte 1914 über 4 000 bezahlte Funktionäre und über 11 000 Parteiangestellte (vgl. HOFMANN 1993, S. 77 ff.).

Die SPD war damit zur bedeutendsten sozialdemokratischen Partei Europas angewachsen. Sie verkörperte den Prototyp der modernen Massenpartei – entstanden als politische Bewegung außerhalb des Parlaments, statt als Fraktion innerhalb wie die bürgerlichen Honoratiorenparteien. Robert MICHELS entwickelte an ihr und den Gewerkschaften sein berühmtes „ehernes Gesetz der Oligarchie", das postulierte: „Wer Organisation sagt, sagt Tendenz zur Oligarchie" (MICHELS 1911, S. 32). Sicher waren die damaligen Arbeiterführer oft autoritär, es herrschte eine Art demokratischer Zentralismus. Aber die Honoratiorenparteien waren nicht minder undemokratisch. Es gab in der SPD immerhin einen innerparteilichen Pluralismus und damit eine Konkurrenz von Strömungen, was schon als Vorbedingung innerparteilicher Demokratie gelten kann. Aber auch theoretisch stimmt MICHELS' „Gesetz" nicht. Wir kommen später darauf zurück.

Der stärkste innerparteiliche Konflikt entstand zwischen den Gruppen um den unangefochtenen Parteivorsitzenden August Bebel sowie die Theoretiker Karl Kautsky und Rosa Luxemburg auf der einen Seite und den Reformisten und Prag-

Abbildung 7   Wahlergebnisse der SPD im Kaiserreich

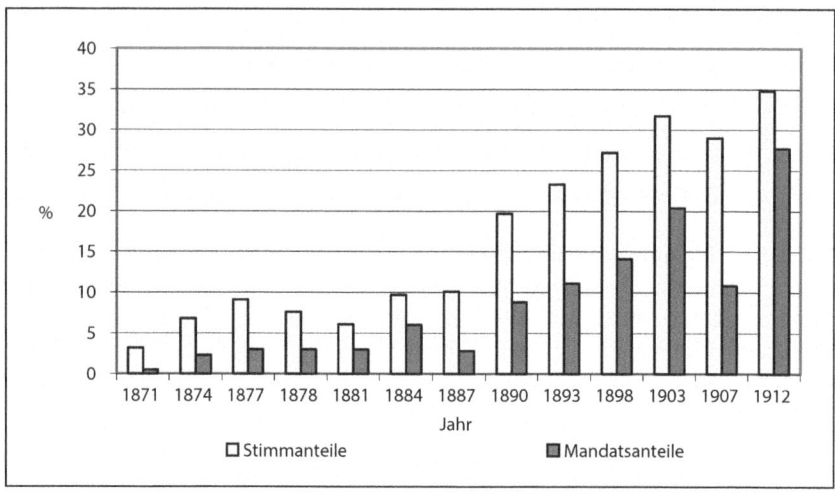

Nach: HOFMANN 1993, S. 23

matikern um den späteren Reichspräsidenten Friedrich Ebert und den Theoretiker Eduard Bernstein auf der anderen Seite. Letzterer propagierte einen „Revisionismus" der marxistischen Ziele zugunsten einer pragmatisch-reformistischen Programmatik, was praktisch längst Realität im politischen Alltag der SPD war. So wurde 1906 auch die Drohung eines politischen Massenstreiks, ausgerufen durch die Partei, aufgegeben und den Gewerkschaften damit Autonomie für ihre eigene Strategie und Taktik zugestanden.

Schließlich brach der Konflikt offen aus, als die SPD-Reichstagsfraktion am 4. August 1914 einstimmig die Bewilligung von Kriegskrediten für die Reichsregierung unterstützte und damit die Parteilinken endgültig verprellte. Man hoffte, durch einen „Burgfrieden" mit dem Regime die eigene und die Gewerkschaftsorganisation vor erneuter Repression zu schützen, indem man das Reich in seinem angeblichen Verteidigungskrieg loyal unterstützte. Der Keim für die endgültige Spaltung der Partei war damit gelegt.

Die SPD des Kaiserreichs kann man mit HOFMANN (1993, S. 81 f.) so charakterisieren:

„Der nach außen spektakulär wirkende Aufstieg der Sozialdemokratie zur Massenpartei mit zahlreichen Vorfeldorganisationen verdeckte, daß die Partei de facto ein Koloß auf tönernen Füßen war. Ihr wesentliches Defizit lag darin, daß sie keine Strategie zur politischen Machtübernahme entwickelte, sondern in ihrer Mehrheit auf einen Zusammenbruch des kapitalistischen Systems vertraute. Dieser revolutionäre Attentismus war in der parlamentarischen Praxis begleitet von einer eher pragmatisch-reformistischen Politik, welche die Diskrepanz zur Programmatik noch offensichtlicher machte. Auch bezüglich der sozialistischen Zukunftshoffnungen bot die SPD kaum Überzeugendes. Der Partei gelang es außerdem nicht, einen wesentlichen Einbruch in Wählerschichten außerhalb der Arbeitnehmerschaft zu erzielen. Entgegen dem trügerischen einheitlichen Erscheinungsbild auf Parteitagen war die SPD keineswegs politisch geschlossen. Die von linksaußen bis rechts reichenden Strömungen in der Partei mußten bei der ersten größeren Belastungsprobe zutage treten. Die Spaltung der Sozialdemokratie reifte somit als integraler Bestandteil ihres Aufstiegs schon seit 1890 heran".

Bevor wir im folgenden Abschnitt die Parteienentwicklung in der Weimarer Republik weiterverfolgen, soll aber noch ein Blick in die Literatur geworfen werden.

Zur frühen Geschichte der deutschen Parteien sind die beiden älteren Gesamtdarstellungen von Ludwig BERGSTRÄSSER (1965) und Walter TORMIN (1966) immer noch gebräuchlich. Auch in dem Band von Heino KAACK (1971) finden sich längere Passagen zur Parteiengeschichte. Zur Periode des Kaiserreichs sind die beiden Bände von Thomas NIPPERDEY (1961) und von Gerhard A. RITTER (1985) unverzichtbar. Überaus ausführlich, allerdings mit beträchtlichem ideologischem Tribut an die staatlich kontrollierte Doktrin des „Wissenschaftlichen Sozialismus" in der DDR, deshalb aber trotzdem lesenswert, ist das vierbändige „Lexikon zur Parteiengeschichte", herausgegeben von Dieter FRICKE et al. (1983–1986).

Darstellungen zur Historie des Parteiensystems haben in der Literatur zwar eine glückliche Tradition. Die jüngsten Gesamtüberblicke datieren inzwischen aber allesamt schon mehr als 20 Jahre zurück. Zu nennen wären hier: Robert HOFMANNS „Geschichte der deutschen Parteien" (1993) als stark historisch orientierte Darstellung und Peter LÖSCHES „Kleine Geschichte der deutschen Parteien" (1994), die stärker politikwissenschaftlich orientiert ist und meinungsfreudiger argumentiert sowie die „Deutsche Parteiengeschichte" von Hans FENSKE (1994).

Eine brauchbare Kurzdarstellung für den eiligen Leser bringt Eckhard JESSES historisches Kapitel in dem Überblicksband von MINTZEL/OBER-

REUTER (1992). Einen jüngeren Gesamtüberblick bieten die Beiträge in
DOWE et al. (1999). Gutes Datenmaterial findet sich in RITTER (1997). Wert-
volle Hilfsmittel zum Auffinden parteienhistorischer Arbeiten sind die von
Martin SCHUMACHER (2004) herausgegebene annotierte Bibliographie der
Kommission für die Geschichte des Parlamentarismus und der politischen
Parteien sowie Hans-Peter ULLMANNS (1978) Bibliographie zur Geschichte
der deutschen Parteien und Interessenverbände.

2.2 Parteienentwicklung in der Weimarer Republik

Die erste demokratische Republik in Deutschland brachte mit der Weimarer
Reichsverfassung von 1919 für die Parteien eine ganz andere und neue Aktions-
basis. Die politischen und sozialen Grundrechte garantierten die freie Beteiligung
und Betätigung aller Bürger in Parteien und Interessenorganisationen. Auch das
Frauenstimmrecht wurde endlich gewährt. Der Parlamentarismus verlangte für
seine Funktionsfähigkeit nach Regierungs- und Koalitionsverantwortung, nach
verbindlichen Fraktionen und damit nach schlagkräftigen Parteiorganisationen.

Doch trotz der stark angewachsenen Rolle, die politische Parteien im parlamentarischen System der Weimarer Republik zu spielen hatten, fanden sie in der
Verfassung keine positive Erwähnung. Auch der weiterhin überwiegend konservative Mainstream der Weimarer Staats- und Verfassungslehre sah in ihnen mehr
den Einbruch partikularistisch-ideologischer Sonderinteressen in die Staatsorga-
nisation als notwendige Elemente zur politischen Willensbildung.

In einem berühmt gewordenen Bild charakterisierte etwa der Staatsrechtler
Heinrich Triepel das Verhalten des Staates gegenüber den politischen Parteien als
eine vierfache historische Stufenfolge von Bekämpfung, Ignorierung, Legalisie-
rung und schließlich verfassungsmäßiger Inkorporation (vgl. TRIEPEL 1927, S. 8).
Das letzte Stadium, die Aufnahme der Parteien in die Verfassung, wies Triepel jedoch ausdrücklich zurück. Er beharrte stattdessen auf dem extrakonstitutionellen
Status der Parteien. Als „sichere Schutzwehr gegen das Vordringen des Parteienstaats" setzte Triepel seine Hoffnungen auf diffuse „gemeinschaftsbildende Kräfte"
und einen „echten Organismus" des Volkes (ebd., S. 30 f.).

Auf der anderen Seite gab es aber, vergleichbar mit dem vormärzlichen Par-
teiendiskurs, auch in der Verfassungsdiskussion der Weimarer Republik freund-
lichere Töne gegenüber dem Parteiwesen. So warnte etwa 1930 kein Geringerer
als der frühere Justizminister Gustav RADBRUCH vor einer „Verekelung des Par-

teilebens von der Höhe eines angeblich überparteilichen Standpunktes aus" und forderte mit „dem Versteckspiel des Staatsrechts gegenüber den Parteien" (zitiert nach DREIER 2015, S. 50) endlich aufzuhören und die fundamentale Funktion der politischen Parteien für die Demokratie anzuerkennen. Radbruchs Kritik an der Ignoranz gegenüber den Parteien wurde von anderen Kapazitäten der Weimarer Staatsrechtslehre geteilt, etwa von Hugo Preuß, dem „Vater" der Weimarer Reichsverfassung, oder auch von den Juristen Richard Thoma und Hans Nawiasky (vgl. DREIER 2015, S. 51 f.).

Alles in allem blieben die Parteien in der Weimarer Republik jedoch nur halbherzig integriert. So war der Regimewechsel von der Monarchie zur demokratischen Republik für das Parteiensystem weniger einschneidend, als man annehmen könnte. Die politischen Hauptströmungen und ihre Führungseliten blieben im Großen und Ganzen bestehen, wie auch die alten Eliten des Kaiserreichs in Bürokratie und Militär, in der Industrie und in der Wissenschaft sowie in der Bildung weiter amtierten. Sie machten aus ihrer weitgehenden Ablehnung der Republik und Verachtung demokratischer Parteien kaum einen Hehl. Diese Haltung wurde zu einer schweren Hypothek für die Überlebensfähigkeit des Systems. Nicht so sehr die Parteienzersplitterung, von vielen als Auslöser oder sogar als Hauptgrund der Überlastung des politischen Systems bis zu dessen Kollaps ange-

Abbildung 8 Die Reichstagswahlen von 1919 bis 1933

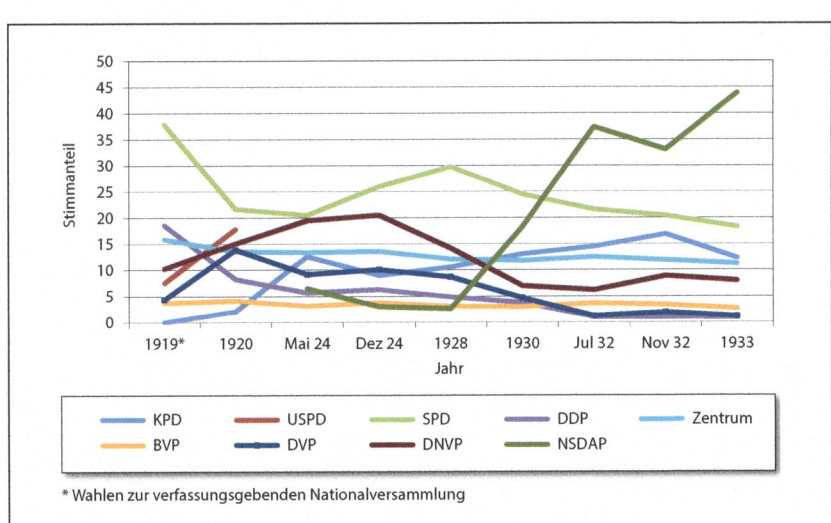

Nach: LÖSCHE 1994, S. 199 ff.

sehen, sondern die Parteiendistanz war die schwerste Bürde: Sowohl die Distanz vieler Parteien zur Weimarer Demokratie als auch die Distanz vieler Bürger zu demokratischen Parteien überhaupt.

Während die Wurzeln der deutschen Parteien recht ausführlich im letzten Kapitel geschildert wurden, können in diesem Abschnitt die Weimarer Entwicklungen und Verwicklungen der Parteien nicht mehr so breit dargestellt werden. Um den Umfang und die Übersicht nicht zu gefährden, werden nur mehr die großen Linien angerissen.

2.2.1 Der Aufstieg der Parteien

Die Weimarer Republik war von Anbeginn durch die Zersplitterung der liberalen Kräfte beeinträchtigt. Die *Deutsche Demokratische Partei* verkörperte die linksliberale Tradition. Zu den Parteigründern gehörten prominente Namen wie der Soziologe Max Weber, der Staatsrechtler Hugo Preuß oder der liberale Altvordere Friedrich Naumann. Allerdings starb Naumann schon 1919, Max Weber 1920. Die DDP stand fest auf dem Boden der neuen Republik und billigte sogar die Sozialisierung von monopolartigen Unternehmen. Aber die Wählerschaft dankte es ihr nicht. In der Nationalversammlung hatte sie noch einen Stimmenanteil von 17,8 %, der aber kontinuierlich dahin schmolz: In den 20er Jahren zunächst auf um die 5 %; nach einer vergeblichen Umbenennung 1930 in *Deutsche Staatspartei* verflüchtigte sie sich fast in den letzten drei Wahlen von 1932/33 auf 1 %.

Das Erbe der Nationalliberalen führte die *Deutsche Volkspartei* fort, eine von mehreren bürgerlich-konservativen Parteien Weimars, die sich mit dem Titel „Volkspartei" schmückte. Sie vertrat Interessen der Großindustrie, aber auch des neuen und alten Mittelstands. Die Staatsform erklärte sie für offen, denn viele Anhänger sympathisierten mit der Wiederherstellung der Monarchie. Ihr respektierter Führer Gustav Stresemann versuchte, einen mittleren Kurs zu steuern, nach seinem Tod 1929 erhielten aber die republikfeindlichen und antiparlamentarischen Kräfte wieder deutlich die Oberhand. Auch sank die Partei in der Wählergunst von um die 10 % in den 20er Jahren auf 5 % 1930 und war schließlich ebenfalls auf um die 1 % am Ende der Weimarer Republik zusammengeschrumpft.

Die *Deutschnationale Volkspartei* (DNVP) sammelte die Anhänger der konservativen Parteien des Kaiserreichs um sich. Anfangs sprach sie sich halbherzig für die parlamentarische Demokratie aus, bald trat sie aber offen für die Restauration der Monarchie ein. Ihre soziale Basis bildeten zwar der ostelbische Großgrundbesitz und Teile der Großindustrie, aber auch immer mehr Angestellte („Handlungsgehilfen") und Akademiker stießen zu ihr. Völkische und antisemitische Gruppen verließen sie zwar 1922, aber nach einer gemäßigteren Phase beherrschte zum Ende der Republik der rechte Pressezar Alfred Hugenberg die Partei, der mit der von ihm initiierten *Harzburger Front* ab 1931 offen Hitler unterstützte und am 30. Januar 1933 sogar eine Koalition mit diesem einging, was ihm allerdings politisch nicht viel einbrachte. Die DNVP war in den 20er Jahren um die 20 % stark gewesen und sank am Ende auf 8 %.

Das *Zentrum* konnte ohne große programmatisch-politische Abstriche aus dem Kaiserreich in die Weimarer Republik wechseln, obwohl es eigentlich die Revolution ablehnen musste, da sie sich gegen die von Gott gesetzte Obrigkeit richtete. Das *Zentrum* wurde mit der SPD zu der wichtigsten Stütze der Republik, auch wenn der rechte Flügel weiterhin patriarchalischen bis zu ständischen Vorstellungen anhing.

Aber die katholische Arbeiterschaft bildete mit den christlichen Gewerkschaften ein starkes Gegengewicht. Die treibende Reformkraft, Matthias Erzberger, kam allerdings schon 1921 bei einem Anschlag ums Leben. Auch er hatte die Abspaltung des bayerischen Landesverbandes als *Bayerische Volkspartei* nicht verhindern können, die einen deutlich konservativeren Kurs des politischen Katholizismus mit einem Föderalismus, der fast an Partikularismus gemahnte, steuerte. Das *Zentrum* blieb von den 20er Jahren bis zum Ende der Republik bei um die 15 % der Wählerstimmen recht konstant. Gegen Ende der 20er Jahre setzte sich stärker der rechte Flügel unter Prälat Ludwig Kaas durch und mit diesem Reichskanzler Heinrich Brüning, der im Schutz der Notverordnungen des Reichspräsidenten von Hindenburg bereits ein nur noch semidemokratisches Regime repräsentierte.

Die *Sozialdemokratie* blieb die stärkste Stütze der demokratischen Republik, auch wenn sie zunächst einmal Abspaltungen unterworfen war. Die radikale Linke hatte mit Rosa Luxemburg und Karl Liebknecht nach dem Streit um den „Burgfrieden" und die Bewilligung der Kriegskredite den *Spartakusbund* 1916 gegründet, aus dem dann im Dezember 1918 die *Kommunistische Partei Deutschlands* hervorging. Teile der übrigen Parteilinken mit Karl Kautsky wurden 1916 aus der Reichstagsfraktion ausgeschlossen und bildeten 1917 die *Unabhängige Sozialdemokratische Partei* (USPD) neben der *Mehrheitssozialdemokratischen Partei* (MSPD).

Die USPD hatte aber keinen Bestand. Ein Teil schloss sich der KPD an, ein anderer kehrte 1922 zurück zur *Vereinigten Sozialdemokratischen Partei,* die bald wieder SPD hieß. Auf dem Parteitag von Heidelberg 1925 wurde das Erfurter Programm von 1891 abgelöst, allerdings blieb es bei einer revolutionären Phraseologie und traditionellen Klassenkampfvorstellungen, die von der Realität einer konstruktiven Mitarbeit am Aufbau der Weimarer Republik und in Koalition mit *Zentrum* und Liberalen eigentlich nicht gedeckt wurden.

Obwohl die SPD bis 1932 die stärkste Partei blieb, war sie von den 14 Jahren der Republik doch über die Hälfte der Zeit in der Opposition. In der Nationalversammlung hatte sie 37,9 % der Stimmen erhalten, die sie später nie mehr erreichen konnte. Sie sank auf 20 % zu Anfang der 20er Jahre, stieg dann 1928 mit 29,8 % auf ihr höchstes Stimmergebnis für den Reichstag, als es mit der Republik bergauf zu gehen schien und Hermann Müller letzter SPD-Reichskanzler einer Großen Koalition (aus SPD, *Zentrum*, BVP und DVP) war. Aber mit inneren Konflikten in Partei und Koalition und unter dem äußeren Druck der beginnenden Weltwirtschaftskrise wurde die Regierung Müller 1930 gestürzt – und es begann der Absturz der Republik.

Trotz ihrer nominellen Stärke von mehr als einer Million Parteimitgliedern und dem noch großen sozialdemokratischen Milieu in zahlreichen Verbänden, trotz engem Bündnis zu dem sozialistischen Gewerkschaftsbund ADGB, die gemeinsam das Schutzbündnis für die Republik „Reichsbanner Schwarz-Rot-Gold" bildeten, reichte die Kraft nicht zur Verteidigung der Demokratie.

Ein Grundproblem der SPD war die Schwächung durch die Abspaltung der Parteilinken gewesen, die in die Gründung der KPD mündete. Diese schwankte zwar zeitweilig in ihrem Kurs, schwenkte dann aber doch auf eine rein sowjettreue Politik und auf die sowjetbeherrschte „Dritte Internationale" ein. So war insbesondere die Arbeiterwählerschaft in der Weimarer Republik gespalten. Außerhalb davon fand die KPD zwar einigen Anhang unter Intellektuellen und Künstlern, die aber keinen politischen Einfluss gewinnen konnten.

Gegen Ende der Republik setzte sich die „ultralinke Taktik" der KPD durch, die den Hauptfeind in den „Sozialfaschisten" der SPD sah und dafür sogar Zweckbündnisse bei Aktionen mit den Nationalsozialisten einging. Die KPD stieg zwar

Abbildung 9   Die Reichstagswahlen in der Weimarer Republik

	1919	1920	5/1924	12/1924	1928	1930	7/1932	11/1932	3/1933
USPD	7,6	1,7	–	–	–	–	–	–	–
SPD	37,9	21,6	20,5	26,0	29,8	24,5	21,6	20,4	18,3
KPD	–	1,7	12,6	9,0	10,6	13,1	14,6	16,9	12,3
CVP/Zentrum	18,8	13,6	16,6	17,3	15,2	14,8	15,7	11,9	14,0
BVP	–	6,0	–	–	–	–	–	–	–
DDP	18,1	8,4	5,7	6,3	4,9	3,8	1,0	1,0	0,9
DVP	4,4	13,9	9,2	10,1	8,7	4,5	1,2	1,9	1,1
DNVP	8,6	14,4	19,5	20,5	14,2	7,0	5,9	8,6	8,0
NSDAP	–	–	–	–	2,6	18,3	34,7	33,1	43,9

Nach: HOFMANN 1993, S. 114

Abbildung 10 Ministerpräsidenten/Reichskanzler und die sie tragenden Koalitionen

Ernennung	Ministerpräsident/Reichskanzler Rücktrittsgrund	Koalition	%-Anteil der Mandate
13.02.19	Philipp Scheidemann (SPD) Versailler Vertrag	SPD/Z/DDP	78,1
21.06.19	Gustav Bauer (SPD) Kapp-Putsch	SPD/Z	60,3
27.03.20	Hermann Müller (SPD) schlechtes Wahlergebnis	SPD/Z/DDP	78,1
25.06.20	Konstantin Fehrenbach (Z) Londoner Ultimatum	Z/DDP/DVP	36,6
10.05.21	Joseph Wirth (Z) gescheiterte Regierungsumbildung	SPD/Z/DDP	44,6
22.11.22	Wilhelm Cuno Streiks, Misstrauenserklärungen	DVP/Z/DDP/BVP	41,2
13.08.23	Gustav Stresemann (DVP) Misstrauen SPD	SPD/Z/DDP/DVP	58,8
30.11.23	Wilhelm Marx (Z) RT-Wahl	DDP/Z/DVP	36,6
03.06.24	Wilhelm Marx (Z) keine Mehrheit	DDP/Z/DVP	29,2
15.01.25	Hans Luther Regierungsneubildung	DDP/Z/DVP/BVP/DNVP	55,6
20.01.26	Hans Luther Misstrauensvotum	DDP/Z/DVP/BVP	34,7
16.05.26	Wilhelm Marx (Z) Misstrauensvotum	Z/DDP/DVP/BVP	34,7
29.01.27	Wilhelm Marx (Z) RT-Wahl	Z/DVP/BVP/DNVP	49,1
28.06.28	Hermann Müller (SPD) Arbeitslosenversicherung	SPD/Z/DDP/DVP/BVP	61,5
30.03.30	Heinrich Brüning (Z) Entlassung durch Reichspräsidenten	Präsidialregierung	34,9 27,8
01.06.32	Franz von Papen Entlassung durch Reichspräsidenten	Präsidialregierung/DNVP	7,1 6,1 8,9
03.11.32	Kurt von Schleicher	Präsidialregierung/DNVP	8,9
30.01.33	Adolf Hitler (NSDAP)	NSDAP/DNVP	42,5

Nach: HOFMANN 1993, S. 115

nach der wirtschaftlichen Depression von bisher um die 10 % bei den Wahlen vom November 1932 auf fast 17 % auf Kosten der Sozialdemokraten. Aber es brachte ihr nichts ein, denn sie wurde schon vor den Märzwahlen von 1933 unter dem Vorwand des Reichstagsbrandes von den Nazis praktisch verboten.

2.2.2 Das Ende der Parteien im Nationalsozialismus

Die *Nationalsozialistische Deutsche Arbeiterpartei* (NSDAP) war 1919 aus kleinen antisemitischen, völkischen und nationalistisch-chauvinistischen Gruppen und Grüppchen entstanden. In den Wirren der Revolution von 1919 bis zur Inflation von 1923 stießen deklassierte Freikorps-Soldaten, politische Sektierer, entlassene Reichswehroffiziere, entwurzelte Kleinbürger und Depossedierte aller Klassen zu ihr, die der Hass auf alles Linke, die Sozialdemokratie und die Kommunisten sowie auf die „Novemberverbrecher", die das deutsche Volk durch die Kapitulation verraten hätten, einte.

Die „Dolchstoßlegende" wurde von ihnen aufgebaut, die vorgab, dass die Reichswehr „im Felde unbesiegt" durch die Verzichtspolitiker verraten und das deutsche Volk durch den Friedensvertrag von Versailles endgültig geknebelt worden seien. Antisemitismus, Antikommunismus, Antiparlamentarismus, Antiliberalismus und auch ein scheinbarer Antikapitalismus mit ständischen Versatzstücken wurden von Adolf Hitler zu einem unheilvollen Gebräu vermischt, das er in der Festungshaft nach seinem gescheiterten Putschversuch vom 9. November 1923 in München zu dem Pamphlet „Mein Kampf" niederschrieb.

Die Anfangserfolge bestätigten sich zunächst nicht, sodass die NSDAP in der Weimarer Konsolidierungsphase 1928 nur noch 2,6 % der Stimmen erhielt. Dies änderte sich mit der Weltwirtschaftskrise sprunghaft, ihr Wahlerfolg explodierte geradezu auf 18,3 % 1930 und auf 37,3 % nur zwei Jahre später im Juli 1932.

Die Unterstützung für die Nationalsozialisten reichte durch alle Schichten und Klassen – nicht nur ein Teil der Arbeitslosen der Weltwirtschaftskrise verfiel ihnen, auch der von der Krise bedrohte Mittelstand und das entwurzelte Kleinbürgertum liefen in Scharen zu ihnen über. Nicht nur die studentische Jugend war mehrheitlich nationalsozialistisch, sondern auch ihre Professoren, soweit sie den Abscheu vor deren Mediokrität überwanden, unterstützen immer zahlreicher die Nazis. Das galt auch für Teile der Großindustrie, wenn auch keinesfalls einheitlich, weshalb der linke Mythos fehlgeht, Faschismus sei einfach die Steigerung von Kapitalismus. Nicht wenige aus dem Bürgertum sahen über für sie degoutante Begleiterscheinungen der Nazis hinweg, da sie Hitler als den „Trommler" wie ein Vehikel instrumentalisieren wollten, um die verhasste parlamentarische demokratische Weimarer Republik zu überwinden. Sie täuschten sich alle.

Am 30. Januar 1933 wurde Adolf Hitler von Hindenburg zum Reichskanzler ernannt, nachdem im Jahre zuvor die Republik schon fast kollabiert war. Zwei Reichstagswahlen 1932 hatten wieder keine klaren Mehrheiten gebracht. Reichskanzler Franz von Papen, vom rechten Flügel des *Zentrums*, hatte nur mit Notverordnungen regiert und in einem Quasi-Staatsstreich am 20. Juli 1932 die sozialdemokratisch geführte preußische Regierung abgesetzt. Ende 1932 versuchte General Kurt von Schleicher, eine Reichsregierung zu bilden, die ebenfalls scheiterte.

Kaum an der Macht wurden zum 5. März 1933 noch einmal Reichstagswahlen angesetzt, die bereits unter Repression und Terror der Nazis, hauptsächlich gegen Kommunisten und Sozialdemokraten, stattfanden. Die NSDAP erhielt danach mit 43,9 % der Stimmen immer noch keine absolute Mehrheit, um zu regieren, war sie weiterhin auf die Hilfe der DNVP-Abgeordneten angewiesen. Nun aber ließ sich Hitler durch das „Ermächtigungsgesetz" vom 23. März 1933 die Vollmacht zur diktatorischen Herrschaft und zur Zerschlagung aller übrigen Parteien, Verbände und Vereine von dem gewählten Reichstag überantworten. Fast alle Parteien stimmten zu, wohl, weil sie naiv oder verzweifelt hofften, „Schlimmeres zu verhüten". Die Ausnahme bildeten die Sozialdemokraten – die Kommunisten saßen bereits zum großen Teil in Haft –, deren Fraktionsvorsitzender Otto Wels eine mutige Rede hielt. Alle bürgerlichen Parteien, konservative sowieso, aber auch die letzten Liberalen und das *Zentrum* stimmten zu – und sie wurden danach alle gleichgeschaltet oder verboten.

Ludwig BERGSTRÄSSER wertet das Ende der Parteien so:

„Es sollte sich sehr bald zeigen, daß die Hoffnungen oder Zusagen, von denen sich die Mittelparteien beeinflussen ließen, trogen bzw. in keiner Weise eingehalten wurden. Ihre Zustimmung war für die Regierung Hitlers und die nationalsozialistische Regierung notwendig, wenn das Ermächtigungsgesetz die für eine Verfassungsänderung notwendige Zweidrittelmehrheit im Reichstag erhalten sollte. Auch nach Ausschaltung der Kommunisten und trotz der Schwächung der Sozialdemokraten durch zahlreiche Verhaftungen war diese Zweidrittelmehrheit nur zu erreichen, wenn alle anderen Parteien für das Gesetz stimmten. Die Vertreter dieser Parteien waren sich damals nicht darüber klar, daß sie mit dem Ermächtigungsgesetz das eigene Todesurteil unterschrieben. Trotzdem kann man bis zu einem gewissen Grade verstehen, daß man Anfang 1933 die weitere Entwicklung noch nicht übersehen konnte. Schon seit vielen Monaten bestand auch bei Vertretern der demokratischen Parteien die Stimmung, daß radikaler Widerstand unmöglich sei und daß die nationalsozialistische Flut erst einmal alles überschwemmen müsse, ehe eine Wendung möglich sei. Auch entschiedene Demokraten vertraten damals die Ansicht, Hitler und seine Partei sollten zeigen, was sie können oder nicht können, und dann wäre ein Umschlag möglich. Diese Rechnung war falsch, aber es ist verständlich, daß gerade Politiker, die in den Formen des Rechtsstaates aufgewachsen waren, sich nicht auf seine radikale Beseitigung einstellten. Trotz ihrer entschiedenen Haltung in der Reichstagssitzung vom März 1933 glaubten auch die Sozialdemokraten, daß ihre Organisation überdauern werde, die Freien Gewerkschaften waren sogar zu gewissen Konzessionen bereit, bevor sie der ‚Deutschen Arbeitsfront‘ einverbleibt wurden. Im besonderen hat eigentlich niemand damit gerechnet, daß es möglich sein werde, in der weiteren Entwicklung freie Wahlen radikal auszuschalten. Zunächst folgte die Beseitigung aller anderen Parteien, nachdem die Kommunistische Partei bereits verboten war. Am 22. Juni 1933 wurde die Sozialdemokratische Partei verboten; sehr bald folgte die ‚Selbstauflösung‘ der übrigen Parteien. Auch die Deutschnationale Volkspartei beschloß ihre Selbstauflösung am 27. Juni und teilte das durch ihre Vertreter dem ‚Herrn Reichskanzler‘ mit. Schließlich erklärte als letzte der Parteien die Reichsleitung des Zentrums am 5. Juli 1933 ihre Auflösung, wobei die von Ludwig Kaas geführten Verhandlungen über ein Konkordat mit der Katholischen Kirche eine gewisse Rolle gespielt haben; aber auch ohne diese Verhandlungen wäre die Auflösung des Zentrums kaum vermieden worden. Das Ende der Parteiengeschichte in diesem Zeitraum bildete das Gesetz gegen die Neubildung von Parteien vom 14. Juli 1933, in dem bestimmt wurde, daß in Deutschland als einzige politische Partei die Nationalsozialistische Deutsche Arbeiterpartei bestehe. Mit hoher Strafe wurde derjenige bedroht, der versuchte, den organisatorischen Zusammenhalt einer anderen politischen Partei aufrechtzuerhalten oder eine neue politische Partei zu bilden“ (BERGSTRÄSSER 1965, S. 218 f.).

Was folgte? Ein Einparteienstaat? Oder eine Diktatur, ein Führerstaat? Die Fragen sind nicht einfach zu beantworten. Denn auf perverse Weise blieb es ein „Rechtsstaat“. Die Weimarer Reichsverfassung blieb in Kraft, wenn auch aufgehoben im Ermächtigungsgesetz. Die Juristen des Staates fabrizierten für noch so perfide Maßnahmen Gesetze und Verordnungen und rechtfertigten sie in ihrer Fachliteratur. Die NSDAP behielt ihren anachronistischen Namen, obwohl von „sozialistisch“ nichts übrig blieb als die „Volksgemeinschaft“ und von „Arbeiterpartei“ erst recht keine Rede sein konnte. Unterhalb des „Führers“ waren Parteispitze und Staatsbürokratie eng verwoben, was in der Realität hieß, dass sie sich permanent bekämpften in Kompetenzen, Protokoll und Machtressourcen. Aber genau das ist das Erfolgsrezept von Diktaturen und Tyrannen aller Epochen: Divide et impera. Von Parteienstaat kann im Nationalsozialismus also keine Rede sein. Es war ein bizarrer Machtstaat, in dem jeder Unterführer, ob in Partei, Wehrmacht oder Staat, seine Chance suchte – bis zum chaotischen Ende.

Die Literatur zu den Parteien der Weimarer Republik ist mehr als reichhaltig, wenngleich Gesamtdarstellungen für diese Zeit eher Mangelware sind. So ist für das Weimarer Parteiensystem insgesamt noch immer die frühe kleine Studie von Sigmund NEUMANN (1986) interessant nachzulesen. Zum „Ende der Parteien 1933" ist das Werk von MATTHIAS/MORSEY (1960) wichtig. Die jüngere Debatte findet sich bei JESSE (2013) und KOLB (1997). RÜTTGERS (2009) zieht einen historischen Vergleich: „Berlin ist nicht Weimar". Der verfassungsrechtliche Status politischer Parteien in der Weimarer Republik wird von Horst DREIER (2015) und Christoph GUSY (1993) kenntnisreich erläutert.

Zu den bedeutendsten Einzelparteien ist LÖSCHE/WALTER (1992) zur SPD als streitbare und meinungsfreudige Schrift lesenswert. Zum Liberalismus sind Lothar ALBERTINS vergleichende Analyse der Deutschen Demokratischen Partei und der Deutschen Volkspartei (1972) sowie die Gesamtschau von Friedrich SELL (1981) empfehlenswert. Neuere Studien zur Deutschen Volkspartei finden sich bei Ludwig RICHTER (2002) sowie zur Deutschen Demokratischen Partei bei Joachim STANG (1994). Für das Zentrum kann man zu Karl BUCHHEIM (1966) und Günter RÜTHER (1989) greifen. Über die konservativen Parteien im Allgemeinen informiert noch immer gut das bereits erwähnte Buch von NEUMANN (1986). Innovativ ist Kirsten HEINSOHNS (2010) Studie zu den konservativen Parteien der Weimarer Zeit aus geschlechterhistorischer Perspektive. Zur Deutschnationalen Volkspartei haben Maik OHNEZEIT (2011) und Christian F. TRIPPE (1995) Arbeiten vorgelegt. Markus MÜLLER (2001) hat sich intensiv mit der Christlich-Nationalen Bauern- und Landvolkpartei, einem DNVP-Ableger, beschäftigt.

Aus der großen Literatur zur NSDAP schließlich seien nur zwei Werke empfohlen: Martin BROSZAT (1984) zum Aufstieg und zur Machtergreifung sowie BRACHER/FUNKE/JACOBSEN (1983) zur Partei an der Macht. Jürgen FALTERS Analyse (1991) „Hitlers Wähler" hat mit manchen Mythen der Zeitgeschichte aufgeräumt. Zu den Mitgliedern der NSDAP liefern jüngst Sven Felix KELLERHOFF (2017) und noch einmal Jürgen FALTER (2016) neue Forschungsergebnisse.

Ausdifferenzierung: Wie haben sich die Parteien der Bundesrepublik entwickelt?

3

Bei der Darstellung jedes historischen Stoffes – so auch der Entwicklung des deutschen Parteiensystems seit 1945 – müssen Epochen oder kürzere Perioden gebündelt werden, um den Stoff nicht als kontinuierlichen chronologischen Fluss zerrinnen zu lassen. Eine gute Periodisierung wählt nicht einfach äußere Ereignisse oder Daten, sondern entscheidet sich für Einschnitte, die mit sinnvollen theorieorientierten Fragestellungen zusammenhängen.

Wie soll man dann die Parteienentwicklung seit 1945 periodisieren? Es gibt hier mehrere Optionen. Die einfache Folge der sieben Jahrzehnte seit 1945 wäre wohl sicher eine unbefriedigende Einordnung, weil inhaltlich nicht aussagekräftig. Erst recht die Abfolge der 19 Bundestagswahlen würde eine viel zu kleinschrittige Chronologie erbringen, obwohl durch den Wandel der Wahlergebnisse immerhin die Parteien und ihre Entwicklung direkt betroffen sind.

Eine weitere Periodisierung benutzt die Kanzlerfolge. Das ergibt acht Phasen: (1) Konrad Adenauer 1949–1963, (2) Ludwig Erhard 1963–1966, (3) Kurt Georg Kiesinger 1966–1969, (4) Willy Brandt 1969–1974, (5) Helmut Schmidt 1974–1982, (6) Helmut Kohl 1982–1998, (7) Gerhard Schröder 1998–2005 und schließlich (8) Angela Merkel seit 2005 (vgl. Abb. 11). Aber Kanzler sind Regierungschefs und nicht unbedingt für die Parteienentwicklung prägend.

Eine der häufigsten Einteilungen orientiert sich an den Regierungsbündnissen der Parteien, den Koalitionen. Auf die (1) Gründungsphase von 1945–1949 folgen (2) die CDU/CSU geführten Regierungen mit kleineren bürgerlichen Koalitionspartnern, meist der FDP, von 1949–1966; dann (3) das Zwischenspiel der Großen Koalition aus CDU/CSU und SPD 1966–1969; gefolgt von (4) der sozialliberalen Koalitionsregierung von SPD und FDP 1969–1982, anschließend (5) die erneute bürgerliche Koalition aus CDU/CSU und FDP von 1982–1998, sodann (6) die rot-grüne Koalition von 1998–2005, gefolgt von der (7) zweiten Großen Koalition 2005–2009, (8) einer weiteren schwarz-gelben Regierung 2009–2013 so-

© Springer Fachmedien Wiesbaden GmbH, ein Teil von Springer Nature 2018
U. von Alemann et al., *Das Parteiensystem der Bundesrepublik Deutschland*,
Grundwissen Politik, https://doi.org/10.1007/978-3-658-21159-2_3

wie schließlich (9) der dritten Großen Koalition aus Union und SPD von 2013–
2017. Aber auch diese Periodisierung nimmt nicht zentral das Parteiensystem,
sondern die Parteienregierung in unserer Parteiendemokratie – zu diesen Begriffen später mehr – in den Blick.

Deswegen schlagen wir eine Alternative vor, die genau das tut, und die Dynamik der Parteien sowie grundlegende Veränderungen in der Struktur des Parteienwettbewerbs in den Mittelpunkt stellt:

(1) Formierungsphase von 1945–1953:
Hier wurden die Parteien noch unter Aufsicht der Alliierten neu- und wieder-
gegründet, das Grundgesetz verabschiedet, 1949 der erste Bundestag gewählt und
schließlich 1950 die bundesweite CDU gegründet. In diesen Anfangsjahren kam
es ebenfalls zur Inkorporierung und Verdrängung kleinerer und regionaler Parteien, welche hauptsächlich in der Union aufgingen, die bei der Bundestagswahl
1953 beinahe die absolute Mehrheit der Mandate errang. Auch die Sonderentwicklung der SBZ bzw. DDR kann hier angesprochen werden.

(2) Konzentrierungsphase von 1953–1976:
Durch die 1950er und 1960er Jahre bauten die vier Parteien CDU, CSU, SPD
und FDP ihre Dominanz auf, bewiesen ihre gegenseitige Koalitionsfähigkeit, die
Adaptionsfähigkeit des politischen Systems zum Machtwechsel und beherrschten
schließlich mit einer erstaunlichen Konzentration von 99,1 % der Wählerstimmen
die Bundestagswahlen von 1972 und 1976, während alle anderen Parteien sich mit
dem Rest von 0,9 % begnügen mussten. Die 23 Jahre von 1953 bis 1976 waren trotz
vieler Krisen in der internationalen Politik außerdem eine Ära der Normalisierung und Internalisierung der Demokratie in der Bundesrepublik.

(3) Transformationsphase von 1976–1998:
Seit 1976 nahm die Dominanz der großen Vier kontinuierlich ab: 1980 erst marginal, aber immerhin verdoppelte sich der Stimmenanteil für die restlichen Parteien
auf 2 %, 1983 schon auf 6 %, da die *Grünen* den Einzug in den Bundestag erreichten. Seit 1990 war auch die PDS vertreten und damit der Anteil der übrigen Parteien auf beachtliche 15,2 % gestiegen. Die zukünftige Gestalt des Parteiensystems
wurde zudem durch die Integration der politischen Strukturen Ostdeutschlands
geprägt. Das alte westdeutsche Zweieinhalb-Parteiensystem (Union, SPD und die
„halbe" FDP) wandelte sich nach der Wiedervereinigung zu einem neuen gesamtdeutschen Fünf-Parteiensystem unter Einschluss von Union, SPD, FDP, PDS sowie *Bündnis 90/Die Grünen*.

Abbildung 11 Regierungen und Koalitionen

September	1949	Adenauer	CDU/CSU, FDP, DP
Oktober	1953	Adenauer	CDU/CSU, FDP, DP, GB/BHE
Juli	1955	Adenauer	CDU/CSU, FDP, DP
Februar	1956	Adenauer	CDU/CSU, DP
März	1956	Adenauer	CDU/CSU, DP, DA (FVP)
März	1957	Adenauer	CDU/CSU, DP (FVP)
Oktober	1957	Adenauer	CDU/CSU, DP
November	1961	Adenauer	CDU/CSU, FDP
Oktober	1963	Erhard	CDU/CSU, FDP
Oktober	1965	Erhard	CDU/CSU, FDP
Oktober	1966	Erhard	CDU/CSU (Minderheitsregierung)
Dezember	1966	Kiesinger	CDU/CSU, SPD (Große Koalition)
Oktober	1969	Brandt	SPD, FDP
Dezember	1972	Brandt	SPD, FDP
Mai	1974	Schmidt	SPD, FDP
Dezember	1976	Schmidt	SPD, FDP
November	1980	Schmidt	SPD, FDP
September	1982	Schmidt	SPD (Minderheitsregierung)
Oktober	1982	Kohl	CDU/CSU, FDP
März	1983	Kohl	CDU/CSU, FDP
März	1987	Kohl	CDU/CSU, FDP
Oktober	1990	Kohl	CDU/CSU, FDP, (DSU; ohne Koalitionsvertrag)
Januar	1991	Kohl	CDU/CSU, FDP
Oktober	1994	Kohl	CDU/CSU, FDP
September	1998	Schröder	SPD/Bündnis 90/Die Grünen
September	2002	Schröder	SPD, Bündnis 90/Die Grünen
September	2005	Merkel	CDU/CSU, SPD (Große Koalition)
September	2009	Merkel	CDU/CSU, FDP
September	2013	Merkel	CDU/CSU, SPD (Große Koalition)
September	2017	Merkel	CDU/CSU, SPD (Große Koalition)

Berücksichtigt wurden: Regierungsbildung nach Bundestagswahlen, Veränderungen der Koalitions-
zusammensetzung und vorübergehende Minderheitsregierungen, Kanzlerwechsel.

Eigene Darstellung

Abbildung 12 Die Genealogie der Parteien

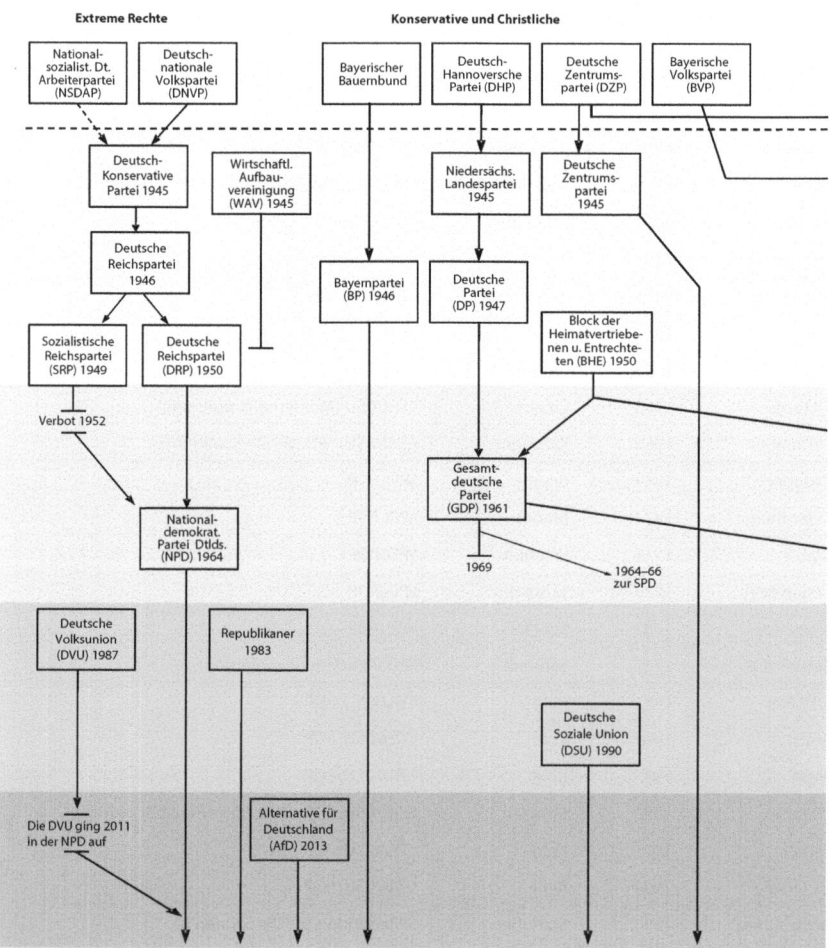

Eigene Darstellung, nach Rudzio 2015, S. 110 f.

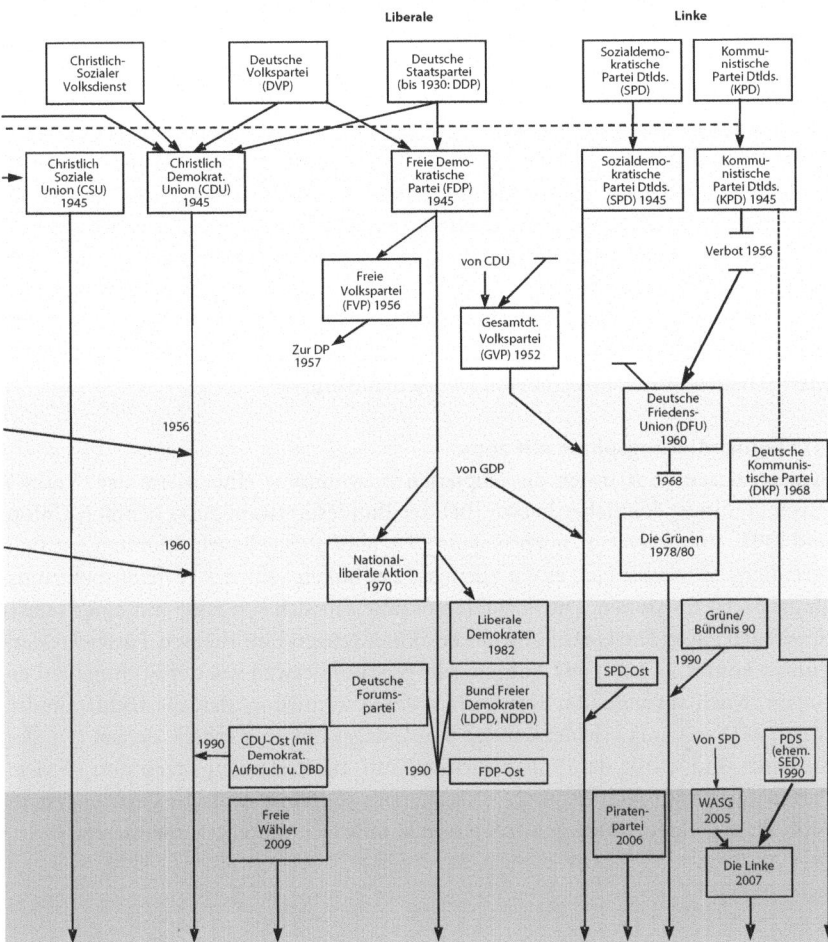

(4) Aufbruchsphase 1998–2005:
Mit dem ersten kompletten Machtwechsel von schwarz-gelb zu rot-grün markierte die Bundestagswahl von 1998 ein bemerkenswertes Signal des Aufbruchs in der Entwicklung des deutschen Parteiensystems. Die Eroberung der „Neuen Mitte" durch ihren Kanzlerkandidaten Gerhard Schröder sicherte nicht nur der SPD einen überragenden Wahlerfolg. Erstmals konnten die Parteien links der Mitte mehr als 50 Prozent der Stimmen auf sich vereinigen. Dies eröffnete völlig neue Perspektiven für die Regierungsbildung. Hatten Union und SPD vorher als „Seniorpartner" jeweils darum konkurriert, die Mittelpartei FDP auf ihre Seite hinüberzuziehen, verlief die Hauptachse des Parteienwettbewerbs nun zwischen einem bürgerlich-konservativen Lager rechts der Mitte und einem linken Lager auf der anderen Seite. Das Ende der Ära Kohl und die erstmalige Regierungsbeteiligung der früheren grünen Protestpartei läuteten gleichzeitig einen überfälligen gesellschaftspolitischen Wandel in Deutschland ein.

(5) Fragmentierungsphase seit 2005:
Spätestens seit 2005 traten die empirischen Symptome einer Krise der (Volks-)Parteien immer deutlicher hervor. Bei der Bundestagswahl 2009 konnten Union und SPD zusammen nur noch magere 57 % aller abgegebenen Stimmen auf sich vereinigen. Zunächst kam es vor allem auf der linken Seite des Parteienspektrums zu größeren Erosionen. Die Sozialdemokratie sah sich seit 2007 mit einer selbstbewussten Partei *Die Linke* konfrontiert. Einer jungen Ein-Themen-Partei wie den *Piraten* konnte es 2009 auf Anhieb gelingen, bundesweit 2 % der Stimmen zu erringen. Noch sprunghafter war freilich der Aufschwung, den die rechtspopulistische AfD seit 2013 erlebte. Bei der Bundestagswahl 2017 erhielt sie fast 13 % der Stimmen und wurde damit drittstärkste Kraft. Im Parlament sitzen nun so viele Parteien wie seit 1953 nicht mehr. Das ehemals so stabile deutsche Parteiensystem ist in Fluss geraten, fluide geworden und könnte sich weiter fragmentieren.

3.1 Formierungsphase 1945–1953

„Die deutschen Streitkräfte zu Lande, zu Wasser und in der Luft sind vollständig geschlagen und haben bedingungslos kapituliert (…). Die Regierungen (der vier alliierten Mächte, d. Verf.) übernehmen hiermit die oberste Regierungsgewalt in Deutschland, einschließlich aller Befugnisse der deutschen Regierung, des Oberkommandos der Wehrmacht und der Regierungen, Verwaltungen oder Behörden der Länder, Städte und Gemeinden" (zitiert nach KAACK 1971, S. 155).

So lautete die Erklärung der alliierten Siegermächte vom 5. Juni 1945. Der Nationalsozialismus war besiegt, die Parteigliederungen und Nachfolgeorganisationen verboten, alle Regierungsgewalt lag bei den Siegermächten. War das die Stunde Null der deutschen Nachkriegsgeschichte? Es ist mittlerweile ein Gemeinplatz, dass es keine Stunde Null gab, sondern viel, allzu viel Kontinuität gewisser und nicht der besten deutschen, nämlich der obrigkeitsstaatlichen, Traditionen. Aber in der Parteiengeschichte existierte wirklich eine Stunde Null zwischen Mai und Juni 1945: Denn es waren keine Parteien mehr da.

Die vier Besatzungszonen wurden von den Alliierten zunächst relativ autonom ohne nennenswerte Koordination untereinander kommandiert. Sie waren sich nur im Negativen einig, wie wir an dem oben zitierten Erlass vom 5. Juni gesehen haben. Aber schon wenig später preschten die sowjetischen Militärbehörden noch vor der Potsdamer Konferenz vor und genehmigten die Gründung von vier Parteien in ihrer Zone und in ihrem Sektor von Großberlin.

„Die Alliierten gingen bei der Zulassung von Parteien von sehr schablonenhaften Vorstellungen der deutschen Geschichte aus" (KAACK 1971, S. 157).

Neuem misstrauten sie, altvertraute Parteien waren genehm, solange ihnen nicht Mitschuld am Nationalsozialismus nachgesagt werden konnte. Innovationen, die in der deutschen Emigration und in politischen Zirkeln der ersten Nachkriegsmonate eine Rolle spielten, hatten deshalb zunächst keine Chance auf eine Lizenzierung, so z. B. eine einheitliche Arbeiterpartei aus SPD und KPD, eine Sammlungspartei aller nicht-sozialistischen Kräfte des Bürgertums und auch eine „Partei der Arbeit" aus sozialdemokratischen und christlich-sozialen Gruppen.

Auf Weisung der sowjetischen Besatzungsmacht wurden deshalb zunächst vier Parteien gegründet: die Kommunisten und Sozialdemokraten in der alten Tradition, Liberale in Zusammenführung der beiden früheren Flügel und Christlich-Konservative als Verknüpfung der Konfessionen und sonstiger nicht belasteter Konservativer. Die KPD wurde als erste am 11. Juni 1945 gegründet, drei Tage später die SPD, am 25. Juni die CDU und Anfang Juli die liberal-demokratische Partei (LDP) – alle zunächst in Berlin.

Mit zeitlicher Verzögerung zogen die anderen drei Besatzungsmächte im Laufe des Jahres 1945 nach, am zögerlichsten die Franzosen, die am spätesten deutsche politische Kräfte zur Eigeninitiative ermutigten. So wurden die Parteien in den Besatzungszonen von einzelnen Aktivisten je separat gegründet und mussten teilweise kompliziert und konfliktreich bis Ende der 40er Jahre/Anfang der 50er Jahre miteinander fusionieren.

Der Lizenzierungszwang für die Parteien – aber auch für andere Organisationen, wie Gewerkschaften und Verbände – durch die Alliierten blieb bis 1950 bestehen, sodass sich erst nach der ersten Aufbauphase von fünf Jahren ein autonomes Parteiensystem in Deutschland entwickeln konnte. Der Vorsprung der Gründungsgruppierungen war aber so groß, dass danach neugegründete Parteien nur geringe und in der Regel nur regionale Erfolge erzielen konnten.

Der politische Spielraum der ersten Parteien war vorläufig gering, nicht nur weil das Betätigungsfeld in Parlamenten und Regierungen sich erst langsam wieder formierte, sondern auch weil die Bewegungsfreiheit zwischen den Besatzungszonen eingeschränkt war. Im Übrigen war es sowieso eine Zeit der Not und des Chaos. Die Sorge um Essen und Wohnung, die Suche nach Angehörigen und Arbeit beschäftigte die meisten Menschen viel intensiver als politisches Engagement. Im Gegenteil, es gab eine verbreitete „Ohne-mich-Haltung", die aus der Überpolitisierung im Nationalsozialismus erklärlich war.

Mit Gründung der Bizone aus amerikanischer und britischer Besatzungszone zu Beginn des Jahres 1947 wurde die Kommunikation erleichtert. Mit Bildung der Trizone im Frühjahr 1948 unter Einbezug der französischen Zone war die spätere Gestalt der Bundesrepublik vorgeprägt. Groß-Berlin blieb weiterhin unter Viermächteverwaltung; auch wenn diese durch die Spaltung von West- und Ostberlin und erst recht seit der Mauer von 1961 nur eine Schimäre war, formal blieb sie bis zum „2-plus-4-Vertrag" von 1990, der völkerrechtlichen Vorbedingung der deutschen Einheit, bestehen. Die sowjetische Besatzungszone (SBZ) bildete ab 1949 die DDR.

Die erste politische Partei, die sich in ganz Deutschland wieder organisieren konnte, war die SPD. Viele Mitglieder und Funktionäre, die nach 1933 untergetaucht oder in innere Emigration gegangen waren, gruben ihre Mitgliedsbücher wieder aus und nahmen Kontakt auf. Einige versuchten sogar, die Mitgliedsbeiträge nachzuentrichten. Bereits im Mai 1945 eröffnete Kurt Schumacher, der nach seiner KZ-Entlassung 1943 die illegale Arbeit koordiniert hatte, in Hannover das „Büro Dr. Schumacher" als provisorische Parteizentrale.

Der von Ost-Berlin dominierte *Zentralausschuss* der SPD bildete mit Otto Grotewohl seit Sommer 1945 ein konkurrierendes Zentrum. Vorherrschender

Konflikt – neben persönlichem politischem Ehrgeiz – war die Frage einer „Einheit der Arbeiterklasse" durch eine gemeinsame sozialistische Partei zusammen mit den Kommunisten. Diese Konzeption wurde nicht nur von der sowjetischen Besatzungsmacht und der von ihr gestützten *Gruppe Ulbricht* der KPD getragen, um die Minderheitsposition der Kommunisten zu verbessern. Auch viele SPD-Parteimitglieder sympathisierten mit einer solchen Lösung, um einen gemeinsamen Neuanfang gegenüber der Weimarer Parteienzersplitterung zu wagen. Schumacher, der die Kommunisten als „rotlackierte Nazis" scharf ablehnte, war strikt dagegen – aus ideologischen, aber auch aus außenpolitischen Gründen, da er zu Recht hinter den Kommunisten nur den verlängerten Arm der sowjetischen Besatzungsmacht vermutete. Eine vereinigte Arbeiterpartei, die, wie viele fest glaubten, die Mehrheitsführerin werden würde, könnte so als Erfüllungsgehilfin sowjetischer Politik in Westeuropa missbraucht werden. Bis zum Frühjahr 1946 setzte sich Schumacher mit seiner zwar sozialistischen, aber betont gesamtdeutschen Haltung in den Westzonen durch.

In der SBZ konnten die skeptischen Kräfte in der SPD die Fusion mit der kleineren KPD zur *Sozialistischen Einheitspartei Deutschlands* (SED) im April 1946 nicht aufhalten. Gleichberechtigte Vorsitzende wurden zwar Otto Grotewohl (SPD) und Wilhelm Pieck (KPD). Aber schon kurze Zeit später wurden die ostdeutschen Sozialdemokraten majorisiert, dann aus allen Entscheidungspositionen gedrängt und schließlich offen unterdrückt. Die SED mutierte ab 1947 zur leninistischen Kaderpartei, für die das Prinzip des „demokratischen Zentralismus" verbindlich war: Einer einmal demokratisch gewählten Führung ist bedingungslos zu folgen, Fraktionierungen als eigenständige Parteiflügel sind verboten, damit ist eine kontinuierliche demokratische Willensbildung ausgeschlossen, und die Partei unterliegt dem diktatorischen Befehl der Führung im *Polit-Büro*.

Kurt Schumacher wurde im Mai 1946 zum unangefochtenen Vorsitzenden der Westzonen-SPD gewählt und blieb es bis zu seinem frühen Tod 1952. Programmatisch knüpfte die Partei an demokratische Sozialismus-Vorstellungen aus der Weimarer Republik an. So wurde die Vergesellschaftung von privatem Großgrundbesitz und von Produktionsmitteln gefordert und eine Sozialisierung der Bodenschätze und Grundstoffindustrie propagiert. Die SPD setzte sich aber mit ihrem Bekenntnis zur Demokratie deutlich gegen die Kommunisten ab:

> „Es gibt keinen Sozialismus ohne Demokratie, ohne die Freiheit des Erkennens und die Freiheit der Kritik. Es gibt aber auch keinen Sozialismus ohne Menschlichkeit und ohne Achtung vor der menschlichen Persönlichkeit. Wie der Sozialismus ohne Demokratie nicht möglich ist, so ist umgekehrt die Demokratie im Kapitalismus in steter Gefahr. (…) Die deutsche Sozialdemokratie ist stolz darauf, daß sie die einzige Partei

in Deutschland war, die unter den größten Opfern für die Ideen der Demokratie, des Friedens und der Freiheit eingetreten ist. Sie ist auch heute die Partei der Demokratie und des Sozialismus in Deutschland" (Forderungen und Ziele der SPD, beschlossen auf dem 1. Parteitag in Hannover 9.–11. Mai 1946; zitiert nach KAACK 1971, S. 165).

Organisatorisch wurde die SPD schnell zur mitgliederstärksten Partei in den Westzonen, schon Ende 1947 zählte sie 875 000 Mitglieder (vgl. LÖSCHE 1994, S. 127). Sie war stolz, als einzige unbelastete demokratische Partei, die auch als Einzige 1933 gegen das Ermächtigungsgesetz gestimmt hatte, dem Nationalsozialismus getrotzt zu haben, und erwartete endlich eine Verwirklichung ihrer politischen Pläne aus der Weimarer Zeit. Und damit täuschte sie sich bitter, denn bei den ersten Wahlen zu Gemeinde-, Kreis- und Landtagen zwischen 1946 und 1947 blieb sie fast ausnahmslos hinter der CDU/CSU zurück.

Über die Sozialdemokratie und ihre Geschichte ist überproportional viel geschrieben worden. Sie gehört zum Lieblingskind der historisch-politischen und sozialwissenschaftlichen Forschung – bewundert oder verachtet von politisch engagierten Wissenschaftlern mit einer eigenartigen Hassliebe aus Heilserwartungen und enttäuschten Hoffnungen. Hier kann deshalb nur ein ganz kurzer Abriss skizziert werden unter Verweis auf die weitere Literatur.

Anlässlich des 150-jährigen Bestehens der SPD haben zuletzt Peter BRANDT und Detlef LEHNERT 2013 einen detailreichen Überblick von der Gründung der ersten Arbeitervereine bis zur heutigen SPD vorgelegt. Interessant ist auch ihr Ausblick. Angesichts von Wahlniederlagen und Mitgliederschwund müsse sich die Partei wieder mehr um die Menschen kümmern. Verwiesen sei im Zusammenhang mit dem Parteijubiläum neben der kurzen Gesamtdarstellung von Bernd FAULENBACH (2012) auch noch auf den reich ausgestatteten Text- und Bildband, der von Anja KRUKE und Meik WOYKE (2012) begleitend zur Wanderausstellung der Friedrich-Ebert-Stiftung über „150 Jahre deutsche Sozialdemokratie" herausgegeben wurde. Das vor allem in den Anfangsjahren ambivalente Verhältnis der Sozialdemokratie zum Parlamentarismus untersucht der Sammelband von Detlef LEHNERT (2016).

Eine schön zu lesende „Biographie" der SPD hat vor einiger Zeit Franz WALTER (2009a) geschrieben. Einen soliden Überblick bieten POTTHOFF/ MILLER (2002). Thematisch etwas weiter gefasst sind die Darstellungen zur deutschen Arbeiterbewegung von Helga GREBING (2007), Axel KUHN (2004) sowie Wolfgang ABENDROTH (1997). Die Widersprüche der frühen Sozialdemokraten arbeitete pointiert Cora STEPHAN (1977) heraus. Der Fokus der Untersuchung von Thomas WELSKOPP (2000) liegt auf der Zeit vom Vormärz bis zum Sozialistengesetz. Susanne MILLER (1974) beschäftigte sich kenntnisreich mit der Geschichte der Sozialdemokratie im Ersten Weltkrieg. Dieter GROH (1973) lieferte das Standardwerk über die Politik der SPD am Ende des Kaiserreiches und prägte dafür die bekannte paradoxe Formel „negative Integration und revolutionärer Attentismus".

Die Gründung der *Christlich Demokratischen Union Deutschlands* (CDU) ist eine der wenigen wirklichen und wirkmächtigen Innovationen in der deutschen Parteiengeschichte. Zwar wird die CDU in vielen „Stammbäumen" der konservativen und/oder christlichen Parteienfamilie zugeordnet, aber das ist nicht alles. Sie hat auch liberale und soziale Elemente und ist insofern eine erste echte „Volkspartei", obwohl sie den Namen nicht trägt wie einige ihrer mehr oder weniger nahen früheren Verwandten aus der Parteiengeschichte und ebenso die ersten Gründungsorganisationen in der Nachkriegszeit.

In den Gründungskreisen dominierte allerdings eindeutig zunächst die katholische Tradition aus der Zentrumslinie. Aber bereits in Weimar hatte es viele Kräfte gegeben, die aus dem „Zentrums-Turm" der katholischen Konfession und der klerikalen Bindung heraus wollten. Das katholische Element behielt bis in die 1960er Jahre die Oberhand, gerade auch unter dem Einfluss der rheinischen CDU mit Konrad Adenauer an der Spitze.

In den einzelnen Zonen, Ländern und Regionen waren die Gründungskreise zwischen Sommer 1945 und Frühjahr 1946 sehr unterschiedlich ausgerichtet:

- In Berlin gründeten ehemalige Zentrumspolitiker und Verfechter eines christlichen Sozialismus um den früheren Gewerkschafter Jakob Kaiser den ersten CDU-Verband.
- In Süddeutschland bildeten sich eine badische Christlich-Soziale Volkspartei in Freiburg, eine Christlich-Demokratische Partei in Karlsruhe sowie eine Christliche Volkspartei in Süd-Württemberg-Hohenzollern.
- In Norddeutschland stützten sich die Gründer auf protestantische, konservative und liberale Kräfte im Bürgertum.
- Im Rheinland wurde als Vorläuferin schon am 17. Juni 1945 eine Christlich-Demokratische Volkspartei (CDVP) gegründet, wobei man zunächst an eine

Sammlung christlicher und sozialistischer Kräfte dachte, schließlich die Kompromissformel „Sozialismus aus christlicher Verantwortung" fand (vgl. Kaack 1971, S. 172).

Ein französischer zeitgenössischer Journalist kommentierte diese Heterogenität der Gründungskreise der CDU ironisch:

> „Diese Partei ist sozialistisch und radikal in Berlin, klerikal und konservativ in Köln, kapitalistisch und reaktionär in Hamburg und gegenrevolutionär und partikularistisch in München" (zitiert nach SCHMIDT 1983, S. 493).

Dieses scheinbare politische Durcheinander täuscht aber darüber hinweg, dass sich doch große Gemeinsamkeiten herausschälten, die alle Teilinitiativen zusammenhielten: Eine Sammlungsbewegung über den Konfessionen wurde angestrebt, die die alten Spaltungen überwindet und alle Kräfte rechts von der Sozialdemokratie aus bürgerlichen, sozialen, liberalen und konservativen Milieus vereint. Dieses Motiv der neuen Gemeinschaft und Sammlungsbewegung war auch für den neuen Namen „Union" statt „Partei" mitverantwortlich. Es mögen aber auch einige traditionelle deutsche Parteienabneigungen nach den traumatischen Erfahrungen mit NSDAP und dem Weimarer Parteienversagen eine Rolle gespielt haben.

Programmatisch war die frühe CDU ähnlich gespalten wie in der Herkunft ihrer Gründungsgruppierungen. Das bekannteste Dokument der CDU-Gründungszeit ist das „Ahlener Programm" von Februar 1947. In Ahlen, einer Kleinstadt in Westfalen, wurde allerdings nur ein Teilprogramm vom *Zonenausschuss der CDU für die britische Zone* beschlossen. Schaut man in den Text, so spiegelt sich darin die ganze Widersprüchlichkeit und Unübersichtlichkeit der politischen Situation. Der Gewerkschaftsflügel mit den Sozialausschüssen konnte sich mit der Präambel und den Forderungen nach Vergesellschaftung zufrieden erklären. Der wachsende bürgerlich-konservative Teil der Partei gab sich mit der Garantie des Eigentums und privater Unternehmerinitiative zufrieden. Zum Auftakt des Textes ertönt eine schmetternde Fanfare, die bis heute am meisten zitiert wird:

> „Das kapitalistische Wirtschaftssystem ist den staatlichen und sozialen Lebensinteressen des deutschen Volkes nicht gerecht geworden. Nach dem furchtbaren politischen, wirtschaftlichen und sozialen Zusammenbruch als Folge einer verbrecherischen Machtpolitik kann nur eine Neuordnung von Grund aus erfolgen. (…) Inhalt und Ziel dieser sozialen und wirtschaftlichen Neuordnung kann nicht mehr das kapitalistische Gewinn- und Machtstreben, sondern nur das Wohlergehen unseres Volkes sein. Durch eine gemeinwirtschaftliche Ordnung soll das deutsche Volk eine Wirtschafts- und So-

zialverfassung erhalten, die dem Recht und der Würde des Menschen entspricht, dem geistigen und materiellen Aufbau unseres Volkes dient und den inneren und äußeren Frieden sichert" (zitiert nach VON ALEMANN 1986, S. 5).

Das Ahlener Programm bleibt allerdings immer dort im Unverbindlichen stecken, wo Vergesellschaftung und soziale Gestaltung konkret hätten beschrieben werden müssen. Insgesamt war es kein Durchbruch des „christlichen Sozialismus", sondern Zeugnis seiner Eindämmung. Es ist ein wichtiger Etappensieg Konrad Adenauers und seiner anti-sozialistischen Verbündeten gegen die sozialen Kräfte von Karl Arnold, dem Düsseldorfer Ministerpräsidenten der CDU, oder Jakob Kaiser, dem Berliner CDU-Vorsitzenden. Schließlich standen 1947 die ersten Landtagswahlen in Nordrhein-Westfalen an, für die ein Konsens in der nach ihrer Position suchenden Partei, wenn auch nur ein Formelkompromiss, gefunden werden musste.

Schon zwei Jahre später, mit den „Düsseldorfer Leitsätzen" von 1949, hatte sich Adenauers Weg endgültig durchgesetzt. Die Formel von der „Sozialen Marktwirtschaft" siegte. Von einer „Neuordnung von Grund auf" war nun keine Rede mehr. Die Währungsreform hatte bereits die bestehenden Besitzverhältnisse stabilisiert. Ein marktwirtschaftliches System sollte mithilfe sozialpolitischer Korrekturen akzeptabel gemacht werden. Dies bedeutete den endgültigen Abschied von einer integrierten Sozial- und Wirtschaftspolitik.

Organisatorisch entstand ab Februar 1947 die *Arbeitsgemeinschaft der CDU und CSU Deutschlands* auf einem „Reichstreffen" in Königstein. Konrad Adenauer, damals bereits über 70 Jahre alt, erfahrener Zentrumspolitiker aus der Weimarer Republik und erfolgreicher früherer Oberbürgermeister von Köln, übernahm 1946 die Führung der CDU in der britischen Zone und wurde 1948 Vorsitzender des Parlamentarischen Rates, der eine Verfassung für die Westzonen ausarbeiten sollte. Trotz Konkurrenz vonseiten der sozialen und gesamtdeutsch gesinnten Gegenspieler wie Arnold oder Kaiser konnte sich Adenauer mit viel Geschick und Autorität und auch listigem Ehrgeiz zur schließlich unangefochtenen Führungsfigur durchsetzen. Mit knapper Mehrheit wurde er 1949 zum ersten Kanzler einer bürgerlichen Koalitionsregierung aus CDU/CSU, FDP und Deutscher Partei (DP) gewählt.

Zur ersten Bundestagswahl 1949 hatte sich nur ein zentraler Wahlausschuss konstituiert. Im Oktober 1950 kam es zur formellen Gründung der Bundespartei CDU auf dem ersten Parteitag in Goslar mit Adenauer als Vorsitzendem. Aber Adenauer blieb immer mehr Kanzler als Parteivorsitzender, angeblich soll er die eigene Parteizentrale nie betreten haben. Die CDU blieb deshalb organisationstypologisch eine Honoratiorenpartei und ein Kanzlerwahlverein mit zunächst nur knapp 200 000 Mitgliedern – ein Viertel verglichen mit der SPD.

In der aktiven Mitgliedschaft und unter den Funktionären dominierte weiterhin das katholische Element, wenn auch nicht mehr so eng milieugebunden wie früher. Der Einfluss der katholischen Amtskirche machte sich durchaus weiterhin bemerkbar, nicht zuletzt in „Hirtenbriefen" vor Wahlen durch die Bischöfe. In dieser Hinsicht brauchte die CDU noch lange, um als „moderne Volkspartei" (LANGE 1994, SCHÖNBOHM 1985) gelten zu können. Ihre Wählerschaft war immer viel pluraler und „vielschichtiger" zusammengesetzt als die aktive Mitgliedschaft.

„Welch große Integrationsleistung von der CDU vollbracht wurde, zeigt der internationale Vergleich: in keinem anderen Land ist es gelungen, so verschiedenartige und vielfältige Segmente und Strömungen in einer Partei für einen längeren Zeitraum miteinander zu verbinden, auch nicht in Frankreich bei den Gaullisten oder in Großbritannien bei den Konservativen (trotz der dort weitaus günstigeren Bedingungen eines Mehrheitswahlrechts)" (LÖSCHE 1994, S. 113).

Eine brillante und parteiunabhängige Bestandsaufnahme über nahezu sechs Jahrzehnte CDU-Geschichte hat Frank BÖSCH (2002) vorgelegt. Derselbe Autor hat auch eine ebenfalls vielbeachtete und quellengesättigte Gesamtgeschichte der „Adenauer-CDU", also der frühen Phase der Partei bis 1969, geschrieben, in der er gegenüber dem Mythos der Person Adenauers die Rolle der Organisation stärker in den Mittelpunkt rückte (vgl. BÖSCH 2001).

Mit dem programmatischen Kompass der CDU haben sich dagegen Petra HEMMELMANN (2017) und Udo ZOLLEIS (2008) näher auseinandergesetzt. Beide Autoren nehmen die Partei dabei mehr oder weniger stark gegen den Vorwurf wankelmütiger Prinzipienlosigkeit in Schutz, der die Union speziell unter der Kanzlerschaft Angela Merkels permanent begleitet.

Von den älteren Arbeiten zur CDU sind insbesondere noch Josef SCHMID (1990) und Wulf SCHÖNBOHM (1985) zu erwähnen. Sehr kritisch, aber gerade auch im Hinblick auf die Verfassungswirklichkeit der jungen Bundesrepublik lesenswert, ist die Abrechnung mit dem „CDU-Staat" bei SCHÄFER/NEDELMANN 1972.

Auch die Anfänge der *Christlich Sozialen Union Deutschlands* (CSU) in Bayern waren von internen Konflikten verschiedener Linien und Strömungen bestimmt, wie in den anderen Landesverbänden der Union. Doch die Vorgeschichte der separaten *Bayerischen Volkspartei* als Zentrumsverband in der Weimarer Republik förderte schließlich eine Sonderentwicklung der CSU.

Die Gründungszeit der CSU war geprägt durch die erbitterten Flügelkämpfe zwischen Kräften um den Oberfranken Josef Müller (genannt „Ochsensepp"), der eine interkonfessionelle Sammlungspartei aller Kreise gründen wollte, und den Traditionalisten um Alois Hundhammer, die eine separatistische, bayerisch-katholische Partei ohne Unionsmitgliedschaft etablieren wollte. Noch komplizierter wurde die Situation, als 1948 die *Bayernpartei* (BP) auf Landesebene eine Lizenz der Militärregierung erhielt und damit separatistische Konkurrenz aufkam.

Gelöst wurde der Konflikt durch einen Kompromiss. Josef Müller wurde zwar entmachtet, aber dennoch eine interkonfessionelle Sammlungspartei gegründet, die der Union nicht als Landesverband beitrat, sondern eine eigenständige bayerische Partei blieb, auch um die *Bayernpartei* kleinzuhalten. Beide Unionsparteien verpflichteten sich allerdings, nicht gegeneinander in den anderen Bundesländern zu konkurrieren. Im Bundestag bildeten sie seit 1949 eine Fraktionsgemeinschaft – eine für manche Beobachter ideale, für andere manipulative Lösung, weil sie so einerseits wie eine Partei auftreten, z. B. bei der Wahl des Bundestagspräsidenten, andererseits sich dem Wähler mit unterschiedlichem politischen Profil als zwei Parteien präsentieren können.

Programmatisch blieb die CSU zwar immer betont konservativer und katholischer als die übrige CDU, aber organisatorisch modernisierte sie sich früher und entschiedener. Es gelang ihr beispielhaft, die verschiedenen Regionen Bayerns zu integrieren, Stadt und Land, Industrie, Mittelstand und Landwirtschaft gleichzeitig zu fördern und so eine Dominanz in Politik, Gesellschaft und Wirtschaft Bayerns zu erreichen wie sonst keine Landespartei der Bundesrepublik (vgl. zur CSU: Kiessling 2004, Mintzel 1978 und 1977).

Die Liberalen waren zum Ende der Weimarer Republik fast völlig aufgerieben und in kleinste Reste gespalten. Auch hier gab es nach dem Krieg Einigungsbestrebungen, um die alte Trennung von linksliberalem Fortschritt und Nationalliberalen, von altem bürgerlichen Mittelstand und großindustrieller Klientel sowie linkem Bürgertum zu überwinden. Aber auch bei den Liberalen war eine Einigung der in den Zonen entstandenen Gründungsinitiativen schwierig. Im Osten hatte sich eine *Liberaldemokratische Partei* (LDP) gebildet, im Westen waren in der *Freien Demokratischen Partei* (FDP) die nationalliberalen Kräfte in die Vorhand geraten. In den norddeutschen Hansestädten und in Baden und Württemberg (dort *Demokratische Volkspartei,* DVP, genannt) dominierten fortschrittlich-liberale Kräfte mit dem späteren ersten Bundespräsidenten Theodor Heuss an der Spitze.

Der Versuch 1947 und 1948, eine gesamtdeutsche liberale Partei zu gründen, scheiterte schnell an der Vertiefung des Ost-West-Konfliktes. Ein Gründungstreffen der FDP in den Westzonen fand im Dezember 1948 in Heppenheim an der Bergstraße statt. Ein Grundsatzprogramm wurde erst viel später, nämlich 1957, formuliert. Die FDP blieb eine bürgerliche Honoratiorenpartei ohne große Mitgliederzahlen, die sich als betont antisozialistische Kraft profilierte. Im Rheinland entwickelte sie sich sogar zu einem Sammelbecken ehemaliger Nationalsozialisten, sodass 1953 die britische Besatzungsmacht eingriff und einige Funktionäre verhaftet wurden.

Trotz oder wegen dieser Orientierungen erreichte die FDP bei der ersten Bundestagswahl 1949 das beachtliche Ergebnis von fast 12 % der Stimmen und konnte mit der CDU/CSU eine „Bürgerblock"-Koalition bilden. Sie blieb „ewiger" Juniorpartner der CDU/CSU in der Bundesregierung bis 1966 mit nur kleinen Unterbrechungen.

Einen guten Überblick über die Geschichte der FDP vermittelt Jürgen Dittberner (2010). Immer wieder mit den Freien Demokraten beschäftigt hat sich auch Hans Vorländer, zuletzt (2013). Die Frage, wer in der FDP eigentlich das Sagen hat, beantwortet Jan Treibel (2014) mit Verweis auf die traditionell hierarchische Führung der Partei.

Kleinere Parteien konnten sich unter dem Lizenzierungszwang der Besatzungsmächte zunächst nur vereinzelt und häufig regional bilden. Einige haben wir bereits kennengelernt. Das *Zentrum* (Z) etablierte sich trotz der CDU-Gründungen in einigen Landesteilen wieder neu, insbesondere in der britischen Zone, und war mit zehn Abgeordneten im ersten Bundestag vertreten. Nur solche im Bundestag vertretenen Parteien seien hier erwähnt, weil es natürlich insgesamt ein Gründungsfieber von kleinen, teilweise skurrilen Gruppierungen gab – wie auch später vor jeder Bundestagswahl.

Auch die KPD kam mit 5,7 % und immerhin 15 Abgeordneten in den ersten Bundestag, scheiterte aber mit 1,2 % bereits bei der zweiten Bundestagswahl 1953 und wurde 1956 vom Bundesverfassungsgericht als verfassungswidrig verboten. An beiden bundesdeutschen Parteien, dem *Zentrum* und der KPD, war die Zeit vorbeigegangen. Dabei waren sie in den ersten Landtagen nicht nur vertreten, sondern sogar in den üblichen Allparteienregierungen der Nachkriegszeit mit an der Macht gewesen, wenn man damals überhaupt von Macht in deutschen Politikerhänden sprechen konnte.

Die übrigen im ersten Bundestag erfolgreichen Parteien waren regionaler Provenienz. Die *Deutsche Partei* (DP) wurde zunächst als *Niedersächsische Landespartei* (NLP) gegründet und geht auf Traditionen der *Deutsch-Hannoverschen Partei* (DHP) aus Weimarer Zeit und Kaiserreich zurück. Diese erstrebte ursprünglich die Wiederherstellung Hannovers als souveränes Königreich und die Wiedereinsetzung des Welfenhauses in seine souveränen Rechte. Die DP verdeckte allerdings die monarchistischen Traditionen und blieb eine konservative, protestantische, antisozialistische und regionale Mittelstandspartei, die immerhin im ersten Bundestag mit 17 und im zweiten mit 15 Abgeordneten sowie in den jeweiligen Bundesregierungen vertreten war. Danach wurde sie von der CDU aufgesogen.

Die *Bayernpartei,* ebenfalls im ersten Bundestag mit 17 Abgeordneten vertreten, wurde als CSU-Konkurrenz bereits erwähnt; sie wurde später von der CSU verdrängt und weitgehend absorbiert. Schließlich waren im ersten Bundestag noch etwas seltsame Parteien vertreten, so die *Wirtschaftliche Aufbau-Vereinigung* (WAV), die von dem geltungssüchtigen Münchener Alfred Loritz (vgl. WOLLER 1983, S. 2458) gegründet worden war und erstaunliche zwölf Mandate erreichte, aber dann schnell unterging. Die rechtsextreme *Deutsche Reichspartei* (DRP) hatte ihre Hochburg in Norddeutschland und erreichte fünf Mandate. Später spaltete sich die *Sozialistische Reichspartei* (SRP) ab, die 1952 vom Bundesverfassungsgericht verboten wurde. In den nächsten Bundestag konnte keine dieser Parteien vordringen. Schließlich gab es 1949 noch jeweils ein Mandat für den *Südschleswigschen Wählerbund* (SSW) und eine *Notgemeinschaft* sowie zwei Mandate für Unabhängige, sodass insgesamt elf Parteien in diesem ersten freigewählten deutschen Nachkriegsparlament saßen.

Manche haben deshalb diese Wahl als die „letzte von Weimar" (FALTER 1981) bezeichnet, was von der Struktur des zersplitterten Parteiensystems durchaus berechtigt war. Unberechtigt ist diese Etikettierung allerdings aus Sicht der ersten Parteienregierung der Bundesrepublik. Sie war als Bürgerblock aus CDU/CSU, FDP und DP stabil und so erfolgreich, dass sie aus der folgenden Wahl 1953 gestärkt hervorging, obwohl seit 1950 die Parteienlizenzierung fortgefallen war und ein wahrer Gründungsboom eingesetzt hatte. Etwa 30 neue Parteien waren kurzfristig entstanden, die mindestens bei einer Landtagswahl kandidierten. Aber keine konnte mit einer neuen weltanschaulichen Grundlage aufwarten, die nicht bereits abgedeckt gewesen wäre, mit Ausnahme der Rechtsextremen, die kurzfristige Landtagserfolge hatten, sich aber bundesweit nicht durchsetzen konnten.

Die einzige Neuerung bildete die Flüchtlingspartei *Block der Heimatvertriebenen und Entrechteten* (BHE), die beispielsweise in Schleswig-Holstein 1950 mit 23,5 % der Stimmen einen grandiosen Anfangserfolg erzielen konnte und sogar die CDU überflügelte (vgl. KAACK 1971, S. 207). 1953 erhielt sie bundesweit noch 5,9 %

Abbildung 13 Wahlergebnisse des 1. und 2. Bundestages

	1. Bundestag (14.8.1949)		2. Bundestag (6.9.1953)	
Wahlbeteiligung	78,5 %		86,0 %	
	Stimmenanteil in %	Mandate (410)	Stimmenanteil in %	Mandate (509)
CDU/CSU	31,0	141[1]	45,2	249[2]
SPD	29,2	136[1]	28,8	162
FDP/DVP	11,9	53	9,5	53
DP	4,0	17	3,3	15[1]
BP	4,2	17	1,7	–
KPD	5,7	15	2,2	–
BHE/GB	–	–	5,9	27
WAV	2,9	12	–	–
ZP	3,1	10	0,8	3[3]
DKP/DRP	1,8	5	–	–
DRP	–	–	1,1	–
GVP	–	–	1,2	–
SSW	0,3	1	0,2	–
Parteilose	4,8	3	–	–
Sonstige	1,1	–	0,3	–

[1] Davon 1 Überhangmandat
[2] Davon 2 Überhangmandate
[3] Darunter ein Mitglied der CDU, das über die Landesliste der Deutschen Zentrumspartei gewählt wurde

Nach: Bundeswahlleiter

und wurde von Adenauer in die Bundesregierung aufgenommen, danach alsbald von der CDU aufgesogen.

Die Formierungsphase der Parteien in den Westzonen zwischen 1945 und 1953 ist also zusammenfassend von folgenden Momenten charakterisiert:

1) Trotz zahlreicher Wurzeln im Weimarer Parteiensystem war eine neue Parteienkonfiguration entstanden. Der allenthalben artikulierte Drang zu großen Lösungen und Konsens führte im Westen dazu, dass zwischen 1946 und 1947 in den Landtagswahlen 72,7 % der Stimmen auf die beiden stärksten Parteien entfielen.

2) Es entstand zwar im Westen keine einheitliche „Partei der Arbeit", aber doch
    eine mit 35 % der Stimmen stärkere SPD als in den Jahren von 1920 bis 1933.
3) Neu war die christlich-liberale-konservative-konfessionelle Sammlungspartei
    CDU, in Maßen auch die CSU, obwohl diese sich enger an der alten BVP orien-
    tierte. Die CDU hatte als überraschend stärkste Partei 37,7 % der Gesamtstim-
    men in allen Ländern erhalten und damit einen großen Beitrag zur politischen
    Stabilisierung geleistet. Die Frage war damals nur, ob diese intern noch labile
    und zerstrittene Föderation zusammengehalten werden könnte.
4) Auch die Liberalen hatten sich zu einer Partei verbündet, die alte Spannungen
    allerdings weiterhin in sich trug. Dennoch konnte sie sich als dritte Kraft län-
    gerfristig etablieren.
5) Weitere kleine Parteien, KPD und *Zentrum,* rechtsextreme und regionale Par-
    teien, konnten zwar bis 1949 Anfangserfolge erzielen, aber keine stabile Posi-
    tion ausbauen. Die linken Wähler wurden weitgehend von der SPD absorbiert,
    die regionalen und rechten von der CDU/CSU.
6) Bei der Bundestagswahl 1949 erlitten die beiden großen Parteien Stimmen-
    verluste gegenüber den vorangegangenen Landtagswahlen von 6,7 %-Punk-
    ten (CDU) und 5,8 %-Punkten (SPD) zugunsten der kleineren Parteien, sodass
    einige Beobachter erneut Weimarer Verhältnisse befürchteten.
7) Die Befürchtungen erwiesen sich als unbegründet. Bei der zweiten Bundes-
    tagswahl von 1953 verpasste die CDU/CSU mit 45,2 % der Stimmen und 249 der
    509 Sitze im Bundestag nur knapp die absolute Mehrheit. Dieses Kunststück
    gelang ihr dann vier Jahre später als erster und einziger Partei in der deut-
    schen Geschichte überhaupt. Die CDU/CSU konnte ihren Bonus als „Staats-
    gründungspartei" voll ausspielen und damit den Regierungs- und Kanzlerbo-
    nus. Sie führte einen teilweise demagogischen Wahlkampf gegen die SPD und
    nutzte erstmals das neue amerikanische Instrument der Meinungsforschung.
    Kleinere regionale Parteien, wie der SSW, scheiterten u. a. an einer verschärf-
    ten Fünf-Prozent-Hürde, die nun von der Landesebene auf die gesamte Bun-
    desebene ausgedehnt wurde. Wenig später wurde dann auch noch die Zahl der
    notwendigen Grundmandate zur Umgehung der Sperrklausel von ursprüng-
    lich einem auf drei erhöht.

Summa summarum: Im Jahre 1953 war die Formierungsphase des deutschen Parteiensystems abgeschlossen. Die Positionen waren verteilt und die Rollen zwischen Regierung und Opposition stabilisiert.

Exkurs: Die Parteien der SBZ/DDR

Nach ganz kurzem Aufblühen von noch relativ unabhängigen ersten Parteibildungen zwischen 1945 und 1947 herrschte seitdem in der sowjetischen Besatzungszone (SBZ) und in der folgenden DDR von 1949 bis 1989 eine völlig „monozentrische Interessenpolitik" (FEHR 1989, S. 309). Im Zentrum der politisch-ökonomisch-gesellschaftlichen Interessenvermittlung stand die Spitze der Staatspartei SED. So dekretierte der Artikel 1 der DDR-Verfassung:

> „Die DDR ist ein sozialistischer Staat der Arbeiter und Bauern. Sie ist die politische Organisation der Werktätigen in Stadt und Land unter Führung der Arbeiterklasse und ihrer marxistisch-leninistischen Partei".

Anders aber als in der Sowjetunion, in der die KPDSU als einzige Partei herrschte, existierte in der DDR, wie in den meisten übrigen osteuropäischen Staaten, ein kompliziertes System von weiteren (Block-)Parteien, Volksfronten und Massenorganisationen.

Ideologisch gerechtfertigt wurde dieser Verbund mit dem Begriff der „Bündnispolitik", da man sich noch im Stadium einer relativ stark differenzierten, wenn auch nicht mehr antagonistischen Klassen- und Schichtengesellschaft befinde. Die Bündnispolitik sollte die besonderen Interessen der mit der Arbeiterklasse verbündeten Schichten (Bauern, Handwerker, Gewerbetreibende, Intelligenz) berücksichtigen und die Bündnispartner durch schrittweises Heranführen an die sozialistischen Produktions- und Lebensverhältnisse in die sozialistische Gesellschaft integrieren (vgl. LUDZ 1979, S. 235).

Ursprünglich war die Bündnispolitik in der unmittelbaren Nachkriegszeit als Zusammenwirken für die erste Aufbauphase begonnen worden. Nach der Zwangsvereinigung von SPD und KPD zur SED waren auch die CDU und die LDPD *(Liberal-Demokratische Partei Deutschlands)* seit 1945 im *Antifaschistischen Block* zusammengeführt worden, um seit 1948 im *Demokratischen Block der Parteien und Massenorganisationen* auch noch die DBD *(Demokratische Bauernpartei Deutschlands)* zu integrieren. Der *Demokratische Block* lebte als Kern des Bündnisses der Parteien und Massenorganisationen fort, wurde aber seit 1949 von der *Nationalen Front* der DDR überwölbt. Diese war ursprünglich mit gesamtdeutschem Auftrag zur „Rettung der deutschen Nation" (LUDZ 1979, S. 751) initiiert worden, was aber schon bald, spätestens nach dem 17. Juni 1953, gegenstandslos geworden war. Die *Nationale Front* ist in der Verfassung von 1974 so verankert:

> „(1) Das Bündnis aller Kräfte des Volkes findet in der Nationalen Front der Deutschen Demokratischen Republik seinen organisierten Ausdruck.

(2) In der Nationalen Front der Deutschen Demokratischen Republik vereinigen die Parteien und Massenorganisationen alle Kräfte des Volkes zum gemeinsamen Handeln für die Entwicklung der sozialistischen Gesellschaft. (…)"

Die *Nationale Front* bestand einerseits aus den fünf Parteien, natürlich „unter Führung der Arbeiterklasse und ihrer Partei". Die Blockparteien neben der SED hatten die Aufgabe, in begrenztem Umfang Sonderinteressen bestimmter sozialer Gruppen zu vertreten, wie die der Selbstständigen und der „Intelligenz" (LDPD), der Handwerker und Gewerbetreibenden (NDPD), der Bauern (DBD) oder der Christen (CDU). Sie unterhielten eigene aufwendige Parteiapparate, Zeitschriften, Verlage und Schulungsstätten. Sie boten zwar gewisse Nischen für politische Karrieren, aber die gesamten Mitgliederzahlen waren gering gegenüber der übermächtigen SED und der politische Einfluss war völlig marginal. Denn eine offene oder gar konkurrierende Interessenartikulation, auch über die parteieigenen Medien, war durch das Herrschaftsmonopol der SED ausgeschlossen.

Die *Nationale Front* umfasste andererseits die großen Massenorganisationen, d. h. FDGB *(Freier Deutscher Gewerkschaftsbund)*, KB *(Kulturbund)* und VdgB *(Vereinigung der gegenseitigen Bauernhilfe)*. Mithilfe der Massenorganisationen versuchte die SED, flächendeckend und total alle sozialen Gruppen und Schichten der Gesellschaft, deren Interessen und Aktivitäten zu organisieren. Die Massenorganisationen galten zwar einerseits als Interessenorganisationen, waren aber andererseits dem Machtanspruch der Staatspartei völlig unterworfen, da alle führenden Positionen von SED-Kadern dominiert wurden, die wiederum nach dem Prinzip des demokratischen Zentralismus der Parteiführung rechenschaftspflichtig waren.

Die *Nationale Front* insgesamt war hierarchisch aufgebaut und auf allen Ebenen der Gesellschaft bis zu städtischen Wohnbezirksausschüssen organisiert. Sie kontrollierte auch die Kandidatenaufstellung und die Wahlen für alle Vertretungskörperschaften bis zur Volkskammer der DDR. Die 500 Sitze der Volkskammer wurden nach einem festen Schlüssel an die Parteien und Massenorganisationen der *Nationalen Front* vergeben. Die Volkskammerwahlen waren insofern eine Farce, als die Wähler nur die fertige Liste bestätigen konnten. Das taten sie unter dem Druck der Kampagne in meist offener Abstimmung und mit den berüchtigten 99-Prozent-Ergebnissen. Die SED hielt zwar nur 25,4 % der Sitze direkt, da aber alle führenden Positionen in den Massenorganisationen von ihr besetzt waren, konnte sie leicht über die absolute Mehrheit verfügen. Auch dies war freilich recht bedeutungslos, denn nahezu alle Beschlüsse, die von der Partei- und Staatsführung der SED vorgefasst worden waren, wurden in der Volkskammer einstimmig bestätigt.

Abbildung 14   Festlegung der Fraktionsstärken für die Volkskammer 1963

Partei/Organisation	Prozentanteil	Sitze
SED	25,4	127
LDPD	10,4	52
CDU	10,4	52
NDPD	10,4	52
DBD	10,4	52
FDGB	13,6	68
FDJ	8,0	40
DFD	7,0	35
KB	4,4	22

Nach: Hofmann 1993, S. 296

Kontroverse Debatten, Diskussionen oder Diskurs waren unbekannt. Die formalen Kräfteverhältnisse der Parteien und Massenorganisationen in der Volkskammer geben also nur die Wirklichkeit eines Scheinpluralismus wieder (vgl. von Alemann 1994a, S. 259 f.).

Weitere Literatur zum Parteiensystem der DDR findet sich u.a. bei: Lapp (2010), Stephan (2002), Hofmann (1993), S. 292 ff. sowie Ludz (1979), Weber (1982 u. 1971) und Glaessner (1977).

3.2 Konzentrierungsphase 1953–1976

Die gesamte Zeitspanne von 1953 bis 1976 war nicht nur eine Phase der Konzentrierung der Wähler auf die drei Bundestagsparteien (CDU/CSU im Bundestag werden hier als eine Partei verstanden), die in den letzten beiden Wahlen 1972 bis 1976 sogar erstaunliche 99 % der Stimmen auf sich vereinigen konnten. Es war auch eine Ära der Normalisierung und Internalisierung der Demokratie in Deutschland, wie es sie vorher nie gegeben hatte. Denn alle drei Parteien bildeten in dieser

Spanne jede mögliche Koalitionsregierung miteinander. Die wechselnden Regierungen blieben recht stabil – trotz gravierender Herausforderungen und Krisen: wirtschaftliche Rezessionen 1966/67 und nach der weltweiten Ölkrise 1973; Krisen der internationalen Politik, die auf Deutschland zurückwirkten, wie der Mauerbau 1961; interne Konflikte, wie um die Wiederbewaffnung und Westbindung an die NATO 1955/56, um die Notstandsgesetze 1966/68 und über die Ostpolitik 1969 bis 1972; gesellschaftliche Umbrüche wie die Auswirkungen der Studentenbewegung 1967/68 mit ihrer Forderung nach Politisierung und Demokratisierung aller Lebensbereiche, die zu der durchaus bürgerlichen Bürgerinitiativbewegung Anfang der 70er Jahre führte. Alle diese Konflikte, Krisen und oft erbittert geführten Kämpfe gingen andererseits einher mit einem Wirtschaftswunder, Wahlwunder und Parteienwunder des „Modell Deutschlands", wie es SPD-Wahlkämpfe 1974 stolz plakatierten und wie es von der Wissenschaft und vom Ausland mit einer Mischung aus Bewunderung, Skepsis und etwas Neid betrachtet wurde (vgl. Simonis et al. 1996).

Als Wirtschaftswunder wird die langanhaltende Wachstumsphase vom Beginn der 50er Jahre bis in die Mitte der 60er Jahre bezeichnet, die sicherlich zum größten Teil vom Wiederaufbauboom verursacht war, aber von der CDU geschickt allein den Folgen der „Sozialen Marktwirtschaft", die der Wirtschaftsminister und spätere Kanzler (1963–1966) Ludwig Erhard verkörperte, gutgeschrieben wurde. Als Kanzler ist er allerdings dann an der Bewältigung der ersten kleineren Rezession von 1966 gescheitert. Der Boom ermöglichte eine Sozialpolitik, die einen Wohlfahrtsstaat aufbauen half, der im Rentenniveau, in der Krankheitsvorsorge, Arbeitslosigkeitsabsicherung oder Sozialfürsorge in Europa und der Welt nur von wenigen Staaten übertroffen werden konnte.

Als das „deutsche Wahlwunder" (Baer/Faul 1953) wurde von Politologen schon früh die Konzentration der großen Parteien und die Absorption der kleineren Randparteien apostrophiert – und dies trotz des von vielen als desintegrierend, zersplitternd oder gar als anarchisch geschmähten Verhältniswahlrechts (vgl. Hermens 1968; dagegen von Alemann 1973). Die von zahllosen Kommentatoren immer wieder ängstlich beschworene Formel „Bonn ist nicht Weimar" (zuerst Allemann 1956) hatte sich bewahrheitet, auch wenn sie zuweilen wie lautes Pfeifen im Wald klang (dazu Rüttgers 2009, siehe darin auch von Alemann 2009).

Als „deutsches Parteienwunder" (von Alemann 1982) kann man in der Tat die Integrationskraft der Parteien bezeichnen, denen es gelang, die Millionen Flüchtlinge und Vertriebene einzugliedern, die durch den ökonomischen Strukturwandel freigesetzten Hunderttausende aus schrumpfenden Branchen wie Landwirtschaft und Grundstoffindustrie wieder in Arbeit zu bringen, die ehemaligen Kommunisten, Nationalsozialisten und Regionalisten zu integrieren und später die protestierende Jugend der außerparlamentarischen Opposition wieder zu engagieren – sie alle erhielten eine mehr oder weniger dauerhafte politische Heimat in den drei Bonner Parteien.

Allerdings gab es auch eine Reihe von Problemen aus Überanpassung und unbewältigter Vergangenheit. Im „CDU-Staat" (SCHÄFER/NEDELMANN 1972) der 50er und frühen 60er Jahre wurden auch massive restaurative Tendenzen beklagt, die autoritäre Machtstrukturen in Politik und Wirtschaft, Gesellschaft und Kultur betrafen. Ehemalige aktive Nationalsozialisten bekleideten hohe Ämter in Wirtschaft, Politik und auch an den Universitäten; die Kultur wurde bedrängt; Intellektuelle und Schriftsteller von Kanzler Ludwig Erhard als „Pinscher" geschmäht, und die kritische Presse beeinträchtigt. Kanzler Adenauer sah in der Spiegel-Affäre 1962 einen „Abgrund von Landesverrat", was unhaltbar war, der Herausgeber Rudolf Augstein wurde inhaftiert, Verteidigungsminister Strauß belog das Parlament und musste zurücktreten, die fünf FDP-Minister verließen das Kabinett (vgl. SEIFERT 1966): Es war eine erste ernste Regierungskrise entstanden und ein nachhaltiges Erlebnis kritischer funktionierender Opposition verwirklicht. Dies blieb ein Schlüsselereignis, weil sich beides kreuzte: autoritäres Handeln der Regierungspartei und ihrer publizistischen Kräfte einerseits und waches Reagieren einer kritischen Öffentlichkeit andererseits, die einen Minister zum Rücktritt zwang und die FDP an die Seite der Opposition trieb. Es waren aufschlussreiche zwei Gesichter der politischen Kultur in Deutschland (vgl. zur politischen Kultur insbesondere GREIFFENHAGEN/GREIFFENHAGEN 1979 bzw. 1993).

Die CDU/CSU gewann 1957 mit 50,2 % die absolute Stimmenmehrheit. Dieses Ergebnis war und blieb einzigartig in der deutschen Parteiengeschichte und gelang mit der eigentlich belanglosen Wahlparole „Keine Experimente", aber gleichzeitig mit einer demagogischen Diffamierung der SPD. Konrad Adenauer, der geniale Vereinfacher, formulierte: „Die Wahl wird entscheiden, ob die Bundesrepublik christlich bleibt oder kommunistisch wird" (zitiert nach KAACK 1971, S. 238). Diese Doppelstrategie bei Wahlen ist im Grunde eine CDU-Konstante bis in die 1990er Jahre, bis zur „Rote-Socken-Kampagne" geblieben, wobei jede Wahl zur Entscheidungswahl hochstilisiert worden ist. Dennoch konnte die CDU/CSU nicht verhindern, dass auch die SPD von Wahl zu Wahl langsam, aber stetig wuchs, auch wenn sie noch keine Regierungsalternative bilden konnte, da die FDP zu keiner Koalition mit ihr bereit war.

Allerdings war 1961 die Situation schon deutlich gewandelt. Adenauer hatte den Zenit seiner Macht überschritten; die FDP hatte sich sogar ausbedungen, eine neue Koalition mit der CDU/CSU nur mit einem jüngeren Kanzler einzugehen. Sie war in den Koalitionsverhandlungen zwar „umgefallen", aber hatte doch ausgehandelt, dass Adenauer wenigstens bis Mitte der Legislaturperiode einem Nachfolger Platz machen müsse. Immerhin hatte die FDP 1961 beachtliche 12,8 % der Stimmen eingefahren.

Abbildung 15   Wahlergebnisse des 3. und 4. Bundestages

	3. Bundestag (15.9.1957)		4. Bundestag (17.9.1961)	
Wahlbeteiligung	87,8%		87,7%	
	Stimmenanteil in %	Mandate (519)	Stimmenanteil in %	Mandate (521)
CDU/CSU	50,2	277[1]	45,4	251[2]
SPD	31,8	181	36,2	203
FDP	7,7	44	12,8	67
DP	3,4	17	–	–
BHE/GB	4,6	–	2,8[3]	–
DRP	1,0	–	0,8	–
SSW	0,1	–	0,1	–
DFU	–	–	1,9	–
Sonstige	1,4	–	0,2	–

[1] Davon 3 Überhangmandate
[2] Davon 5 Überhangmandate
[3] BHE/GB zusammen mit DP

Nach: BUNDESWAHLLEITER

Die CDU/CSU hatte dagegen zum ersten Mal bei Bundestagswahlen empfindliche Verluste von fast fünf Prozentpunkten hinnehmen müssen – ein Schock für die erfolgsverwöhnte Partei. Die SPD hatte mit 4,4 Prozentpunkten Stimmenzuwachs weiter deutlich aufgeholt – ein Lohn für ihren Wandel von 1959 mit dem neuen „Godesberger Programm", das alte marxistische Zöpfe abschnitt und der Partei ein modernes, für Angestellte und Freiberufler weit offenes Image als linke Volkspartei verpasste.

Das Jahrzehnt der 1960er Jahre sollte einschneidende Wandlungen des Parteiensystems mit sich bringen, die auch vom internationalen Wandel bedingt waren. Die Kuba-Krise von 1961 und der Berliner Mauerbau desselben Jahres waren Höhepunkt und gleichzeitig Wendepunkte des Kalten Krieges. Allmählich sollte der Ost-West-Konflikt der Entspannungspolitik weichen, was von der CDU/CSU nur sehr zurückhaltend aufgenommen wurde. Alte Fronten schmolzen dahin. 1961 gab es angesichts von FDP-Störrigkeit vorsichtige Kontakte zwischen CDU und SPD zwecks einer möglichen Großen Koalition, die aber zunächst versandeten.

Ludwig Erhard, der Adenauer nachfolgte, war dafür nicht zu haben, da er 1965 auch mit einem deutlichen Stimmengewinn einen beachtlichen Wahlsieg von 47,6 % erringen konnte. Es half ihm nichts: Schon ein Jahr später, als er in der ersten aus heutiger Sicht harmlosen Wirtschaftskrise keinen ausgeglichenen Haushalt ohne Steuererhöhungen vorlegen konnte, traten die FDP-Minister zurück.

Die CDU/CSU einigte sich mit der SPD auf eine „Große Koalition" mit Kurt Georg Kiesinger als Kanzler und Willy Brandt als Vizekanzler und Außenminister. Ereignisreiche drei Jahre begannen. Die Koalition adaptierte über die SPD neue Instrumente der Wirtschaftspolitik, die keynesianische Globalsteuerung des Wirtschaftsministers Karl Schiller und die „Konzertierte Aktion", eine Gesprächsrunde aus Vertretern von Staat, Kapital und Arbeit, die in der Politikwissenschaft später zur Theorie des tripartistischen neuen „Korporatismus" führte (vgl. VON ALEMANN 1981a, SCHMITTER/LEHMBRUCH 1979, CZADA 1994).

Notstandsgesetze wurden gegen den erbitterten Widerstand der kritischen Öffentlichkeit und der Studentenbewegung beschlossen. Eine in der Koalitionsvereinbarung geplante Wahlsystemänderung zugunsten des Mehrheitswahlsystems, die die Zweiparteienherrschaft zementiert und die FDP aus dem Bundestag katapultiert hätte, kam jedoch nicht zustande. Die Bildungspolitik wurde forciert, gerade auch von der oppositionellen FDP („Bildung ist Bürgerrecht"), die sich in der Opposition zunehmend nach links entwickelte und zur Wahl 1969 propagierte: „Wir schneiden die alten Zöpfe ab".

Ein Machtwechsel bahnte sich schon an, als die FDP mit der SPD im März 1969 in der Bundesversammlung Gustav Heinemann (SPD) zum Bundespräsidenten wählte.

Das Ergebnis der Bundestagswahl vom Herbst 1969 war denkbar knapp. Es war eine Entscheidungswahl, die es verdient, kurz etwas ausführlicher skizziert zu werden. Im Wahlkampf hatte die CDU/CSU propagiert: „Auf den Kanzler kommt es an", in Rückgriff auf den bewährten früheren Kanzlerbonus. Sie konnte aber damit nicht reüssieren und verlor 1,5 Prozentpunkte. Die SPD konterte mit: „Wir haben die richtigen Männer", und meinte neben Willy Brandt besonders den populären Wirtschaftsminister Karl Schiller, mit dem sie versprach: „Wir schaffen das moderne Deutschland". Sie erzielte mit 42,7 % das bis dahin beste Ergebnis ihrer Geschichte, wurde aber nicht stärkste Partei im Parlament. Die FDP erfand als Markenzeichen die „Pünktchen" (F.D.P.) und ließ erst in letzter Stunde durchblicken, dass sie gewillt war, mit der SPD eine Koalition zu bilden. Sie erlitt allerdings herbe Verluste und kam nur mühsam mit 5,8 % in den Bundestag.

Die rechtsradikale NPD *(Nationaldemokratische Partei Deutschlands),* die in zahlreiche Landtage eingezogen war, scheiterte nur knapp mit 4,3 % an der 5-Prozent-Klausel.

Noch in der Wahlnacht vereinbarten Willy Brandt für die SPD als Kanzlerkandidat und Walter Scheel (FDP) als zukünftiger Außenminister die „kleine Ko-

Abbildung 16   Wahlergebnisse des 5. und 6. Bundestages

	5. Bundestag (19. 9. 1965)		6. Bundestag (28. 9. 1969)	
Wahlbeteiligung	86,8 %		86,7 %	
	Stimmenanteil in %	Mandate (518)	Stimmenanteil in %	Mandate (518)
CDU/CSU	47,6	251	46,1	250
SPD	39,3	217	42,7	237
FDP	9,5	50	5,8	31
NPD	2,0	–	4,3	–
DFU	1,3	–	–	–
Sonstige	0,3	–	1,1	–

Nach: Bundeswahlleiter

Abbildung 17   Wahlergebnisse des 7. und 8. Bundestages

	7. Bundestag (19. 11. 1972)		8. Bundestag (3. 10. 1976)	
Wahlbeteiligung	91,1 %		90,7 %	
	Stimmenanteil in %	Mandate (518)	Stimmenanteil in %	Mandate (518)
CDU/CSU	44,9	234	48,6	254
SPD	45,8	242	42,6	224
FDP	8,4	42	7,9	40
NPD	0,6	–	0,3	–
DKP	0,3	–	0,3	–
Sonstige	0,1	–	0,3	–

Nach: Bundeswahlleiter

alition", um allen anderen Koalitionsbildungen, die möglich waren und in ihren eigenen Parteien durchaus propagiert wurden, zuvorzukommen. Damit war der erste deutsche Regierungswechsel nach Bundestagswahlen vollzogen.

In den 1970er Jahren wandelte sich das Parteiensystem erheblich:

- Die Konzentration des Parteiensystems erreichte in den Wahlen 1972 und 1976 den Höhepunkt von 99 % für die drei im Bundestag vertretenen Parteien; da die rechtsradikalen und sonstigen Parteien endgültig aus dem Feld geschlagen schienen.
- Die beiden großen Parteien – CDU/CSU und SPD – erreichten eine ähnliche Stärke und glichen sich immer mehr als Massenmitgliederparteien in der Struktur und auch in der Programmatik (rechte Mitte gegenüber linker Mitte) als „Volksparteien" aneinander an.
- Die FDP etablierte sich als bewegliches „Zünglein an der Waage" in der Mitte des Zweieinhalb-Parteiensystems, holte auch programmatisch mit linksliberaler Programmatik („Freiburger Thesen" von 1971) auf und versuchte, sich als eine Art „Mini-Volkspartei" zwischen den beiden Großen festzusetzen, indem sie gleichzeitig in den Ländern unterschiedliche Koalitionen einging.

Die größten Veränderungen gingen in der Union vonstatten. Insbesondere die CDU schüttelte in der Opposition, die sie anfangs nicht als ihre Rolle akzeptieren wollte, endgültig die Hülsen einer Honoratiorenpartei und eines Kanzlerwahlvereins ab. Sie wurde eine „moderne Volkspartei" (SCHÖNBOHM 1985) mit Massenmitgliedschaft, professionellen Funktionären, einem ausgebauten Parteiapparat sowie modernen Organisationsstrukturen. Die CSU war ihr auf diesem Wege um einige Jahre voraus (vgl. MINTZEL 1978).

Auch die SPD modernisierte sich weiter, insbesondere seit Helmut Schmidt 1974 von Willy Brandt die Kanzlerschaft übernommen hatte, der trotz seiner Resignation als Kanzler nach der „Guillaume-Affäre" einflussreicher Parteivorsitzender blieb. Die SPD zog Akademiker und Angestellte an sich und verlor endgültig das Odium der reinen Arbeiterpartei. Sie setzte sich aber auch durch die Integration von vielen Nachachtundsechzigern aus der Studentenbewegung und aus der Bürgerinitiativbewegung einer Zerreißprobe zwischen Traditionalisten und neuen sozialen Bewegungen aus – insbesondere seit der Friedensbewegung Ende der 70er Jahre.

3.3 Transformationsphase 1976–1998

Obwohl bei der Bundestagswahl 1976 die etablierten Parteien noch einmal bemerkenswerte 99,1 % der gültigen Stimmen einheimsen konnten, zeichnete sich doch bald nach der Wahl eine immer deutlichere neue Konstellation ab. Die CDU/CSU hatte sich in der Opposition gefangen und mit Helmut Kohl als Kanzlerkandidat beachtliche 48,6 % der Stimmen erreicht und war damit bis auf wenige Sitze an die Regierungsmehrheit herangekommen. Einen Rückschlag für die Union bedeutete die Kandidatur des CSU-Vorsitzenden Franz Josef Strauß 1980, die mit der Parole „Freiheit statt Sozialismus" so polarisierte und die FDP an die Seite der SPD zurückzwang, dass die CDU/CSU gegenüber 1976 deutliche 4,1 Prozentpunkte der Stimmen verlor und auf 44,5 % zurückfiel.

Lachender Dritter war die FDP, die mit 10,6 % ein hervorragendes Ergebnis erzielen konnte und den Machtwechsel von 1969 damit endgültig verkraftet hatte, der sie einen beträchtlichen Teil ihrer Mitglieder, Funktionäre und Abgeordneten gekostet hatte. Mittlerweile machte sie sich wieder auf zur Mitte, weg von der Sozialdemokratie, hin zu einer wirtschaftsliberalen Position des Neoliberalismus, der in diesen Jahren mit Ronald Reagan in den USA und Margret Thatcher in Großbritannien seine Erfolge feierte.

Die SPD erlebte wachsende innerparteiliche Spannungen, weil der ökonomische Wachstumskurs (im Hinblick auf die Kernenergie) und der außenpolitische Stabilitätskurs (mithilfe des NATO-Doppelbeschlusses für eine Raketennachrüstung) Helmut Schmidts von der neuen SPD-Mitgliedschaft aus Angestellten, Beamten, Schülern und Studenten zunehmend kritisch betrachtet wurde.

Verschärft wurde die Situation durch die Neugründung der ökologischen Partei *Die Grünen,* die 1979 bei der Europawahl einen überraschenden Achtungserfolg von 3,2 % der Stimmen erreichen konnte. Durch die Polarisierung bei der Bundestagswahl von 1980 zwischen Franz Josef Strauß und Helmut Schmidt erreichten *Die Grünen* noch keine Bundestagsmandate und die sozialliberale Koalition konnte weiterregieren – allerdings mehr schlecht als recht.

Die Differenzen in der SPD zwischen Gegnern der Kernenergie und des NATO-Doppelbeschlusses einerseits und Helmut Schmidt andererseits, der beides befürwortete, nahmen heftigere Formen an, und auch die Differenzen mit dem Koalitionspartner FDP um die Wirtschaftspolitik kumulierten, bis im Herbst 1982 die FDP-Minister zurücktraten und Helmut Kohl mit den FDP-Abgeordneten ein konstruktives Misstrauensvotum gegen den immer noch populären Kanzler Helmut Schmidt wagte, das gelang. Bei der vorgezogenen Bundestagswahl im März 1983 wurden Kohl und seine CDU/CSU-FDP-Koalition bestätigt, obwohl in der FDP viele Abgeordnete und Spitzenfunktionäre diese „Wende" nicht nachvollziehen wollten. Mehrere linksliberale Bundestagsabgeordnete und sogar der Bun-

Abbildung 18 Wahlergebnisse des 9. und 10. Bundestages

	9. Bundestag (5.10.1980)		10. Bundestag (6.3.1983)	
Wahlbeteiligung	88,6 %		89,1 %	
	Stimmenanteil in %	Mandate (519)	Stimmenanteil in %	Mandate (520)
CDU/CSU	44,5	237	48,8	255
SPD	42,9	228[1]	38,2	202[2]
FDP	10,6	54	7,0	35
Grüne	1,5	–	5,6	28
NPD	0,2	–	0,2	–
DKP	0,2	–	0,2	–
Sonstige	0,1	–	–	–

[1] Davon 1 Überhangmandat
[2] Davon 2 Überhangmandate

Nach: BUNDESWAHLLEITER

desgeschäftsführer Günter Verheugen wechselten von der FDP zur SPD über, weil sie dort ihren natürlichen Bündnispartner sahen. Aber trotz dieser erneuten Zerreißprobe von 1982/83 für die kleine dritte Kraft, nachdem sie den letzten Wechsel von 1969 nur knapp überstanden hatte, blieb sie im Bundestag und schaffte es, sich erneut zu konsolidieren.

Die Grünen zogen mit 5,6 % der Zweitstimmen 1983 erstmals in den Bundestag ein und veränderten mit ihren basisdemokratischen Ansprüchen viele Positionen und Rituale des eingeschliffenen Parlamentarismus. Gründung und Erfolg der *Grünen* zeigen, dass das deutsche Zweieinhalb-Parteiensystem, das seit 20 Jahren bestand, keinesfalls ein ehernes Gesetz bildete. Die im Bundestag vertretenen Parteien behandelten allerdings die neue Gruppierung zunächst als illegitimen Eindringling, dem sie gleiche parlamentarische Rechte in Ausschüssen und anderen Gremien des Parlaments zu verwehren versuchten.

Die Grünen taten selbst ihr Übriges, um sich von den herkömmlichen Politikformen abzusetzen, indem sie

- ein imperatives Mandat propagierten, was bedeutet, dass die einzelnen Mandatsträger an die Entscheidungen der Parteibasis und die Bundestagsfraktion an die Aufträge der übrigen Partei, des Parteivorstands und Parteitags, gebunden werden;

- das Rotationsprinzip praktizierten, das bedeutet, dass die gewählten Abgeordneten nach einer halben Legislaturperiode ihr Amt mit einem Nachrücker auf der Liste tauschen müssen;
- die Inkompatibilität, d. h. strikte Trennung von Parteiämtern und öffentlichem Mandat, praktizierten;
- die 50 %-Frauenquote in allen Spitzenämtern realisierten;
- die Öffentlichkeit aller Parteigremien ausprobierten.

Sie verstanden sich zunächst als eine Antiparteien-Partei, was sich allerdings auf die Dauer nicht durchhalten ließ. Die meisten der eben genannten neuen Prinzipien wurden, bis auf die Frauenquote, mehr oder weniger sang- und klanglos, einige allerdings aber auch nach harten innerparteilichen Kämpfen, andere nach Vorwürfen der Verfassungswidrigkeit, aufgegeben.

Die Gründungsgeneration der *Grünen* rekrutierte sich aus diversen Ecken der bundesrepublikanischen Gesellschaft. Insbesondere waren drei Gruppierungen einflussreich:

- Reste der Außerparlamentarischen Opposition (APO) aus der Großen-Koalitions-Zeit und der Studentenbewegung, von denen ein Teil auf dem Umweg über die so genannten *K-Gruppen* (das waren aus der Studentenbewegung hervorgegangene kommunistische Parteineugründungen, z. B. KBW, KPD/ML usw.) zu den Grünen stieß;
- Unterstützer der Bürgerinitiativbewegung der 70er Jahre, insbesondere der Anti-Atom-Kraft-Bewegung (Anti-AKW), aber auch aus den Bildungs-, Kultur-, Frauen-, Friedens- und Alternativökonomie-Bewegungen;
- enttäuschte Parteiwechsler aus Sozialdemokraten, Frei- und Christdemokraten, die Politikstile und Politikinhalte (insbesondere im Umweltschutz) nicht mehr mittragen wollten.

Alle diese Gründerströmungen organisatorisch und programmatisch unter einen Hut zu bringen, erwies sich als ungemein schwierig. Für einige Jahre beherrschte eine „Strömungslehre" aus manchmal bis zu einem halben Dutzend, im Wesentlichen aber zwei Hauptströmungen, die Debatte inner- und außerhalb der Partei. Die Fundamentalisten („Fundis") begriffen sich als antikapitalistische und radikalökologische Systemopposition, die Koalitionen ablehnten; der realpolitisch-reformorientierte Flügel („Realos") plädierte für Umgestaltung von Gesellschaft und Politik durch Mitgestaltung, in erster Linie durch Koalition mit der SPD („rot-grün").

Auch das Programm der *Grünen* konnte aufgrund dieser Grundsatzstreitigkeiten über Weg und Ziel der Partei nicht stromlinienförmig ausfallen. Der Grundkonsens aller Flügel wurde 1980 im sogenannten „Saarbrücker Programm" mit den vier Adjektiven „ökologisch, sozial, basisdemokratisch und gewaltfrei" formuliert. Vor allen Dingen der Punkt der Gewaltfreiheit führte Ende der 1990er Jahre zu Diskussionen, denn im Kosovo, in Mazedonien und zuletzt auch in Afghanistan leistete die deutsche Bundeswehr Auslandseinsätze mit der parlamentarischen Unterstützung der *Grünen*. Und dies, obwohl bis zur Bundesdelegiertenkonferenz 2002 jegliche grüne Politik auf der Basis des Grundsatzprogramms von 1980 geschehen ist. Demnach galt für die Ökopartei die Gewaltfreiheit uneingeschränkt und ohne Ausnahme. Diese Diskrepanz zwischen Grundsatzlehre und Realpolitik beendeten die Delegierten im Frühjahr 2002 in Berlin, indem sie das neue „Grundsatzprogramm 2020" verabschiedeten. Diesem zufolge ist Gewaltfreiheit zu Beginn des 21. Jahrhunderts zwar noch ein „Grundprinzip" der *Grünen*, ihren Status als einer von vier „Grundsätzen" hat sie eine Generation später jedoch eingebüßt. Im Jahre 2009 waren einer „DeutschlandTrend"-Umfrage zufolge ironischerweise die Anhänger der *Grünen* die stärksten Befürworter des Engagements der Bundeswehr in Afghanistan. So ändern sich die Zeiten.

Es gibt über die verhältnismäßig junge Partei *Die Grünen* überproportional viel Literatur, da wohl viele Sozialwissenschaftler von dieser Innovation fasziniert waren. Am umfassendsten hat Joachim RASCHKE (2001, 1993a und 1993b) über die Partei informiert und sie analysiert. Zu den Standardwerken zählt ebenfalls die Monographie von Markus KLEIN und Jürgen FALTER (2003). Eine Analyse der Entwicklung der Partei nach den letzten beiden Bundestagswahlen liefert Lothar PROBST (2015 u. 2011). Die strategischen Optionen der *Grünen* bei gegenwärtigen und künftigen Koalitionsbildungen haben Niko SWITEK (2015) und Melanie HAAS (2008) eruiert. Die Chancen speziell für ein baldiges schwarz-grünes Bündnis auf Bundesebene loteten Volker KRONENBERG/Christoph WECKENBROCK (2011) sowie Christian LORENZ (2007) aus. Daneben gibt es Publikationen von früheren Protagonisten (z. B. VOLMER 2009, KLEINERT 1992) oder von eher kritischen Beobachtern (z. B. VEEN/HOFFMANN 1992).

Das deutsche Parteiensystem wurde zwischen 1976 und 1998 aber nicht nur durch *Die Grünen* nachhaltig gewandelt, sondern auch durch das erneute Auftreten rechtsextremer Parteien beeinflusst. Bereits zu Beginn der 1950er Jahre hatte es mit der *Sozialistischen Reichspartei* (SRP, 1952 verboten) und Mitte der 1960er Jah-

Abbildung 19   Wahlergebnisse des 11. und 12. Bundestages

	11. Bundestag (25.1.1987)		12. Bundestag (2.12.1990)	
Wahlbeteiligung	84,3 %		77,8 %	
	Stimmenanteil in %	Mandate (519)	Stimmenanteil in %	Mandate (662)
CDU/CSU	44,3	234[1]	43,8	319[2]
SPD	37,0	193	33,5	239
FDP	9,1	48	11,0	79
PDS	–	–	2,4	17
Bündnis 90/Grüne	–	–	1,2	8
Grüne	8,3	44	3,8	–
NPD	0,6	–	0,1	–
REP	–	–	2,1	–
Sonstige	0,8	–	2,1	–

[1] Davon 1 Überhangmandat
[2] Davon 6 Überhangmandate

Nach: Bundeswahlleiter

re mit der *Nationaldemokratischen Partei Deutschlands* (NPD) zwei Wellen rechtsradikaler Wahlerfolge gegeben, die aber nie bis in den Bundestag reichten.

Die dritte Welle rechtsradikaler Wahlerfolge schwappte ab Mitte der 1980er Jahre in die Landtage vieler Bundesländer. Die Partei *Die Republikaner* war im November 1983 in München von zwei ehemaligen CSU-Bundestagsabgeordneten, Franz Handlos und Ekkehard Voigt, gegründet worden und von dem früheren Redakteur des Bayerischen Rundfunks Franz Schönhuber (der wegen seines Buches über seine Waffen-SS-Zeit seine Fernsehauftritte beenden musste) lange als Vorsitzender geprägt worden.

Große Aufmerksamkeit im In- und Ausland erregte der Erfolg von 3 % beim ersten Antreten der Republikaner zu den bayerischen Landtagswahlen im Herbst 1986. In den kommenden zwei Jahren stagnierten sie, um dann ab 1989 bei Wahlen zum Berliner Abgeordnetenhaus mit 7,5 %, bei der Europawahl mit 7,1 % und schließlich bei der baden-württembergischen Landtagswahl von 1992 sogar mit 10,9 % zu überraschen.

Die Republikaner versuchten, ähnlich wie heute die AfD, sich programmatisch aus der rechtsextremen verfassungsfeindlichen Ecke abzusetzen und für die gutbürgerliche bzw. kleinbürgerliche Wählerschaft zu öffnen, was ihnen auch partiell mit Wechselwählern aus dem CDU/CSU- und dem SPD-Potential gelang. Der Verfassungsschutzbericht von 1995 stellte zwar fest, dass Anhaltspunkte für rechtsextreme Bestrebungen der *Republikaner* nach wie vor vorlägen, kam aber zu dem Schluss, dass

> „die Partei nach dem Wahldesaster 1994 und den seither andauernden parteiinternen Querelen um den richtigen Kurs weitgehend mit sich beschäftigt ist und sich zum Teil paralysiert hat" (BUNDESMINISTERIUM DES INNEREN 1996, S. 140).

STÖSS resümiert die individuellen und gesellschaftlichen Ursachen der Entstehung von rechtsextremen Parteien folgendermaßen:

> „Hinsichtlich der Ursachen des Rechtsextremismus ist zwischen individuellen und gesamtgesellschaftlichen Faktoren zu unterscheiden. Im Zentrum der individuellen Faktoren stehen der ‚autoritäre Charakter' und andere sozialisationsbedingte Fehlentwicklungen, die die Entstehung von antidemokratischen Einstellungen begünstigen. Hinzu kommen Unzufriedenheit mit der persönlichen Lebenssituation und Entfremdung gegenüber den bestehenden wirtschaftlichen, sozialen und politischen Verhältnissen. In dieser Situation werden vielfach Ersatzwelten (Personen, Gruppen, Symbole) gesucht, die Macht, Stärke, Sicherheit und Geborgenheit verheißen und Identifikation und Orientierung ermöglichen.
>
> Zu den gesamtgesellschaftlichen Ursachen des Rechtsextremismus zählen zunächst Krisenerscheinungen im ökonomischen (z. B. Arbeitslosigkeit, Armut, strukturelle Benachteiligung einzelner Wirtschaftssektoren oder sozialer Schichten), sozialen (z. B. unbefriedigende Wohn- und Lebensbedingungen, Infrastrukturen, Freizeitangebote oder Nachbarschaftsbeziehungen) und politischen Bereich (z. B. geringe Akzeptanz der demokratischen Institutionen, mangelnde Integrationskapazität bzw. Bindungsverluste vermittelnder Organisationen). Weiterhin wird die Ausbreitung des Rechtsextremismus durch antidemokratische Elemente in der politischen Kultur begünstigt: Verdrängung und Verharmlosung des Nationalsozialismus, mangelndes demokratisches Bewußtsein und Diskreditierung des Antifaschismus" (STÖSS 1989, S. 257 f.).

Zu den Republikanern existiert recht umfangreiche Literatur. Zuverlässig informiert Hans-Gerd JASCHKE (1998 und 1994). Pointiert arbeitet Claus LEGGEWIE (1990) den gesellschaftlichen Kontext heraus. Die aktuellen „Strategien der extremen Rechten" deckt ein dickleibiger Diskussionsband der Herausgeber BRAUN/GEISLER/GERSTER (2016) auf. Richard STÖSS'

Buch „Die Extreme Rechte in der Bundesrepublik" (1989) gehört noch immer zu den besten Gesamtanalysen der rechten Parteien. Als gelungene,
neuere Fortschreibung dieses Typs empfiehlt sich der kompakte Überblick
von Gideon BOTSCH (2012). Derselbe Autor hat jüngst auch eine lesenswerte Studie speziell zur Ideologie und Programmatik der NPD veröffentlicht (BOTSCH 2017). Siehe ebenfalls zur NPD BACKES/STEGLICH (2007) sowie BRANDSTETTER (2006). Der Frage, wer die NPD wählt, ist Maximilian
KRETER (2015) in seiner Arbeit nachgegangen. Zur aktuellen Diskussion um
ein mögliches Verbot der NPD vgl.: GELBERG (2009), LANG (2008) sowie
FLEMMING (2005) und LEGGEWIE (2002). Zur DVU ist HOLTMANN (2002)
einschlägig, zum Wählerpotential der Rechten insgesamt siehe ARZHEIMER
(2008) sowie FALTER (1994), zu den Perspektiven der Forschung FALTER/
JASCHKE/WINKLER (1996) und STARZACHER/SCHACHT (1995).

In die Phase der Transformation des deutschen Parteiensystems fielen dann die
Wende von 1989 und die deutsche Wiedervereinigung. Vor dem Hintergrund der
zunehmenden Polarisierung und Fragmentierung des Parteiensystems wuchs
die Sorge, dieser Trend könnte durch den Vereinigungsprozess weiter verstärkt
werden. Solche Befürchtungen und Ängste vor „Weimarer Verhältnissen" sollten
sich allerdings nicht bewahrheiten. Festzustellen ist stattdessen in den 1990er Jahren ein allgemeiner Trend zur Mitte.

Die friedliche Revolution von 1989 in der DDR mit dem Fall der Mauer und
die deutsche Wiedervereinigung am 3. Oktober 1990 veränderten das deutsche
Parteiensystem nachhaltig. Während der Wende beherrschten zunächst Bürger-
bewegungen die politische Szene in der (Noch-)DDR: *Initiative Frieden und Menschenrechte, Neues Forum, Demokratischer Aufbruch, Demokratie Jetzt* und viele andere, die bis zur ersten und letzten freien Volkskammerwahl im März 1990
teilweise fusionierten. Übrig blieb von diesen Bewegungen bis heute eigentlich
nur das *Bündnis 90*, das sich zur Bundestagswahl Ende 1990 mit den Ost-*Grünen* zusammenschloss. Nach langen Querelen fanden sich die beiden gemeinsam
mit den West-*Grünen* zur neuen Partei *Bündnis 90/Die Grünen* bundesweit zusammen.

Die SPD wurde als SDP im Oktober 1989 im Osten neugegründet und verband sich Anfang 1990 mit der bundesdeutschen SPD. Die West-CDU nahm nach
längerem Zögern Mitte 1990 die Ost-CDU auf sowie Teile des *Demokratischen
Aufbruchs* und der alten Bauernpartei DBD. Die FDP übernahm nach einigen
Zwischenschritten die beiden alten Blockparteien LDPD und NDPD. Die SED be-

Abbildung 20   Ergebnisse der Wahlen zur Volkskammer 1990

Volkskammer der DDR (18.3.1990)		
Wahlbeteiligung	93,4%	
	Stimmenanteil in %	**Mandate**
Bündnis 90	2,9	12
Liberale	5,3	21
CDU	40,8	163
DBD	2,1	9
DSU	6,3	25
Grüne/Unabhängiger Frauenverband	2,0	8
PDS	16,4	66
SPD	21,9	88
Sonstige	2,3	4

Nach: wahlrecht.de

nannte sich im Februar 1990 in PDS *(Partei des Demokratischen Sozialismus)* um und revidierte ihr Programm: „Demokratischer Sozialismus" hieß die neue Leitidee.

Die dramatischen Veränderungen von 1989 haben die Grundstrukturen deutscher Politik und des Parteiensystems zunächst mindestens an der Oberfläche nicht erschüttert: Bei der Wahl 1990 wurden die alte Regierung aus CDU/CSU und FDP sowie die alten Strukturen bestätigt. Die SPD blieb Opposition. Das Plenum wurde ergänzt durch die kleine Gruppe *Bündnis 90/Die Grünen* aus den neuen Bundesländern, während die westlichen *Grünen,* auch das sicher eine Einheitsfolge, den Zug der Zeit, d.h. den Einzug in den Bundestag, verpassten. Als neue Kraft trat außerdem die PDS in Erscheinung, die sich in den neuen Bundesländern schnell als drittstärkste Partei etablierte und auch im Bundestag weiterhin vertreten blieb.

Die Einschätzungen über die PDS gingen zwischen den Parteien und auch innerhalb der Parteienforscher extrem weit auseinander – ähnlich ambivalent waren auch die *Grünen* in ihrer Anfangszeit bewertet worden. Eine Autorengruppe aus dem Umfeld der CDU-nahen *Konrad-Adenauer-Stiftung* resümierte eine Studie über die PDS nach dem Super-Wahljahr 1994 folgendermaßen:

„Die PDS ist eine, zumindest in Teilen, extremistische und modernisierte kommunistische Partei. Eine ‚Erneuerung' jenseits der Anpassung der PDS ist nicht erkennbar, noch weniger ihre Demokratisierung. Auch nach der Bundestagswahl 1994 führte sie ihren Angriff auf die Demokratie in Deutschland fort. Die Tarnung ist fast perfekt: Mit peppigem Image und einem scheinbar moderaten Programm versucht die PDS, ihre wahren Absichten vor den Augen der Öffentlichkeit zu verstecken. (...)

Die PDS ist auch aus den 1994er Wahlen als ostdeutsche Milieupartei hervorgegangen. Als Milieupartei bindet sie nach wie vor die ehemaligen DDR-Eliten an sich, die das Ende der DDR als persönlichen, wirtschaftlichen, aber auch ideologischen Verlust empfinden. Sie ordnen sich daher häufig in die Gruppe der ‚Einheitsverlierer' ein. Kennzeichnend für die Anhängerschaft ist ein ‚Underdog-Gefühl'. Es geht ihnen zwar materiell nicht schlechter als der übrigen Bevölkerung, bei ihnen ist aber das Gefühl der Ausgrenzung und Diskriminierung weit verbreitet. Dies geht einher mit pessimistischer Weltsicht und trüben Zukunftserwartungen. Gleichzeitig stehen sie der Demokratie der Bundesrepublik reserviert gegenüber und identifizieren sich nach wie vor stark mit den vom ‚real existierenden Sozialismus' vermittelten Werten und Normen" (LANG/MOREAU/NEU 1995, S. 206 ff.).

Völlig anders fassten NEUGEBAUER/STÖSS (1996), zwei Parteienforscher der FU Berlin, ihre Befunde zusammen:

„Die PDS ist eine Begleiterscheinung des Transformationsprozesses in Ostdeutschland. Sie ist eine notwendige und nützliche, gleichwohl anachronistische und tendenziell entbehrliche Partei. Hier die wichtigsten Befunde der Untersuchung:

• Die PDS ist um die Jahreswende 1989/90 im Zerfallsprozeß der SED aus der Hoffnung geboren worden, die DDR könne durch eine schnelle und konsequente Reformpolitik vor dem Niedergang gerettet werden. Rechtlich stellt sie die Nachfolgeorganisation der DDR-Staatspartei dar (von der Neugründung einer Partei wurde aus finanziellen und sozialen Erwägungen abgesehen), organisatorisch ist sie dies nur sehr bedingt, programmatisch überhaupt nicht. Aber sie ist nach wie vor weithin vom Geist der SED und von der Mentalität ihrer Kader durchdrungen. Auf ihrem 1. Parteitag im Februar 1990 gab sie sich ein Statut und ein Programm und überwand damit die Gründungshürde. Anläßlich der Volkskammerwahl im folgenden Monat präsentierte sie sich als ‚Pro-DDR-Partei', als ‚Anti-BRD-Partei', als Sammelbecken der Einheitskritiker bzw. -gegner. Mit dieser Strategie traf sie die Stimmung einer beachtlichen Minderheit in der DDR und wurde drittstärkste Partei in der ersten demokratisch gewählten Volkskammer. Damit hatte sie sich als wichtige politische Kraft im zweiten deutschen Staat etabliert. (...)

• Die PDS ist eine etablierte politische Kraft in der Bundesrepublik Deutschland. Sie repräsentiert eine bedeutsame Konfliktlinie im Parteiensystem, die ihre Existenz und ihren Erfolg verbürgt: den Ost-West-Konflikt. Die PDS lebt als einzige Partei von diesem Konflikt, den die übrigen Parteien in sich tragen. (...)

- Die PDS ist eine Regionalpartei in Ostdeutschland, eine Ostpartei. Sie verkörpert traditionalistische, antiwestliche Wertorientierungen, die einseitig auf soziale Gerechtigkeit abheben und die komplizierten Modernisierungserfordernisse fortgeschrittener Industriegesellschaften negieren" (NEUGEBAUER/STÖSS 1996, S. 299 ff.).

Die letzte dieser beiden Positionen erscheint plausibler, gerade weil sie so widersprüchlich ist. Denn sie bezeichnet die PDS als notwendig und nützlich (zum Auffangen von Werthaltungen des DDR-Milieus) und anachronistisch und entbehrlich zugleich (gerade wegen der „DDR-Ostalgie" und der möglichen Verhinderung von Koalitionsmehrheiten in Parlamenten von Bund und Ländern).

Zum Ende der 1990er Jahre hatte sich die PDS weiter konsolidiert: Sie tolerierte die Minderheitsregierung in Sachsen-Anhalt und sie koalierte mit der SPD in Mecklenburg-Vorpommern. Sie konnte 1998 die 5-Prozent-Klausel mit 5,1 % zwar nur knapp überspringen, da sie in allen neuen Bundesländern über 20 % der Stimmen erhielt. Im Westen blieb sie aber zunächst marginal, nur in Hamburg und Bremen kam sie über 2 % der Stimmen. Unübersehbar existierte ein Widerspruch zwischen großen Gruppen alter SED-Kader in der Mitgliedschaft und einer Führung, die die Partei modernisieren und auf der linken Seite koalitionsfähig machen wollte.

Mit der schwierigen Willensbildung in dieser weltanschaulich zerstrittenen Partei beschäftigen sich ausführlich Torsten OPPELLAND und Hendrik TRÄGER (2014). Tatsächlich muss sich wohl erst noch beweisen, ob *Die Linke* in ihrer momentanen Gestalt „eine zeitgemäße Idee oder ein Bündnis ohne Zukunft" (SPIER et al. 2007) darstellt. Für letztere Option votiert Hubertus KNABE (2009) in seiner doch recht einseitigen Abrechnung mit der einstigen SED-Nachfolgerin („Honeckers Erben"). Der Band von Michael BRIE (2005) versammelt hingegen unter anderem Dokumente und (Selbst-)Erklärungen führender Repräsentanten der Partei.

Das deutsche Parteiensystem der 90er Jahre bewies eine beachtliche Absorptionsfähigkeit. Statt zentrifugal zu differenzieren, entstanden eher zentripetale Kräfte zur Mitte hin. Aus diesem Grund wurden die 90er Jahre in einer früheren Auflage dieses Buches auch als die „zentripetale Phase" des deutschen Parteiensystems bezeichnet. Dabei war durchaus nicht alles im Lot mit den Parteien. Denn in der ersten Hälfte der 90er artikulierte sich eine tief greifende Unzufriedenheit mit Stand und Zustand der Parteien: Politikverdrossenheit war das Stichwort. Es wird an späterer Stelle ausführlich wieder aufgenommen werden. Streitig war auch, wie man mit der einzigen Innovation des Parteiensystems seit den *Grünen,* mit der PDS, umgehen sollte.

Die aufgeregte Diskussion um die Parteienkrise der Jahre 1992 und 1993 flaute im „Superwahljahr" 1994 unvermutet ab. So weit, dass nach der Landtagswahl in Niedersachsen vom Frühjahr 1994 als Einstieg in die große Play-off-Serie des Wahlmarathons der SPIEGEL eine neue Verdrossenheit erfand, die Verdrossenheit an der Parteienverdrossenheit. Denn in Hannover waren *STATT-Partei* und Republikaner klar abgeschlagen, die Wahlbeteiligung angestiegen, und die Großpartei SPD unter Gerhard Schröder hatte sogar nach einer rot-grünen Koalition wieder die absolute Mehrheit der Mandate erlangt und konnte allein regieren.

Als schließlich am 16. Oktober 1994 das gesamte Wahlergebnis vorlag, konnte man Bilanz aus all den Kommunal-, Landtags-, Europa- und Bundestagswahlen von 1994 ziehen:

- Die Rechtsradikalen, die vorher so bedrohlich in der Wählergunst angestiegen waren, waren überall abgeschlagen.
- Die neuen *STATT-Parteien,* die sich als bürgerliche kommunale Protestbewegung von Hamburg aus verbreiten wollten, hatten sich durch groteske interne Querelen selbst pulverisiert.
- Die Wahlbeteiligung war nicht weiter gesunken, sondern deutlich stabilisiert – mit Ausnahme der neuen Bundesländer, wo die Wähler wohl die Freiheit des Nicht-Wählens genießen wollten.
- Die Großparteien wurden nicht weiter dezimiert, sondern konnten sich stabilisieren.
- Allerdings wurde die FDP aus allen Landtagen, dem Europäischen Parlament und vielen Kommunal-Parlamenten 1994 hinauskatapultiert – nur im Bundestag konnte sie sich offensichtlich durch bürgerliche „Leih- und Mitleid-Stimmen" halten.
- *Bündnis 90/Die Grünen* stabilisierten sich im Bundestag und im Europaparlament vor der FDP, allerdings mit Problemen in vielen Landtagen; sie sind seitdem aber als koalitionsfähig akzeptiert.
- Die PDS konnte sich dank Stimmensplitting in vier Wahlkreisen Ost-Berlins behaupten und in den Bundestag einziehen; auch viele Wähler der *Grünen* und der SPD wählten offensichtlich mit ihrer Erststimme diese linke Alternative.

Das Stimmensplitting ist besonders aufschlussreich. Es verweist auf eine Politisierung und Aktivierung der Wähler, die klug ihre Stimmen differenziert einset-

Abbildung 21   Wahlergebnis des 13. Bundestages

	13. Bundestag (16.10.1994)	
Wahlbeteiligung	79 %	
	Stimmenanteil in %	Mandate (672)[1]
CDU/CSU	41,5	294
SPD	36,4	252
FDP	6,9	47
Bündnis 90/Grüne	7,3	49
Die Linke	4,4	30
Sonstige	3,5	–

[1] Davon 16 Überhangmandate: 12 CDU und 4 SPD

Nach: BUNDESWAHLLEITER

zen. Dies geschieht nicht nur zwischen Erst- und Zweitstimme auf dem Wahlzettel zur Bundestagswahl. Auch bei gleichzeitigen Wahlen unterschiedlicher Ebenen (Kommune/Land/Bund wie am 16. Oktober 1994) stimmten die Bürger gezielt ab. So wurde die FDP aus fast allen Großstädten von Nordrhein-Westfalen und aus den Landtagen von Schwerin, Erfurt und Saarbrücken herausgewählt, gleichzeitig aber im Bund bestätigt.

Spätestens mit der Bundestagswahl 1998 war die Transformationsphase des deutschen Parteiensystems dann vorläufig abgeschlossen. 1976 hatten die etablierten Bundestagsparteien CDU/CSU, SPD und FDP noch mit 99,1 % der Stimmen das Feld völlig allein bestimmen können. In den 80er Jahren kam Bewegung in das eingefahrene System. Ein Machtwechsel löste 1982 die sozialliberale Koalition ab. *Die Grünen* betraten die Szene und zogen 1983 in den Bundestag ein. Rechtsextreme Parteien erzielten Landtagserfolge. Und die deutsche Vereinigung von 1989/1990 schüttelte die etablierten Strukturen kräftig durch. Mitte der 90er Jahre stabilisierte sich die Lage zusehends, um dann 1998 erneut aufzubrechen.

3.4 Aufbruchsphase 1998–2005

Der nächste Meilenstein in der Entwicklung des deutschen Parteiensystems kam mit der Bundestagswahl vom 27. September 1998. War es mehr als ein Einschnitt? Es war eine historische Wahl – nicht nur für die deutsche Sozialdemokratie – darin waren sich nahezu alle Beobachter einig. Damals stellte sich sogar die Frage, ob damit auch eine politische Wasserscheide überschritten wurde, die Sozialdemokratie in eine neue Dimension eingetreten, ein *party realignment* nach langem *dealignment* zu beobachten sei: Hatte also nach vielen „normalen" Wahlen eine „kritische Wahl" die Karten grundsätzlich neu gemischt, dämmerte gar eine kopernikanische Wende der Parteienkonstellation herauf? Oder war es einfach nur eine glückliche Konstellation aus einem abgewirtschafteten politischen Gegner, einem ausnahmsweise perfekten Mobilisieren der Stammwähler und dem Faszinieren der maximalen Wechselwählerschaft? Kopernikanische Kehre oder politischer Ausreißer, das war die Frage.

Worin bestand denn das Außergewöhnliche dieses Wahlsiegs? Die SPD erreichte mit 40,9 % der Zweitstimmen doch nur ein mäßiges Ergebnis, da sie immerhin zwischen 1969 und 1980 bei vier Wahlen deutlich über 40 % gelegen hatte, mit dem einmaligen Höhepunkt der „Willy-Wahl" von 1972 mit sagenhaften 45,8 %. Aber auf die Relation kommt es an! Damals schlug sie die CDU/CSU mit hauchdünnen 0,9 Prozentpunkten, 1998 lag sie 5,7 Prozentpunkte vor der Union – ein absoluter Rekord.

Damals waren nur drei Parteigruppen im Bundestag vertreten, 1998 musste der Kuchen unter fünfen verteilt werden. *Bündnis 90/Die Grünen* und PDS mit 6,7 % bzw. 5,1 % kamen hinzu, die noch dazu beide links der Mitte im SPD-Reservoir konkurrierten. Zum ersten Mal war in der Bundesrepublik durch Wahlen ein kompletter Machtwechsel, ein Auswechseln der ganzen Regierung durch die Oppositionsparteien herbeigeführt worden. Bei allen vorhergehenden Machtwechseln, ob mit oder ohne Wahlen, blieb eine Regierungspartei an der Macht, so 1966 die CDU/CSU, als die Große Koalition mit der SPD etabliert wurde, die wiederum 1969 an der Macht blieb, als die sozialliberale Koalition mit der FDP folgte. Und diese führte durch Koalitionswechsel in der Regierung die Wende von 1982 herbei.

Aber das Wahlergebnis war auch aus weiteren Gründen bis dato einmalig: Zum ersten Mal hatten drei kleine Parteien die Fünf-Prozent-Hürde überschritten, die lange Jahrzehnte als eine unüberwindliche Barriere gegen Innovationen im Parteiensystem gegolten hatte. Außerdem hatten die „Sonstigen" mit der Rekordzahl von 27 Parteien für den Bundestag kandidiert und zusammen 5,9 % der Stimmen eingefahren – ein Anteil, den diese „Splitterparteien" seit 1957 nicht mehr erreicht hatten.

Abbildung 22 Wahlergebnisse des 14. und 15. Bundestages

	14. Bundestag (27.9.1998)		15. Bundestag (22.9.2002)	
Wahlbeteiligung	82,2%		79,1%	
	Stimmenanteil in %	Mandate (669)[1]	Stimmenanteil in %	Mandate (603)[2]
CDU/CSU	35,2	245	38,5	248
SPD	40,9	298	38,5	251
FDP	6,2	43	7,4	47
Bündnis 90/Grüne	6,7	47	8,6	55
PDS	5,1	36	4,0	2
Sonstige	5,9	–	3,0	–

[1] Davon 13 Überhangmandate: 13 SPD
[2] Davon 5 Überhangmandate: 1 CDU und 4 SPD

Nach: BUNDESWAHLLEITER

Und noch ein weiterer, negativer Rekord war zu vermelden: Die CDU/CSU hatte mit 35,2 % die eindeutig magerste Ernte seit 1949 mit damals 31,0 % in die Scheuer gefahren. Immer hatte sie deutlich über der 40-Prozent-Marke gelegen, und nun nicht etwa knapp darunter, sondern in der Mitte des 30-Prozent-Turmes abgeschlagen. Das war für die Union ein Desaster.

Nicht der Wahlsieg der SPD war also die eigentliche Sensation, denn dieser Erfolg war nicht so unerhört hoch. Die schiere Differenz zwischen Desaster und Erfolg machte die Wahl von 1998 zu einer historischen, und genauso ist es mit ihren Konsequenzen für die Parteienkonstellation. Denn in keinem Bundestag je zuvor hatte eine führende Partei eine solche Fülle von Koalitionsoptionen: Die SPD konnte mit *Grünen,* Liberalen und Christdemokraten regieren. Ja selbst mit der PDS und der CSU hätte sie jeweils alleine eine Kanzlermehrheit erreichen können.

Das Parteiensystem ist durch die Bundestagswahl von 1998 pluralistischer geworden, denn die kleineren Parteien FDP, *Grüne* und PDS haben sich stabilisiert, die großen polarisiert. Dadurch sollte der Wettbewerb in Zukunft härter werden: einerseits, weil SPD, *Grüne* und PDS links von der Mitte um dasselbe Wählerpotential konkurrieren, andererseits, weil die SPD mit ihrer Strategie der „Neuen Mitte", eines neuen „Dritten Weges", mit CDU und FDP um das Zentrum des Spektrums kämpfte.

Die SPD gewann die Wahl, weil sie sich nicht auf einen ideologischen Richtungswahlkampf mit der CDU/CSU eingelassen hatte. Deren Polarisierungsstrategie lief folglich ins Leere (vgl. STÖSS/NEUGEBAUER 1998, S. 16). Die SPD hatte die doppelte Hauptaufgabe gemeistert: Stammwähler halten, Wechselwähler gewinnen. Dies gelang mit Schröder als nahezu idealem Spitzenkandidaten, abgesichert durch den Vorsitzenden Lafontaine, der ihm den Parteirücken frei hielt, mit Rückenwind aus den Medien, die die Zeit reif für einen Wechsel hielten, mit einem Problemlösungspotential der Partei, das die Wähler honorierten, mit dem Leitmotiv soziale Gerechtigkeit und Innovation, mit einer professionellen Kampagnentechnik – und mit viel Fortune. Manche Fehler, die 1994 zu grotesken Schwachstellen hochstilisiert wurden, konnten diesmal überraschend gnädig verziehen werden und wurden der allgemeinen Wechselbereitschaft von Wählern und Medien untergeordnet.

Die Erfolge „moderner Sozialdemokraten" wie Tony Blair mit seiner *New Labour* in Großbritannien und Bill Clinton in den USA legten einen vergleichbaren Richtungswechsel auch für die deutsche Sozialdemokratie nahe. Es setzte sich auch allmählich die Erkenntnis durch, dass die durch den Strukturwandel bedingte Erosion der traditionellen Milieus die Gewinnung neuer Wählerschichten nötig machte, eben jener „Neuen Mitte", die Kanzlerkandidat Gerhard Schröder im Bundestagswahlkampf 1998 ins Zentrum seiner Kampagne stellte.

Schmerzhafter war der Prozess der Anpassung an die Regierungsrealität zunächst wohl für *Die Grünen*. Sie mussten sich schnell mit den Koalitionszwängen abfinden, was die Partei im Falle des Kosovo-Konflikts an den Rand der Selbstverleugnung führte. Waren hier doch fundamentale grüne Grundsätze, ja die historischen Wurzeln der *Grünen* betroffen. Daneben hatte die Partei in der Wirtschafts- und Sozialpolitik längst zu einer liberalen Richtung gefunden. Auch die innerparteiliche Struktur veränderte sich. Die „Doppelspitze" und die Trennung von Amt und Mandat standen spätestens seit sie sich im Regierungsalltag als problematisch erwiesen, als letzte Reste des alternativen, basisdemokratischen Parteimodells zur Disposition.

Auch die CDU geriet nach der Wahlniederlage 1998 in eine Umbruchphase. Die Erfolge bei einigen Landtagswahlen (Hessen, Saarland) schienen dies zunächst zu überdecken, durch den Finanzskandal der Partei und den Konflikt mit dem früheren Ehrenvorsitzenden, Altbundeskanzler Helmut Kohl, brach der anstehende Konflikt aber voll aus. Auch inhaltlich war der Weg der CDU alles andere als klar. Konservativen Tendenzen, wie sie vor allem in der Unterschriftenkampagne gegen das neue Staatsbürgerschaftsrecht zutage getreten waren, standen liberale Entwicklungen entgegen, wie sie etwa in der Familienpolitik durch gemäßigte Öffnung zu alternativen Lebensformen deutlich wurden. Sie wurden unter anderem von dem nordrhein-westfälischen Spitzenkandidaten für die Landtagswahl im Mai 2000, Jürgen Rüttgers, vertreten – sicherlich nicht ohne Wahlkampfgedanken. Befürchtungen, die CDU könne durch den Skandal um ihre Parteifinanzen durch schwarze Konten im Ausland, dubiose Spenden, die Weigerung von Helmut

Kohl, Namen von Spendern zu nennen, sowie durch unbewiesene Korruptionsvorwürfe in einen Strudel geraten, in dem sie untergehen würde wie ihre italienische Schwesterpartei *Democrazia Cristiana,* bewahrheiteten sich jedoch nicht. Unverändert schwierig blieb die Lage 1998 für die Liberalen. Für eine Funktionspartei wie die FDP war die neue und ungewohnte Oppositionsrolle existenzbedrohend, da die Notwendigkeit ihrer Wahl schwer zu vermitteln war. Durch den Wegfall der Bundesminister drohte der Partei außerdem ein immenser Verlust an öffentlicher Aufmerksamkeit. Auf die Außenwirkung ihrer Regierungsmitglieder war die FDP jedoch wegen ihrer finanziellen und organisatorischen Schwäche ohnehin in besonderem Maße angewiesen. Angesichts des zunehmenden „Gedränges" in der Mitte des Parteienspektrums geriet die FDP als traditionelle Partei der Mitte in existenzielle Schwierigkeiten. In der Folge suchte die Partei nach Möglichkeiten, das eigene Profil gegenüber dem konservativen Partner zu schärfen und setzte dazu auf einen neoliberalen, wirtschaftspolitisch orientierten Kurs. Durch die Selbstdarstellung als „Steuersenkungspartei" wollte man verlorenen Boden wieder gut machen. Vorbilder fand man dafür in der niederländischen VVD. Versuche des rechten Flügels um den ehemaligen Generalbundesanwalt Stahl, die Partei nach Vorbild der „Freiheitlichen" um Jörg Haider in Österreich rechts von der Union zu positionieren, scheiterten dagegen.

Während der Legislaturperiode gab es ein Auf und Ab der Parteien in der Wählergunst. Lag die christlich-liberale Opposition unmittelbar nach der Bundestagswahl 1998, bedingt durch die Machtquerelen in der SPD, in den Umfragewerten der Meinungsforschungsinstitute schnell wieder vorne, brach diese Gunst im weiteren Zeitverlauf, trotz gewonnener Landtags- und Kommunalwahlen, durch das Aufkommen der Spendenaffäre in der CDU deutlich ein. Erst infolge der Distanzierung von Altbundeskanzler Kohl und der Aufklärungsarbeit von Parteichefin Merkel stiegen die Umfragewerte der CDU wieder an, was vor allen Dingen durch die schlechten Wirtschaftsdaten und Probleme der SPD in den eigenen Reihen begünstigt wurde. Nutznießer dieser Situation war neben der Union insbesondere die FDP, die aufgrund der ihr neu zugebrachten Sympathie und Jürgen Möllemanns Wahlerfolg in Nordrhein-Westfalen das „Projekt 18" ins Leben rief und sich damit marketingstrategisch als dritte Volkspartei etablieren wollte. Lange Zeit sah es dann nach einer klaren Mehrheit für schwarz-gelb aus. Erst im Sommer 2002 konnte die Regierungskoalition, begünstigt durch Faktoren wie die Hochwasserkatastrophe in Ostdeutschland und die Positionierung in der Frage eines möglichen Irak-Krieges, aber auch durch die immer schwächer werdende FDP, zu einem Kopf-an-Kopf-Rennen aufschließen.

Nach einem für deutsche Verhältnisse spektakulären Bundestagswahlkampf 2002, der wie nie zuvor im Zeichen von Personalisierung und Inszenierung gestanden hatte, war der Ausgang einer Wahl sicherlich selten so spannend gewe-

Abbildung 23   Wahlergebnisse des 16. Bundestages

16. Bundestag (18. 9. 2005)		
Wahlbeteiligung	77,7 %	
	Stimmenanteil in %	**Mandate (614)[1]**
CDU/CSU	35,2	226
SPD	34,2	222
FDP	9,8	61
Bündnis 90/Grüne	8,1	51
Linkspartei/PDS	8,7	54
Sonstige	4,0	–

[1] Davon 16 Überhangmandate: 7 CDU und 9 SPD

Nach: BUNDESWAHLLEITER

sen. Der Sieg der rot-grünen Regierungskoalition war äußerst knapp, und dieser geringe Vorsprung wurde gleichzeitig noch durch die Mehrheit der Opposition im Bundesrat begrenzt. Blickt man an dieser Stelle auf die langfristige Entwicklung der Parteien, zeigt sich sogar eine strukturelle Mehrheitsfähigkeit der CDU/CSU im Bund. Seit 1949 hatte die CDU bisher nur zwei Mal die Führung als stärkste Fraktion im Bundestag an die SPD abgeben müssen, das war 1972 bei der Wahl von Willy Brandt der Fall und 1998 bei der Abwahl von Helmut Kohl und dem ersten Wahlsieg von Gerhard Schröder gewesen. Bei der Wahl 2002 nun konnte die SPD nur mit ein paar Tausend Stimmen und mit Hilfe von Überhangmandaten stärkste Partei im Bundestag werden. Den eigentlichen Wahlsieg hatte sie dem starken Erfolg der *Grünen* zu verdanken, die CDU/CSU ihre Niederlage dagegen dem schwachen Abschneiden der FDP.

Die SPD konnte sich als stärkste Kraft behaupten, wenngleich ihr Ergebnis nicht überragend war und mit 38,5 % hinter ihrem Ergebnis von 1998 zurücklag. Es war vor allen Dingen die Person des Bundeskanzlers Gerhard Schröder, dessen Sympathie- und Popularitätswerte eine Wahlniederlage verhinderten, die SPD selbst lag in allen Umfragen stets hinter der Union zurück.

Die Union schloss nach ihrem schlechten Ergebnis von 1998 zur SPD auf, erreichte aber mit nur 38,5 % ihr drittschlechtestes Ergebnis seit 1949. Im Gegensatz zum amtierenden Bundeskanzler erreichte der Kanzlerkandidat Edmund Stoiber bei Weitem nicht die Popularitätswerte von Gerhard Schröder.

Bündnis 90/Die Grünen gingen bei der Bundestagswahl als die eigentlichen Gewinner durchs Ziel – ihr Erfolg konnte nahezu als historisch bezeichnet werden. Dies war nach den Verlusten bei Landtagswahlen während der ganzen Legislaturperiode nicht erwartet worden. Als entscheidend erwies sich Joschka Fischers innen- und außenpolitische Akzeptanz, sowie die eingeschlagene Zweitstimmenkampagne, denn die Differenz zwischen ihren Erst- und Zweitstimmen betrug drei Prozentpunkte.

Die FDP blieb weit hinter ihren eigenen Erwartungen zurück, obwohl ihr Ergebnis deutlich besser war als 1998. Im Verlauf der Legislaturperiode konnte die FDP bei einigen Landtagswahlen glänzen und errang deutliche Stimmenzuwächse. Die Strategie, 18 % der Wählerstimmen anzupeilen, erwies sich für die Partei, die traditionell eine recht klar umrissene Zielgruppe hatte, mittelfristig als nicht förderlich. Das klare Profil wurde verwässert und die Liberalen avancierten mehr zu einer Spaßpartei als zu einem ernstzunehmenden potentiellen Koalitionspartner. Eine umstrittene Werbe-Aktion Jürgen Möllemanns verschärfte die Situation noch einmal. Der damalige stellvertretende Bundesvorsitzende hatte wenige Tage vor der Wahl Flugblätter an alle Haushalte Nordrhein-Westfalens verteilen lassen, in denen Israels Ministerpräsident Ariel Sharon sowie der bekannte Rechtsanwalt und Fernsehmoderator Michel Friedman angegriffen wurden. Die Aktion löste in den Medien eine deutschlandweite Antisemitismus-Debatte aus.

Die PDS war im Deutschen Bundestag nur noch mit zwei gewonnenen Direktmandaten vertreten. Sie wurde in ihrer Funktion scheinbar endgültig auf eine regionale Partei Ostdeutschlands zurückgestuft. Der zwischenzeitliche Abgang von Gregor Gysi hatte ihr Ansehen in den westdeutschen Ländern weiter geschmälert, die Flutkatastrophe und die Positionierung der Regierungsparteien im Zusammenhang mit dem Irak-Konflikt ließen ihr Protestpotential diesmal ins Leere laufen.

Der Ausgang der Wahl hatte die Erwartungen einiger Parteien und Politiker enttäuscht. Dazu gehörten die CDU, die FDP, die PDS und viele ihrer Repräsentanten und Anhänger. Es zeigte sich bereits 2002, dass es langfristig schwieriger werden könnte, eine „kleine Koalition" aus einer der Volksparteien und einem kleineren Koalitionspartner zu bilden. Drei Jahre später folgte als Konsequenz aus diesen Fragmentierungstendenzen der Abschluss einer Großen Koalition aus SPD und CDU.

3.5 Fragmentierungsphase seit 2005

Die Bundestagswahl am 18. September 2005 stellte wiederum eine entscheidende Zäsur dar, denn dieser Urnengang unterschied sich in vielen Punkten von vorherigen Wahlen und leitete die „Fragmentierungsphase" in der Entwicklung des deutschen Parteiensystems ein, die bis heute andauert.

Geprägt ist dieser neue Abschnitt vor allem durch deutliche Symptome einer Krise der Volksparteien, die sich etwa im rapiden Schwund von Mitgliedern, sinkender Wahlbeteiligung und Wählerbindung sowie zum Teil dramatischen Stimmenverlusten, vor allem aufseiten der Sozialdemokratie, manifestiert. Auf der linken Seite des Parteienspektrums entstand 2007 aus dem Zusammenschluss von westdeutsch geprägter WASG und der ostdeutschen Regionalpartei PDS unter dem Logo *Die Linke* eine neue gesamtdeutsche politische Kraft. Auch brachten die Erfolge der *Freien Wähler* auf Landesebene in Bayern sowie die bundesweiten Achtungszeichen von Ein-Themen-Parteien wie den *Piraten* eine neue Dynamik in das vormals relativ stabile Parteiensystem. Noch dramatischer waren dann freilich die Umwälzungen in der Parteienlandschaft, die mit dem Aufkommen der *Alternative für Deutschland* ihren Anfang nahmen. Die rechtspopulistische Partei zog seit ihrer Gründung 2013 in 14 Landesparlamente ein und wurde bei der Bundestagswahl 2017 mit 12,6 % der Stimmen drittstärkste Kraft. Damit sitzt nun erstmals eine starke Fraktion „rechts von der Union" im deutschen Parlament.

Das muss nicht unbedingt ein Nachteil für die Demokratie sein. Gleichzeitig wachsen jedoch die Bedenken, das deutsche Parteiensystem könnte instabil werden. Die Bildung immer kleiner werdender Großer Koalitionen seit 2005 ist jedenfalls ein Alarmsignal. Zusammen verfügen Union und SPD nach der Bundestagswahl 2017 nur noch über 53,5 % der Stimmen. Eine weitere Elefantenhochzeit könnte den Niedergang der Volksparteien und den Vormarsch der Populisten weiter beschleunigen. Die Folgen einer solchen Entwicklung kann man in Österreich studieren, wo nach etlichen Großen Koalitionen in Folge heute kaum noch eine Regierung ohne Beteiligung der rechtspopulistischen FPÖ gebildet werden kann.

Das Vorspiel für die erste Große Koalition auf Bundesebene seit 1966 bildete am 22. Mai 2005 die Landtagswahl in Nordrhein-Westfalen, bei der die SPD nach einer Serie von Wahlniederlagen auch noch die „Herzkammer" der Sozialdemokratie an die CDU verlor. Daraufhin setzten SPD-Parteichef Franz Müntefering und Bundeskanzler Gerhard Schröder alles auf eine Karte. Noch am Wahlabend verkündete das Führungsduo der SPD einer überraschten Nation, die eigentlich erst im Herbst 2006 anstehende Bundestagswahl auf den Herbst 2005 vorziehen zu wollen. Nach Einschätzung der meisten Beobachter begann die Vorgeschichte dieser weitreichenden Entscheidung aber bereits im März 2003, als Schröder im Bundestag seine Reformvorhaben in der Arbeitsmarkt- und Sozialpolitik („Agenda 2010") vorstellte.

Die Neuwahlankündigung löste eine öffentliche Kontroverse um Sinn und Zweck dieser Entscheidung aus. Die Bewertung dieses Schrittes reichte vom „politischen Befreiungsschlag" bis hin zum „Selbstmord aus Angst vor dem Tod" (HILMER/MÜLLER-HILMER 2006, S. 189). Die vorgezogene Neuwahl war allein schon aus juristischer Perspektive als problematisch zu bewerten, da das Grundgesetz bekanntlich kein Selbstauflösungsrecht des Bundestages vorsieht. Da Schröder die Alternative eines Rücktritts von Anfang an kategorisch abgelehnt hatte, konnte er zur Herbeiführung von Neuwahlen nur eine „inszenierte" Vertrauensfrage im Bundestag stellen, die er absprachegemäß verlor. Er überzeugte den Bundespräsidenten von der Notwendigkeit einer Parlamentsauflösung und schließlich ließ sich auch das Bundesverfassungsgericht auf diesen Weg ein (GROTZ 2005, S. 472 ff.).

Die Vorteile, die sich Bundeskanzler Gerhard Schröder und der SPD-Vorsitzende Franz Müntefering von dieser Maßnahme versprachen, blieben jedoch gänzlich unklar. Beide argumentierten zunächst, das strukturelle Patt zwischen den divergierenden Mehrheitsverhältnissen in Bundestag und Bundesrat mache das Regieren unmöglich. Zudem war die Ausgangslage für einen vorgezogenen Wahlkampf für die Sozialdemokratie im Frühjahr 2005 denkbar schlecht. Die Wirtschaftsdaten und Arbeitsmarktzahlen zeichneten kein gutes Bild von den Leistungen der Regierung, die Partei lag in bundesweiten Umfragen zumeist unterhalb der 30-Prozent-Marke und die SPD-Aktivisten waren von einer langen Serie frustrierender Wahlkämpfe erschöpft (vgl. VON ALEMANN/SPIER 2008, S. 43).

Die These, wonach es Schröder in Wahrheit darum ging, die beiden politischen Hauptgegner der SPD „kalt zu erwischen" (HILMER/MÜLLER-HILMER 2006, S. 189), erscheint da deutlich plausibler. Allerdings zeigten diese sich relativ unbeeindruckt. Die Unionsparteien nominierten bereits wenige Tage später Angela Merkel zur Spitzenkandidatin. Die im Verlauf des Jahres 2004 hauptsächlich aus regierungskritischen SPD- und Gewerkschaftsmitgliedern entstandene WASG und die PDS einigten sich auf eine Wahlallianz, die zwei Jahre später in einer regelrechten Fusion der Partner zur Partei *Die Linke* münden sollte.

Jenseits der Frage, welchen Überlegungen die Neuwahl-Entscheidung letztlich folgte, sollte nicht außer Acht gelassen werden, dass es schlichtweg Schröders Stil entsprach, eine Richtungsentscheidung im Vertrauen auf seine Qualitäten im Wahlkampf zu suchen (vgl. LEES 2006, S. 361). Hatte er im bereits verloren geglaubten Wahlkampf 2002 nicht ebenfalls noch einmal das Ruder herumgerissen? Warum sollte ihm dies 2005 nicht erneut gelingen?

Im Vergleich zu Merkel war Schröder tatsächlich der populärere Kandidat. Hierfür dürfte nicht zuletzt auch das „TV-Duell" zwischen beiden Kontrahenten verantwortlich gewesen sein, das Schröder klar für sich entscheiden konnte. Während fast die Hälfte der befragten Bürger nach der Sendung den Kanzler vorn gesehen hatte, hielten nur 28 % Merkel für die Siegerin (vgl. WÜST/ROTH 2006, S. 444). Während des Wahlkampfes gelang es Schröder, eine eher traditionalistische Rhetorik anzuschlagen, die zwar weitgehend im Widerspruch zur reformorientierten Politik der vergangenen Regierungsjahre stand, mit der er jedoch beachtliche Mobilisierungserfolge in einer zunehmend skeptischeren SPD-Anhängerschaft erzielen konnte (vgl. MIELKE 2006, S. 17) und eine fulminante Aufholjagd startete. Thematisch war der SPD-Wahlkampf vor allem auf das Thema „Soziale Gerechtigkeit" hin ausgerichtet, wofür die CDU mit einem eher wirtschaftsliberalen Wahlprogramm eine breite Angriffsfläche bot.

Neben der redlichen, aber taktisch falschen Entscheidung der CDU/CSU einen „ehrlichen Wahlkampf" (Merkel) zu führen und den Bürgern die Notwendigkeit von harten Einschnitten im sozialen Bereich zu vermitteln, durchkreuzten auch einzelne Politiker aus den eigenen Reihen das Wahlkampfkonzept der Union durch ungeschickte und unabgesprochene Äußerungen (vgl. HILMER/MÜLLER-HILMER 2006, S. 191 ff.). Schließlich ließ der unabhängige Steuerexperte Paul Kirchhof, der von der Union als designierter Finanzminister in ihr „Kompetenzteam" aufgenommen worden war, in einem Interview wissen, dass er selbst für einen einheitlichen Steuersatz, die sogenannte *flat tax,* plädiere. Insbesondere die Causa Kirchhof nutzte Schröder, indem er den „Professor aus Heidelberg" vehement angriff und ihn zum gefühlskalten Technokraten ohne Blick für das Soziale stilisierte (GROTZ 2005, S. 482 f.). Mit diesem aggressiven Kurs des *negative campaigning* gelang es der SPD, sich selbst als „Gralshüterin der sozialen Gerechtigkeit" darzustellen, während die CDU als „Partei der sozialen Kälte" dastand (NIEDERMAYER 2006, S. 23).

Die Grünen traten laut dem Titel ihres Wahlprogramms mit dem Ziel an, eine Politik „solidarischer Modernisierung in ökologischer Verantwortung" fortzusetzen. Im Vergleich zu früheren Wahlkämpfen standen auch bei ihnen wirtschafts- und arbeitsmarktpolitische Forderungen an prominenterer Stelle. Die FDP verzichtete nach der Blamage von 2002 auf die Nominierung eines eigenen Kanzlerkandidaten und strebte ein Bündnis mit der Union an. Die *Linken* zogen mit Forderungen nach einer Anhebung des Spitzensteuersatzes und der Einführung von Mindestlöhnen und Grundsicherung in die Auseinandersetzung.

So hielt dann auch das Wahlergebnis des 18. September 2005 einige Überraschungen parat: Die Unionsparteien erzielten mit gemeinsam 35,2 % der Zweitstimmen ihr bis dato zweitschlechtestes Abschneiden seit 1949. Damit lagen sie nur knapp vor der SPD, die mit 34,2 % zwar ebenfalls kein gutes, aber immerhin doch ein deutlich über den Umfrageergebnissen liegendes Resultat einfahren konnte. Im Vergleich zur Vorwahl hatten die Volksparteien erneut klar verloren. Auch die *Grünen* mussten leichte Verluste hinnehmen, während die FDP mit 9,8 % sowie die *Linken* mit 8,7 % große Zugewinne verbuchen konnten. Obwohl die rot-grüne Mehrheit damit passé war, reichte es aufgrund des Einzugs der *Linken* in den Bundestag doch auch zu keinem schwarz-gelben Bündnis. So endete der Wahlabend letztlich in einem Patt der beiden Volksparteien (vgl. HOLTMANN 2006, S. 13).

Trotz der Verluste an Wählerstimmen und Parlamentsmandaten war die Erleichterung in der SPD über das Wahlergebnis deutlich zu spüren. Für die Partei war es ein „gefühlter Sieg". Das zeigte etwa der grenzenlose Jubel im Willy-Brandt-Haus bei der Bekanntgabe der ersten Prognose nach Schließung der Wahllokale oder das vor Selbstbewusstsein strotzende Auftreten Gerhard Schröders in der „Elefantenrunde" der Spitzenkandidaten, in der er die Führung der neuen Regierung für sich beanspruchte und Angela Merkel die Kompetenz zur Kanzlerschaft absprach.

So schloss sich unmittelbar an die Wahl das schwierige Problem an, eine stabile Regierungsmehrheit zu finden. Aufgrund der Zusammensetzung des neuen Bundestages waren rechnerisch von vornherein nur Dreier-Bündnisse einer Volkspartei mit zwei weiteren kleinen Parteien oder eine Große Koalition möglich. Für beide Optionen war der vorweg gegangene polarisierende Lagerwahlkampf eine schwere Hypothek. Eine „Ampelkoalition" aus SPD, FDP und *Grünen* scheiterte an den Liberalen, die diese Konstellation bereits vorab kategorisch ausgeschlossen hatten. Für eine „Jamaikakoalition" aus Union, FDP und *Grünen* standen dagegen die *Grünen* nicht zur Verfügung. Und eine „Rote Ampel" aus SPD, *Grünen* und *Linken* kam allein schon wegen persönlicher Animositäten der SPD-Führung mit dem früheren Parteivorsitzenden Oskar Lafontaine nicht in Frage, der der Sozialdemokratie erst kurz zuvor endgültig den Rücken gekehrt hatte und nun erfolgreich für *Die Linke* in den Wahlkampf gezogen war.

Auch die Große Koalition war insofern prekär, da sich während der Kampagne beide Volksparteien erbittert bekämpft und zu wesentlichen politischen Fragen – etwa in der Gesundheits- und Steuerpolitik – diametral entgegengesetzte Lösungskonzepte vorgetragen hatten (vgl. VON ALEMANN/SPIER 2008, S. 58). Vor dem Hintergrund der heiklen Ausgangslage gestalteten sich die eigentlichen Koalitionsverhandlungen zwischen SPD, CDU und CSU bemerkenswert konstruktiv (vgl. HILMER/MÜLLER-HILMER 2006, S. 213). Nachdem die Sozialdemokraten ihren Anspruch auf die Kanzlerschaft aufgegeben hatten, stand die Große Koalition unter Führung Angela Merkels am 18. November 2005, bereits zwei Monate nach der Bundestagswahl.

Die Opposition im 16. Bundestag unterschied sich wesentlich vom gewohnten deutschen Oppositionstypus. Denn weder von ihrer Größe noch von ihrer thematischen Ausrichtung waren die drei Parteien in der Lage, gemeinsam eine Alternative zur Großen Koalition bzw. eine Reserve-Regierung zu bilden. Trotz der programmatisch vollkommen divergenten Positionen einigten sich FDP, *Grüne* und *Linke* auf einen modus vivendi zur gegenseitigen Wahrung ihrer Fraktionsrechte gegenüber der schwarz-roten Zwei-Drittel-Regierungsmehrheit im Bundestag (vgl. WALTHER 2010). Die drei Parteien schwankten je nach Thematik zwischen „kooperativer" und „kompetitiver Opposition" (VON BEYME 2004, S. 279).

So arbeiteten etwa FDP und *Grüne* in Fundamentalfragen wie dem Bundeswehr-
einsatz in Afghanistan oder dem Zustimmungsgesetz zum EU-Verfassungsver-
trag mit der Regierung zusammen, während die *Linken* in ihren Anträgen zumeist
klare Gegenpositionen zur Abstimmung stellten. Letztere verfolgten weiterhin die
Strategie gemeinsam mit den *Grünen*, den potenziellen Partner SPD über die Zustimmung zu von ihnen eingebrachten Gesetzesvorlagen zum Koalitionsbruch zu
verleiten (vgl. WALTHER 2010). In diesem Zusammenhang gehört auch das „un-
moralische Angebot" Oskar Lafontaines in einem SPIEGEL-Interview vom Juni
2007, der damalige SPD-Vorsitzende Kurt Beck könne unter bestimmten Bedingungen schon „morgen Kanzler sein". Auf solche Spielchen ließ sich die Sozialdemokratie freilich nicht ein und allen Unkenrufen zum Trotz hielt die zweite
Große Koalition in der Geschichte der Bundesrepublik die komplette Legislaturperiode durch.

Allerdings stürzten die Volksparteien bei der Bundestagswahl 2009 weiter ab,
während die drei Oppositionsparteien FDP, *Linke* und *Grüne* massive Gewinne
und die jeweils besten Ergebnisse ihrer Parteigeschichte einfuhren. Es war in nahezu jeder Hinsicht eine Wahl der Extreme und Rekorde. Die CDU und CSU kamen auf ihre jeweils schlechtesten Resultate seit 1949, die SPD büßte sogar erd-
rutschartig auf ihr bis dato niedrigstes Bundestagswahlergebnis überhaupt ein.
Zusammen konnten die Großen damit gerade noch 57 % aller Wählerstimmen auf
sich vereinigen. Wie sehr sich die Kräfteverhältnisse zwischen den Volksparteien
und den übrigen Parteien in den vergangenen Jahrzehnten verschoben haben, illustriert Abb. 24.

Die Wahlbeteiligung war mit knapp 70,8 % so niedrig wie nie zuvor. Für eine
Überraschung sorgte die neu gegründete *Piratenpartei*, die erstmals antrat, mit ihrer Forderung nach einer Stärkung der Bürgerrechte im digitalen Zeitalter immerhin 2 % der Stimmen erringen konnte und damit stärkste der nicht im Bundestag
vertretenen Parteien wurde. Die Große Koalition war an diesem Wahlabend Geschichte, und es kam zur Neuauflage eines schwarz-gelben Bündnisses.

Die Union trat erneut mit Bundeskanzlerin Angela Merkel als Spitzenkandidatin an und sprach sich im Wahlkampf von Anfang an für eine Koalition mit der
FDP aus, mit der gemeinsam sie ein umfangreiches Steuersenkungspaket auf den
Weg bringen wollte. Angesichts der 2008 ausgebrochenen weltweiten Finanzkrise
und der angespannten Situation des Bundeshaushalts traf dieses Vorhaben beim
politischen Gegner aber auch in den Medien auf einige Kritik. Die Union argu-
mentierte jedoch, die zu erwartenden geringeren Steuereinnahmen durch höheres
Wirtschaftswachstum kompensieren zu können. Die leichten Verluste der Union
im Vergleich zur vorangegangenen Wahl (−1,4 Prozentpunkte) waren vor allem
auf das schlechte Abschneiden der CSU in Bayern zurückzuführen, während die
CDU relativ stabil blieb.

Abbildung 24　Entwicklung des Stimmenanteils Volksparteien/übrige Parteien bei den Bundestagswahlen von 1949 bis 2017; Angaben in % der gültigen Zweitstimmen

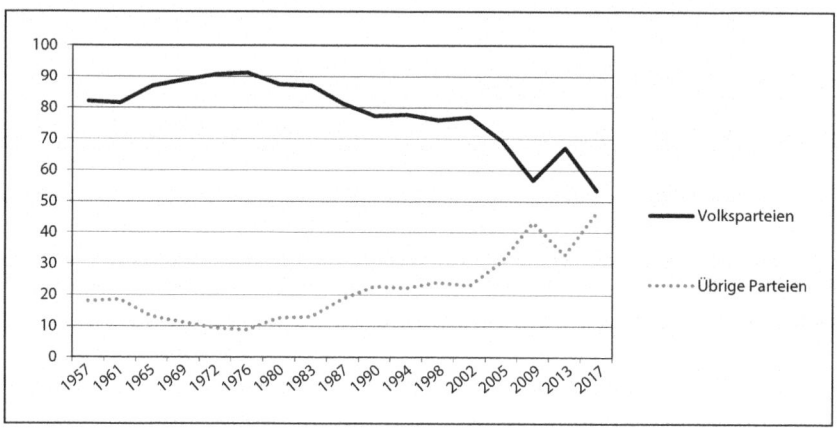

Eigene Darstellung

Abbildung 25　Wahlergebnisse des 17. und 18. Bundestages

	17. Bundestag (27.9.2009)		18. Bundestag (22.9.2013)	
Wahlbeteiligung	70,8%		71,5%	
	Stimmenanteil in %	Mandate (622)[1]	Stimmenanteil in %	Mandate (631)[2]
CDU/CSU	33,8	239	41,5	311
SPD	23,0	146	25,7	193
FDP	14,6	93	4,8	–
Bündnis 90/Grüne	10,7	68	8,4	63
Die Linke	11,9	76	8,6	64
Piraten	–	–	2,2	–
AfD	–	–	4,7	–
Sonstige	6,0	–	4,1	–

[1] Davon 24 Überhangmandate: 21 CDU und 3 SPD
[2] Davon 4 Überhangmandate: 3 CDU und 1 SPD

Nach: Bundeswahlleiter

Mit insgesamt nur 33,8 % fuhren die Unionsparteien zwar eines ihrer schlechtesten Resultate ein, im Vergleich zum katastrophalen Abschneiden der SPD fiel die Schwäche aber diesmal nicht mit voller Konsequenz ins Gewicht. Dennoch: Aufgrund soziokultureller Wandlungsprozesse in den letzten Jahrzehnten ist die traditionelle Kernklientel der Union, die sich vor allem aus dem kirchengebundenen-katholischen Milieu rekrutierte, immer mehr zusammengeschmolzen (vgl. WÜST/ROTH 2006, S. 55). Daneben sind der CDU/CSU weitere Machtressourcen weggebrochen. So spaltet etwa der forsche Wirtschaftsliberalismus eines Teils der Parteiführung das christlich-bürgerliche Lager. Mit der Hinwendung der SPD zur politischen Mitte und dem Ende des Ost-West-Konflikts entfiel der Antikommunismus als integrative Klammer, und nicht zuletzt kommen spezifische Mobilisierungs-, Identitäts- und Organisationsprobleme der CDU in Ostdeutschland hinzu (vgl. NIEDERMAYER 2008b, S. 16). Schon lange mehren sich deshalb im Umfeld der Partei die mahnenden Rufe, „wonach für eine langfristige Wählerbindung die Klaviatur der Wirtschafts- und Arbeitsmarktpolitik nur den Grundton" angeben kann. Daneben brauche die CDU/CSU Themen, die auch „emotionale Resonanz" erzeugen könnten (SCHMID 2008, S. 78).

Die SPD, die mit ihrem Spitzenkandidaten Frank-Walter Steinmeier, der in der Großen Koalition erfolgreich als Außenminister agiert hatte, in das Kanzleramt einziehen wollte, erlebte einen schwarzen Wahlsonntag. Die Genossen verloren auf einen Schlag 11,2 Prozentpunkte und fielen auf nur noch 23 % zurück – der bis dahin niedrigste Wert seit den Reichstagswahlen am Ende der Weimarer Republik. Eine absolute Zahl veranschaulicht die bedrohlichen Ausmaße der Krise besonders deutlich: Innerhalb eines Jahrzehnts von der ersten erfolgreichen Schröder-Wahl 1998 bis zum September 2009 verlor die SPD sage und schreibe rund zehn Millionen Wählerstimmen. Die Gründe für dieses Desaster sind rein rational nicht leicht zu erklären, da die Sozialdemokraten in der Großen Koalition weite Teile ihrer Programmatik umsetzen konnten – z. B. die Beibehaltung des Ausstiegs aus der Atomenergie, die Einführung von gesetzlichen Mindestlöhnen in einigen Branchen oder die Durchsetzung staatlicher Finanzhilfen für angeschlagene Unternehmen während der Wirtschaftskrise. Zudem verfügte die SPD durchaus über populäre Minister im Kabinett wie den über Parteigrenzen hinweg respektierten Peer Steinbrück im Finanzressort. Viele potenzielle und ehemalige Wähler nahmen der Partei wohl noch unpopuläre Regierungsentscheidungen übel, wie etwa die Einführung der Rente mit 67 oder die Hartz-IV-Gesetzgebung.

Eine entscheidende Rolle mag zudem gespielt haben, dass sich in Umfragen früh abzeichnete, dass die Sozialdemokraten über keine realistische Machtoption verfügten. Dass es für das angestrebte Bündnis mit den *Grünen* nicht reichen würde, war lange klar. Ein Dreierbündnis unter Einschluss der FDP hatte deren Parteichef Guido Westerwelle kategorisch ausgeschlossen. Und eine Zusammenarbeit mit der *Linken* lehnten die Sozialdemokraten ab. Damit blieb als einzige Regierungsperspektive die Fortsetzung der Großen Koalition in der Rolle des Juniorpartners. Doch dafür ließen sich die Wähler nicht mehr erwärmen. Als Reaktion auf das Wahldebakel setzte innerhalb der Partei eine lebhafte Richtungsdiskussion ein. Vor allem der linke Parteiflügel forderte die kritische Aufarbeitung der Regierungsjahre, insbesondere hinsichtlich der Arbeitsmarkt- und Sozialpolitik, sowie eine inhaltliche und strategische Öffnung in Richtung der *Linken*. Auf dem Dresdner Parteitag im November 2009 wurde daraufhin eine verjüngte Führungsspitze um den neuen Vorsitzenden Sigmar Gabriel ins Amt gewählt.

Ganz anders dagegen die Lage bei der FDP, die mit 14,6 % der Stimmen ein Traumergebnis einfuhr und nach zwei gescheiterten Anläufen 2002 und 2005 nun endlich auf den Regierungsbänken Platz nehmen durfte – und das ausgerechnet zu einer Zeit, als sich das wirtschaftsliberale Dauer-Mantra „Mehr Markt, weniger Staat" auf den kollabierenden Finanzmärkten der Welt als obsolete Leerformel zu entpuppen schien.

Dagegen konnten *Die Grünen* ihr Ergebnis zwar auf nie dagewesene 10,7 % steigern. Gleichwohl schmeckte der historische Sieg bei der Bundestagswahl verdächtig nach einer Niederlage, denn von der Schwäche der Volksparteien konnten *Die Grünen* am wenigsten profitieren. Als kleinste Fraktion im Parlament waren sie fast so etwas wie das fünfte Rad am Wagen. Ähnlich wie den Sozialdemokraten fehlte der Partei diesmal eine klare Machtoption, weshalb sie sich hauptsächlich auf die eigenen Inhalte konzentrierte. Allerdings greifen die anderen Parteien vermehrt grüne Positionen auf und bedrohen somit den Markenkern der Umweltschutzpartei.

Ihre prinzipielle Offenheit muss im fragmentierten deutschen Parteiensystem allerdings kein Nachteil sein. Als Zünglein an der Waage zwischen schwarz-gelb und rot-rot könnten die *Grünen* künftig sogar jene Rolle des Königsmachers einnehmen, die die FDP in der alten Bundesrepublik spielte und die im Saarland 2009 zur Uraufführung kam. Allerdings ist der Versuch, ein solches „Jamaika"-Bündnis auch im Bund auf die Beine zu stellen, mit den geplatzten Sondierungsverhandlungen im Herbst 2017 vorerst ad acta gelegt. Auch bleibt abzuwarten, wie die grüne Parteibasis, die eher linksorientiere Bündnisse präferiert, und die traditionellen Stammwähler auf ein mögliches Bäumchen-wechsel-dich-Spiel reagieren würden.

Die Linke erzielte 2009 mit 11,9 % ebenfalls ein deutlich zweistelliges Ergebnis und schien damit endgültig auch im Westen angekommen zu sein. Was die PDS allein als ostdeutsche Regionalmacht in mehr als 15 Jahren zuvor nicht erreichen konnte, gelang ihr nun nach dem Zusammenschluss mit der westdeutschen WASG auf beeindruckende Weise innerhalb von nur zwei Jahren. Der vorläufige Höhepunkt dieser Erfolgswelle war jedoch am 30. August 2009 erreicht, als *Die Linke,* angeführt von ihrem heimlichen Spitzenkandidaten Oskar Lafontaine, im Saarland beinahe aus dem Stand 21,3 % der Stimmen errang. Obwohl inhaltlich – etwa im Bereich der Außen- und Sicherheitspolitik – nach wie vor große Differenzen zwischen SPD und *Linken* bestehen, scheint eine Zusammenarbeit auch auf Bundesebene perspektivisch nicht mehr ausgeschlossen. Allerdings ist *Die Linke* in sich tief gespalten, was durch die jüngsten Wahlerfolge nur mühsam verdeckt werden konnte. Der Grundkonflikt verläuft zwischen jenen, die sich an Regierungen beteiligen wollen, um die aus ihrer Sicht neoliberale Politik von dort aus wirksam zu bekämpfen, und den anderen, die in der Opposition bleiben möchten und in der Übernahme von Regierungsverantwortung die generelle Bereitschaft sehen, diese neoliberale Politik letztlich mitzutragen anstatt auf einen grundlegenden Systemwechsel hinzuarbeiten (vgl. NEUGEBAUER/STÖSS 2008, S. 167).

Einen Achtungserfolg bei der Wahl 2009 konnte die erst drei Jahre zuvor gegründete *Piratenpartei* erzielen, die knapp 850 000 oder umgerechnet 2 % der Zweitstimmen auf sich vereinigen konnte und damit stärkste Kleinpartei außerhalb des Parlaments wurde. Vor allem unter jungen Männern erfreute sich die Vereinigung großer Beliebtheit. In Anlehnung an ihr gleichnamiges schwedisches Vorbild verstehen sich die *Piraten* als moderne und zeitgemäße Partei der Informations- und Wissensgesellschaft. Unter anderem plädieren sie für eine Reform der Urheberrechtsgesetze im Internet, besseren Datenschutz oder die Sicherung des Fernmeldegeheimnisses, welches sie durch die Überwachungstätigkeit des Staates bedroht sehen. Mit ihrem generellen Einsatz zur Stärkung der Bürgerrechte im digitalen Zeitalter ist es den *Piraten* zumindest zeitweilig gelungen, eine Marktnische innerhalb des deutschen Parteienspektrums zu besetzen (vgl. SOLAR 2010).

Wachsende Konkurrenz droht den etablierten Parteien vor allem auf Kommunal- und Landesebene zudem von den *Freien Wählern,* die besonders in Süddeutschland seit Jahren zu den erfolgreichsten Wählergruppen überhaupt zählen. Bei der Landtagswahl in Bayern 2008 zogen die *Freien Wähler* sogar mit 10,2 % der Zweitstimmen ins Parlament ein und zwangen die seit über 40 Jahren allein regierende CSU somit in ein Bündnis mit der FDP. Bei der Landtagswahl 2013 verteidigten die Freien Wähler mit 9,0 % der Wählerstimmen immerhin den dritten Platz hinter CSU und SPD. Bundesweit verfügen die *Freien Wähler* jedoch über keine einheitliche Struktur. Die Beteiligung an überregionalen Wahlen ist zudem innerhalb und zwischen den verschiedenen Gruppierungen umstritten, da der Anspruch der freien Vereinigungen ursprünglich darin bestand, parteiunabhängige Sachpolitik vor Ort zu betreiben. Die regelmäßige Teilnahme an Wahlen oberhalb der Kommunalebene hätte wohl außerdem Konsequenzen für den rechtlichen Status der *Freien Wähler,* die dann – mit allen Rechten und Pflichten – wie gewöhnliche Parteien zu betrachten wären.

Aus der Bundestagswahl von 2009 war eine schwarz-gelbe Koalition aus CDU/ CSU und FDP unter erneuter Führung von Bundeskanzlerin Angela Merkel hervorgegangen. Die Sozialdemokraten bildeten gemeinsam mit *Grünen* und *Linken* die Opposition im Bundestag. Ihren ohnehin bereits beträchtlichen Vorsprung vor der SPD konnte die Union 2013 nochmals kräftig ausbauen und zwar bis auf 15,8 Prozent der Stimmenanteile, wodurch die Asymmetrie, also das Ungleichgewicht zwischen den zwei stärksten Parteien im deutschen Parteiensystem weiter zunahm. Die Unionsparteien kamen zusammen zwar „nur" auf 41,5 % der Stimmen, verpassten aber aufgrund zahlreicher Überhangmandate lediglich knapp die absolute Mehrheit. Die SPD konnte sich gegenüber 2009 geringfügig auf 25,7 % berappeln. Verluste mussten hingegen die *Grünen,* die *Linke* und vor allem die FDP hinnehmen, die erstmals seit Gründung der Bundesrepublik unter die Fünf-Prozent-Sperrklausel rutschte und damit nicht mehr im neuen Bundestag vertreten war. Die 2013 neu gegründete *Alternative für Deutschland* verfehlte mit 4,7 % ebenfalls den Einzug ins Parlament.

Zählt man CDU und CSU, die im Bundestag traditionell eine Fraktion bilden, als eine Partei, waren im 18. Deutschen Bundestag also nur vier politische Farben vertreten. Dieser Konzentrationseffekt, der in erster Linie auf das kurze Zwischenhoch der beiden Volksparteien zurückzuführen war, scheint unserer These einer zunehmenden Fragmentierung des deutschen Parteiensystems zunächst zu widersprechen. Tatsächlich war in der Parteienforschung nach der Bundestagswahl 2013 sogar von einer „Rückkehr zur Zweiparteiendominanz" (NIEDERMAYER 2015a, S. 5) die Rede. Wie allerdings bereits die darauffolgende Wahl zeigen sollte, war dieser Effekt nicht nachhaltig. Der langfristige Trend zu einem pluralistischen System ist ungebrochen. Auch das Wahlergebnis von 2013 liefert für diese These einige Indizien. Betrachtet man nämlich nicht nur das Parlament, sondern die gesamte Wählerschaft, so zeigt sich bei dieser Wahl ein Rekordhoch bei den Stimmen für Parteien, die wie die AfD, die *Piraten* oder die FDP an der Fünf-Prozent-Hürde scheiterten. Insgesamt entfielen auf diese „Sonstigen", die nicht bei der Sitzverteilung berücksichtigt wurden, sage und schreibe 15,8 % der Stimmen. Die elektorale Fragmentierung im deutschen Parteiensystem war also bereits 2013 bedeutend höher als das parlamentarische Format mit lediglich vier Parteien vielleicht vermuten ließe.

Mit 311 der 631 Mandate war die Union nur fünf Sitze von der alleinigen Kanzlermehrheit entfernt. Dennoch hätte es zumindest rechnerisch durchaus eine Möglichkeit zur Regierungsbildung jenseits von CDU/CSU gegeben. Ein solches rot-rot-grünes Bündnis unter der möglichen Führung des SPD-Kanzlerkandidaten Peer Steinbrück war jedoch bereits vor der Wahl ausgeschlossen worden. Auch die Gespräche über eine erstmalige schwarz-grüne Zusammenarbeit auf Bundesebene kamen über erste Sondierungen nicht hinaus. Besonders die *Grünen,* die ihren Wahlkampf vor allem gegen die Union geführt hatten, konnten sich, wohl nicht zuletzt aus Furcht vor ihrer Basis, nicht zu diesem Experiment durchringen. Daher kam es nach Koalitionsverhandlungen zwischen CDU/CSU und SPD wie schon 2005 erneut zur Bildung einer Großen Koalition, die im Parlament über eine überwältigende und demokratietheoretisch zumindest auf längere Sicht sicherlich fragwürdige Vier-Fünftel-Mehrheit verfügte.

Das gute Abschneiden der Union wurde in der Nach-Wahl-Analyse von vielen Beobachtern vor allem als „Merkels Sieg" (Decker 2015a, S. 103) gedeutet. Die anhaltende Popularität und hohen Sympathiewerte der Kanzlerin, der von vielen Bürgern offenbar als ausgleichend empfundene „präsidiale" Regierungsstil, verbunden mit der guten wirtschaftlichen Lage Deutschlands mögen in der Kombination tatsächlich wahlentscheidende Faktoren gewesen. Darüber hinaus war die innenpolitische Agenda in der abgelaufenen Legislaturperiode aber ganz wesentlich durch die Euro-Krise überschattet gewesen, mit deren Bewältigung durch die Kanzlerin die Bürger im Großen und Ganzen zufrieden waren. Tatsächlich bot die Politik von Angela Merkel, die sich geschickt als krisenfeste Euro-Retterin und gleichzeitig als standhafte Wahrerin deutscher Interessen inszenierte, kaum Angriffsfläche für die Opposition. Zumal SPD und *Grüne* im Rahmen der Euro-Rettung den harten Sparkurs gegenüber den europäischen Südländern mittrugen und den verschiedenen Rettungspaketen der Regierung im Bundestag immer wieder zustimmten.

Die vermeintliche „Alternativlosigkeit", mit der die Kanzlerin ihre Politik wiederholt begründete, war mitursächlich für die größte Innovation im deutschen Parteiensystem seit der Gründung der *Grünen* 30 Jahre zuvor. Die erst im April 2013 formierte „Alternative für Deutschland" schaffte, angeführt durch den Hamburger Volkswirtschafts-Professor Bernd Lucke, bei der Bundestagswahl im September 2013 aus dem Stand 4,7 % und verfehlte damit nur knapp den sofortigen Einzug in den Bundestag – ein Erfolg, der ihr dann aber vier Jahre später unter nahezu Verdreifachung ihres Stimmenanteils gelingen sollte. Sie zog seit 2014 in 14 Landesparlamente ein und hat sich zumindest mittelfristig als ernstzunehmende „neue Konkurrentin" (Niedermayer 2015b) im deutschen Parteiensystem etabliert.

Die AfD trat zunächst als sogenannte „single issue party" – als eine Ein-Themen-Partei – in Erscheinung, die aus marktliberaler oder auch marktradikaler Perspektive Kritik am Euro übte und die Auflösung der europäischen Währungsunion forderte. Auf der sozio-ökonomischen Konfliktachse des deutschen Parteiensystems machte sie der FDP Konkurrenz. Auf der sozio-kulturellen Konfliktlinie besetzte sie den autoritären Pol, „rechts" von CDU/CSU (vgl. Abb. 34). Der wirtschaftsliberale Flügel der AfD spaltete sich jedoch nach der Entmachtung Luckes auf einem Parteitag im Sommer 2015 von der restlichen Partei ab und ging zunächst in der Splitterpartei „ALFA" (Allianz für Fortschritt und Aufbruch) auf, die im Dezember 2016 in *Liberal-Konservative Reformer* (LKR) umbenannt wurde und inzwischen in der Bedeutungslosigkeit verschwunden ist.

Waren sich Politik und Öffentlichkeit in dieser formativen Phase der AfD zunächst uneins über die ideologische Verortung der neuen Kraft (vgl. DECKER 2015a, S. 110 ff.; NIEDERMAYER 2015b, S. 192 ff. mit zahlreichen weiteren Verweisen), wird die Partei in der wissenschaftlichen Debatte heute als rechtspopulistisch eingestuft, mit einer deutlichen Offenheit zu einem völkischen Rechtsextremismus in Teilen der Partei. Die Politik der AfD richtet sich gegen Minderheiten, vor allem gegen Einwanderer und dabei wiederum in erster Linie gegen jene, die aus Kulturkreisen stammen, die als „fremd" zur Kultur und Geschichte des „christlichen Abendlandes" angesehen werden, besonders also gegen Muslime, weiterhin gegen die Europäische Union sowie gegen das politische Establishment im Allgemeinen. Die AfD konstruiert dabei einen Gegensatz zwischen dem einfachen „Volk", für dessen vermeintlich schweigende Mehrheit die Partei zu sprechen vorgibt, und einer vorgeblich abgehobenen, volksfernen Elite, die für alle Missstände in Staat und Gesellschaft verantwortlich gemacht wird.

Die AfD hat ihrer kurzen Parteigeschichte gemessen an ihrer Bedeutung überproportional viel Aufmerksamkeit in der öffentlichen Debatte und auch in der Fachliteratur erhalten. Die Faszination des Neuen ist einerseits verständlich. Galt es in der Parteienforschung doch schon lange als „Rätsel" (DECKER 2015a, S. 110), warum es in der Bundesrepublik zuvor keiner rechtspopulistischen oder gar -extremistischen Partei gelungen war, sich flächendeckend zu etablieren, obwohl Untersuchungen immer wieder belegten, dass hierzulande ein beträchtliches Wählerpotenzial am rechten Rand existierte. In gewisser Weise stellt das Auftauchen der AfD somit keine Sensation, sondern eher eine Art Normalisierung des deutschen Parteiensystems dar. In vielen anderen westeuropäischen Ländern konnten rechte Parteien schon viel früher beachtliche Wahlerfolge erzielen, etwa die FPÖ in Österreich, der *Front National* in Frankreich oder die *Partei für die Freiheit* des niederländischen Rechtspopulisten Geert Wilders. Andererseits hat Deutschland aufgrund seiner Geschichte – insbesondere der Verbrechen während der Nazi-Diktatur – sicherlich eine besondere Verantwortung, Rassismus und Fremdenhass entschlossen zu bekämpfen und nicht einfach als gegeben hinzunehmen.

Der eigentliche Aufschwung der als Anti-Euro-Partei gegründeten AfD fällt zeitlich mit der „Flüchtlingskrise" in Deutschland und Europa ab 2015 zusammen. Allein in den Jahren 2015 und 2016 beantragten jeweils über eine Million Menschen vor allem aus den Kriegs- und Krisengebieten des Nahen Ostens und Afrikas Asyl in Ländern der Europäischen Union. Die bei weitem meisten Asylanträge wurden dabei in Deutschland gestellt. Nach Angaben des UN-Flüchtlingshilfswerks befanden sich zu dieser Zeit weltweit mehr als 65 Millionen Menschen auf der Flucht. Die Flüchtlingskrise führte auch in Deutschland zu einer breiten gesellschaftlichen Debatte über die Ausrichtung der europäischen Asyl- und Migrationspolitik und zum Erstarken nationalkonservativer politischer Kräfte. Die AfD und zeitweise auch die CSU machten Angela Merkel persönlich für die hohen Flüchtlingszahlen verantwortlich. So wurden öffentliche Äußerungen der Kanzlerin im Sommer 2015 („Wir schaffen das") als Außerkraftsetzung des Dubliner Übereinkommens und Einladung an Flüchtlinge nach Deutschland kritisiert. Obwohl nach der Schließung der sogenannten Balkanroute im März 2016, über die zuvor hunderttausende Migranten nach Europa gelangt waren, deutlich weniger Menschen nach Deutschland kamen, spielte das Thema Flüchtlingspolitik auch im Bundestagswahlkampf 2017 eine zentrale Rolle.

Die Wahl zum 19. Bundestag fand am 24. September 2017 statt. Als stärkste politische Kraft konnte sich trotz deutlicher Verluste die CDU/CSU behaupten, gefolgt von der SPD, die mit 20,5 % der Stimmen ihr bisher schlechtestes Ergebnis überhaupt bei einer Bundestagswahl erzielte. Dritte politische Kraft wurde die AfD, die mit 12,6 % erstmals in den Deutschen Bundestag einzog. Auf den Plätzen dahinter landeten die FDP, der mit 10,7 % ein überraschend starkes Comeback gelang, die *Linken*, die sich bei 9,2 % stabil halten sowie die *Grünen*, die mit 8,9 % ebenfalls leicht zulegen konnten.

Insgesamt gehören dem 19. Bundestag, der aufgrund zahlreicher Überhang- und Ausgleichsmandate mit 709 Abgeordneten zudem der größte aller Zeiten ist, nun sogar sieben Parteien an – so viele wie seit 1953 nicht mehr. Gemeinsam kommen CDU/CSU und SPD gerade noch auf 53,5 Prozent der Wählerstimmen. Das macht die Regierungsbildung zu einem schwierigen Geschäft. Viele Experten rechnen daher damit, dass die neue Koalitionsarithmetik zu einem starken machtstrategischen Anreiz zur Erweiterung der Koalitionsoptionen führen wird, da Zweierbündnisse auf Bundesebene perspektivisch schwieriger werden dürften. Neue Koalitionsmodelle mit drei oder sogar vier Partnern – wie das im Herbst 2017 bereits vor seinem Start gescheiterte „Jamaika"-Bündnis aus CDU/CSU, FDP und *Grünen* – werden das Regieren im Bund künftig heterogener und vielschichtiger machen. Vorerst wird es nach erbitterten Auseinandersetzungen in der SPD jedoch eine weitere Große Koalition geben – vielleicht die letzte ihrer Art.

Am Ende dieses Kapitels können wir festhalten: Das bundesdeutsche Parteiensystem hat in seiner fast 70-jährigen Entwicklung mehrfach seine Gestalt verändert. Im Sinne einer theoriegeleiteten Periodisierung haben wir den Blick hier nicht auf Kanzler oder Koalitionen, nicht auf historische Ereignisse oder einzelne Parteitypen gelenkt. Vielmehr stand als Leitkategorie die Dynamik des gesamten Parteiensystems im Vordergrund. Nach den Phasen Formierung (1945–53), Konzentrierung (1953–76), Transformation (1976–98) und Aufbruch (1998–2005) können wir auf diese Art und Weise seit 2005 den Eintritt in die Fragmentierungs-

Abbildung 26   Wahlergebnis des 19. Bundestages

	19. Bundestag (24.9.2017)	
Wahlbeteiligung	76,2%	
	Stimmenanteil in %	Mandate (709)[1]
CDU/CSU	33,0	246
SPD	20,5	153
FDP	10,7	80
Bündnis 90/Grüne	8,9	67
Die Linke	9,2	69
AfD	12,6	94
Sonstige	5,0	–

[1] Davon 46 Überhangmandate: 36 CDU, 7 CSU und 3 SPD

Nach: BUNDESWAHLLEITER

phase in der Entwicklung des deutschen Parteiensystems konstatieren. Die Volksparteien verlieren in der offener gewordenen Wettbewerbssituation an Anziehung. Neben der FDP haben sich *Grüne, Linke* und nicht zuletzt die AfD als mittelgroße Kräfte etabliert. Anhand der Ergebnisse der Bundestagswahlen von 1949 bis 2017 (vgl. Abb. 27) kann dieser Trend noch einmal veranschaulicht werden.

Zum viel diskutierten Wandel der Parteien bzw. des deutschen Parteiensystems sind aus der Fülle der Literatur besonders einschlägig: KOSCHMIEDER (2017), DECKER (2015b), GEHNE/SPIER (2010), ANDERSEN (2009), WIESENDAHL (2006b), VON BEYME (2002) oder POGUNTKE (2000). Zur jeweils aktuellen Standortbestimmung haben sich die von NIEDERMAYER (1999, 2003, 2008a, 2011 und zuletzt 2015c) herausgegebenen Analysen nach den jeweiligen Bundestagswahlen etabliert. Dort findet sich auch überall weiterführende Literatur zu den Einzelparteien, die deshalb hier nicht gesondert dokumentiert werden muss. Unter den Arbeiten der Nach-Wende-Jahre ist noch immer zu verweisen auf NIEDERMAYER/STÖSS (1994), LÖBLER/SCHMID/TIEMANN (1991), Rainer LINNEMANN (1994) sowie aus der CSU-nahen Hanns-Seidel-Stiftung die Bände von Gerhard HIRSCHER (1995)

Abbildung 27   Die Bundestagswahlen von 1949 bis 2017; Angaben in % der gültigen
Stimmen

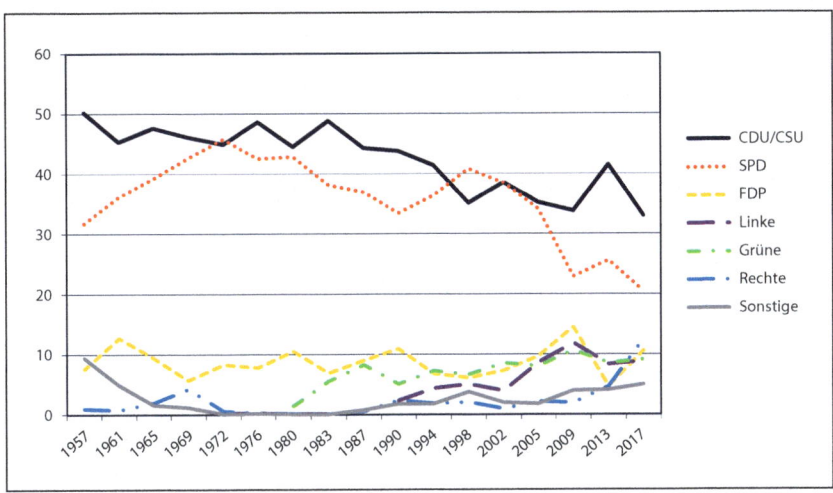

Eigene Darstellung

und EISENMANN/HIRSCHER (1992). Weitere wichtige Bücher sind erschienen von Oskar NIEDERMAYER (1996) und GABRIEL/NIEDERMAYER/STÖSS (2002).

Institution: Wie sind die Parteien rechtlich eingebunden?

4

Deutschland ist unter den liberaldemokratischen Industriestaaten das Land, das den Parteienstaat am nachhaltigsten rechtlich verinnerlicht hat: nicht nur durch die Verfassung, das Grundgesetz, sondern auch durch das Parteiengesetz und die dort geregelte Parteienfinanzierung, durch die Wahlgesetze, durch Rundfunkgesetze und die dortige Parteienmitwirkung in Aufsichtsgremien, durch Geschäftsordnungen der Parlamente und die hier geregelten Rechte der Fraktionen und insbesondere auch durch die höchstrichterliche Rechtsprechung.

Die Deutschen nehmen den Rechtsstaat traditionell sehr genau. Für einen kritischen, beispielsweise britischen Beobachter hingegen mag die gesamte Parteienrechtsregelung wie ein einschnürendes Korsett wirken, von dem er sich niemals selbst bedrängen lassen möchte. Man liebt eben in Deutschland klare Verhältnisse. Rechtlich-politische Zwitterwesen, wie es die Parteien zwischen Gesellschaft und Staat nun einmal sein müssen, lässt man nicht gerne lange frei herumflattern. So wurden die Parteien in das Netz des Rechts eingefangen. Sicherlich bringt die Verrechtlichung eine gewisse Schwerfälligkeit und Bürokratisierung mit sich, sie schafft aber auch Berechenbarkeit, Gleichbehandlung und einklagbare Rechte.

„Parteien wirken bei der politischen Willensbildung des Volkes mit." Das ist der einzige positive Satz des Grundgesetzes über die Parteien (Art. 21). Die übrigen Bestimmungen sind Einschränkungen und Spezifikationen. Aber dieser schlichte Satz hat es in sich. Zunächst einmal bedeutete er 1949 eine kleine Revolution für das Verfassungsrecht, denn in der Weimarer Reichsverfassung fand sich im Art. 130 nur eine Abwehrformulierung gegen den Parteieneinfluss: „Die Beamten sind Diener der Gesamtheit, nicht einer Partei".

Der vollständige Artikel 21 GG lautet nun folgendermaßen:

„(1) Die Parteien wirken bei der politischen Willensbildung des Volkes mit. Ihre Gründung ist frei. Ihre innere Ordnung muss demokratischen Grundsätzen entsprechen. Sie

© Springer Fachmedien Wiesbaden GmbH, ein Teil von Springer Nature 2018
U. von Alemann et al., *Das Parteiensystem der Bundesrepublik Deutschland*,
Grundwissen Politik, https://doi.org/10.1007/978-3-658-21159-2_4

müssen über die Herkunft und Verwendung ihrer Mittel sowie über ihr Vermögen öffentlich Rechenschaft geben.

(2) Parteien, die nach ihren Zielen oder nach dem Verhalten ihrer Anhänger darauf ausgehen, die freiheitliche demokratische Grundordnung zu beeinträchtigen oder zu beseitigen oder den Bestand der Bundesrepublik Deutschland zu gefährden, sind verfassungswidrig.

(3) Parteien, die nach ihren Zielen oder dem Verhalten ihrer Anhänger darauf ausgerichtet sind, die freiheitliche demokratische Grundordnung zu beeinträchtigen oder zu beseitigen oder den Bestand der Bundesrepublik Deutschland zu gefährden, sind von staatlicher Finanzierung ausgeschlossen. Wird der Ausschluss festgestellt, so entfällt auch eine steuerliche Begünstigung dieser Parteien und von Zuwendungen an diese Parteien.

(4) Über die Frage der Verfassungswidrigkeit nach Absatz 2 sowie über den Ausschluss von staatlicher Finanzierung nach Absatz 3 entscheidet das Bundesverfassungsgericht.

(5) Das Nähere regeln Bundesgesetze."

Die Eingangsformulierung – „Die Parteien wirken bei der Willensbildung des Volkes mit" – klingt eigentlich recht harmlos, birgt aber eine Menge Sprengstoff für seitdem anhaltende kontroverse Debatten in Staatslehre und Politiktheorie. Was heißt „Willensbildung" – nur Wahlvorbereitung und Kandidatennominierung oder die gesamte staatlich-politische Entscheidungsfindung? Was heißt „mitwirken"? Mit wem? Mit den Verfassungsorganen Parlament und Regierung oder mit anderen gesellschaftlichen Kräften wie Interessenverbänden, Medien und Bürgerinitiativen?

4.1 Der „Parteienstaat" des Grundgesetzes

Politikwissenschaftler haben verwundert beobachtet, dass die Aufgabenfülle, die die Parteien aus diesem simplen Satz des Grundgesetzes abgeleitet haben, geradezu unendlich sei. Sie nominieren die Kandidaten für die Parlamente, beschließen die Wahlprogramme, bilden die Fraktionen im Parlament, wählen die Regierungen und stellen die Minister, beschließen Gesetze und den Haushalt, kontrollieren die Verwaltung, bestimmen die Rechtspolitik, kontrollieren die öffentlich-rechtlichen Medien und mischen selbst bei der Wahl von Bundesligapräsidenten, Karnevalsprinzen und Kreiskrankenhausdirektoren mit.

Wir leben also nach dem Grundgesetz in einem „Parteienstaat" oder mindestens in einer parteienstaatlichen Demokratie, in der die Allgegenwart der Parteien als Scharniere der politischen Willensbildung zwischen Wahlbürgern und Staat gewollt und unvermeidlich ist. Das ist jedenfalls die Meinung der einen Seite, die von der Mehrheit der Politologen und, besonders konsequent, von dem Staatsrechtler Gerhard LEIBHOLZ in den 1950er Jahren vertreten wurde. Da er langjähriges Mitglied des Bundesverfassungsgerichts war, beeinflusste er auch maßgeblich dessen Rechtsprechung.

LEIBHOLZ hatte schon in seinen Schriften am Ende der Weimarer Republik im Gegensatz zur herrschenden Lehre des Staatsrechts die Parteien als legitime demokratische Institutionen anerkannt. Er diagnostizierte einen langfristigen Wandel des repräsentativ-liberalen Parlamentarismus, der auf der sozialen Homogenität des Bürgertums als der einzig politisch relevanten Klasse beruhte, und der dazu adäquaten Honoratiorenparteien zu dem neuen Phänomen des „massendemokratischen Parteienstaates" und der „parteienstaatlichen Massendemokratie" (LEIBHOLZ 1932). In den frühen 1950er Jahren hat LEIBHOLZ seine Thesen weiter zugespitzt:

> „Die politischen Parteien haben (…) die Stellung von Parlament und Abgeordneten grundsätzlich verändert. (…) Der Abgeordnete ist nicht mehr im Sinne des parlamentarischen Repräsentativsystems ein ‚Vertreter des ganzen Volkes, der an Aufträge und Weisungen nicht gebunden und nur seinem Gewissen unterworfen ist'" (LEIBHOLZ 1973, S. 76 f.).

So verlangt es allerdings der Art. 38 GG. LEIBHOLZ hält dies für eine Art Nostalgie. Nicht mehr der Abgeordnete vertritt das Volk im Parlament, sondern die Parteien. Er wiederholt, dass allein die Parteien

> „die Möglichkeit haben, die Wähler zu politisch aktionsfähigen Gruppen zusammenzuschließen und daß die Parteien das Sprachrohr sind, dessen sich das mündig gewordene Volk bedient, um sich artikuliert äußern zu können, und in der politischen Sphäre handlungsfähig zu werden. (…) Die ‚Mediatisierung' des Volkes durch die Parteien (gehört) sozusagen zum Wesen der modernen Demokratie. In dieser haben die Parteien die Tendenz, sich mit dem Volk zu identifizieren; noch pointierter ausgedrückt, sie erheben den Anspruch, *das Volk zu sein*" (LEIBHOLZ 1973, S. 81).

Der moderne demokratische Parteienstaat sei deshalb, „letzten Endes seinem Wesen nach wie seiner Form nach das Surrogat der direkten Demokratie im modernen Flächenstaat" (ebd., S. 83). Zwar ergebe sich damit ein Antagonismus zwischen Art. 21 und Art. 38, aber der erstere sei der modernere, der letztere der

eigentlich sinnentleere. Auch wenn LEIBHOLZ in der Betonung der Parteienbe-
deutung gegen die immer noch zögerliche Staatslehre zu Beginn der Bundesrepublik eine wichtige Rolle gespielt hat, so ist seine These doch in vielen Aspekten
überzogen. Die Parteien mit dem Volk zu identifizieren und dann konsequent
die Parteiendemokratie als eine Form der direkten Demokratie zu postulieren,
da die Parteien ja das Volk seien, das sich demnach direkt selbst regiert – das
ist ein bisschen zu viel des Begriffsrealismus. Hier liegt ein methodisches Problem. LEIBHOLZ orientiert sich methodologisch an der sogenannten Phänome-
nologie. Das lässt sich oberflächlich leicht daran erkennen, wie oft er Wendungen
wie „dem Wesen nach" gebraucht. Eine empirisch orientierte Politikwissenschaft
dagegen lehnt Konzeptionen und Definitionen ab, die das „Wesen" – also eine
Art idealtypische Realität der Demokratie, der Macht, der Politik oder eben auch
der Partei – zu erfassen versuchen. Stattdessen schlägt man in „Nominaldefini-
tionen" eine vorläufige Vereinbarung darüber vor, was man definitorisch erfassen will, um dann in einer empirischen Analyse herauszufinden, wie der Untersuchungsgegenstand beschaffen ist (vgl. dazu VON ALEMANN 1995). Ein solcher
vorläufiger Definitionsvorschlag der Partei wurde bereits in der Einleitung dieses
Textes unterbreitet.

Die LEIBHOLZsche Lehre vom „Parteienstaat" ist trotz ihrer überzogenen For-
mulierungen vom Bundesverfassungsgericht ursprünglich weit übernommen,
später aber relativiert worden. So äußerte sich das Gericht am 5. April 1952 in einer
ersten Parteienentscheidung ganz im Sinne von LEIBHOLZ:

> „In der Demokratie von heute haben die Parteien allein die Möglichkeit, die Wähler zu
> politisch aktionsfähigen Gruppen zusammenzuschließen. Sie erscheinen geradezu als
> das Sprachrohr, dessen sich das mündig gewordene Volk bedient, um sich artikuliert
> äußern und politische Entscheidungen fällen zu können. (…) Heute ist jede Demokra-
> tie zwangsläufig ein *Parteienstaat*. (…) Die Parteien sind in die Verfassung eingebaut.
> Ein solcher Einbau enthält die Anerkennung, daß die Parteien nicht nur politisch und
> soziologisch, sondern auch rechtlich relevante Organisationen sind. Sie sind zu inte-
> grierenden Bestandteilen des Verfassungsaufbaus und des verfassungsrechtlich geord-
> neten politischen Lebens geworden. Sie stehen daher nicht wie andere soziale Gebilde
> nur in einer verfassungsmäßig gesicherten Position dem Staate gegenüber" (BVerfGE 1,
> S. 223–228; zitiert nach MINTZEL/OBERREUTER 1992, S. 602).

Die Parteien waren damit fast zu Staatsorganen geworden. Zwei Jahre später setzte
sich das Gericht etwas von dieser Auffassung ab und bezeichnete die Parteien in
Abgrenzung von den Staatsorganen nun als Verfassungsorgane (vgl. OBERREUTER
1992, S. 26). Die Rechtsprechung des Bundesverfassungsgerichts löste einige Kritik
in der Staatsrechtslehre aus. So lehnte Konrad HESSE die Erhebung der Parteien zu

Staatsorganen ab und bemängelte, dass sie auch als Verfassungsorgane nicht sinnvoll seien, da eine Verfassung keine „Organe" haben könne; höchstens könne ihnen der „Status der Öffentlichkeit" zugebilligt werden, der sie z. B. von den Interessenverbänden deutlich abhebe (vgl. HESSE 1959).

In dem wichtigen Urteil zur Parteienfinanzierung von 1966 revidierte das Bundesverfassungsgericht seine bisherige Auffassung und schlug die Parteien nun eindeutig der gesellschaftlichen Sphäre zu, da sie „vornehmlich Wahlvorbereitungsorganisationen seien":

> „Die Parteien wirken an der politischen Willensbildung des Volkes mit. Sie haben aber
> kein Monopol, die Willensbildung des Volkes zu beeinflussen. Neben ihnen wirken
> auch die einzelnen Bürger und vor allem Verbände, Gruppen und Vereinigungen auf
> den Prozeß der Meinungs- und Willensbildung ein. Aus Art. 21 in Verbindung mit
> Art. 38 GG sowie aus dem Bundeswahlgesetz, das zum materiellen Verfassungsrecht
> gehört, ergibt sich jedoch, daß den Parteien bei der Willensbildung des Volkes durch
> Parlamentswahlen eine Vorrangstellung gegenüber den Verbänden zukommt. Wenn
> sich die Tätigkeit der politischen Parteien auch nicht auf die Beteiligung an den Par
> lamentswahlen beschränkt, so ist doch diese ihnen durch Art. 21 Abs. 1 GG zugewie
> sene Aufgabe besonders hervorgehoben und von besonderer Bedeutung, weil sie für
> das Funktionieren einer demokratischen Ordnung des Gemeinwesens schlechthin un
> erläßlich und entscheidend ist" (BVerfGE 20, 97–114; zitiert nach MINTZEL/OBER
> REUTER 1992, S. 607).

In späteren Urteilen pendelte das Bundesverfassungsgericht wieder stärker zurück zu öffentlichen Funktionen der Parteien mit dem Rang einer verfassungsrechtlichen Institution:

> „1. Zu den Prinzipien, die das Grundgesetz unter dem Begriff der freiheitlichen demo
> kratischen Grundordnung zusammenfaßt, gehören neben der Volkssouveränität, der
> Gewaltenteilung und der Verantwortlichkeit der Regierung auch das Mehrparteien
> prinzip und die Chancengleichheit für alle politischen Parteien (vgl. BVerfGE 2, 1 [13];
> 5, 85 [140]). In einem freiheitlichen Staat, in dem der Mehrheitswille in den Grenzen
> der Rechtsstaatlichkeit entscheidet, müssen Minderheitsgruppen die Möglichkeit ha
> ben, zur Mehrheit zu werden. Demokratische Gleichheit fordert, daß der jeweils herr
> schenden Mehrheit und der oppositionellen Minderheit bei jeder Wahl aufs neue die
> grundsätzlich gleichen Chancen im Wettbewerb um die Wählerstimmen offengehalten
> werden. Die Gewährleistung gleicher Chancen im Wahlwettbewerb ist ein unabding
> bares Element des vom Grundgesetz gewollten freien und offenen Prozesses der Mei
> nungs- und Willensbildung des Volkes.

2. Dieser Prozeß setzt in der modernen Parlamentarischen Demokratie die Existenz politischer Parteien voraus. Sie sind vornehmlich berufen, die Aktivbürger freiwillig zu politischen Handlungseinheiten mit dem Ziel der Beteiligung an der Willensbildung in den Staatsorganen organisatorisch zusammenzufassen. Aus diesem Grunde hat das Grundgesetz in Art. 21 Abs. 1 Satz 1 ausdrücklich anerkannt, daß die Parteien an der politischen Willensbildung des Volkes mitwirken, und sie damit auch in den Rang einer verfassungsrechtlichen Institution erhoben (BVerfGE 1, 208 [225] und ständige Rechtsprechung). Sie sind Zwischenglieder zwischen dem Bürger und den Staatsorganen, Mittler, durch die der Wille der Bürger auch zwischen den Wahlgängen verwirklicht werden kann. Sie stellen, sofern sie die Parlamentsmehrheit bilden und die Regierung stützen, die wichtigste Verbindung zwischen dem Volk und den politischen Führungsorganen des Staates her und erhalten sie aufrecht. Als Parteien der Minderheit bilden sie die politische Opposition und machen sie wirksam. Die politischen Parteien sammeln und leiten die auf die politische Macht und ihre Ausübung in Wahlen und Staatsorganen gerichteten Meinungen, Interessen und Bestrebungen, gleichen sie in sich aus und formen sie zu Alternativen, unter denen die Bürger auswählen können. Parlamentswahlen wirken auch als politisches Werturteil über ihr Programm und bestimmen wesentlich den Einfluß, den die Parteien auf die Willensbildung und die Entscheidungen in den Staatsorganen haben" (BVerfGE 44, 145 f.; zitiert nach MINTZEL/OBERREUTER 1992, S. 608).

Nicht nur die Theorie von LEIBHOLZ zum Parteienstaat, auch die verschiedenen Verortungen der Parteien durch das Bundesverfassungsgericht sind in der Wissenschaft viel kritisiert worden. Der streitbare Politologe Wilhelm HENNIS nannte die „eigenartige Theorie" von LEIBHOLZ „hanebüchen" und machte sie auch für das Überhandnehmen der Parteienkompetenzen in der Bundesrepublik mitverantwortlich:

„Das Anstößige an der Entwicklung des westdeutschen Parteienstaats mit seiner Tendenz zur Überwucherung aller anderen Prinzipien und Institutionen der Verfassung äußert sich ja nicht nur in den ‚parteienstaatlichen‘ Abwegigkeiten des Parteiverständnisses in den Urteilen des Bundesverfassungsgerichts und des Parteiengesetzes. Die verfassungsrechtlich legitimierte Idee des ‚Parteienstaats‘ wirkte in der Tat als Einfallsfaktor auf dem Weg zu seinem weiteren Ausbau. Konkret faßbar wird dieser ‚Ausbau‘ in Appropriationswut und Pfründengeist. Was machen eigentlich die bataillonsstarken Truppen der Fraktions- und Abgeordnetenmitarbeiter? Ich kann es mir schlicht nicht vorstellen. Einer jüngsten Publikation zur Parteienfinanzierung entnehme ich, daß die Mitarbeiter der Abgeordneten und der Fraktionen wesentlich mit ‚Politikformulierung‘ befaßt seien. Das könnte den Zustand des Politikbetriebs in Bonn erklären. Gibt es keine Möglichkeit, hier ohne Verletzung von allzu vielen sozialen Besitztümern Remedur zu schaffen?" (HENNIS 1992, S. 14).

Die Kritiker der Parteienstaatstheorie, zu denen insbesondere auch Hans-Herbert VON ARNIM gehört (1993a und 1993b; 1996; 2009), sehen in den Parteien allein gesellschaftliche Organisationen, die helfen, den politischen Willen der Wähler zu bündeln. Sie seien nur Hilfsmittel zur Nominierung von Abgeordneten und „Wahlvorbereitungsorganisationen". Die Abgeordneten des Parlaments, nicht die Parteien, stünden im Mittelpunkt des demokratischen Prozesses. Sie seien nach Art. 38 GG Vertreter des ganzen Volkes, an Aufträge und Weisungen nicht gebunden und nur ihrem Gewissen unterworfen. Sie haben also ein freies Mandat gemäß der liberalen Parlamentarismustheorie, die als Ergebnis der bürgerlichen Revolutionen den einzelnen Abgeordneten von den Zwängen der ständestaatlichen Vertretung emanzipiert hat. Dies steht im Gegensatz zu einem imperativen Mandat gemäß altständischer und auch radikal-demokratischer Lehre, das die Abgeordneten an die Aufträge seiner Wähler oder Parteimitglieder binden will.

„Art. 38 (Wahl)

(1) Die Abgeordneten des Deutschen Bundestages werden in allgemeiner, unmittelbarer, freier, gleicher und geheimer Wahl gewählt. Sie sind Vertreter des ganzen Volkes, an Aufträge und Weisungen nicht gebunden und nur ihrem Gewissen unterworfen."

Es gibt hier also ein Spannungsverhältnis zwischen dem Mitwirkungsrecht der Parteien nach Art. 21 und dem freien Abgeordnetenmandat nach Art. 38 GG, darin sind sich alle einig. Was geht vor: die Mitwirkung der Parteien oder die Freiheit der Abgeordneten? In der politischen Wirklichkeit existiert von beidem ein bisschen. Art. 38 GG wird besonders als Schutz der Abgeordneten vor allzu aufdringlichem Fraktionszwang im Parlament gesehen. *Fraktionszwang* bestünde dann, wenn die Fraktion als parlamentarische Partei einen Abgeordneten zu bestimmtem Abstimmungsverhalten zwingen und ihm bei abweichendem Verhalten oder gar Fraktions- oder Parteiwechsel das Mandat entziehen könnte. Einmal gewählt, ob im Wahlkreis oder auf der Parteiliste, behält er jedenfalls sein Mandat bis zu Neuwahlen, zur Not als parteiloser Abgeordneter. Davon hat es in jeder Legislaturperiode den einen oder anderen gegeben. Allerdings besteht im Bundestag eine *Fraktionsdisziplin*, der sich die Abgeordneten unterordnen, um gemeinsame Abstimmungsergebnisse zu erreichen.

Denn das Parlament wäre ohne seine Fraktionen nicht arbeitsfähig, der Wähler ohne die Parteien, die ihm langfristig kalkulierbare Wahlprogramme anbieten, kaum entscheidungsfähig. Ein Parlament aus 500 oder 600 unabhängigen Persönlichkeiten ist eine nostalgische Vorstellung aus dem 19. Jahrhundert.

Neben dem Mitwirkungsrecht der Parteien steht im Art. 21 GG noch die wesentliche Garantie der Gründungsfreiheit. In den ersten drei Jahrzehnten der Bundesrepublik schien es so, als sei dies nur ein rhetorisches Recht, da Neugründungen gegen die etablierte Parteienkonkurrenz und wegen der Fünf-Prozent-Klausel (d. h. nur Parteien, die bundesweit mindestens fünf Prozent der Zweitstimmen oder ersatzweise drei Direktmandate errungen haben, kommen in den Bundestag) sowieso chancenlos seien. *Die Grünen* haben bewiesen, dass sich kreative Konkurrenz trotzdem durchsetzen kann. Das Bundesverfassungsgericht hat immer großen Wert auf das Prinzip der Chancengleichheit der Parteien gelegt, gerade auch bei der gebührenfreien Zurverfügungstellung kommunaler Werbeflächen, im öffentlich-rechtlichen Rundfunk oder beim Zugang zu öffentlichen Räumlichkeiten.

Die Fünf-Prozent-Klausel, die dieses Gleichheitsgebot durchaus verletzt, wird nur als Ausnahme gerechtfertigt, weil dagegen ein anderes hohes Gut, die Regierungs- und Arbeitsfähigkeit der Parlamente, abgewogen wird. Diese deutsche Erfindung, die aus der traumatischen Erinnerung an die Weimarer Parteienzersplitterung herrührt, hat seither in Europa viele Nachahmer gefunden.

Obwohl für andere Länder ein Vorbild, so ist die Fünf-Prozent-Klausel in Deutschland in den letzten Jahren von zwei Seiten empfindlich angeknabbert worden: auf der kommunalen und der europäischen Ebene. Mittlerweile haben alle Bundesländer die Sperrklauseln für Kommunalwahlen aufgehoben. Und auch für die Europawahlen ist sie vom Bundesverfassungsgericht in umstrittenen Entscheidungen aufgehoben worden. Die Sperrklausel beeinträchtige so empfindlich die freie Repräsentation aller Bürger in den Parlamenten, dass sie nur zu rechtfertigen sei, wenn die Regierungsfähigkeit durch Parteienzersplitterung drohe. Dies sei weder kommunal noch europäisch gegeben (RAABE/LINHART 2015).

Neben die Rechte der Parteien hat das Grundgesetz aber auch einige Pflichten und Grenzen eingebaut. Die Parteien müssen intern demokratisch aufgebaut sein, d. h., es muss eine klare Willensbildung von unten nach oben geben und es müssen demokratisch gewählte Vorstände, unabhängige Schiedsgerichte, geheime Personalwahlen usw. garantiert sein. Parteien müssen über die Herkunft ihrer Finanzmittel und deren Verwendung öffentlich Rechenschaft ablegen. Und sie können verboten werden, wenn sie die freiheitlich-demokratische Grundordnung beeinträchtigen oder beseitigen wollen – allerdings ausschließlich durch das Bundesverfassungsgericht. Alles Nähere regeln Bundesgesetze, so heißt es abschließend im Parteienartikel 21 GG.

Das Verbot von Parteien gehört zu den umstrittensten Maßgaben des Grundgesetzes und ist von kaum einer demokratischen Verfassung übernommen worden. Für die Bundesrepublik von 1949 kann es leicht als Teil der wehrhaften Demokratie und als Lehre aus der Weimarer Republik verstanden werden. Es wurde nur im ersten Jahrzehnt zweimal praktiziert, beim Verbot der rechtsradikalen SRP 1952 und der marxistischen KPD 1956. Jüngst wurde das Instrument wieder aktiviert durch einen Verbotsantrag des Bundesrates gegen die NPD, nachdem ein erster Versuch einige Jahre vorher gescheitert war. Das Bundesverfassungsgericht hat am 17. Januar 2017 seine Rechtsprechung weiterentwickelt und die NPD für verfassungswidrig erklärt. Dies ist eine Neuerung. Denn die NPD ist zwar verfassungswidrig, aber ein Parteiverbot hat das Gericht nicht ausgesprochen. Zu der „abstrakten Gefährdung" der freiheitlich demokratischen Grundordnung müsse nämlich eine konkrete Gefährdung durch eine verfassungswidrige Partei hinzukommen, um ein Verbot zu rechtfertigen. Das Bundesverfassungsgericht hat mit dieser Argumentation auch Rücksicht auf die Rechtsprechung des Europäischen Gerichtshofs für Menschenrechte genommen. Im Übrigen wurde in dem Urteil auch der Schlüsselbegriff der freiheitlich demokratischen Grundordnung kompakter und konkreter definiert als in früheren Urteilen.

4.2 Einzelheiten regelt das Parteiengesetz

Fast 20 Jahre hat der Bundestag gebraucht, bis ein Parteiengesetz 1967 endlich in Kraft treten konnte. Warum so lange? An der Parteidefinition und dem Katalog der Parteiaufgaben sowie an den Vorschriften zum demokratischen Aufbau der Parteien kann es doch nicht gelegen haben. Auch nicht an der Regelung einer weiteren Hauptaufgabe der Parteien, der Nominierung der Kandidaten für die Wahlen, denn dazu wird im Gesetz nur kurz auf die Wahlgesetze verwiesen, in denen alles Nähere enthalten ist.

Es war das liebe Geld, um das man sich stritt. Die Parteienfinanzierung und insbesondere die Offenlegungspflicht der Finanzen war die Klippe, für deren Überwindung man so lange brauchte. Auf die unendliche Geschichte der Parteienfinanzierung mit ihren mehrfach umgebauten Haupt- und verschlungenen Nebenwegen gehen wir in Kapitel 5 noch genauer ein.

Das Parteiengesetz enthält in acht Abschnitten zunächst allgemeine Bestimmungen zu Aufgaben und dem Begriff der Parteien. Es folgt ein zweiter Abschnitt über die innere Ordnung, auf den wir später, wenn es um die innerparteiliche Demokratie geht, zurückkommen werden (vgl. dazu bereits VON ALEMANN 1972). Der dritte Abschnitt gibt nur einen kurzen Verweis, dass für die Kandidatennominierung anlässlich von Wahlen die entsprechenden Wahlgesetze gelten. Der vierte, fünfte und sechste Abschnitt regelt die Finanzen, d. h. die staatliche Finanzierung, die Rechenschaftslegung und die Sanktionen für Verstöße gegen die Finanzierungs- und Rechenschaftsvorschriften. Diese Teile sind alle paar Jahre geändert worden und zur umfangreichsten Materie des Parteiengesetzes angewachsen. Schließlich endet das Gesetz mit einem Abschnitt zum Vollzug des Verbots verfassungswidriger Parteien und den Schlussbestimmungen. Die wichtigsten Passagen aus dem ersten Abschnitt lauten:

„§ 1 Verfassungsrechtliche Stellung und Aufgaben der Parteien
(1) Die Parteien sind ein verfassungsrechtlich notwendiger Bestandteil der freiheitlichen demokratischen Grundordnung. Sie erfüllen mit ihrer freien, dauernden Mitwirkung an der politischen Willensbildung des Volkes eine ihnen nach dem Grundgesetz obliegende und von ihm verbürgte öffentliche Aufgabe.

(2) Die Parteien wirken an der Bildung des politischen Willens des Volkes auf allen Gebieten des öffentlichen Lebens mit, indem sie insbesondere

• auf die Gestaltung der öffentlichen Meinung Einfluss nehmen,
• die politische Bildung anregen und vertiefen,
• die aktive Teilnahme der Bürger am politischen Leben fördern,
• zur Übernahme öffentlicher Verantwortung befähigte Bürger heranbilden,
• sich durch Aufstellung von Bewerbern an den Wahlen in Bund, Ländern und Gemeinden beteiligen,
• auf die politische Entwicklung in Parlament und Regierung Einfluss nehmen,
• die von ihnen erarbeiteten politischen Ziele in den Prozeß der staatlichen Willensbildung einführen und
• für eine ständige lebendige Verbindung zwischen dem Volk und den Staatsorganen sorgen.

(3) Die Parteien legen ihre Ziele in politischen Programmen nieder.

(4) Die Parteien verwenden ihre Mittel ausschließlich für die ihnen nach dem Grundgesetz und diesem Gesetz obliegenden Aufgaben.

§ 2 Begriff der Partei
(1) Parteien sind Vereinigungen von Bürgern, die dauernd oder für längere Zeit für den Bereich des Bundes oder eines Landes auf die politische Willensbildung Einfluss nehmen und an der Vertretung des Volkes im Deutschen Bundestag oder einem Landtag mitwirken wollen, wenn sie nach dem Gesamtbild der tatsächlichen Verhältnisse, insbesondere nach Umfang und Festigkeit ihrer Organisation, nach der Zahl ihrer Mitglieder und nach ihrem Hervortreten in der Öffentlichkeit eine ausreichende Gewähr für die Ernsthaftigkeit dieser Zielsetzung bieten. Mitglieder einer Partei können nur natürliche Personen sein.

(2) Eine Vereinigung verliert ihre Rechtsstellung als Partei, wenn sie sechs Jahre lang weder an einer Bundestagswahl noch an einer Landtagswahl mit eigenen Wahlvorschlägen teilgenommen hat. Gleiches gilt, wenn eine Vereinigung sechs Jahre lang ent-

gegen der Pflicht zur öffentlichen Rechenschaftslegung gemäß § 23 keinen Rechenschaftsbericht eingereicht hat; § 19a Absatz 3 Satz 5 gilt entsprechend.

(3) Politische Vereinigungen sind nicht Parteien, wenn

1. ihre Mitglieder oder die Mitglieder ihres Vorstandes in der Mehrheit Ausländer sind oder

2. ihr Sitz oder ihre Geschäftsleitung sich außerhalb des Geltungsbereichs dieses Gesetzes befindet."

Nach § 6 Abs. 3 kann jeder Bürger vom Bundeswahlleiter am Statistischen Bundesamt Wiesbaden Satzungen, Programme und Vorstände der Parteien informationshalber kostenlos anfordern. Heutzutage sind diese Informationen selbstverständlich alle auch im Internet verfügbar (www.bundeswahlleiter.de).

Die Aufgaben, die sich die Parteien in § 1 Abs. 2 selbst überantwortet haben, addieren sich zu einer beeindruckenden Liste, die in der Sorge um die „ständige lebendige Verbindung zwischen dem Volk und den Staatsorganen" kumuliert. Das ist mehr deklaratorische Politlyrik als konkrete Normierung, was doch die eigentliche Aufgabe jedes Gesetzestextes sein soll.

Die begriffliche Bestimmung der Partei nach § 2 ist da schon viel weiterführender, denn hier wird tatsächlich festgelegt, wer sich an Wahlen beteiligen kann und wer in den Genuss von öffentlicher Finanzierung kommt. Sogenannte Rathausparteien und kommunale Wählervereinigungen sind damit offensichtlich ausgeschlossen. Auch der Gleichbehandlungsgrundsatz, der in § 5 geregelt wird, ist wichtig. Allerdings handelt es sich hier um eine proportionale Gleichheit, die Parteien unter Berücksichtigung ihrer bisherigen Stärke Zugang z.B. zu öffentlich-rechtlichen Medien eröffnet, nicht aber um eine völlige Gleichheit, nach der etwa jede Partei gleichen Zugang zu Sendezeiten oder Plakatierungsflächen hätte. Im Jahr 2016 ist das Parteiengesetz in § 2 Abs. 2 dahingehend geändert worden, dass Parteien, die keine Rechenschaftsberichte über ihre Finanzen einreichen, die Parteieigenschaft aberkannt werden kann.

Im europäischen Vergleich war das deutsche Parteiengesetz lange Zeit das weitest gehende und ausführlichste. Insbesondere die osteuropäischen Staaten, die sich bei der Ausarbeitung ihrer Bestimmungen zumeist an der deutschen Vorlage orientierten, haben in den vergangenen Jahren aber nachgezogen. Ähnlich detaillierte Regelungen kennt auch Spanien. In Portugal gibt es sogar zwei Gesetze: ein allgemeines Parteiengesetz und ein separates Parteienfinanzierungsgesetz. In den französischen und italienischen Gesetzen wird dagegen ausschließlich die öffentliche Finanzierung geregelt. Ebenso ist es in Belgien, Dänemark, Litauen und Schweden. Die Institution Partei wird in den Verfassungen von Deutschland,

Polen, Frankreich, Schweden, Spanien, Tschechien und Ungarn gewährleistet. In den Verfassungen von Estland, Italien und Litauen findet die Freiheit des Bürgers zur parteipolitischen Betätigung ausdrücklich Erwähnung. Explizit beide Schutzrichtungen sind in den Verfassungen von Griechenland, Lettland, Portugal und der Slowakei genannt. Die Verfassungen von Finnland, Malta und Zypern erwähnen politische Parteien nur am Rande (etwa bei der Kandidatenaufstellung oder der Fraktionsbildung). Aber auch alle anderen Verfassungen schützen die Freiheit zur parteipolitischen Betätigung über allgemeine Grundrechte (EUKORR-ABSCHLUSSBERICHT 2007, S. 507 ff; vgl. zum genannten Bericht auch VON ALEMANN/BÄCKER/SCHMIDT 2008/2009).

Die Literatur zum Recht der politischen Parteien war früher mit den wichtigen Werken von Wilhelm HENKE (1972) und später TSATSOS/MORLOK (1982) sehr übersichtlich; heute ist sie kaum überschaubar. Die einschlägigen Gesetzestexte finden sich bei VON ALEMANN/VON ALEMANN (2007). Einen Überblick über die aktuelle Forschung vermitteln die Parteiengesetz-Kommentare von Jens KERSTEN und Stephan RIXEN (2009), Jörn IPSEN (2008) sowie Martin MORLOK (2007) und Sophie-Charlotte LENSKI (2011) und grundlegend Foroud SHIRVANI (2010) sowie jüngst Julian KRÜPER (2016), vgl. auch Heike MERTEN (2007). Zu Fragen der innerparteilichen Demokratie ist Sebastian ROSSNER (2008) zu konsultieren. Über den Artikel 21 GG informiert umfassend Hans Hugo KLEIN (2005). Das *Institut für Deutsches und Internationales Parteienrecht und Parteienforschung* (PRuF) der Heinrich-Heine-Universität Düsseldorf hat sich seit seinem Gründer Dimitris Th. TSATSOS, zunächst noch an der FernUniversität Hagen um die Fortentwicklung des Parteienrechts entscheidende Verdienste erworben. Mit zwei Schriftenreihen sowie einer jährlich erscheinenden Fachzeitschrift, den *Mitteilungen des Instituts für Parteienrecht und Parteienforschung* (MIP), verfolgt das PRuF fortlaufend die aktuellen Entwicklungen auf dem Gebiet des Parteienrechts. Die digitalisierten Ausgaben des MIP können von der Homepage des Instituts (www.pruf.de) heruntergeladen werden.

Finanzierung: Woher kommt das Geld der Parteien?

5

Die neu entstandenen Parteien der Bundesrepublik finanzierten sich zunächst hauptsächlich aus zwei Quellen: Beiträgen der Mitglieder, wie insbesondere die SPD als Massenmitgliederpartei, und Spenden, wie besonders die bürgerlichen Parteien CDU/CSU und FDP, die noch weitgehend den Charakter von Honoratiorenparteien hatten. Zu Beginn der 1950er Jahre wurde das Spendenwesen zunehmend über Fördervereine („Staatsbürgerliche Vereinigungen") geleitet und eine Steuerbegünstigung zur Förderung staatspolitischer Zwecke geschaffen, die allerdings 1958 vom Bundesverfassungsgericht für verfassungswidrig erklärt wurde, da die Chancengleichheit der Parteien beeinträchtigt sei.

Ab 1959 wurde daraufhin erstmalig eine staatliche Parteienfinanzierung eingeführt, durch die den im Bundestag vertretenen Parteien jährlich Mittel in Millionenhöhe für die „politische Bildungsarbeit" bzw. für die allgemeinen Aufgaben der Parteien bewilligt wurden. Auch hier griff das Bundesverfassungsgericht ein und erklärte diese Regelung im Jahre 1966 für verfassungswidrig. Nun waren die Parteien endlich herausgefordert, sich über das schon im Grundgesetz angekündigte Parteiengesetz zu einigen, da der Geldhahn so abrupt zugedreht worden war.

Mit dem neuen Parteiengesetz von 1967 wurde erstmals die Rechenschaftslegung für Großspenden über 20 000 DM vorgesehen – eine Vorschrift, die vielfach umgangen worden ist. Berücksichtigt man bei den Spenden also eine gehörige Dunkelziffer, so bieten die jährlichen Rechenschaftsberichte der Parteien doch einen interessanten Einblick in die Größe und die Entwicklung der verschiedenen Finanzquellen der Parteien: Mitglieder- und Mandatsträgerbeiträge, Spenden und staatliche Mittel sowie sonstige Einnahmen aus Vermögen, Veranstaltungen, Veröffentlichungen und dergleichen.

An die Stelle der allgemeinen Finanzierung aus dem Bundeshaushalt trat 1967 eine Pauschale für die notwendigen Kosten eines angemessenen Wahlkampfes, zunächst 2,50 DM, später 3,50 DM und seit 1984 dann 5 DM für jeden Wahlbe-

© Springer Fachmedien Wiesbaden GmbH, ein Teil von Springer Nature 2018   125
U. von Alemann et al., *Das Parteiensystem der Bundesrepublik Deutschland*,
Grundwissen Politik, https://doi.org/10.1007/978-3-658-21159-2_5

rechtigten bei Bundestags- und Europawahlen aus Steuermitteln. Mittel für die allgemeine politische Bildungsarbeit, die den Parteien nicht mehr gewährt werden durften, gingen allerdings seitdem den Parteistiftungen als Globalzuschüsse aus dem Bundeshaushalt zu. Diese ebenfalls nicht unumstrittenen Zuschüsse, die im Haushaltsjahr 1983 insgesamt 83,3 Mio. DM umfassten, waren von der Partei *Die Grünen* als verfassungswidrig gerügt worden. In einem weiteren Urteil vom 14. Juli 1986 erklärte das Bundesverfassungsgericht diese Praxis für akzeptabel.

5.1 Zahlreiche Interventionen des Bundesverfassungsgerichts

Angestoßen durch Skandale („Flick-Affäre") und alarmiert durch einen drastischen Rückgang der Spenden berief Bundespräsident Karl Carstens 1982 eine Sachverständigenkommission ein. Zwei Jahre später wurde eine völlige Neuordnung der Parteienfinanzierung durch Änderung des Grundgesetzes und des Parteiengesetzes sowie von Steuergesetzen vorgenommen. Neben der Rechenschaftspflicht über die Einnahmen wurde nun auch die der Ausgaben und der Vermögen vorgeschrieben.

Aber damit war die schier unendliche Geschichte der Parteienfinanzierung noch lange nicht zu Ende. 1992 stieß ein Urteil des Bundesverfassungsgerichts erneut das immer komplizierter und undurchschaubarer gewordene Recht der Parteienfinanzierung um und initiierte eine Neuregelung, die mit der Novellierung des Parteiengesetzes am 1.1.1994 in Kraft trat. Endlich ließ das Gericht die unrealistische These fallen, öffentliche Parteienfinanzierung müsse allein der Wahlvorbereitung dienen. Das Bundesverfassungsgericht würdigte die Parteien noch einmal umfassend und begründete dies so:

„1. Nach Art. 21 I 1 GG wirken die Parteien bei der politischen Willensbildung des Volkes mit. Zwar haben sie kein Monopol, die Willensbildung des Volkes zu beeinflussen. Neben ihnen wirken auch die einzelnen Bürger sowie Verbände, Gruppen und Vereinigungen auf den Prozeß der Meinungs- und Willensbildung ein. Art. 21 GG rechtfertigt allerdings die herausgehobene Stellung der Parteien im Wahlrecht. Die Parteien sind indes nicht bloße Wahlvorbereitungsorganisationen, und nicht nur in dieser Funktion sind sie für die demokratische Ordnung unerläßlich. Sie sind vornehmlich berufen, die Bürger freiwillig zu politischen Handlungseinheiten mit dem Ziel der Beteiligung an der Willensbildung in Staatsorganen organisatorisch zusammenzuschließen und ihnen so einen wirksamen Einfluß auf das staatliche Geschehen zu ermöglichen. Den Parteien obliegt es, politische Ziele zu formulieren und diese den Bürgern zu vermitteln sowie daran mitzuwirken, daß die Gesellschaft wie auch den einzelnen Bürger betreffende Probleme erkannt, benannt und angemessenen Lösungen zugeführt werden. Die für den Prozeß der politischen Willensbildung im demokratischen Staat entscheidende Rückkoppelung zwischen Staatsorganen und Volk ist auch Sache der Parteien. Sie erschöpft sich nicht in dem nur in Abständen wiederkehrenden Akt der Wahl des Parlaments. Willensbildung des Volkes und Willensbildung in den Staatsorganen vollziehen sich in vielfältiger und tagtäglicher, von den Parteien mitgeformter Wechselwirkung. Politisches Programm und Verhalten der Staatsorgane wirken auf die Willensbildung des Volkes ein und sind selbst Gegenstand seiner Meinungsbildung. [...]

2. Entgegen der bisher vom *Senat* vertretenen Auffassung ist der Staat verfassungsrechtlich nicht gehindert, den Parteien Mittel für die Finanzierung der *allgemein* ihnen nach dem Grundgesetz obliegenden Tätigkeit zu gewähren.

a) Die allgemeine politische Tätigkeit der Parteien ist außerhalb von Wahlkämpfen und während derselben die gleiche. Wahlen erfordern allerdings darüberhinaus Vorbereitungen besonderer Art wie etwa die Ausarbeitung von Wahlprogrammen, die Aufstellung von Wahlbewerbern und die Führung von Wahlkämpfen [...]. Dies alles dient dem Zweck, dem Bürger die politischen Ziele der Parteien zu vermitteln und ihn für sie zu gewinnen, also an der politischen Willensbildung des Volkes mitzuwirken (Art. 21 I 1 GG). Dieser Zweck würde indes notwendig verfehlt, wären die Parteien nicht insbesondere darauf bedacht, die im Volke vorhandenen Meinungen, Interessen und Bestrebungen zu sammeln, in sich auszugleichen und zu Alternativen zu formen, unter denen die Bürger auswählen können und versuchten sie nicht, den Bürgerwillen zu artikulieren und gegenüber den Staatsorganen zur Geltung zu bringen [...]; nicht zuletzt über die Parteien nimmt das Volk auch zwischen den Wahlen Einfluß auf die Entscheidungen der obersten Staatsorgane [...].

Die den Parteien in Art. 21 I 1 GG aufgegebene Mitwirkung bei der politischen Willensbildung des Volkes beschränkt sich mithin nicht auf die unmittelbare Wahlvorbereitung. Diese bildet lediglich einen allenfalls in organisatorischer Hinsicht selbständigen Teil ihrer Aufgabe; sachlich-inhaltlich fügt sich die Beteiligung an Wahlen in die ständige Wirksamkeit der Parteien bruchlos ein: Wahlen und ihre Ergebnisse geben den Parteien Aufschluß über den Widerhall, den ihre Politik im Volke findet, und über die Erwartungen, die die Bürger an sie richten. Nur rein äußerlich läßt sich die Tätigkeit der Parteien im Wahlkampf von ihren sonstigen Tätigkeiten abgrenzen. Bezieht man diese Abgrenzung auf die den Parteien von der Verfassung zugewiesene Aufgabe der Mitwirkung an der politischen Willensbildung des Volkes, so entbehrt sie der sachlichen Berechtigung. Deshalb ist es – entgegen der bisherigen Rechtsprechung des *Senats* (vgl. erstmals BVerfGE 20, 56 [113 ff.] = NJW 1966, 1499) – nicht geboten, die

Grenzen staatlicher Finanzierung der Parteien von Verfassungs wegen in der Erstattung der ‚notwendigen Kosten eines angemessenen Wahlkampfes' zu suchen" (BVerfG NJW 1992, S. 2545 f.).

Mit dieser Grundsatzentscheidung erkannte das Gericht also an, dass die allgemeine politische Tätigkeit der Parteien vom Staat mitfinanziert wird. Die bisherige Wahlkampfkostenerstattung für die einzelnen Wahlen auf Bundes- und Länderebene wurde damit abgelöst.

Eine nochmalige wesentliche Änderung erfuhr das Parteiengesetz als Reaktion auf einen aufsehenerregenden Spendenskandal. Ausgangspunkt war im November 1999 das Geständnis des ehemaligen CDU-Schatzmeisters Walther Leisler Kiep gegenüber der Augsburger Staatsanwaltschaft, eine Millionenspende des Waffenhändlers Karlheinz Schreiber nicht ordnungsgemäß ausgewiesen, sondern am Fiskus vorbei in die „schwarzen Kassen" der Partei verschoben zu haben. Innerhalb weniger Wochen wurde klar, dass es sich dabei nicht um einen Einzelfall gehandelt, sondern die CDU mit dieser Praxis über Jahre hinweg ihre Finanzen aufgebessert hatte. Auch die hessische Union verfügte über geheime Auslandskonten. Im weiteren Verlauf der Affäre mussten daraufhin mehrere hochrangige Politiker der Partei einräumen, von dem illegalen Verfahren gewusst zu haben oder sogar direkt beteiligt gewesen zu sein. Unter anderem Ex-Bundeskanzler Helmut Kohl und der damalige Fraktionsvorsitzende Wolfgang Schäuble verloren ihre Ämter. Der CDU entstand ein gewaltiger Finanz- und Imageschaden (vgl. MAIER 2003, S. 1).

Die Affäre hatte aber auch gezeigt, dass die bisherigen Rechenschaftspflichten und Strafandrohungen des Parteiengesetzes nicht ausreichten. Auch schon vorher wurde in der Wissenschaft Kritik geübt (vgl. LANDFRIED 1994; BOYKEN 1998), doch der Finanzskandal der CDU auf Bundesebene und in Hessen machte die Dringlichkeit einer Verschärfung überdeutlich. Deshalb rief Bundespräsident Johannes Rau im Februar 2000 erneut eine Kommission zur Reform der Parteienfinanzierung ins Leben. Diese Kommission unabhängiger Sachverständiger, besetzt mit fünf Wissenschaftlern, Juristen und Wirtschaftsexperten, erarbeitete unter dem Vorsitz der damaligen Präsidentin des Bundesrechnungshofes, Hedda von Wedel, Reformvorschläge auf der Grundlage des Parteiengesetzes von 1994. Auch wenn nach dem Abschlussbericht der Kommission nicht alle Vorschläge in einen Gesetzentwurf aufgenommen wurden, konnte das 8. Gesetz zur Änderung des Parteiengesetzes den Bundestag und den Bundesrat im Frühjahr 2002 passieren, sodass es zum 1. Juli 2002 in Kraft trat. Ulrich von Alemann war Mitglied dieser Kommission (vgl. BUNDESPRÄSIDIALAMT 2001).

Wesentliches Merkmal der Novelle war die beträchtliche Verschärfung der finanziellen und strafrechtlichen Sanktionen bei Verstößen gegen das Parteiengesetz (PartG § 31). So können nun einzelne Parteimitglieder, die die Vorschriften über die öffentliche Rechenschaftslegung einer politischen Partei umgehen und damit einen unrichtigen Rechenschaftsbericht beim Bundestagspräsidenten einreichen, zu einer Freiheitsstrafe von bis zu drei Jahren verurteilt werden. Desweiteren dürfen Spenden nicht vorsätzlich gestückelt werden, um die Veröffentlichungspflicht ab 10 000 Euro zu umgehen. Anonyme Spenden über 500 Euro bleiben verboten, da sie Spekulationen über die wahre Herkunft des Geldes und den möglichen politischen Zweck nähren. Spenden müssen unverzüglich an den Schatzmeister der Partei weitergeleitet werden und dürfen bei Barspenden den Betrag von 1 000 Euro nicht überschreiten. Mit dem 9. Gesetz zur Änderung des Parteiengesetzes vom 22. Dezember 2004 (vgl. BT-DRUCKSACHE 15/4246) wurden weitere Bestimmungen zur Rechnungslegung modifiziert. Auch die 10. Änderung des Parteiengesetzes (vgl. BT-DRUCKSACHE 18/6879) brachte erneut eine ganze Reihe von kleineren Modifikationen.

5.2 Finanzquellen: Staatszuschüsse, Beiträge, Spenden

Warum erhalten Parteien überhaupt Geld vom Staat? Den politischen Parteien werden staatliche Mittel zugewiesen, um ihre grundgesetzlich normierten Aufgaben erfüllen zu können, nämlich „an der politischen Willensbildung des Volkes mitzuwirken" (Art. 21 Abs. 1 S. 1 GG). Dabei stellt sich die Frage, nach welchen Kriterien staatliche Mittel an die Parteien verteilt werden. Diese Kriterien sind im Parteiengesetz festgeschrieben. Dort heißt es:

> „Die Parteien erhalten Mittel als Teilfinanzierung der allgemein ihnen nach dem Grundgesetz obliegenden Tätigkeit. Maßstäbe für die Verteilung der staatlichen Mittel bilden der Erfolg, den eine Partei bei den Wählern bei Europa-, Bundestags- und Landtagswahlen erzielt, die Summe ihrer Mitglieds- und Mandatsträgerbeiträge sowie der Umfang der von ihr eingeworbenen Spenden" (§ 18 Abs. 1 PartG).

Als Kriterien werden also der Wahlerfolg einer Partei, die Mitglieds- und Mandatsträgerbeiträge sowie eingeworbene Spenden herangezogen. Die Parteien erhalten jährlich für jede gültige Wählerstimme bei Europa-, Bundestags- oder Landtagswahlen bis zu einer Gesamtzahl von vier Millionen Stimmen einen Euro sowie 0,83 Euro für jede weitere Wählerstimme. Diese degressive Erstattung der Wahlkampfkosten ist vor allem für die kleineren Parteien von Vorteil.

Allerdings kommen nicht alle Parteien in den Genuss dieser Mittel. Voraussetzung für die Teilnahme an der staatlichen Parteienfinanzierung ist ein bestimmter Stimmenanteil.

„Anspruch auf staatliche Mittel (...) haben Parteien, die nach dem endgültigen Wahlergebnis der jeweils letzten Europa- oder Bundestagswahl mindestens 0,5 vom Hundert oder einer Landtagswahl 1,0 vom Hundert der für die Listen abgegebenen gültigen Stimmen erreicht haben" (§ 18 Abs. 4 PartG).

Die alleinige Teilnahme an einer Wahl reicht also nicht aus. Das Ziel dieser Regelung ist klar. Auf diese Weise soll verhindert werden, dass Parteien allein zur Erlangung staatlicher Mittel gegründet werden (vgl. MERTEN 2007, S. 93).

Neben der Verrechnung der Wählerstimmen erhalten Parteien außerdem „0,45 Euro für jeden Euro, den sie als Zuwendung (eingezahlter Mitglieds- oder Mandatsträgerbeitrag oder rechtmäßig erlangte Spende) erhalten haben" (§ 18 Abs. 3 Nr. 3 PartG). Die Mittel, mit denen die politischen Parteien im Rahmen der staatlichen Parteienfinanzierung bezuschusst werden, dürfen jedoch eine *absolute Obergrenze* nicht übersteigen. Diese absolute Obergrenze erhöht sich automatisch jedes Jahr „um den Prozentsatz, um den sich der Preisindex der für eine Partei typischen Ausgaben im dem Anspruchsjahr vorangegangenen Jahr erhöht hat" (§ 18 Abs. 2 S. 2 PartG). Für das Jahr 2017 lag diese Obergrenze bei 161,8 Millionen Euro.

Dieser Betrag wird jährlich auf die anspruchsberechtigten Parteien verteilt. Allerdings dürfen die einer Partei zustehenden Mittel nicht höher sein als die von ihr selbst erwirtschafteten Einnahmen. Diese Deckelung – auch *relative Obergrenze* genannt – soll die Eigenständigkeit der Parteien sichern. Sie führt jedoch auch dazu, dass die Parteien regelmäßig weniger Geld bekommen als ihnen nach dem zuvor dargestellten Wählerstimmen- und Zuwendungsanteil zustehen würden.

Bis Dezember 2015 bezogen sich die selbst erwirtschafteten Einnahmen allein auf den Umsatz der Parteien, nicht auf ihren erzielten Gewinn (also nicht auf die um die Ausgaben saldierten Einnahmen). Diese Regelung führte dazu, dass etwa *Die Partei* eine Aktion ins Leben rief, bei der sie 100-Euro-Scheine für 80 Euro verkaufte. Diese auf den ersten Blick eher fragwürdige Aktion hatte jedoch zur Folge, dass der Umsatz und somit auch die relative Obergrenze dieser Partei erhöht wurden. Ähnlich agierte die AfD im Jahr 2014. Sie verkaufte ihren Anhängern Gold, um damit ihren Umsatz zu erhöhen, da sie als neue Partei nur über relativ geringe selbsterwirtschaftete Einnahmen verfügte. In dem diese Regelung aufhebenden Gesetzentwurf der Fraktionen von CDU/CSU und SPD wurde daher als Begründung angeführt:

„Dadurch werden gegenwärtig auch Einnahmen aus unternehmerischen Geschäften erfasst, mit denen kein Gewinn erwirtschaftet werden soll, sondern die nur getätigt werden, um Einnahmen aus Unternehmenstätigkeit im Sinne von § 24 Absatz 4 Nummer 5 zu erzielen, die relative Obergrenze anzuheben und eine Kappung der staatlichen Teilfinanzierung zu vermeiden oder abzumildern" (BT-DRUCKSACHE 18/6879, S. 5).

Neben der direkten Finanzierung der Parteien existieren jedoch auch einige Formen der öffentlichen Umwegfinanzierung. Dazu zählen etwa die Finanzierung der parteinahen Stiftungen, die Ausstattung der Fraktionen in Bund und Ländern oder die Finanzierung der Jugendorganisationen der Bundestagsparteien. In der öffentlichen Debatte um die Parteienfinanzierung spielen diese Aspekte aber nur selten eine Rolle. Dabei hat allein die staatliche Förderung der Parteistiftungen im Jahre 2015 ein jährliches Gesamtvolumen von über 513 Mio. € erreicht. Das ist mehr als das Dreifache der absoluten Obergrenze jenes Betrages, den die Parteien selbst direkt vom Staat erhalten. Während sich das Gesamtvolumen der öffentlichen Stiftungsfinanzierung 1970 noch auf umgerechnet rund 40 Mio. € belief, hat sich der Umfang in den vergangenen 45 Jahren gut verzehnfacht.

Eine ähnliche Steigerungsdynamik ist bei den öffentlichen Fraktionszuschüssen zu verzeichnen. Der Staat unterstützt die Fraktionen mit Geld- und Sachleistungen, damit diese ihre Aufgaben im Rahmen der parlamentarischen Demokratie wahrnehmen können (vgl. § 50 Abgeordnetengesetz). Über die Höhe dieser Beträge entscheidet der Bundestag selbst. Für das Haushaltsjahr 2015 kam so eine Summe von rund 125 Mio. Euro zustande (vgl. BT-DRUCKSACHE 18/12720). Vergleichbare Zuwendungen erhalten ebenfalls die Landtagsfraktionen. Die Verwendung der Fraktionsmittel ist im Abgeordnetengesetz des Deutschen Bundestages eindeutig geregelt. Eine Verwendung der Fraktionsmittel für die Parteiarbeit ist unzulässig (vgl. § 50 Abs. 4 Abgeordnetengesetz). Auch dürfen Parteien nach § 25 Abs. 2 Nr. 1 PartG keine Spenden von Parlamentsfraktionen annehmen. All dies ändert aber nichts daran, dass die Tätigkeit der Fraktionen indirekt auch den Parteien zugutekommt.

Auf ähnliche Weise profitieren die etablierten Parteien auch von der exklusiven Förderung einiger ihrer Nachwuchsorganisationen, die sich auf Bundesebene im „Ring Politischer Jugend" (RPJ) zusammengeschlossen haben. Junge Union, Jungsozialisten, Junge Liberale und Grüne Jugend erhielten 2008 gemeinsam wenigstens 4,5 Mio. Euro an öffentlichen Zuschüssen (vgl. BT-DRUCKSACHE 17/630). Auch diese Mittel werden nicht der direkten staatlichen Parteienfinanzierung zugerechnet, da die Parteien bislang erfolgreich die rechtliche, politische und organisationale Eigenständigkeit ihrer Jugendorganisationen behaupten. Tatsächlich gibt es jedoch mannigfaltige Verflechtungen, z.B. im Hinblick auf die politischen Ziele, Wahlkampfaktivitäten oder das Personal. Es besteht daher kaum ein Zweifel, dass die Jugendverbände tatsächlich „qualifizierte Hilfsorganisationen" (vgl. WESTERWELLE 1994, S. 7) der Mutterparteien darstellen, die nicht zuletzt als Rekrutierungspools künftiger Parteieliten dienen. Insofern ist auch diese Praxis als Umgehung der relativen und absoluten Obergrenze der staatlichen Parteienfinanzierung zu betrachten. Seit einem Urteil des Oberverwaltungsgerichts Berlin-Brandenburg von 2012 muss die Finanzierung der Jugendorganisationen transparenter gestaltet werden. Die Ausstattung einzelner, privilegierter Jugendorganisationen, wie sie bis dahin gängig war, stellte eine Verletzung des Grundsatzes der Chancengleichheit dar (vgl. zur Finanzierung der Parteijugend auch PILNIOK 2016).

Ein nicht minder heikles Thema sind die sogenannten „Mandatsträgerbeiträge", die in den Satzungen aller im Bundestag vertretenen Parteien verankert sind. Laut Parteiengesetz handelt es sich dabei um regelmäßige Geldleistungen, die ein Inhaber eines öffentlichen Wahlamtes über den normalen Mitgliedsbeitrag hinaus an seine Partei leistet. Die Höhe der Abgaben variiert zwischen den einzelnen Ämtern und Parteien. Bei den *Grünen* beträgt der Satz für alle Europa- und Bundestagsabgeordneten pauschal 19 % der Diäten, was bei einem MdB monatlich mehr als 1450 Euro ausmacht (vgl. OPPONG 2009, S. 35). Formal ist die Zahlung dieser „Parteisteuern" freiwillig. De facto würde ein Politiker, der die Abgabe verweigert, freilich seine erneute Nominierung oder sogar seine Parteimitgliedschaft riskieren. Im Falle eines Abgeordneten steht hier also dessen grundgesetzlich verankerte Unabhängigkeit auf dem Spiel. Nicht zuletzt aus diesem Grund ist die Rechtmäßigkeit der Mandatsträgerbeiträge umstritten (vgl. KÜHR 2014). Die Carstens-Kommission hielt sie 1983 für verfassungswidrig. Gleichwohl gibt es sie noch. Sie machen heute sogar einen wesentlichen Anteil der Gesamteinnahmen aller im Bundestag vertretenen Parteien aus, bei den Grünen zuletzt knapp ein Viertel (24,09 %) (vgl. BT-DRUCKSACHE 18/12720, S. 121). Die SPD nahm 2015 auf diese Weise über 25 Mio. Euro ein (vgl. BT- DRUCKSACHE 18/12720, S. 73). Die Vorsitzende der *Linken* Katja Kipping überwies ihrer Partei im selben Jahr 17 760 Euro, Renate Künast führte 21 624 Euro an die *Grünen* ab und Horst Seehofer zahlte an die CSU 15 345 Euro (vgl. BT-DRUCKSACHE 18/12720, S. 208).

Diese Transfers sind in den Rechenschaftsberichten zwar fein säuberlich aufgeführt. Sie werden allerdings auf der Seite der Eigeneinnahmen der Parteien verbucht. Im Grunde handelt es sich aber ebenfalls um öffentliche Gelder, die lediglich über einen Umweg – etwa die Diäten der Abgeordneten – in die Parteikassen gespült werden. Dergestalt als Zuwendungen natürlicher Personen deklariert bleiben die Mandatsträgerbeiträge bei der Berechnung der Staatszuschüsse unberücksichtigt. Die öffentliche Hand prämiert sogar jeden auf diese Weise eingenommenen Euro (bis zu einer Höhe von 3 300 € pro Person) noch einmal mit 38 Cent.

Betrachtet man alle diese Dinge zusammen, so ist es nicht verwunderlich, dass auch die neuen Regelungen gleich wieder als unzureichend kritisiert wurden (vgl. BATTIS/KERSTEN 2003, S. 655); die vom ehemaligen Bundespräsidenten Rau eingesetzte Kommission hatte einen umfassenden, regelmäßigen Politikfinanzierungsbericht gefordert (vgl. BUNDESPRÄSIDIALAMT 2001, S. 111 f.). Sicher sind die jetzigen Bestimmungen noch nicht der Weisheit letzter Schluss. Die Parteien wären gut beraten, ihre Rechte nicht auszureizen, sondern lieber ihre Ausgaben (und ihre Aufgaben) kritischer zu überprüfen und einzuschränken (vgl. NASSMACHER 2017).

In Abb. 28 sind die Einnahmen und Ausgaben der im Bundestag vertretenen Parteien zwischen 2009 und 2015 noch einmal tabellarisch dargestellt.

Hierbei wird unter anderem Folgendes deutlich: Beiträge, Spenden und staatliche Mittel sind die wichtigsten Einzelsäulen der Parteienfinanzierung. Von Partei zu Partei unterschiedlich stark ins Gewicht fallen sonstige Einnahmen, etwa aus Veranstaltungen und Veröffentlichungen, Vermögen, Unternehmensbeteiligungen oder dem Vertrieb von Druckschriften. Die Anteile der direkten öffentlichen Zuwendungen bleiben dagegen relativ konstant. FDP, SPD und die Unionsparteien beziehen im Schnitt deutlich unter einem Drittel ihrer Gesamteinnahmen aus solchen unmittelbaren staatlichen Mitteln. Bei den *Grünen* und der *Linken* liegt dieser Anteil bei etwas unter 40 %. Das bedeutet, dass sich die Bundestagsparteien zumindest theoretisch überwiegend aus eigenen Mitteln finanzieren und noch deutlich höhere staatliche Einnahmen erzielen könnten, ohne die relative Obergrenze zu verletzen. Die Spendenanteile, aufgeschlüsselt nach natürlichen und juristischen Personen, sind insgesamt bei den bürgerlichen Parteien höher. Bei den Mitgliedsbeiträgen ist hingegen *Die Linke* anteilsmäßig deutlich vorn. Zur Rolle der Mandatsträgerbeiträge als umstrittener aber wesentlicher Quelle wurde bereits einiges gesagt.

Interessant ist auch ein genauerer Blick auf die Großspender der Parteien. Spenden, die im Einzelfall eine Höhe von 50 000 € überschreiten, müssen dem Bundestagspräsidenten unverzüglich angezeigt werden. Dieser veröffentlicht die Angaben dann zeitnah als Bundestagsdrucksache (zu finden auf www.bundestag. de). Daneben werden entsprechende Spendenanzeigen neuerdings auch unmittelbar auf der Homepage des Bundestages publiziert. Zuwendungen, die unter dieser Grenze liegen, tauchen erst später in den Rechenschaftsberichten der Parteien auf. Ab einer Höhe von 10 000 € werden die Geldgeber namentlich genannt. Großspenden stammen häufig von juristischen Personen – nämlich Unternehmen oder Verbänden – oder vermögenden Gönnern und gehen vorrangig an die bürgerlichen Parteien. In der Abb. 29 sind die größten Einzelspenden für das Jahr 2017 dokumentiert.

Erfahrungsgemäß sprudeln die Parteispenden in Wahljahren besonders reichlich. 2017 bildete hier keine Ausnahme. Mehr als sieben Millionen Euro erhielten die Parteien in diesem Jahr allein aus Großspenden. Die bei weitem größte Einzelspende ging an die CSU. Der Verband der Bayerischen Metall- und Elektroindustrie zahlte Ende Dezember 2017 auf einen Schlag 650 000 Euro auf das Konto der Christsozialen ein. Auf Platz zwei folgte die Überweisung von 500 000 Euro an die CDU durch den Internet-Milliardär Ralph Dommermuth. Reichlich bedacht wur-

Abbildung 28 Parteienfinanzierung auf Bundesebene 2009 bis 2015

	Gesamt (in Mio. Euro)			Einnahmen aus (in Prozent):					
Jahr	Einnah-men	Aus-gaben	Reinver-mögen	Mitglieds beiträ-gen	Mandats-trägerbei-trägen	Spenden natürl. Personen	Spenden jurist. Personen	Staatl. Mitteln	Sonsti-gem
SPD:									
2009	173,3	208,2	154,7	26,6	12,9	8,4	2,4	22,9	26,8
2010	147,2	127,2	174,8	31,1	15,2	5,3	1,2	26,5	20,7
2011	155,7	141,5	188,9	30,5	14,5	6,2	1,6	27,2	20,0
2012	151,4	133,3	207,0	32,4	15,2	5,7	1,3	30,1	15,3
2013	164,6	186,2	185,4	30,1	14,4	7,3	1,8	29,1	17,3
2014	161,8	168,2	179,0	30,9	15,1	7,8	1,6	30,0	14,6
2015	156,8	133,7	202,1	31,6	16,2	5,1	1,2	31,9	14,0
CDU:									
2009	162,7	200,0	94,0	25,4	11,3	16,1	9,2	25,8	12,2
2010	138,1	120,1	111,9	29,7	13,0	8,3	4,4	31,1	13,5
2011	141,0	132,4	120,5	28,4	12,4	10,3	5,2	31,7	12,0
2012	137,0	122,2	135,4	28,7	12,6	8,9	4,4	33,9	11,5
2013	151,1	151,4	135,1	25,6	11,6	13,3	7,1	31,8	10,6
2014	147,1	154,8	127,4	26,0	12,8	12,2	5,4	32,6	11,0
2015	143,4	121,5	149,2	26,7	13,0	9,3	4,5	34,4	12,1
CSU:									
2009	42,0	44,8	24,0	22,3	7,2	11,8	9,8	27,9	21,0
2010	31,9	30,5	28,5	26,2	8,6	9,8	5,8	27,5	22,1
2011	37,0	35,0	33,6	27,5	8,2	9,7	6,2	28,1	20,3
2012	38,1	33,5	38,3	26,1	8,0	9,5	6,8	29,7	19,9
2013	47,6	54,0	31,9	21,0	6,7	18,0	12,8	25,2	16,3
2014	46,8	56,2	22,5	20,8	7,9	20,8	8,3	27,2	15,0
2015	59,0	44,6	36,9	16,6	6,1	6,4	3,7	22,7	44,5
FDP:									
2009	43,3	51,5	−0,9	18,1	6,0	24,0	13,4	29,2	9,3
2010	34,4	27,5	5,9	23,3	10,0	12,2	5,2	39,0	10,3
2011	34,3	34,7	5,5	21,7	9,7	14,2	5,1	39,6	9,7
2012	34,1	28,8	10,8	19,9	8,9	12,4	4,8	41,2	12,7
2013	33,3	37,9	6,3	19,7	8,4	21,6	11,1	31,5	7,7
2014	26,9	29,8	3,4	23,3	6,8	21,7	7,3	34,1	6,9
2015	25,8	22,5	6,8	25,1	6,0	20,5	7,3	34,4	6,8

Gesamt (in Mio. Euro)			Einnahmen aus (in Prozent):					
Jahr	Einnah-men	Aus-gaben	Reinver-mögen	Mitglieds beiträ-gen	Mandats-trägerbei-trägen	Spenden natürl. Personen	Spenden jurist. Personen	Staatl. Mitteln	Sonsti-gem
B90/Grüne:									
2009	30,6	37,0	20,3	19,6	18,7	14,8	3,0	36,3	7,6
2010	31,2	25,6	26,0	21,1	22,3	11,2	1,7	36,5	7,2
2011	36,8	32,5	30,3	21,6	21,0	10,8	2,3	37,5	6,8
2012	38,4	30,7	38,0	21,8	22,6	8,9	1,4	39,5	5,8
2013	40,2	43,4	34,8	21,7	22,4	10,7	1,7	37,5	6,0
2014	39,7	40,6	33,9	22,2	23,1	10,3	1,7	37,4	5,3
2015	40,0	31,0	42,8	22,2	24,1	9,0	1,5	37,8	5,4
Die Linke:									
2009	27,3	33,8	18,7	36,6	9,8	9,9	0,7	39,3	3,7
2010	27,9	23,0	23,6	35,9	14,1	7,4	0,1	38,9	3,6
2011	28,7	26,8	25,5	33,8	13,6	6,6	0,1	42,2	3,7
2012	29,8	25,8	29,5	31,4	12,5	6,4	0,1	41,2	8,4
2013	27,6	31,3	25,8	33,2	13,0	9,0	0,3	40,4	4,1
2014	27,1	29,3	23,6	34,1	13,9	8,3	0,1	39,5	4,1
2015	27,9	22,4	29,1	33,5	15,9	6,8	0,0	39,2	4,6

Eigene Zusammenstellung aus BT-Drucksache 18/13030, BT-Drucksache 18/12720, BT-Drucksache 18/8475, BT-Drucksache 18/7910, BT-Drucksache 18/4301, BT-Drucksache 18/4300, BT-Drucksache 18/400, BT-Drucksache 17/12340, BT-Drucksache 17/8550, BT-Drucksache 17/4800

Abbildung 29   Großspenden an Parteien im Jahr 2017

Spender	Betrag in Euro	Partei
Verband der Bayerischen Metall- und Elektroindustrie e.V. München	650 000	CSU
Ralph Dommermuth Montabaur	500 000	CDU
FKH Beteiligungs SE München	300 000	FDP
Prof. Dr. Hans-Joachim Langmann Seeheim-Jugenheim	300 000	CDU
Dr. Lutz Helmig Grebenhain-Bermuthshain	300 000	FDP
Wolfgang Göller Marl	250 000	MLPD
Ibeth Biermann Frankfurt am Main	200 000	CDU
Alexander Mecking Wiesbaden	200 000	FDP
Jochen Wermuth Berlin	200 000	Grüne
Verband der Chemischen Industrie Frankfurt am Main	150 000	CDU
Fa. R+W Industriebeteiligungen GmbH Köln	150 000	FDP
Sydslesvigudvalget/Kulturministeriet, Kulturstyrelsen København	120 641	SSW

Nach: BUNDESTAG

de ebenfalls die FDP. Größte Einzelspender waren hier der Helios Kliniken-Gründer Lutz Helmig sowie eine weithin unbekannte Firma namens „FKH Beteiligungs SE" aus München mit jeweils 300 000 Euro. Der Berliner Finanzinvestor Jochen Wermuth spendete 200 000 Euro an die *Grünen*. Bemerkenswert sind zudem die 250 000 Euro für die Splitter-Partei MLPD, die ein Rentner aus Marl der „Marxistisch-Leninistischen Partei Deutschlands" für den Klassenkampf zur Verfügung stellte. Eine Besonderheit stellt auch der letzte Eintrag auf unserer Liste dar. Hinter dem Zungenbrecher „Sydslesvigudvalget/Kulturministeriet", der als Spendername eingetragen ist, verbirgt sich das dänische Kultusministerium in Kopenhagen, das die Arbeit des *Südschleswigschen Wählerverbandes* (SSW) im Kieler

Landtag regelmäßig mit großzügigen Zahlungen unterstützt. Nicht vertreten in der Übersicht ist die SPD. Das heißt aber nicht, dass die Sozialdemokraten gar keine Zuwendungen über 50 000 verbuchen konnten, nur eben nicht in der Höhe wie andere Parteien. Die *Linken* hingegen nehmen aus prinzipiellen Gründen überhaupt keine Großspenden von Unternehmen und Verbänden entgegen.

Große Parteispenden aus der Wirtschaft erregen regelmäßig großen Unmut in der Bevölkerung. Schließlich wollen Unternehmen Gewinn machen. Da liegt der Verdacht nahe, dass sie nicht ganz uneigennützig politische Landschaftspflege betreiben und für ihr finanzielles Engagement entsprechende Gegenleistungen aus der Politik erwarten, etwa in Form wirtschaftsfreundlicher Gesetzgebung. Zwar heißt Demokratie Beeinflussbarkeit (vgl. MORLOK 2003, S. 428), doch haben Unternehmen und Verbände – anders als die Bürger – kein demokratisches Stimmrecht. Das macht ihre Einflussnahme allein schon aus normativer Sicht heikel. Nicht zuletzt aus diesem Grund sind Spenden juristischer Personen in vielen anderen Ländern verboten. Für ein solches Komplett-Verbot sprach sich Anfang 2010 auch die Fraktion *Die Linke* im Bundestag aus (vgl. BT-DRUCKSACHE 17/651). Die *Grünen* plädierten für eine generelle Obergrenze für Großspenden in Höhe von 100 000 Euro (vgl. BT-DRUCKSACHE 17/547). Beide Vorstöße blieben erfolglos. Ein baldiges Verbot der Unternehmensspende ist politisch auch nicht zu erwarten (vgl. ROSSNER 2010). Allerdings wurde die Einführung eines Limits für Großspenden (von Privatpersonen wie von juristischen Personen) bereits in der *Rau-Kommission* kontrovers diskutiert und nur mit drei gegen zwei Stimmen abgelehnt (vgl. BUNDESPRÄSIDIALAMT 2001, S. 69).

Durch das jüngste Urteil des Bundesverfassungsgerichts zu einem Verbot der NPD am 17. Januar 2017 wurde die Möglichkeit eröffnet, auch nicht-verbotene Parteien von der staatlichen Parteienfinanzierung auszuschließen, wenn sie vom Bundesverfassungsgericht als verfassungswidrig eingestuft werden. Durch einen neu eingefügten Absatz 3 Artikel 21 des GG sind nun Parteien von der staatlichen Finanzierung ausgeschlossen, die nach ihren Zielen oder dem Verhalten ihrer Anhänger, die freiheitliche demokratische Grundordnung beeinträchtigen oder beseitigen oder den Bestand der Bundesrepublik gefährden.

Sicherlich gäbe es noch eine ganze Reihe von Möglichkeiten, das Parteiengesetz zu verschärfen: Man könnte die Rechenschaftslegung der Parteien über stichprobenhafte Prüfungen durch den Bundesrechnungshof besser kontrollieren, man könnte die Direktspenden an Abgeordnete verbieten, man könnte die Verantwortung der gesamten Parteiführung für die Richtigkeit der Rechenschaftsberichte konkretisieren. Darüber hinaus könnte man die Politikfinanzierung für Abgeordnete, Minister, Fraktionen und Parteistiftungen weiter thematisieren. Aber eines kann man nicht: Rechtsbewusstsein gesetzlich verordnen. Und daran mangelt es wohl am allermeisten.

Zur Parteienfinanzierung im demokratischen Rechtsstaat vgl. das einschlägige Gutachten von Martin MORLOK unter Mitarbeit von Julian KRÜPER und Sebastian ROSSNER (2009). Darstellungen zur deutschen Problematik mit gleichzeitig vergleichendem Blick liefern Michael KOSS (2008) und Christine LANDFRIED (1994); ebenfalls vergleichend Andrea RÖMMELE (1995).

Zum Sponsoring als relativ neuer und noch weithin unbekannter Form der Parteienfinanzierung ist der von MORLOK/ALEMANN/STREIT (2006) herausgegebene Tagungsband zu empfehlen, zur Bewertung von Parteispenden vgl. den Aufsatz von Thilo STREIT (2005). Daneben waren und sind Göttrik WEWER (1990), Rolf EBBIGHAUSEN et al. (1996) sowie Karl-Heinz NASSMACHER (1992 und 2017) aus politikwissenschaftlicher Perspektive wichtig.

Aus rechtswissenschaftlicher Sicht ragt noch immer der Klassiker von Dimitris Th. TSATSOS (1992) heraus; in eher polemischer Absicht Hans Herbert VON ARNIM (1996); ein nützliches Handbuch stammt von Inge WETTIG-DANIELMEIER/FELDMANN/WETTIG (1997); eine rechtspolitische Darstellung von Gregor STRICKER (1998); die politik- und rechtswissenschaftliche breite Studie von Friedhelm BOYKEN (1998) war lange Zeit konkurrenzlos.

Zum Kontext der Novellierung des Parteiengesetzes von 2002 ist der vom BUNDESPRÄSIDIALAMT (2001) herausgegebene Bericht der Kommission unabhängiger Sachverständiger interessant.

Kontext: Wie sind die Parteien gesellschaftlich vernetzt?

6

Bisher sind in diesem Buch die historische Entstehungs- und Entwicklungsgeschichte der Parteien geschildert und ihre Einbindung in das Verfassungs- und Rechtssystem skizziert worden. Nun werden die politikwissenschaftliche Parteienforschung und die Parteiensoziologie – beide fachwissenschaftlichen Verortungen überlappen sich – stärker in den Vordergrund der Betrachtungen rücken sowie die dort entwickelten Erklärungen, Konzepte und Theorien. Dies wird in diesem Kapitel an zwei Problemkreisen exemplifiziert: am Verhältnis der Parteien zur Gesellschaft generell und zu den Medien speziell.

Wo kommen die Parteien her? Dies ist eine Frage, der seit der Geburt der modernen Parteien die Politik und die beginnende Politikwissenschaft viel Aufmerksamkeit geschenkt haben. Schon früh im 19. Jahrhundert wurden Theorien und Typologien zur Erklärung von Parteien und Parteiensystemen entwickelt. Doch erst mit dem Beginn der Sozialwissenschaften – ob in den Theorien von Marx und Engels oder den Analysen von Max Weber – wurde die weltanschauliche Betrachtung von Parteien mehr und mehr auf soziale, ökonomische und historisch bedingte Interessenlagen übertragen (vgl. ERBENTRAUT 2016).

Seit um die Jahrhundertwende eine erste empirische Parteienforschung und -theorie mit den Werken von Moisei OSTROGORSKI (1902, neu aufgelegt 1964) und Robert MICHELS (1911) entstand, gewann die Frage nach dem Verhältnis von Partei und Gesellschaft, von Partei und Demokratie sowie Partei und Organisation und damit auch die Frage nach dem sozialstrukturellen Rekrutierungspotential der Parteien die Oberhand gegenüber der weltanschaulich-programmatischen Sicht. Seitdem hat sich eine Parteiensoziologie entwickelt, die höchst ausdifferenzierte Theorien zur Rekrutierung der Parteien aus der Gesellschaft anbietet. Mit diesen Fragen eng verbunden und mindestens ebenso spannend sind die verschiedenen Parteienwettbewerbs- und Wahltheorien.

© Springer Fachmedien Wiesbaden GmbH, ein Teil von Springer Nature 2018
U. von Alemann et al., *Das Parteiensystem der Bundesrepublik Deutschland*,
Grundwissen Politik, https://doi.org/10.1007/978-3-658-21159-2_6

Zum Verhältnis von Parteien und Gesellschaft bzw. genauer zur Erklärung der spezifischen Gestalt eines bestimmten Parteiensystems (hier der Bundesrepublik Deutschland) aus den zugrunde liegenden gesellschaftlichen, ökonomischen und politischen Entwicklungslinien dominieren drei Schlüsselbegriffe die Debatte, die auch die folgende Darstellung bestimmen: Sozialstruktur, Milieu und Interessen.

Die Parteientheorie und -empirie der 1970er Jahre wird in den Sammelbänden von DITTBERNER/EBBIGHAUSEN (1973) und Wolfgang JÄGER (1973) gut zusammengefasst. Michael Th. GREVEN (1977) versucht eine kritische Synthese. Für die 1980er Jahre kann auf die Einleitung von Richard STÖSS (1983/84), auf Alf MINTZEL (1984) und Hermann SCHMITT (1987) verwiesen werden. Eine gute Übersicht zur Debatte der 1990er Jahre liefern NIEDERMAYER/STÖSS (1993), sowie insbesondere die Studie zur Parteientheorie von WIESENDAHL (1998). Aktuell kann u.a. auf GABRIEL/NIEDERMAYER/STÖSS (2002) sowie LIEDHEGENER/OPPELLAND (2009) zurückgegriffen werden. Vgl. speziell zu den sozialstrukturellen Theorien RÖSSEL (2007), HRADIL (2006) und BREMER (2006). Zu den politischen Milieus in Deutschland ist Gero NEUGEBAUERS (2007) Studie heranzuziehen, zur Erosion der alten Lager WALTER (2008). Zu den Interessentheorien, die insbesondere für das Wahlverhalten der Bürger aussagekräftig sind, vgl. FALTER/SCHOEN (2005) sowie KORTE (2009). Insgesamt zur Entstehung von Parteien und -theorien in Deutschland umfassend ERBENTRAUT (2016).

6.1 Sozialstrukturelle Theorien

Die Sozialstruktur bestimmt das Parteiensystem, so lautet die simpelste Reduktion des Beziehungsgeflechts zwischen Partei und Gesellschaft. Der amerikanische Soziologe Seymour M. LIPSET hatte schon in den 1950er Jahren dieses Verhältnis auf einen einfachen Nenner gebracht:

> „In every democracy conflict among different groups is expressed through political parties which basically represent a ‚democratic translation of the class struggle'. Even though many parties renounce the principle of class conflict or loyalty, an analysis of their appeals and their support suggests that they do represent the interest of different classes" (LIPSET 1981, S. 230).

Einer solchen Gleichsetzung von Klasseninteressen und Parteien hätten sicher auch marxistische Autoren voll zugestimmt. Wobei man natürlich berücksichtigen muss, dass die amerikanische Soziologie mit dem Begriff *class* viel unbefangener umgeht. In den 1960er Jahren hat LIPSET zusammen mit dem norwegischen

Politikwissenschaftler Stein ROKKAN seine früheren Thesen zum Zusammenhang von Sozialstruktur und Parteien in ein anspruchsvolles und einflussreiches Entwicklungs- und Erklärungsmodell politischer Parteien umformuliert (vgl. LIPSET/ ROKKAN 1967).

Parteien sind demnach Ausdruck sozialstruktureller Konfliktlinien *(cleavages)*, die aber nicht nur eindimensional auf dem Klassenkonflikt (*cleavage* Kapital versus Arbeit) basieren, sondern auch aus den historischen Konflikten zwischen Stadt und Land, Kirche und Staat sowie Zentrum und Peripherie hervorgehen.

Aus der je unterschiedlichen Mischung dieser Konfliktlinien in den europäischen Ländern erklären sich die spezifischen Konfigurationen der nationalen Parteien. Wenn einige Konflikte historisch früh gelöst werden oder nicht zum Tragen kommen, wie in England zwischen Kirche und Staat durch die dominante anglikanische Kirche sowie zwischen Zentrum und Peripherie durch frühe Nationsbildung, und wenn sich andere Konflikte überlagern, dann kann es zu einem bipolaren Zweiparteiensystem kommen. Wenn viele Konflikte noch spät fortdauern und gleichzeitig sich überkreuzen, wie in der Weimarer Republik die späte Nationsbildung, die Konfessionsspaltung, die regional-föderalen Konflikte, dann wird eher ein zersplittertes Vielparteiensystem entstehen, das jede Kompromissbildung erschwert.

Die vergleichende Beobachtung der westeuropäischen Parteiensysteme in den 1960er Jahren veranlasste LIPSET und ROKKAN zu der seither vielzitierten These vom „Einfrieren" der Hauptkonfliktlinien und damit der Parteiensysteme seit den 1920er Jahren:

„The party systems of the 1960's reflect, with few but significant exeptions, the cleavage structure of the 1920's" (Lipset/Rokkan 1967, S. 50).

Deutschland gehört mit den Unterschieden zwischen dem Weimarer, dem Bonner und schließlich dem Berliner Parteiensystem sicher zu den wenigen, aber signifi-

Abbildung 30   Konfliktlinien im Parteiensystem der Nachkriegszeit

Zentrum versus Peripherie:	im Kalten Krieg suspendiert
Stadt versus Land:	durch Nachkriegsmobilität abgeschwächt
Arbeit versus Kapital:	blieb brisant zwischen CDU/CSU/FDP und SPD
religiös versus säkular:	blieb aktuell zwischen CDU/CSU und FDP/SPD

Eigene Darstellung

Abbildung 31   Konfliktlinien im Parteiensystem der 50er und 60er Jahre

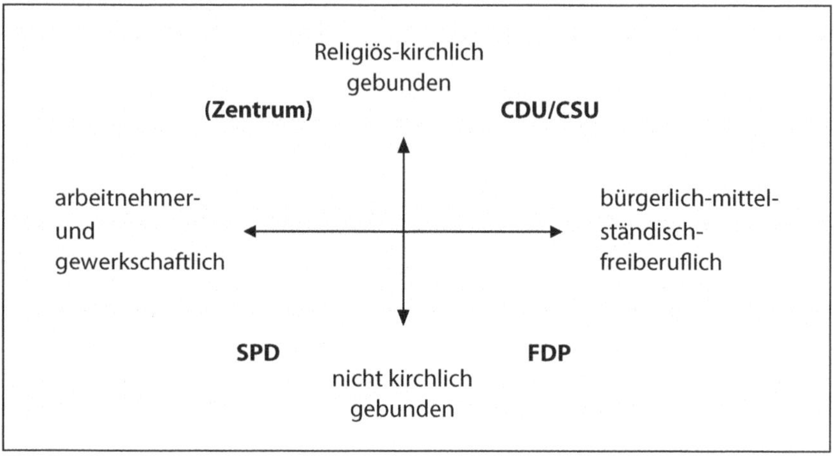

Religiös-kirchlich
gebunden
(Zentrum)   **CDU/CSU**

arbeitnehmer-   bürgerlich-mittel-
und   ständisch-
gewerkschaftlich   freiberuflich

SPD   **FDP**
nicht kirchlich
gebunden

Eigene Darstellung

kanten Ausnahmen. Aber dennoch kann das Modell der *cleavages* auch bei uns einiges zur Erklärung von Form und Wandel des Parteiensystems beitragen.

Im Gegensatz zur Weimarer Republik war die nationale Konfliktlinie (*cleavage* Zentrum vs. Peripherie) in den Nachkriegsjahrzehnten gewissermaßen suspendiert, wenn auch in der Westpolitik der CDU/CSU und der Ostpolitik der SPD/FDP zuweilen konfliktreich durchschimmernd. Auch die agrarisch-industrielle Konfliktlinie (*cleavage* Stadt vs. Land) hatte nach der Mobilität als Kriegsfolge im Wirtschaftswunderland Bundesrepublik an Sprengkraft verloren. Prägend blieben die Konfliktlinien zwischen Arbeitnehmer- bzw. gewerkschaftlichen Interessen und bürgerlich-mittelständisch-freiberuflichen Interessen (*cleavage* Arbeit vs. Kapital) einerseits und zwischen religiös-kirchlich-konfessionell gebundenen und nichtreligiösen, liberalen, kirchlich ungebundenen Gruppen bzw. Wählern oder Parteianhängern (*cleavage* Religiosität vs. Säkularität) andererseits. Da sich diese beiden Konfliktlinien nicht völlig überlagern, sondern kreuzen (*crosscutting cleavages*), entstand daraus in den 1950er und 60er Jahren ein Parteiensystem, dessen Anhängerschaft sich aus vier verschiedenen Stammgruppen rekrutierte.

Die treuesten Stammwähler der Parteien entstammten genauso wie die aktiven Parteimitglieder und -funktionäre klar beschreibbaren sozialen Gruppen: die der SPD gewerkschaftlich orientierten Gruppen, die nicht kirchlich orientiert waren; die der CDU/CSU kirchlich gebundenen, die dem Mittelstand entstammten (mit einigen deutlichen Bindungen zur katholischen Arbeitnehmerschaft);

die der FDP kirchlich ungebundenem, bürgerlichem altem Mittelstand; die noch existierende kleine Zentrumspartei repräsentierte typologisch das vierte Segment aus katholischer Arbeitnehmerschaft (vgl. dazu die grundlegenden Arbeiten von PAPPI, insbesondere PAPPI 1977).

Im Laufe der 1960er Jahre wirkten sich zunehmend Wandlungstendenzen in der Sozialstruktur auf die Rekrutierungsbasis der Parteien aus. Kirchliche Bindungen traten in der Bevölkerung genauso zurück wie Gegensätze zwischen den beiden großen Konfessionen. Der Dienstleistungssektor stieg weiter an und drängte den Primärbereich der Landwirtschaft in eine marginale Rolle („Tertiarisierung"), während der sekundäre Sektor der Industrie zunächst nur geringfügig zurückging, sich intern aber bereits drastisch nach Branchen, Produktpaletten und Größenverhältnissen veränderte, um später ebenfalls rasant an Bedeutung zu verlieren (vgl. HRADIL 2006, S. 184 ff.).

Im Zuge der sozialstrukturellen Modernisierung änderte sich, wie Abb. 32 veranschaulicht, auch die Berufsstruktur in Deutschland: Der Anteil an Arbeitern und Selbstständigen ging zurück, der an Angestellten und Beamten stieg stark an. Was die Verschiebung des Kräfteverhältnisses zwischen Arbeitern und Angestellten angeht, setzte sich dieser allgemeine Trend, kurzzeitig durch die Wiedervereinigung unterbrochen, langfristig bis in die Gegenwart fort. Allerdings gibt es

Abbildung 32 Entwicklung der Berufsstruktur 1970 bis 2011 in Prozent

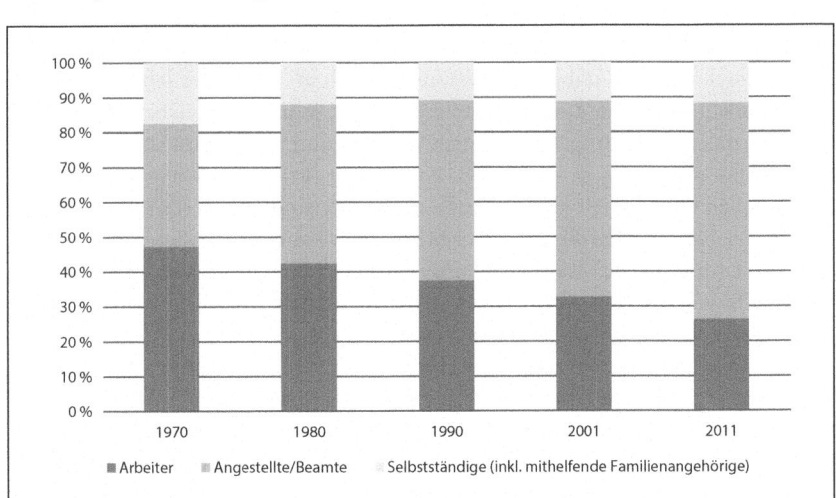

Vor 1991 Daten für West-Deutschland, anschließend gesamt für alle Bundesländer

Eigene Darstellung, nach: STATISTISCHES BUNDESAMT, MIKROZENSUS

heute anteilsmäßig sogar wieder etwas mehr Selbstständige als noch in den 1970er Jahren, wenngleich nicht wenige von ihnen ihren Lebensunterhalt momentan unter prekären Bedingungen bestreiten (Stichwort: Scheinselbstständigkeit). Der Anteil der Beamten an allen Erwerbstätigen in der Bundesrepublik ging in vergangenen Jahren leicht zurück.

Bereits im Laufe der 1960er Jahre hatten sich die Konfliktlinien mehr und mehr überlagert, sodass zu Zeiten der sozialliberalen Koalition ein arbeitnehmerorientiertes, nichtreligiöses, aufstiegsorientiertes, dem neuen Mittelstand verbundenes Lager – eben das sozialliberale – einem katholisch geprägten, dem alten Mittelstand und der Unternehmerschaft nahestehenden konservativen Lager gegenüberstand. Die beiden alten Konfliktlinien (Kapital vs. Arbeit und religiös vs. säkular) waren zu einem Rechts-Links-Gegensatz verschmolzen. Die beiden großen Volksparteien, CDU/CSU und SPD, waren sich, was ihre Wählerschaft anbetrifft, zwar zunehmend ähnlicher geworden, ohne dass dies eine vollständige Angleichung bedeutet hätte.

Auch 1983 waren, wie VEEN/GLUCHOWSKI (1983) mit Hilfe von Längsschnittdaten zeigen konnten, Arbeiter unter den SPD-Wählern überproportional vertreten, die selbstständigen Berufsgruppen dagegen in der CDU/CSU-Wählerschaft. Wenn die Wähler trotzdem zwischen „linker" und „rechter" Volkspartei unterscheiden, so zeigt dies, dass ideologische Polarisierung auch bei abgeschwächter Differenzierung der Parteien auftreten kann. Außerhalb dieser beiden Lager war politisches Niemandsland, sodass die drei im Bundestag vertretenen Parteien (einschließlich CSU) in den 1970er Jahren 98 bis 99 % der Stimmen bei Bundestagswahlen auf sich vereinigen konnten (vgl. Kapitel 3.2).

Diese scheinbar so stabile Lage veränderte sich in den 1980er Jahren drastisch. Bereits zuvor war mit der Studentenbewegung, Bürgerinitiativbewegung, den neuen sozialen Bewegungen für Frauen, Frieden und Umwelt im wahrsten Sinne des Wortes Bewegung in die Politik gekommen. Mit dem Übergang zur postindustriellen Gesellschaft kündigte sich auch ein grundlegender Wertewandel an. Die materialistischen Bedürfnisse der Menschen (Nahrung, Wohnung, Sicherheit, Frieden, Ordnung usw.) waren im Wesentlichen befriedigt, sodass nun postmaterialistische Werte in den Vordergrund traten. So lautete zumindest die wirkungsmächtige These von Ronald INGLEHART (1983).

Alte soziologische Theorien über politisches Entfremdungspotential in der Bevölkerung wurden damit herausgefordert. Protest war nicht mehr ausschließlich von ökonomisch benachteiligten Gruppen zu erwarten, sondern im Gegenteil: Von relativ gut situierten, insbesondere gut ausgebildeten Gruppen jüngerer Menschen gingen Initiativen nach mehr Beteiligung, nach Engagement im Umweltschutz und gegen Atomenergie sowie gegen unreflektierte Wachstumsideologie und gegen eine Ausbeutung der Dritten Welt aus. Mit der Auseinandersetzung

zwischen Materialismus und Postmaterialismus entwickelte sich eine Konfliktlinie, die gewissermaßen quer zur traditionellen Rechts-Links-Achse lag. Mit dieser Theorie ließen sich zum Beispiel Ausbreitung und Erfolge grüner Parteien seit
den 1980er Jahren sehr gut erklären.

In den Folgejahren wurden Ingleharts Überlegungen zum Wertewandel von
verschiedener Seite weiterentwickelt und modifiziert. Heute ist man sich in der
Forschung weitgehend darüber einig, dass der soziale Wandel in den westeuropäischen Staaten nach dem Ende des Ost-West-Konfliktes dazu geführt hat, dass
die traditionellen Wertorientierungen immer weniger an die Zugehörigkeit zu
sozialen Klassen gebunden sind und sich neue gesellschaftliche Spaltungslinien
herausgebildet haben. Für den Parteienwettbewerb in der Bundesrepublik sind
aktuell vor allem zwei Wertekonflikte prägend: im ökonomischen Bereich der Sozialstaatskonflikt zwischen Marktfreiheit und sozialer Gerechtigkeit und im kul-
turellen Bereich der Konflikt zwischen libertären und autoritären Wertsystemen
(vgl. Niedermayer 2008c, S. 35).

In dieser Richtung argumentierten bereits Neugebauer/Stöss (1996), als sie
zur Illustration der Konfliktstruktur des deutschen Parteiensystems Konzepte von
Flanagan (1987) und Kitschelt (1992) in neuer Form zusammenfügten. Dabei gingen sie von der These aus, wonach der klassische Sozialstaatskonflikt west-
licher Industriestaaten im Zuge des sozialen Wandels durch die Konfliktlinie „libertäre versus autoritäre Politik" überlagert werde. Libertäre Politik bedeutet in
diesem Zusammenhang etwa so viel wie eine Schwerpunktsetzung in den Bereichen Ökologie, Feminismus, Abrüstung, Dezentralisierung, Selbstbestimmung
etc., während mit autoritärer Politik Werte und Konzepte wie Paternalismus, Gemeinschaft, wirtschaftliche Größe, aber auch Fremdenfeindlichkeit, gemeint sind.
Nach Ansicht der beiden Autoren führt die neue Konfliktlinie im Ergebnis zu
einer Verschiebung der Hauptachse der Parteienkonkurrenz, die nun durch so-
zial-libertäre Politik auf der einen und neoliberal-autoritäre Politik auf der anderen Seite gekennzeichnet sei (vgl. Abb. 33).

Der alte Klassenkonflikt zwischen Arbeit und Kapital hätte damit in der heutigen Gesellschaft die Gestalt eines politischen Zielkonfliktes angenommen:

> „Einerseits muß der Modernisierungsprozeß im Interesse der Bedrohten und Verlierer
> sozialverträglich gesteuert und sozial abgefedert und im Interesse der Menschheit hu-
> man gestaltet werden, andererseits bedarf die Wirtschaft optimaler Modernisierungs-
> bedingungen, um im sich verschärfenden internationalen Wettbewerb zu bestehen.
> Die Gewährleistung von Verteilungsgerechtigkeit bedeutet nicht nur sozialstaatliche
> Umverteilung, sondern eben auch ‚gebremstes‘ Modernisierungstempo, während ein
> konsequenter Modernisierungskurs aus der Sicht des Kapitals nur durch eine neolibe-
> rale Wirtschaftspolitik zu erreichen ist, die die Wirtschaft weitestmöglich von finan-

Abbildung 33   Konfliktstruktur des deutschen Parteiensystems

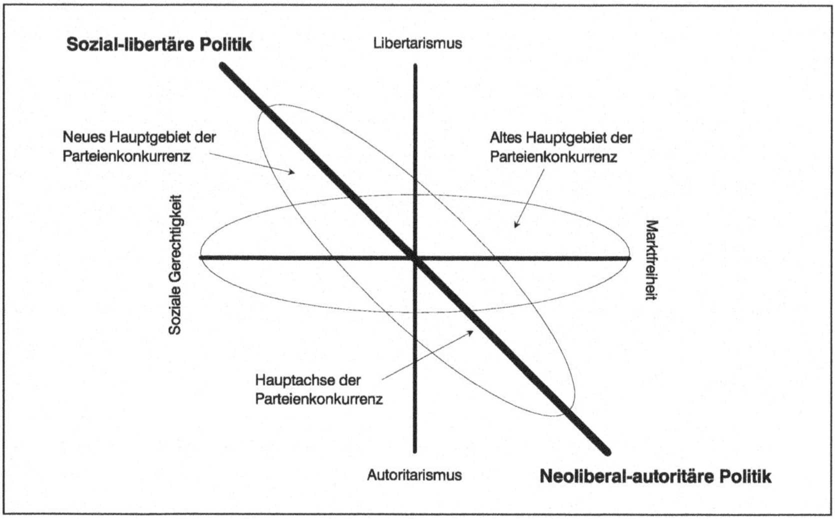

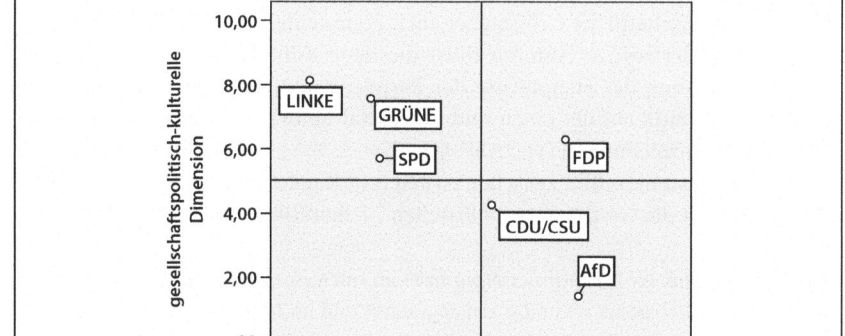

Aus: Neugebauer/Stöss 1996, S. 270

Abbildung 34   Parteipositionen im zweidimensionalen Raum

Eigene Darstellung, nach Volkens et al. 2017, Franzmann/Kaiser 2006 und Franzmann 2009 unter Verwendung des Manifesto-Datensatzes

ziellen, rechtlichen und politischen Belastungen befreit und ihr größtmöglichen Handlungsspielraum zusichert" (NEUGEBAUER/STÖSS 1996, S. 271).

Dabei dreht sich die Auseinandersetzung um die Frage, welches relative Gewicht jedem der beiden Ziele zukommen soll. Nun behaupten NEUGEBAUER/STÖSS keineswegs, dass ein Mensch entweder nur für soziale Gerechtigkeit oder ausschließlich für Marktfreiheit eintrete, nur libertär oder rein autoritär eingestellt sei. Allerdings ließen sich die Individuen auf Grundlage von Befragungen in einen Werteraum einordnen.

Auf ähnliche Weise verortet Abb. 34 die Programmatik der deutschen politischen Parteien anhand ihrer Werteorientierungen im Untersuchungsjahr 2017. Folgt man diesem Modell, so sammeln sich die Programme von *Linke, SPD* und *Grünen* alle im Quadranten links oben, das heißt in der gesellschaftspolitisch libertären Dimension und in der ökomisch sozialen Dimension. Die FDP findet sich allein rechts davon, in dem gesellschaftspolitisch libertären und ökonomisch marktwirtschaftlichen Quadranten. Die CDU/CSU findet sich zwar in dem Quadranten rechts unten, das heißt im gesellschaftspolitisch autoritären und im ökonomisch marktwirtschaftlichen Feld wieder, aber sie ist von allen Parteien am stärksten zur Mitte hin orientiert. Die AfD findet sich zwar im selben Quadranten, aber weit rechts außen positioniert wieder. Der Quadrant links unten, das heißt gesellschaftspolitisch autoritär und ökonomisch sozial, bleibt erstaunlicherweise im deutschen Parteiensystem völlig frei.

6.2 Milieutheorien

Soziale Milieus sind Gruppierungen von Menschen, die sich mit jeweils ähnlichen Grundorientierungen und Lebensstilen voneinander abgrenzen. Kurz könnte man auch von „Gruppen von Gleichgesinnten" (NEUGEBAUER 2007, S. 17) sprechen. Als Bezugstheorie für die Wechselwirkung der Parteien mit der Sozialstruktur der Gesellschaft haben wir uns eben die *Cleavage*-Theorie von LIPSET und ROKKAN angesehen. Sie waren an historisch tief verankerten und vergleichend weit ausgreifenden makro-soziologischen Erklärungen interessiert. Eine enger auf die deutsche Parteienentwicklung gezielte Theorie von der Reichsgründung bis zum Ende der Weimarer Republik versuchte M. Rainer LEPSIUS (1966) mit seinem Konzept der „sozialmoralischen Milieus". Im weitesten Sinne handelt es sich auch bei Lepsius' Überlegungen um einen sozialstrukturellen Ansatz, der aber doch eine sehr eigene mikro- oder meso-soziologische Komponente im Begriff des politisch-sozialen Milieus besitzt (kritisch zum Ansatz von LEPSIUS vgl. auch MINTZEL 1984, S. 238 ff.).

Für die Entwicklung und Strukturprobleme des deutschen Parteiensystems bis zur Weimarer Republik sind nach LEPSIUS (1966) folgende Tendenzen charakteristisch: Die Stabilität des deutschen Parteiensystems beruhe auf seiner unmittelbaren Verbindung mit je relativ geschlossenen Sozialmilieus. Die Parteien seien auf die einmal mobilisierten Gesinnungsgemeinschaften fixiert, ritualisierten und verewigten damit die Konfliktlinien. Trotz des Wandels der Milieus blieben die Parteien an die ursprünglichen sozialmoralischen Wertvorstellungen gebunden und hemmten die Ausbildung moderner Normen der Industriegesellschaft. In der Perpetuierung der Bindungen an Sozialmilieus liege die Gefahr, dass das Parteiensystem mehr der Aufrechterhaltung der Autonomie des Milieus als seiner Integration in die Gesamtgesellschaft diene, insbesondere dann, wenn eine homogene Führungsschicht an einer alten Milieubindung festhalte.

Für das Kaiserreich und die Weimarer Zeit kann man laut LEPSIUS vier „politisch-soziale Subkulturen bzw. sozialmoralische Milieus" unterscheiden:

1) das **katholische Sozialmilieu,** dem als politische Gesinnungsgemeinschaft das Zentrum entsprach,
2) das **konservativ-protestantische Sozialmilieu** (ländlich-bäuerliches Milieu/ konservativ), das den Konservativen nahestand,
3) das **protestantisch-bürgerliche Sozialmilieu** (städtisch-bürgerlich/liberal), das die Liberalen repräsentierte, und
4) das **sozialdemokratische Sozialmilieu** (sozio-kulturelles Arbeitermilieu oder sozialistische Subkultur bzw. sozialistisches Arbeiter- und Handwerkermilieu), das die Sozialisten und in Weimar die Kommunisten vertraten.

Jede dieser Gesinnungsgemeinschaften sei mit vorpolitischen sozialen Ordnungsgebilden verbunden gewesen und habe eine eigene politisch-soziale Subkultur entwickelt – seien dies Sportvereine, Sparervereine, Zeitungen, Bildungseinrichtungen, Gewerkschaften, Kulturvereine oder Baugenossenschaften.

Soweit beschreibt LEPSIUS sicher mehr (Sozialdemokratie, Zentrum) oder weniger (Liberale, Konservative) zutreffend das, was Sigmund NEUMANN (1974) den Typus der Integrationspartei genannt hat. Seine These lautet nun, dass schon die Schlussphase der Weimarer Republik „zur gewaltsamen Liquidierung eines seit sechzig Jahren relativ stabilen Parteiensystems" (LEPSIUS 1966, S. 380) geführt hat. Endgültig habe dann der Nationalsozialismus alte Bindungen und traditionelle politische Milieus zerstört und wie mit einer Planierraupe gerodet.

Trotz dieser bereits zeitig konzedierten „Erosion traditioneller Parteimilieus" (GREVEN 1987, S. 124 ff.) blieben zumindest aber klar identifizierbare Fremdbilder der anderen Parteien und Eigenbilder der eigenen Gruppe bis in die 1980er Jahre deutlich unterscheidbar. Anstelle der traditionellen Milieus traten neue Netzwerke der Kommunikation und der politischen (Sub-)Kultur, wie dies besonders bei den *Grünen* zutage trat. Es gab manche Versuche, die neuen Milieus zu konzeptionalisieren. GREVEN versuchte es mit dem Begriff „persönlich-politisches Kontaktfeld". Er beobachtete eine Homogenität dieses Kontaktfeldes bei CDU- und SPD-Mitgliedern, das bei langjährigen Mitgliedern stärker war als bei neuen, was die interessante Frage aufwarf, ob „Parteimitgliedschaft auf die Dauer zu einer Homogenisierung" des eigenen privaten Kontaktfeldes führt.

Nach wie vor sind Milieu-Studien in den Sozialwissenschaften *en vogue*, etwa zur Erklärung von Wahlverhalten oder zur Erhebung der politischen Einstellungen der Bürger. Diese Art Forschung ist für die Parteien besonders interessant, da die Ergebnisse im besten Fall dazu beitragen können, die zielgruppenspezifische Kommunikation mit dem Wähler zu verbessern. So untersuchte zum Beispiel 2006 das Sozialforschungsinstitut TNS Infratest im Auftrag der SPD-nahen Friedrich-Ebert-Stiftung die Reformbereitschaft der Deutschen und gelangte hinsichtlich der politischen Wertevorstellungen der Bevölkerung zu neun „politischen Typen", sprich: Milieus. Die Einteilung erfolgte anhand der bereits aus dem Parteienkonkurrenzmodell von NEUGEBAUER/STÖSS vertrauten Wertekonflikte „Libertarismus versus Autoritarismus", „soziale Gerechtigkeit vs. Marktfreiheit" sowie zusätzlich „Religiosität vs. Säkularität", die Gegenstand einer Repräsentativbefragung waren (vgl. NEUGEBAUER 2007, S. 68). Im Einzelnen sahen die ermittelten Gruppen folgendermaßen aus:

1) **Leistungsindividualisten** (11 % der Wahlbevölkerung)
   „sind Gegner staatlicher Eingriffe und wollen eine Gesellschaft, die sich in erster Linie am Leistungsprinzip orientiert. Zwei Drittel sind männlich. Politisch bevorzugen sie das bürgerliche Lager und überdurchschnittlich die FDP."
2) **Etablierte Leistungsträger** (15 %)
   „repräsentieren vor allem das kleinstädtische gehobene (liberal-)konservative Milieu. Sie sind stark leistungsorientiert, elitebewusst und haben eine überdurchschnittliche Bindung an die Union."
3) **Kritische Bildungseliten** (9 %)
   „stellen die politisch am weitesten links stehende, jüngste und zugleich qualifizierteste Gruppe dar. Die Kritischen Bildungseliten haben den höchsten Anteil partei- und gesellschaftspolitisch Aktiver. Über vier Fünftel von ihnen wählen eine der drei linken Parteien, die gegenwärtig im Deutschen Bundestag vertreten sind."
4) **Engagiertes Bürgertum** (10 %)
   „ist ein weiteres, wenn auch stärker bürgerliches rot-grünes Kernmilieu. Frauen sowie qualifizierte Beschäftigte im öffentlichen Dienst sowie sozio-kulturelle Berufe sind stark überdurchschnittlich vertreten."

5) **Zufriedene Aufsteiger** (13 %)
    „stehen für eine leistungsorientierte moderne Arbeitnehmermitte. Sie kom-
    men überwiegend aus einfacheren Verhältnissen, nehmen aber nun durch ih-
    ren eigenen Aufstieg eine Position in der gesellschaftlichen Mitte ein. Politisch
    neigen sie überproportional zur Union."

6) **Bedrohte Arbeitnehmermitte** (16 %)
    „repräsentiert die vor allem (klein-)städtische und stärker industriell gepräg-
    te Arbeitnehmerschaft. Hinsichtlich der Parteipräferenz ist eine starke SPD-
    Orientierung festzustellen, allerdings gibt es auch eine Offenheit für die Union
    und zunehmend (aus Enttäuschung über die SPD) für die Linkspartei."

7) **Selbstgenügsame Traditionalisten** (11 %)
    „sind von allen Gruppen am stärksten auf die beiden Volksparteien ausgerich-
    tet. Sie sind stark an Konventionen orientiert und wollen einen regulieren-
    den Staat. Der Politik wird wenig Vertrauen entgegengebracht, auch, weil viele
    Prozesse nicht mehr verstanden werden."

8) **Autoritätsorientierte Geringqualifizierte** (7 %)
    „sind die am stärksten autoritär-ethnozentristisch eingestellte Gruppe. Aus
    meist einfachen Verhältnissen kommend, wurde ein ‚Aufstieg im Kleinen' er-
    reicht. Ihre überdurchschnittliche Zustimmung zur SPD geht einher mit einer
    fundamentalistischen Ablehnung der Grünen und ihrer politischen Vorstel-
    lungen."

9) **Abgehängtes Prekariat** (8 %)
    „ist geprägt von sozialem Ausschluss und Abstiegserfahrungen. Diese Grup-
    pe hat einen hohen Anteil berufsaktiver Altersgruppen, weist den höchsten
    Anteil an Arbeitslosen auf und ist zugleich ein stark ostdeutsch und männ-
    lich dominierter Typ. Nichtwähler sind ebenso überproportional vertreten
    wie Wähler der Linkspartei und rechtsextremer Parteien" (Fes-Studie 2006,
    S. 1 f.).

Nach deren Identifizierung fassten die Forscher die neun Milieus in drei Gruppen
zusammen, die rechnerisch jeweils ungefähr einem Drittel der Gesellschaft entsprechen („Drei-Drittel-Gesellschaft"), wobei *Leistungsindividualisten, Etablierte
Leistungsträger, Kritische Bildungseliten* und *Engagiertes Bürgertum* mit zusammen 45 % das obere Drittel, *Zufriedene Aufsteiger und Bedrohte Arbeitnehmermitte* (29 %) das mittlere und die drei verbleibenden Milieus (26 %) gemeinsam das
untere „Drittel" bildeten. Das obere Drittel der Gesellschaft verfügt demnach über
recht gesicherte Chancen und Lebensperspektiven, während im unteren Bereich
das Risiko der sozialen und politischen Abkopplung wächst. In seiner ausführlichen Interpretation der Studie weist Neugebauer (2007) jedoch ausdrücklich
darauf hin, „dass auch die Milieus des mittleren und teilweise sogar die des oberen

Drittels durch den wirtschaftlichen und technologischen Wandel und die damit verbundenen Risiken – jedenfalls gefühlsmäßig – unter Druck geraten" (S. 68). Die Segmentierung der deutschen Gesellschaft sei eine für die Ausprägung von Einstellungen und Verhaltensdispositionen unumstößliche Tatsache. Dies schlägt sich offenkundig auch im Wahlverhalten der verschiedenen Milieus nieder (vgl. Abb. 35).

Die Tabelle betrachtet die Anhänger der einzelnen Parteien und die Nichtwähler nach ihrer Zugehörigkeit zu den genannten neun Milieus. Diese Zahlen lassen einige interessante Rückschlüsse zu (vgl. NEUGEBAUER 2007, S. 100 ff.). Nehmen wir als Beispiel die Unionsparteien: Unter den Anhängern der CDU/CSU sind die *Etablierten Leistungsträger* mit 22 % und die *Zufriedenen Aufsteiger* mit 18 %, gemessen an ihrem Anteil an der Gesamtbevölkerung, weit überdurchschnittlich vertreten. Beide Milieus zusammen machen vier Zehntel der Wählerbasis der Unionsparteien, aber nur 28 % der Bevölkerung aus. Kaum punkten können CDU/CSU dagegen bei den *Kritischen Bildungseliten* (3 %), den *Autoritätsorientierten Geringqualifizierten* (6 %) oder dem *Abgehängten Prekariat* (4 %). Bei der SPD sind in Sachen Wählerschaft keine so eindeutigen Milieuschwerpunkte auszumachen.

Abbildung 35   Parteianhänger[1] nach politischen Milieus

	CDU/CSU	SPD	FDP	B90/Grüne	Linke	REX[2]	NW[3]
Leistungsindividualisten	12	11	24	8	6	18	12
Etablierte Leistungsträger	22	12	23	6	3	5	10
Kritische Bildungseliten	3	9	6	37	18	–	8
Engagiertes Bürgertum	9	13	4	23	9	–	6
Zufriedene Aufsteiger	18	13	10	9	8	9	10
Bedrohte Arbeitnehmermitte	14	17	13	8	23	10	18
Selbstgenügsame Traditionalisten	13	12	5	6	6	8	13
Autoritätsorientierte Geringqualifizierte	6	7	6	–	4	8	7
Abgehängtes Prekariat	4	5	9	4	23	41	15

[1] Präferenz Bundestagswahl
[2] REX = DVU/NPD/REP
[3] NW = Nichtwähler

Nach: NEUGEBAUER 2007, S. 100

Ihr Einzugsgebiet ist somit zwar breiter, aber auch weniger scharf profiliert. Ganz anders die Situation bei der FDP, bei der die stark marktwirtschaftlich orientierten *Leistungsindividualisten* und *Etablierten Leistungsträger* mit zusammen 47 % dominieren. Noch eindeutiger fällt das Bild bei den *Grünen* aus, die sogar 60 % ihrer Wähler aus den sozial-libertären Kreisen der *Kritischen Bildungseliten* und des *Engagierten Bürgertums* rekrutieren. Auf zwei Kernmilieus stützt sich auch die *Linkspartei*, deren Anhänger hauptsächlich aus der *Bedrohten Arbeitnehmermitte* und dem *Abgehängten Prekariat* stammen. In diesen beiden Gruppen finden sich aber auch die meisten Nichtwähler. Die rechtsextremen Parteien speisen sich vor allem aus dem *Abgehängten Prekariat,* zu einem nicht geringen Teil aber auch aus *Leistungsindividualisten.*

Ähnliche Untersuchungen stellte das Heidelberger Forschungsinstitut Sinus (heute: Sinus Sociovision) bereits seit den späten 1970er Jahren an. Die derart entwickelten und inzwischen urheberrechtlich geschützten *Sinus-Milieus* machten sich in den Achtzigern zunächst die Sozialdemokraten für maßgeschneiderte Zielgruppenwahlkämpfe zunutze – allerdings mit bescheidenem Erfolg. Im Laufe der Zeit wuchs das Modell indes über die reine Politikforschung hinaus und avancierte zu einem strategischen Instrument der Markt- und Konsumforschung, auf das heute insbesondere Firmen, Werbe- und Medienleute zurückgreifen, um ihre Produkte am Markt passgenau zu „positionieren". Der hier verwendete Milieubegriff unterscheidet sich recht deutlich von herkömmlichen Definitionen. Sozioökonomischen Schichten oder gar Klassen wird für die Milieubildung keine prägende Kraft mehr zugebilligt. Zur Beschreibung der Gesellschaftsstruktur greifen die Sinus-Forscher deshalb nicht länger primär auf ökonomische Unterschiede oder politische Werteorientierungen zurück, sondern gruppieren Menschen anhand ähnlicher Lebenswelten und -stile. So werden Alltagseinstellungen zu Geld, Arbeit, Freizeit und Familie genauso miteinbezogen wie Wünsche, Ängste oder Zukunftserwartungen – alles in allem bis zu 50 Kriterien, wobei das genaue Vorgehen Betriebsgeheimnis bleibt.

Oben und unten, links und rechts, gibt es in Deutschland angeblich nicht mehr. Stattdessen besteht die Bundesrepublik laut Sinus aus zehn, sich teilweise überlappenden, sozialen Milieus: *Traditionelle, Konservativ-Etablierte und Prekäre, Bürgerliche Mitte, sozialökologische und liberal-intellektuelles Milieu, Hedonisten und Performer, Adaptiv-Pragmatische und Expeditive.* Größe und Position dieser Milieus in der Gesellschaft veranschaulicht die berühmte „Kartoffelgrafik" (vgl. Abb. 36).

Die zehn Milieu-„Kartoffeln" sind in dieser Landkarte hinsichtlich ihrer sozialen Lage und Grundorientierung verortet. Je höher ein Milieu in der Grafik angesiedelt ist, desto höher sind Einkommen, Bildung und Berufsgruppe; je weiter rechts es liegt, desto „moderner" ist die jeweilige Grundorientierung. Die gesell-

Abbildung 36   Die „Kartoffelgrafik"

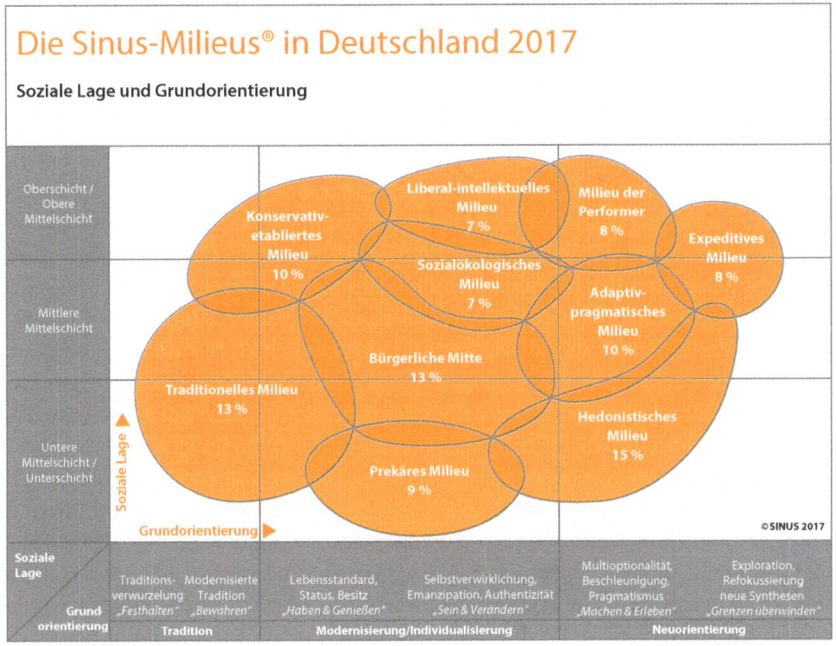

Die Sinus-Milieus® in Deutschland 2017

Soziale Lage und Grundorientierung

Aus: SINUS SOCIOVISION

schaftlichen Leitmilieus sind somit im oberen Drittel zu finden. Die traditionellen Milieus befinden sich am linken, die hedonistischen am rechten Rand. In der Mitte liegen die sogenannten Mainstream-Milieus. Eine detaillierte Erläuterung des Forschungsdesigns mit Merkmalsbeschreibungen der einzelnen Typen ist online verfügbar unter: www.sociovision.de.

Heuristisch kann diese Typologie zweifellos ganz fruchtbar sein, wie der Göttinger Parteienforscher Franz WALTER (2008) bewies, der mithilfe der *Sinus-Milieus* die „Baustelle Deutschland" ablief. Methodisch aber ist der Ansatz doch recht problematisch, da sehr unterschiedliche Dimensionen und Kategorien (konservativ = politische, bürgerlich = soziodemographische, hedonistisch = moralische Kategorie) durcheinander gewürfelt werden. Es handelt sich wie gesagt auch nicht um „Milieus" im traditionellen Sinne, in denen etwa gemeinsam agiert oder zumindest in Ansätzen kommuniziert würde. Der tatsächliche Nutzwert dieser Art von Milieustudien für Politikwissenschaftler oder Wahlkampfstrategen ist deshalb nicht unumstritten, wenngleich nach Ansicht einiger renommierter Beobachter etwa die „Neue-Mitte"-Kampagne der SPD 1998 als Bestätigung des Konzepts gedeutet werden könnte (vgl. KORTE 2009).

Sicher ist die intensive Milieubindung, die noch in der Weimarer Republik bestand, in der Berliner Republik lange nicht mehr gegeben: Durch die hohe horizontale und vertikale Mobilität in der Gesellschaft, durch die Kommerzialisierung von Freizeit, durch die Konsumdurchdringung aller Lebensbereiche, durch einheitlichere Bildung und Ausbildung sowie insbesondere infolge der Durchdringung des Alltags durch die Medien, an der Spitze das Fernsehen und das Internet, ist die Abkapselung größerer homogener Gruppen und Milieus heute kaum mehr möglich. Eine „Rückkehr ins Milieu", nach der noch OBERREUTER (1984) fragte, ist daher ziemlich unwahrscheinlich, zumindest wenn man unter „Milieus" die traditionellen soziokulturellen Gemeinschaften versteht. Kumulative Vorwürfe an den Parteienstaat als „überdehnt und abgekoppelt" (HENNIS 1983) oder an eine einzelne Partei „Die SPD – staatstreu und jugendfrei" (MICHAL 1988), wie sie bereits seit Jahrzehnten kursieren, helfen da nicht weiter. Diese Polemiken mögen im Einzelnen jeweils brillant formuliert sein. Das Glitzern lenkt aber vom nüchternen Betrachten des Gegenstandes ab. Die Realität ist meist weniger sensationell. Um bei den Milieus der Parteien zu bleiben: Deutlich unterscheidbare „Parteikulturen", politische Kommunikationsfelder oder soziopolitische Netzwerke, wie auch immer man sie bezeichnen mag, bleiben auch nach der Erosion der alten Milieus in den bundesrepublikanischen Parteien sichtbar und natürlich bleiben sie wandelbar. Aber sie sind zur Enttäuschung vieler Parteistrategen nur begrenzt formbar. Nicht zuletzt haben die gescheiterten Verhandlungen über die Bildung einer Jamaika-Koalition aus CDU/CSU, FDP und Grünen nach der Bundestagswahl 2017 gezeigt, dass es nach wie vor gravierende programmatische und politische Unvereinbarkeiten zwischen den deutschen Parteien gibt – ganz im Gegensatz zur Schmähung der „Altparteien" von rechtsaußen, es existiere nur noch ein Einheitsbrei der etablierten Parteien.

6.3 Interessentheorien

Sind historische Konstellationen und Konfliktlinien der Sozialstruktur prägend für das Verhalten von Parteien und Gesellschaft? Oder sind vielmehr sozial-moralische Milieus die Geburtsstätten und der politische Nährboden für das Leben der Parteien? So haben wir bisher gefragt. Ein dritter Strang der Parteientheorie bleibt noch aufzuknoten. Es ist die Auffassung von Parteien als Organisationen zur Stimmenmaximierung auf dem Wählermarkt, als Zusammenschlüsse von Macht- und Mandatssuchern zum eigenen Vorteil, als Vertreter von Interessen, die ideologisch völlig uninteressiert sind. Auch diese Ansätze wurden – wie die

Cleavage-Theorie von LIPSET/ROKKAN (1967) oder die Milieutheorie von LEPSIUS (1966) – ursprünglich in den 1960er Jahren formuliert, die für die Parteientheorie offensichtlich ein fruchtbares Jahrzehnt gewesen sind.

Aus der Beobachtung gesellschaftlicher Prozesse in den 1950er Jahren entwickelte Otto KIRCHHEIMER (1965) seine Thesen zum „Wandel des westeuropäischen Parteiensystems". Parallel mit Politologen, die vom Ende der Ideologien, und Soziologen, die vom Sieg der nivellierten Mittelstandsgesellschaft sprachen, konstatierte KIRCHHEIMER aufgrund von wachsendem Wohlstand für breite Schichten eine Lockerung traditioneller, sozialstrukturell verankerter Parteibindungen zusammen mit einer Entideologisierung und Entpolitisierung der Wählerschaft. Die Aufhebung der alten Klassenspaltung ließe die traditionellen Klassenparteien obsolet werden. Die alte Massenintegrationspartei, die ihren Wählern und Anhängern eine lebenslange politische Heimat geboten habe, löse sich auf. Wenige große Parteien böten Politik für jeden wie ein großes Warenhaus. Im Idealfall entstehe ein Zweiparteiensystem wie in den USA ohne große weltanschauliche Differenzen. Der Typus der *catch-all-party* oder der Allerweltspartei dominiere, Parteien nennten sich konsequenterweise Volksparteien (vgl. VON ALEMANN 2016a).

Die politische Partei werde zum Markenartikel, das politische Marketing zum entscheidenden Problem parteipolitischer Strategie auf dem Wählermarkt. KIRCHHEIMER (1965, S. 34) selbst formuliert dies ganz offen:

> „Ihre Rolle muß auf politischem Gebiet das sein, was auf dem wirtschaftlichen Sektor ein überall gebrauchter Marken- und Massenartikel ist."

Waren KIRCHHEIMERS Thesen aus einer kritischen Zeitdiagnose erwachsen, so hat wenig früher Anthony DOWNS (zuerst 1957) eine in der Konsequenz ganz ähnliche Konzeption als grundsätzliche und generalisierbare „Ökonomische Theorie der Demokratie" entwickelt. Für die ökonomische Theorie der Politik, heutzutage gewöhnlich *Rational-choice*-Theorie genannt, ist die Übertragung des Modells ökonomischer Rationalität als individuelle Nutzenmaximierung auf die Politik eine Basisannahme (vgl. ARZHEIMER/SCHMITT 2005, LEHNER 1981). Rational ist danach nicht, wer human oder altruistisch agiert, sondern einzig, wer egoistisch seinen Eigennutzen maximiert. Auf Parteien und Bürger übertragen ergeben sich folgende Konsequenzen:

> „1. Politische Parteien – und von diesen getragene Regierungen – handeln in einer Demokratie ausschließlich aus dem Beweggrund, die Regierungsmacht zu erreichen, auszuüben und zu behalten; ihr Handeln ist deshalb durch das Bestreben nach Stimmenmaximierung bei Wahlen bestimmt – zu ihrem eigenen Vorteil der Erlangung von

Prestige, Status und Einkommen und nicht aus altruistischen oder humanitären Motiven der Mehrung der Wohlfahrt aller oder eines bestimmten Teils.

2. Die Bürger in so regierten Demokratien verhalten sich rational und sind ebenfalls in ihrer politischen Aktivität, besonders beim Wahlakt, nur durch die Maximierung ihres individuellen privaten Nutzens motiviert" (DOWNS 1968, S. 289).

Unter der Voraussetzung, dass in einer entideologisierten und nivellierten Mittelstandsgesellschaft die politischen Meinungen etwa normal verteilt sind – d. h., dass eine glockenförmige Kurve links niedrig beginnt, zur Mitte aufsteigt und nach rechts wieder niedrig ausläuft –, werden sich zwei große Parteien bilden, die im Wesentlichen um die Wähler in der Mitte konkurrieren. Die politischen Konzeptionen und Programme der Parteien werden verschwommen, einander ähnlicher und weniger mit Ideologien verknüpft, um maximale Wahlerfolge im wichtigsten Wählersegment der großen Mitte zu erzielen. Der Trend zur Mitte, der bis heute viele politische Debatten und Parteistrategien bestimmt, ist in den Theorien von KIRCHHEIMER (1965) und – sofern die oben genannte Voraussetzung als gegeben angenommen wird – von DOWNS schon vorgedacht. Allerdings ist diese eindimensionale Denkweise nur scheinbar plausibel, tatsächlich aber viel zu undifferenziert. Die mehrdimensionale Konfliktlinientheorie und die komplexe moderne Milieutheorie sind diesem schlichten Links-Rechts-Schema zur Erklärung der Parteienkonkurrenz sicher überlegen.

Voraussetzungen und Folgerungen der Theorie von DOWNS sind zwar viel kritisiert worden (vgl. z. B. schon VON ALEMANN 1973; MINTZEL 1984), seit Ende der 1950er Jahre wiesen allerdings zunächst viele Anzeichen darauf hin, dass die deutschen Parteien den Grundannahmen von DOWNS oder den Tendenzaussagen von KIRCHHEIMER durchaus entsprechen wollten. Die SPD bekannte sich mit ihrem Godesberger Programm 1959 zum Begriff der „Volkspartei", den die CDU schon länger adaptiert hatte. Die ideologische Distanz hatte sich so abgeflacht, dass 1966 eine Große Koalition aus CDU/CSU und SPD möglich wurde. Selbst die FDP reklamierte seit Ende der 1960er Jahre, eine sozialliberale Volkspartei sein zu wollen. 2005 und 2013 kam es erneut zu Großen Koalitionen und auch Ende 2017 deutet erneut einiges darauf hin.

Wahlkampfstrategien zur Stimmenmaximierung nach dem Vorbild US-amerikanischer Kampagnen setzten sich durch. Parteiprogramme wurden sich so ähnlich, dass seit den 1970er Jahren die Grundwerte Freiheit, Gerechtigkeit und Solidarität wörtlich bei beiden großen Parteien, SPD und CDU, zu finden waren (vgl. VON ALEMANN 1996a). Auch wenn sich keine Partei gerne Allerweltspartei, *catch-all-party* oder Stimmenmaximierungspartei nennen lässt, so ist der in der Wissenschaft so umstrittene, weil verschwommene, ideologisch aufgeladene und das Parteienprofil verunklarende Begriff Volkspartei weiterhin populär, auch wenn der vermeintlich unaufhaltsame Untergang dieses Parteitypus in aller Munde ist (vgl. stellvertretend für viele: WALTER 2009b, VON ARNIM 2009 und KRONENBERG/ MAYER 2009). Allerdings zieht die CDU es vor, sich als „moderne Volkspartei" zu bezeichnen (vgl. SCHÖNBOHM 1985), während die SPD sich als „linke Volkspartei" ansprechen lassen will. Die FDP hatte sich zwischenzeitlich von dem Anspruch verabschiedet, sieht sich nach der jüngsten Bundestagswahl aber wieder im Aufwind. Auch *Die Grünen* experimentieren neuerdings mit dem Zauberwort einer ökologischen oder „metropolitanen" Volkspartei. Die CSU in Bayern und *Die Linke* im Osten Deutschlands kann man eher als regionale Volksparteien bezeichnen.

In der internationalen Diskussion sorgte in den vergangenen Jahren jedoch ein anderes Kunstprodukt des politikwissenschaftlichen Betriebes für noch weitaus mehr Furore: die sogenannte „Kartellpartei". Dieser neue, von Richard KATZ und Peter MAIR (1995) „entdeckte", Parteientypus stellt in gewisser Weise eine Übertreibung des *Catch-all*-Modells dar. Die zugehörige Kernthese lautet, die politischen Parteien hätten seit den 1970er Jahren als Reaktion auf ihre nachlassende zivilgesellschaftliche Verankerung eine Hinwendung zum Staat vollzogen, um sich somit neue Ressourcen zu erschließen. Gemeint ist damit in erster Linie die Ausweitung staatlicher Subventionierung, aber auch der leichtere Zugang zu Massenmedien spielt eine gewichtige Rolle.

Gleichzeitig sei es aus strategischen Erwägungen zu einer Veränderung des Wettbewerbsverhaltens der etablierten Parteien untereinander gekommen. Anstatt sich weiterhin gegenseitig zu bekämpfen, würden die Alteingesessenen nun miteinander kooperieren und ein regelrechtes Kartell bilden, ähnlich wie in der Wirtschaft. Ziel sei es, Außenseiter und mögliche Aufsteiger von den öffentlichen Fleischtöpfen fernzuhalten, die eigene Machtposition zu stärken sowie die Risiken und negativen Folgen einer möglichen Wahlniederlage zu minimieren. Später wurde die Kartellisierung auch auf die vermeintliche Verringerung des politischen Entscheidungsspielraumes im Zuge der Globalisierung und schrumpfender Staatshaushalte zurückgeführt (vgl. BLYTH/KATZ 2005).

Die tatsächliche Durchsetzung der Kartellpartei hätte nicht zuletzt weitreichende normative Konsequenzen für die Demokratie insgesamt. Wenn der Bürger nur noch aus einem kleinen und relativ festgefügten Zirkel von Eliten auswählen kann, dann verändert sich zum Beispiel der Charakter der Wahl vollkommen. Der Wahlausgang hat nur noch sehr begrenzten Einfluss auf die Politikgestaltung und das verantwortliche Personal. Die Möglichkeit der Bestrafung einzelner Parteien sinkt, die parlamentarische Konkurrenz klingt ab und die Wahl selbst wird zum system- und damit kartellstabilisierenden Akt.

Obwohl die Wahlkampfstrategien der großen Parteien zweifellos manchen Annahmen der Stimmenmaximierung entsprechen, so kann man heute nicht ernsthaft behaupten, dass die bundesdeutschen Parteien reine entideologisierte politische Maschinen zur Mehrheitsgewinnung wären. Sie sind auch keine Allerweltsparteien oder Volksparteien im KIRCHHEIMERschen Sinne geworden. Ihre soziodemographische Struktur ist nach wie vor geprägt von gesellschaftlichen Konfliktlinien, die sich in neuen soziopolitischen Milieus verdichten. Trotz mancher Angleichungstendenzen fällt es nach wie vor jedem Wähler relativ leicht, die Parteien auf einer Rechts-Links-Skala eindeutig zuzuordnen. Diese Positionen entsprechen im Großen und Ganzen dem Eigenbild, das die Parteien von sich formulieren.

Das komplizierte Geflecht der Beziehungen zwischen Parteien und Gesellschaft, so lautet das Zwischenfazit, ist nicht auf einen einzigen Bezugspunkt zu reduzieren. Auf der Basis von sozialstrukturellen Konfliktlinien *(cleavages)* bestimmen durchaus noch kommunikative soziopolitische Milieus die Parteienrealität. So demonstrierten etwa *Die Grünen* deutlich, wie neue Milieus und Konfliktlinien in Parteistrukturen umgesetzt werden können. Strategien der Stimmenmaximierung gehören zur Austauschlogik in Wahlkämpfen. Politik kann aber nicht allein auf Stimmenmaximierung reduziert werden, ohne gerade den Kern der *polis*, die Interaktion und kollektive Interessenwahrnehmung im Gemeinwesen, zu verlieren.

Nach der Bundestagswahl von 2017 hat sich gezeigt, dass die Parteien durchaus nicht um jeden Preis an die Fleischtöpfe einer Regierungsbeteiligung mit ihren Ministerposten drängen. Sowohl die Jamaika-Koalition scheiterte, als auch eine Große Koalition wurde zunächst von der SPD kategorisch ausgeschlossen. Von Kartellparteien, die um jeden Preis an die Macht drängen, kann also keine Rede sein.

Öffentlichkeit: Wer bestimmt die politische Agenda?

7

Oftmals werden die Medien als vierte Gewalt im politischen System der Bundesrepublik Deutschland betrachtet. Sie haben die Aufgabe, die politischen Akteure und das politische System als Ganzes zu kontrollieren und auf Fehlentwicklungen hinzuweisen. Wie die Parteien selbst sind auch die Medien gerade hinsichtlich ihrer Kontroll- und Aufklärungsfunktion vom Vertrauen der Bürgerinnen und Bürger abhängig. Die Neutralität der Medien wird in Deutschland jedoch immer wieder angezweifelt, wie aktuell von Seiten der Pegida-Anhänger, die auf ihren Demonstrationen gerne den Vorwurf der „Lügenpresse" skandieren. In einer infratest dimap-Umfrage des Jahres 2015 gaben 37 % der Befragten an, dass ihr Vertrauen in die Medien gesunken sei (vgl. INFRATEST DIMAP 2015). Andererseits halten 52 % der Bundesbürger die Informationen der deutschen Medien weiterhin für glaubwürdig. Unabhängig von dieser tatsächlichen oder vermeintlichen Vertrauenskrise prägen die Medien durch ihre Berichterstattung über die Parteien und ihre Vorhaben die öffentliche Meinung mit und beeinflussen dadurch wiederum das Verhalten der politischen Akteure.

Parteien und Medien stehen also in einem natürlichen Spannungsverhältnis zueinander, das in der Bundesrepublik in den letzten Jahrzehnten besonders in der Rundfunkpolitik sichtbar wurde. Aber: „Das Spannungsverhältnis ist uralt" (HABICHT 1987, S. 139). Es gründet auf der Rollenverteilung zwischen politisch Handelnden und politisch Informierenden, die eine gesellschaftliche Kontrollfunktion zu Recht reklamieren können. Beide sind aufeinander angewiesen: die Parteien auf die Medien für jegliche öffentliche Kommunikation, nachdem ihre eigenen Medien auf eine irrelevante Größe geschrumpft sind; und die Medien auf die Parteien, um Information und Hintergrundwissen zu erhalten. Je mehr die Parteien davon überzeugt sind, dass Wahlen nicht durch milieugebundene Stammwähler, sondern mehr durch bewegliche Wechselwähler entschieden werden, und je mehr sie von einer unmittelbaren Wirkung der Medien auf die Mei-

© Springer Fachmedien Wiesbaden GmbH, ein Teil von Springer Nature 2018   159
U. von Alemann et al., *Das Parteisystem der Bundesrepublik Deutschland*,
Grundwissen Politik, https://doi.org/10.1007/978-3-658-21159-2_7

nungsbildung ausgehen, desto intensiver versuchen sie, Personal und Inhalte der Medien zu beeinflussen und zu bestimmen.

Folglich muss die Arbeitsweise der Medien vor politischer Einflussnahme geschützt werden. Die Freiheit der Presse und ihrer Berichterstattung sind im Grundgesetz verfassungsrechtlich abgesichert. Dort heißt es:

> „Jeder hat das Recht, seine Meinung in Wort, Schrift und Bild frei zu äußern und zu verbreiten und sich aus allgemein zugänglichen Quellen ungehindert zu unterrichten. Die Pressefreiheit und die Freiheit der Berichterstattung durch Rundfunk und Film werden gewährleistet. Eine Zensur findet nicht statt" (Art. 5 Abs. 1 Grundgesetz).

Eigentlich sollte es den Medien aufgrund der verfassungsrechtlich garantierten Freiheitsrechte möglich sein, unabhängig von den politischen Akteuren zu agieren und zu berichten. Der Einfluss der Medien auf die öffentliche Meinung ist für die politischen Akteure – und das sind in erster Linie die politischen Parteien – jedoch immer wieder Anreiz genug, deren Berichterstattung zu beeinflussen. Die Beispiele für solch politische Einflussnahme sind vielfältig. Im Oktober 2012 berichtete etwa die *Süddeutsche Zeitung* von einem Anruf des CSU-Pressesprechers bei der heute-Redaktion des ZDF. Dieser sollte versucht haben, einen Bericht über den Parteitag der bayerischen SPD und der Nominierung ihres Spitzenkandidaten Christian Ude zu verhindern. Die Affäre endete mit dem Rücktritt des Pressesprechers.

Aber auch indirekt – über die Zusammensetzung der Aufsichtsgremien der öffentlich-rechtlichen Rundfunkanstalten – versuchen die Parteien Einfluss auf die Berichterstattung zu nehmen. Gerade der Verwaltungsrat, in den auch Vertreter der politischen Parteien entsandt werden, eignet sich zur Einflussnahme auf die Ausrichtung eines Senders, etwa über die Besetzung des Postens des Chefredakteurs.

Ein Beispiel für einen solchen Eingriff in die Freiheit der Rundfunkanstalten stellt die „Causa Brender" dar, die sich über das gesamte Jahr 2009 erstreckte (vgl. WAGNER 2016). Der Vertrag des ZDF-Chefredakteurs Nikolaus Brender lief im März 2010 aus, sollte jedoch nach dem Willen des Intendanten verlängert werden. Dafür benötigte der Personalvorschlag des Intendanten jedoch eine 3/5-Mehrheit im Verwaltungsrat des ZDF, in dem im Jahr 2009 CDU und CSU eine Mehrheit hatten (vgl. Abb. 37). Dieser Umstand wurde vom damaligen Ministerpräsidenten des Landes Hessen, Roland Koch, dazu genutzt, eine weitere Amtszeit des parteilosen und unabhängigen Journalisten Brenders zu verhindern.

Bei der geheimen Abstimmung im November 2009 gelang es dem hessischen Ministerpräsidenten dann auch, sich mit seinem Vorhaben durchzusetzen. Mit einem Patt von sieben zu sieben Stimmen war es dem Intendanten des ZDF nicht

Abbildung 37 Zusammensetzung des ZDF-Verwaltungsrats, 2009

Vertreter der Länder	Parteizugehörigkeit
Kurt Beck, Vorsitzender (MP Rheinland-Pfalz)	SPD
Roland Koch, stellv. Vorsitzender (MP Hessen)	CDU
Peter Müller (MP Saarland)	CDU
Edmund Stoiber (MP Bayern a. D.)	CSU
Matthias Platzeck (MP Brandenburg)	SPD
Vertreter des Bundes	
Bernd Neumann (Kultur-Staatsminister)	CDU
Vom Fernsehrat gewählte Mitglieder	
Hans-Henning Becker-Birck (Landrat a. D.)	CDU
Willi Hausmann (Staatssekretär a. D.)	CDU
Dieter Beuermann (Verleger)	–
Gerd Zimmermann (Rektor Universität Weimar)	–
Hildegund Holzheid (Präsidentin des Bay. VerfGH a. D.)	–
Ilse Brusis (Staatsministerin a. D.)	SPD
Reinhard Scheibe (Staatskretär a. D.)	SPD
Roland Issen (Gewerkschaftler)	SPD

Eigene Darstellung

möglich, den Vertrag von Brender um weitere fünf Jahre zu verlängern. Das Agieren des hessischen Ministerpräsidenten löste in der deutschen Öffentlichkeit sowie unter Staats- und Medienrechtlern eine Empörungswelle aus. In einem Brief kritisierten 35 deutsche Staatsrechtler das politische Taktieren Roland Kochs und mahnten im selben Zuge den Erhalt der Rundfunkfreiheit sowie die Staatsferne des Rundfunks an (vgl. Abb. 38).

Als Reaktion auf die Causa Brender strebte das Land Rheinland-Pfalz, dessen Ministerpräsident Kurt Beck zugleich Vorsitzender des ZDF-Verwaltungsrats war, ein Normenkontrollverfahren vor dem Bundesverfassungsgericht gegen die Regelung im ZDF-Staatsvertrag an. Das Bundesverfassungsgericht urteilte im März 2014, dass die bisherige Zusammensetzung des ZDF-Verwaltungsrats mit Art. 5 Abs. 1 GG nicht vereinbar sei:

„Der Einfluss der staatlichen und staatsnahen Mitglieder in den Aufsichtsgremien der öffentlich-rechtlichen Rundfunkanstalten ist konsequent zu begrenzen. Ihr Anteil darf ein Drittel der gesetzlichen Mitglieder des jeweiligen Gremiums nicht übersteigen" (BVerfGE 136, 9, 68).

Abbildung 38　　Brief der 35 deutschen Staatsrechtslehrer

Der Fall Brender - ein Prüfstein für die Rundfunkfreiheit

Art. 5 Abs. 1 Satz 2 GG garantiert die Rundfunkfreiheit. Sie ist eine wichtige Säule unseres demokratischen Staatswesens. An dieser Säule wird gerade gesägt, und zwar von einigen Mitgliedern des Verwaltungsrats beim ZDF. Nikolaus Brender soll keine oder eine unüblich kurze Vertragsverlängerung als Chefredakteur erhalten, angeblich weil die Quoten im Informationssegment nicht stimmen.

Um diese Frage aber geht es in Wahrheit nicht. Es geht schlicht darum, wer das Sagen, wer die Macht hat beim ZDF. Es handelt sich um den offenkundigen Versuch, einen unabhängigen Journalisten zu verdrängen und den Einfluss der Parteipolitik zu stärken. Damit wird die Angelegenheit zum Verfassungsrechtsfall und deshalb mischen wir uns ein.

Art. 5 Abs. 1 GG garantiert die Staatsfreiheit des öffentlich-rechtlichen Rundfunks. Auch wenn das gebührenfinanzierte ZDF formal dem Bereich öffentlicher Institutionen zuzurechnen ist, bedeutet Staatsfreiheit, dass der Staat inhaltlich auf seine Arbeit keinen beherrschenden Einfluss ausüben darf. Was geschieht, wenn es die Garantie der Staatsfreiheit nicht gibt, wird uns derzeit am Beispiel anderer europäischer Staaten vor Augen geführt. Zur Garantie der Staatsfreiheit gehört auch eine Begrenzung der Stimmenanteile der staatlichen Vertreter in den Aufsichtsgremien, also auch im Verwaltungsrat. Nun diskutieren Rundfunkrechtler schon lange darüber, ob die im ZDF-Staatsvertrag vorgesehene Machtverteilung zwischen staatlichen und nichtstaatlichen Vertretern mit Art. 5 Abs. 1 GG vereinbar ist. Insbesondere geht es um die Zuordnung der Parteienvertreter und der von den Ministerpräsidenten ausgewählten Vertreter zur staatlichen Ebene. Sollte sich herausstellen, dass letztlich ein Ministerpräsident als Meinungsführer stark genug ist, um einen bestimmten Chefredakteur zu verhindern, so würde dies einen praktischen Beleg dafür liefern, dass die zum Teil geäußerten verfassungsrechtlichen Bedenken gegenüber der Zusammensetzung des Gremiums nicht unbegründet sind. Der Eindruck läge nahe, dass über die Instrumente von staatlicher Einflussnahme und Parteizugehörigkeit politische Mehrheiten in den Aufsichtsgremien organisiert werden. Genau dies will der Grundsatz der Staatsfreiheit verhindern. Staatsfreiheit heißt, dass sich Mehrheiten im Sinne einer autonomen Ausübung der Rundfunkfreiheit nach Sachgesichtspunkten zusammenfinden.

Wir appellieren dringend an die Vernunft und die Sachkompetenz aller Vertreter im Verwaltungsrat. Beteiligen Sie sich nicht an der beabsichtigten staatlichen Einflussnahme auf die Wahl des Chefredakteurs. Qualitätsvoller und unabhängiger Journalismus liegt im Interesse aller.

AUS: FRANKFURTER ALLGEMEINE SONNTAGSZEITUNG VOM 22. November 2009

Anders als der ZDF-Staatsvertrag sieht der NDR-Staatsvertrag bereits seit 1991 vor, dass Abgeordnete oder Regierungsmitglieder nicht zugleich Mitglied im NDR-Verwaltungsrat sein dürfen. Darin heißt es:

> „Mitglieder der gesetzgebenden und beschließenden Organe der Europäischen Gemeinschaften, des Europarates, des Bundes oder eines der Länder können dem Rundfunkrat mit Ausnahme seiner Mitglieder nach § 17 Absatz 1 Satz 2 Nummer 1 und dem Verwaltungsrat nicht angehören" (§ 16 Abs. 4 NDR-Staatsvertrag).

Aber nicht nur über die Hintertür versuchen Parteien, Einfluss auf die Medien und ihre Berichterstattung zu nehmen. Eine weitere Möglichkeit, den politischen Diskurs zu beeinflussen, stellt die direkte Beteiligung an Medien jenseits parteieigener Publikationen wie etwa dem *Bayernkurier* oder dem *Vorwärts* dar (vgl. MORLOK/ ALEMANN/STREIT 2004). Daran ist vor allem zu kritisieren, dass eine solche Beteiligung in der Regel für den Rezipienten nicht nachvollziehbar ist und die Parteien auf diese Weise die Berichterstattung eines neutralen Mediums parteipolitisch beeinflussen können. Ein Beispiel für eine solche Einflussnahme stellte die Übernahme der *Frankfurter Rundschau* (FR) im Jahr 2003 durch die *Deutsche Druck- und Verlagsgesellschaft* (dd_vg) dar. Problematisch daran war, dass diese Gesellschaft sich ihrerseits im Besitz der SPD befand (vgl. MARSCHALL 2007, S. 89 f.). Dass eine solche Übernahme auch Folgen für die Berichterstattung der Zeitung haben sollte, stellt Ute VOLKMANN fest. Sie kommt zu dem Schluss, dass sich die FR durch eine Parteiverbundenheit auszeichnete, „die sich so in keiner Weise bei den anderen Qualitätszeitungen findet" (VOLKMANN 2006, S. 262). Generell stellt sich bei Medienbeteiligungen von Parteien daher immer die Frage, ab wann diese zu Instrumenten der parteipolitischen Mitwirkung werden (vgl. SCHINDLER 2006, S. 75 ff.).

Im folgenden Abschnitt wollen wir nun versuchen, die Grundfrage des Verhältnisses von Parteien und Medien durch Modelle abzubilden und zu ordnen. Drei Modelle werden zur Illustration der Diskussion herangezogen, die KLEIN-NIJENHUIS/RIETBERG ähnlich in einer Studie mit dem Titel „Parties, media, the public and the economy: Patterns of societal agenda-setting" (1995) verwendet haben. Diese beiden niederländischen Autoren stützen sich in ihrem Aufsatz auf eine Fülle von insbesondere US-amerikanischer Literatur zum Thema Agenda-Setting, wie etwa auf den Klassiker „Public Opinion" von Walter LIPPMANN (1922). Die Grundfrage bei KLEINNIJENHUIS/RIETBERG lautet: Wer bestimmt die politische Agenda? Die Parteien, die Medien oder das Publikum selbst? Die drei Ausgangsmodelle unterscheiden sich wie folgt:

1) Das **Top-down-Modell** geht davon aus, dass die politischen Akteure in Parteien und Regierungen mit ihren Entscheidungen die reale Welt beeinflussen,

die Rückmeldungen aufnehmen und daraus die politische Tagesordnung formen, sie dann an die Medien weitergeben, die sie schließlich an das Publikum vermitteln.

2) Das **Mediokratie-Modell** impliziert, dass die Massenmedien selbst zu einem wesentlichen Teil die öffentliche Meinungsbildung und damit die politische Agenda beeinflussen. Sie nehmen die Rückwirkungen von politischen Entscheidungen der realen Welt auf und spiegeln die Reaktionen zurück auf die Politik einerseits und das Publikum andererseits.

3) Das **Bottom-up-Modell** postuliert, dass das Publikum selbst die Probleme aus der realen Welt aufnimmt und damit die öffentliche Meinung und somit die veröffentlichte Meinung beeinflusst und sowohl direkt als auch indirekt über die Medien die Meinungen und Entscheidungen der Politiker und Parteien prägt.

Diese drei Modelle werden im Folgenden ausführlich dargestellt. Anschließend soll ein eigenes Synthese-Modell, das symbiotische **Biotop-Modell**, entwickelt werden. Zuvor aber noch ein Blick auf weitere Literatur.

Eine deutsche Veröffentlichung zur politischen Agenda stammt von Barbara PFETSCH (1994). Generell zusammenfassend zu Politik und politischer Kommunikation liefern Winfried SCHULZ (2008) sowie Markus RHOMBERG (2009) einen guten Überblick. Die Sammelbände von Frank E. BÖCKELMANN (1989) und insbesondere von DONSBACH/JANDURA (2003) geben zudem einen hervorragenden Einblick in die Gesamtdebatte. Eine prägnante Zusammenfassung der Medienwirkungsforschung liefern Michael SCHENK (2007) sowie Michael JÄCKEL (2011). Die deutsche Rezeption der amerikanischen Debatte um „symbolische Politik", initiiert von Murray EDELMAN (1976), ist stark von Ulrich SARCINELLI (1987a; 1987b; 2009) geprägt, siehe dazu auch Günter BENTELE (1992). Speziell zu dem engeren Thema Parteien und Medien vermittelt Thomas HABICHT (1987) einen ersten Einstieg. Dem Medieneinfluss im Wahlkampf der Bundestagswahl 2013 widmet sich auch der diesbezügliche Sammelband von Christina HOLTZ-BACHA (2015). Empirische Studien zum Verhältnis der Politiker zu den Medien und zur öffentlichen Meinung haben insbesondere Werner J. PATZELT (1991) und Frank BRETTSCHNEIDER (1995) vorgelegt. Hinsichtlich der juristischen Debatte um die Medienbeteiligung von Parteien liefern MORLOK/ALEMANN/STREIT (2004) sowie Ci CAO (2010) einen ersten

Überblick. Speziell mit der verfassungsrechtlichen Zulässigkeit von Medienbeteiligungen politischer Parteien beschäftigt sich CORDES (2009).

7.1 Das Top-down-Modell

Das **Top-down-Modell** geht von einer Hierarchie oder einer Kaskade des politischen Kommunikationsprozesses aus. Die Parteipolitiker auf der obersten Stufe fällen politische Entscheidungen und geben damit Impulse an die „reale Welt". Sie verabschieden Haushalte, machen Gesetze, geben Subventionen, regeln und steuern in den gegebenen (engen) Spielräumen. Sie erzielen damit Wirkungen, die sie als Rückkoppelung zurückempfangen. So bilden sie eine politische Agenda, die sie an die Medien nach unten weitervermitteln, die ganz von dieser Informations-

Abbildung 39   Das Top-down-Modell

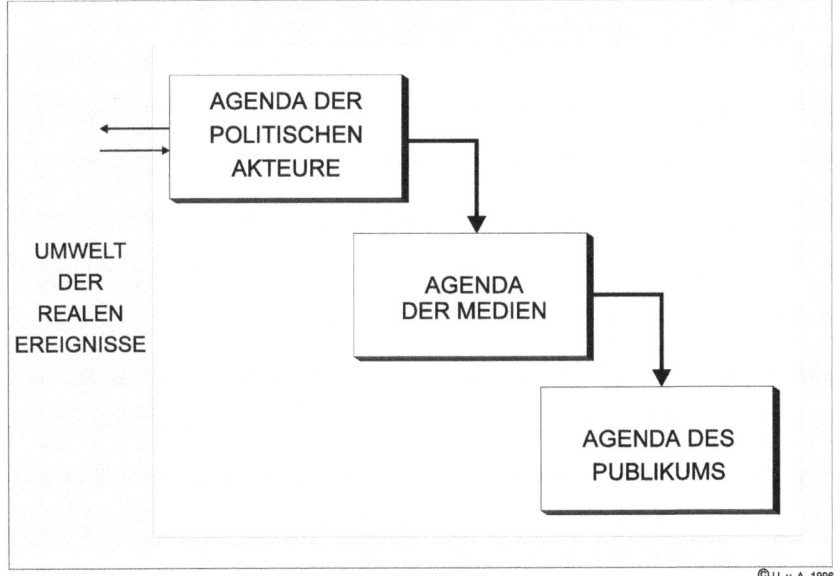

© U. v. A. 1996

AUS: VON ALEMANN 1997, S. 482

zufuhr abhängig sind. Die Medien wiederum kommunizieren dann diese Agenda weiter nach unten an das allgemeine Publikum.

Dieses Modell ist scheinbar recht schlicht. Dennoch gibt es eine ganze Reihe von empirischen Beobachtungen über den Charakter des Kommunikationsprozesses und von Argumenten aus der Literatur, die dieses Modell unterstützen.

Der wichtigste Grund für eine herausragende Rolle der Parteien und der Politik im Kommunikationsprozess liegt darin, dass sie die handelnden Personen sind. Sie veranstalten Parteitage, sie geben Interviews, sie entscheiden im Parlament und in der Regierung. Das Interesse aller Parteien liegt darin, Themen von hervorragender Relevanz und Brisanz zu finden, um öffentliche Aufmerksamkeit und umfassende Akzeptanz zu erzielen (vgl. PFETSCH 1994, S. 15). Dazu beschäftigen sie eigene Stäbe, beauftragen Demoskopen und beobachten die öffentliche Meinung.

Dabei sind Regierungs- und Oppositionsparteien nicht gleichgestellt. Denn bei der Regierungspartei liegen die größeren materiellen Ressourcen, z. B. bei dem wichtigen Presse- und Informationsamt der Bundesregierung. Gleichzeitig verfügen die Regierungsparteien über die größeren personellen Ressourcen, da die Regierungsstäbe zu den Parteistäben hinzugerechnet werden können. Und sie verfügen schließlich insbesondere über den größeren Aktivitätsvorsprung und haben damit eine Überlegenheit bei der Themenwahl.

Oppositionsparteien haben offensichtlich strategische Nachteile bei der Bestimmung der politischen Agenda, weil sie nur verbale Alternativen formulieren, aber keine Themen setzen können. Sie weichen deshalb eher in programmatische Polarisierungen aus (mehr Solidarität, Gerechtigkeit und Frieden oder mehr Markt und Freiheit). Eine solche Polarisierung nutzt aber eher kleinen Parteien mit klarerem weltanschaulichem Profil und Impetus.

> „Große Parteien wie die Sozialdemokraten, die einerseits gezwungen sind, sich als Mehrheitspartei zu profilieren und Regierungskompetenz zu demonstrieren, andererseits aber eine Oppositionsrolle ausfüllen sollen, bringt dies in eine prekäre Situation" (PFETSCH 1994, S. 15).

Der strukturelle Vorsprung der Regierung für das „Kommunikations-Management" (JARREN/GROTE/RYBARCZYK 1994) ist aber für die Opposition nicht uneinholbar. Sonst hätte es nie einen Regierungswechsel gegeben. Die Regierungspartei (bzw. der Regierungschef) würde sich einfach als der große Kommunikator etablieren, der die öffentliche Meinung beherrscht – durch Themenbesetzung, Sprachregelung, Ereignissteuerung und informelle Journalistenkontakte. Der Regierungsvorsprung wird nicht nur durch die Unabhängigkeit der Presse konterkariert – darauf werden wir im nächsten Modell zu sprechen kommen –, sondern auch durch die Eigenarten des deutschen politischen Systems und der deutschen politischen Kultur. Dazu gehören insbesondere der Föderalismus und eine Tendenz zur Konkordanz- und Proporzdemokratie. Der Föderalismus erlaubt es, dass die Oppositionsparteien im Bundestag in den Bundesländern die Landesregierung stellen und so rückwirkend über den Bundesrat auch in Berlin das Handeln der Exekutive mitbestimmen können. Von dieser Konstellation haben alle Parteien wechselseitig profitiert, oft sogar – wie am Ende der rot-grünen Regierungszeit – mit einer Bundesratsmehrheit gegen die jeweilige Bundestagsmehrheit.

Diese verfassungsrechtliche Konstellation führt zur Politikverflechtung; sie präferiert und prämiert Konkordanzlösungen statt Konkurrenzdemokratie. Dies potenziert sich in Politikbereichen, die in der Länderprärogative liegen. Das ist der Fall bei der Kulturhoheit der Länder, die die Rundfunkhoheit einschließt. Auch wenn es Versuche gegeben hat und gibt, sich den Rundfunk regierungsamtlich (wie besonders unter Konrad Adenauer) gefügig zu machen.

Die Konkurrenz der privaten Fernsehsender und die Etablierung von Social Media hat die Bedeutung des öffentlich-rechtlichen Rundfunks geschmälert und damit auch die Aufmerksamkeit der Parteien verschoben. Auch die Medienwissenschaft, die vielleicht zu verbissen die parteipolitische Medienmacht im öffentlich-rechtlichen Rundfunk thematisiert hatte, wandte sich verstärkt neuen Themen zu.

Ein zentrales Thema ist darüber hinaus die „symbolische Politik", die Inszenierung von politischer (Schein-)Wirklichkeit durch Parteien und Politiker (vgl. Meyer 2003). Es wachse die Tendenz, Politik als *public relations* zu vermarkten. Nicht die konkreten Politiken *(policies)*, sondern ihre Aufmachung bestimmten die Mehrheiten. Dem Bürger würden kommunikative Kunstprodukte durch die Parteien präsentiert. Es bestünde kein Interesse, die politischen Entscheidungen transparent zu machen, sondern vielmehr die Oberflächenstruktur und den demonstrativen Schein des Politischen zu vermitteln. Je komplexer die Politik werde, desto anfälliger seien die Akteure für Rituale und symbolische Verdichtungen. Dies führe zu Personalisierungsstrategien, Gefühlskampagnen und ideologischen Scheinfokussierungen (vgl. von Mannstein 2006).

„Die zentrale These ist, daß die politische Wirklichkeit durch den kommunikativen Schleier symbolischer Politik oft mehr verhüllt als erhellt wird" (Sarcinelli 1990, S. 161).

In der Wahlkampfkommunikation erreichen die symbolische Politik und die damit zusammenhängende professionelle *public-relations*-Arbeit der Parteien ihren Höhepunkt. Dazu gibt es eine reichhaltige Literatur (z. B. Paletz/Vinson 1994; Jarren/Grote/Rybarczyk 1994; Schmitt-Beck 1994; Jackob 2007; Sarci-

NELLI 2011). Was schon für das Alltagsgeschäft politischer Kommunikation gilt, nimmt im Wahlkampf extreme Züge an:

> „Personalisierung, Inszenierung, symbolisches Handeln und der Austausch von Verlautbarungen mit Hilfe politischer Rhetorik über die Medien kennzeichnen das politische Marketing" (JARREN/GROTE/RYBARCZYK 1994, S. 19).

Oft wird behauptet, dass sich dadurch eine Amerikanisierung der deutschen Politik und insbesondere der Wahlkämpfe (worauf später noch eingegangen wird) einschleiche. Das ist in einigen Tendenzen sicher richtig. Per saldo aber sind das US-amerikanische politische System mit seinen Einzelkandidaturen einerseits, wo fast ausschließlich Personen miteinander konkurrieren, und das dortige Mediensystem andererseits, das ganz andere Formen der politischen Werbung zulässt, so unterschiedlich von der europäischen politischen Kultur, dass eine Konvergenz kaum denkbar erscheint (vgl. VON ALEMANN 1989b). Insgesamt sind die Ergebnisse der Wahlkampfkommunikationsforschung sehr widersprüchlich: Die einen sehen alle Macht bei den PR-Profis der Parteien, die anderen warnen vor den übermächtigen Medien und politisierenden Journalisten (vgl. JARREN/GROTE/RYBARCZYK 1994, S. 20).

Zusätzlich kompliziert wird die Lage dadurch, dass sich Ergebnisse der einen und der anderen Seite in Munition für die politische Debatte ummünzen lassen. Dies war besonders der Fall bei der Diskussion über die „Schweigespirale" (NOELLE-NEUMANN 1980; kritisch dazu FUCHS/GERHARDS/NEIDHARDT 1992 und ROESSING 2011). So verschieben sich die Ebenen und verschwimmen die klaren Konturen.

Das ist übrigens auch ein Grundproblem bei der so plausiblen und populären Unterscheidung zwischen symbolischer und realer Politik. Wenn die meisten Bürger Politik fast ausschließlich über die Medien wahrnehmen, wo bleibt dann die reale Politik? Gibt es sie überhaupt? Sind die Grenzen nicht fließend? Ist die symbolische Politik schlecht, weil manipulativ, und die reale gut, weil zum Anfassen? Das führt uns nicht nur zur Streitfrage einer konstruktivistischen Medientheorie, sondern auch zu noch grundsätzlicheren erkenntnistheoretischen und epistemologischen Problemen. Es gibt noch viel mehr Fragen, die das **Top-down-Modell** der zentralen Lenkung von Medien und Öffentlichkeit durch die Politik erschüttern. Werfen wir also einen Blick auf das nächste Modell.

7.2 Das Mediokratie-Modell

Mediokratie meint, dass die heutigen Massenmedien mindestens als vierte Gewalt mitherrschen, möglicherweise sogar eine Art Übergewalt gewonnen haben. Sie bestimmen die politische Agenda gegenüber den Politikern nach „oben" und gegenüber dem Publikum nach „unten". Sie machen aus sachlicher Information seichte Unterhaltung, sie personalisieren die Politik durch den Zwang des Fernsehens zur Visualisierung prägnanter Personen.

Wo liegen nun die wichtigsten Merkmale eines Medienwandels? Zunächst muss festgehalten werden, dass die Medien schon immer wichtig waren, seit es eine räsonierende bürgerliche Öffentlichkeit gibt. Im Übrigen gab es nicht nur „den" Strukturwandel der Öffentlichkeit vom bürgerlichen Diskurs zur massenmedialen Vermittlung, den HABERMAS (1996) beschrieb. Die Medienwelt war in Deutschland im Vormärz, in der Revolution von 1848, in der folgenden Reaktion im Kaiserreich, Weimar, Nationalsozialismus, Nachkriegszeit, im Kalten Krieg, nach Aufstieg und Expansion der elektronischen Medien immer im Wandel und häufig von starken Umbrüchen gekennzeichnet. Einer dieser Umbrüche liegt in

Abbildung 40 Das Mediokratie-Modell

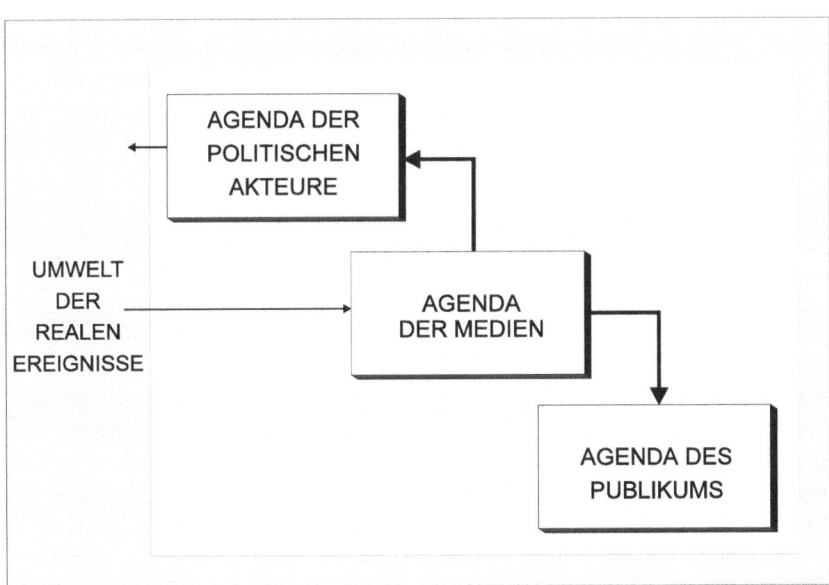

© U. v. A. 1996

Aus: VON ALEMANN 1997, S. 486

der Expansion und im Wandel von Form und Inhalt. Beispielhaft ist dies abzulesen an der Expansion und Ausdifferenzierung des Printmedienbereichs und des
Fernsehens seit den 80er Jahren des vorigen Jahrhunderts (vgl. JARREN 1994, S. 4).
Bis Mitte der 1970er Jahre gab es in Deutschland bekanntlich nur zwei Voll-
programme – also Programme mit vielfältigen Inhalten wie Bildung, Information
und Unterhaltung – und je ein regionales drittes Kulturprogramm. 1990 gab es
schon über 150 privat-kommerzielle Hörfunkanbieter und über Kabel oder Satellit
jeweils 20–30 Fernsehsender.

Noch deutlich stärker als die Expansion des Fernsehens verändert die rasante Entwicklung des Internets die Mediennutzung. Besonders relevant ist dabei die
Möglichkeit, dass die Bürger ihre Informationen und Nachrichten jenseits der etablierten Medien und zu jeder Zeit beziehen können. So gaben in der ARD/ZDF-
Onlinestudie aus dem Jahr 2015 bereits 25 % der Deutschen an, sich täglich über
das Internet zu informieren (vgl. EIMEREN/KOCH 2016, S. 277).

Die Auswirkungen dieser Medienexpansion auf die Politik sind beträchtlich.
Bernd GUGGENBERGER stellte schon 1994 fest:

„Die Visualisierung der Politik ist im vollen Gange (…) Die Medien wirken wie ein
gigantisches Vergrößerungsglas. Sie bescheren der Politik der Volksparteien eine so
zuvor nie gekannte Aufmerksamkeit und Verbreitungsgeschwindigkeit. Diese neue
Extensität aber wird bezahlt mit Intensitäts- und Treueverlusten sowie einem Bestän-
digkeits- und Berechenbarkeitsschwund, der sich unter anderem auch in der drastischen Zunahme der Wechselwähler ablesen läßt. Die Medien sind ebenso machtvol-
le wie unkontrollierbare Beschleuniger und Trendverstärker. Und das Fernsehen setzt
als das geradezu klassische Medium des Siegers jene demokratiepolitisch so bedenk-
liche ‚Erfolgsspirale' in Gang, von der die Allensbacher Erfinderin der ‚Schweigespirale'
leider nie spricht. Jetzt gilt es nicht mehr bloß: Nichts ist so erfolgreich wie der Erfolg,
sondern: Nichts ist so erfolgreich wie die Suggestion des Erfolgs. Das Medium erschafft
die Wirklichkeit, die abzubilden es vorgibt" (GUGGENBERGER 1994, S. 65 f.).

Die Medien haben aber nicht nur zwischen Parteien und Publikum eine starke
Stellung erlangt, sie haben weitgehend auch die innerparteiliche Kommunikation übernommen. Eigene Parteivermittlungsformen wie z.B. Parteizeitungen
sind eingegangen oder jedenfalls zurückgegangen. Parteiabende vermitteln den
Mitgliedern kaum neue Informationen über ihre Politik. Diese erhalten sie fast
ausschließlich aus den Medien – ob es nun eine neue Politik ist oder ob es alte
Querelen über Personen und Positionen sind.

Das Medium prägt die Botschaft, wobei auch innerhalb der Medien noch Hier-
archien bestehen. Die übergeordneten Tageszeitungen und politischen Wochen-
zeitungen, d.h. die Qualitätszeitungen oder auch die sogenannten „Edelfedern",

sprechen nicht nur die politische Elite an, sondern auch die Journalisten der übrigen Medien. Einige empirische Untersuchungen zu politischen Haltungen der Journalisten, insbesondere von Hans M. KEPPLINGER (1989; 1994), gehen davon aus, dass deren subjektive Weltsicht die Wirklichkeit bewusst verzerrt wiedergebe:

> „Aufgrund der skizzierten Befunde muß man davon ausgehen, daß die Journalisten – oder zumindest Teile des Journalismus – eine Schlüsselstellung im Prozeß des gesellschaftlichen Wertewandels einnehmen. Indem sie die Sichtweisen von Minderheiten übernehmen, zu denen sie eine grundlegende Affinität besitzen, und indem sie diese Sichtweisen zu einer Grundlage ihrer Berichterstattung machen, verschaffen sie den Sichtweisen dieser Minderheiten in weiten Teilen der Gesamtbevölkerung Geltung. Dadurch verschieben sie permanent das gesellschaftliche Wertsystem in Richtung ihres eigenen Wertsystems bzw. des Wertsystems jener gesellschaftlichen Minderheiten, zu denen sie grundlegende Affinitäten besitzen" (KEPPLINGER 1989, S. 70).

In seiner kritischen Haltung gegenüber den Medien geht OBERREUTER (1989) noch weiter als KEPPLINGER. OBERREUTER schlussfolgert: „Die Mediatisierung der Politik bedeutet, dass die Medien, das Fernsehen voran, die Politik weithin ihren Eigengesetzlichkeiten unterworfen haben" (1989, S. 36). Damit ist das Modell der Mediokratie am konsequentesten formuliert: Die Medien haben die Politik unterworfen.

7.3 Das Bottom-up-Modell

Das dritte Modell propagiert das klassische demokratische Credo, dass die Politik durch den Willen der Wähler über das Sprachrohr der Medien beherrscht sein muss. Das Publikum bestimmt die politische Agenda, die Medien sind das Sprachrohr, das nur verstärkt, um die Politiker in Parteien und Regierungen zu erreichen. Durch die Wahlen besitzen die Bürger darüber hinaus noch einen direkten Kanal der politischen Willensbildung. Die demokratisch gewählte Politik beeinflusst die Ereignisse der realen Außenwelt. Die Rückwirkungen werden dann wiederum von den Wählern direkt gespürt und aufgenommen. Damit kann der Regelkreis von vorne beginnen (vgl. Abb. 41).

Das Bundesverfassungsgericht hat in seinem *Spiegel*-Urteil dieses **Bottom-up-Modell** in einer geradezu anrührenden Bilderbuchhaftigkeit beschrieben:

> „Soll der Bürger politische Entscheidungen treffen, muß er umfassend informiert sein, aber auch die Meinungen kennen und gegeneinander abwägen können, die andere gebildet haben. Die Presse hält diese ständige Diskussion in Gang; sie beschafft die In-

Abbildung 41   Das Bottom-up-Modell

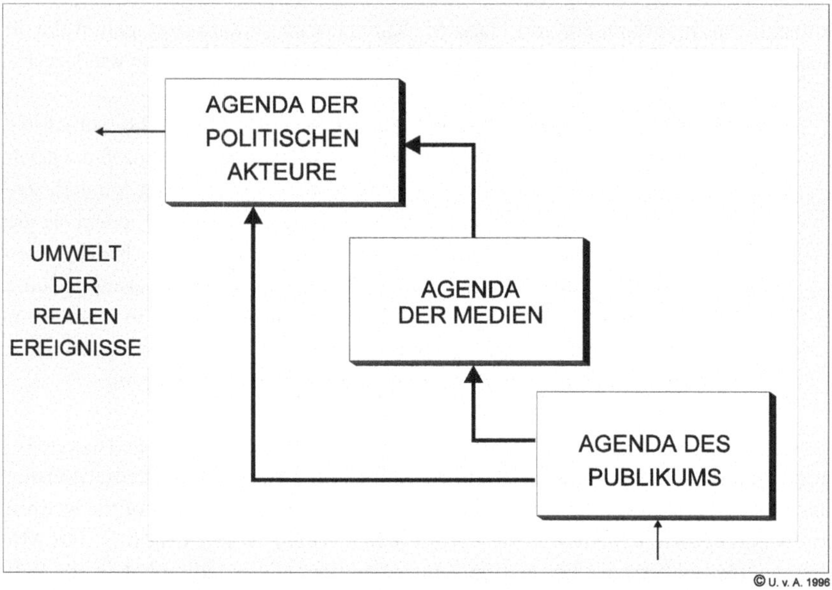

Aus: VON ALEMANN 1997, S. 490

formation, nimmt selbst dazu Stellung und wirkt als orientierende Kraft in der öffentlichen Auseinandersetzung. In ihr artikuliert sich die öffentliche Meinung; die Argumente klären sich in Rede und Gegenrede, gewinnen deutliche Konturen und erleichtern so dem Bürger Urteil und Entscheidung" (BVerfGE 20, S. 174 f.).

Die Wirklichkeit ist anders geworden, wie wir aufgrund der Skizze der beiden anderen Modelle gelernt haben. Die Parteien beeinflussen die Medien durch Kommunikationsmanagement und professionelle PR; sie dominieren den öffentlich-rechtlichen Rundfunk; sie dosieren ihre Zuwendung an genehme Journalisten; sie erfinden Ereignisse als symbolische Politik, woran die Medien eifrig mitstricken. Diese drängen ihre Agenda der Politik und den Bürgern auf, expandieren mit Infotainment auf Kosten von sachlicher Information und solider Nachricht und versuchen endlich, sich die Politik auch noch zu unterwerfen. So scheint es vielen.

Doch wo bleibt da der Bürger? Sicher gibt es dennoch einige Aspekte, die gegen die geschilderten Szenarien für das **Bottom-up-Modell** sprechen. So bedeutet die Kommerzialisierung der Medien – schließlich war die Presse schon immer privatwirtschaftlich dominiert – eine Markt-, Kunden- und Zuschauerorientierung, die man nach Qualitätsmerkmalen beklagen mag, aber durchaus dem Publikumsgeschmack über die Messgröße der Einschaltquote dient. So konstatiert JARREN:

> „Aus vormals auf den Staat und die gesellschaftlichen Organisationen festgelegten ‚Klassenmedien' wurden auf die Gesellschaft verpflichtete ‚Massenmedien' und werden jetzt zunehmend publikumsorientierte ‚Zielgruppenmedien', die sich als höchst wandlungsfähig erweisen, indem sie von Fall zu Fall ihr Publikum suchen oder die Interessen bestimmter gesellschaftlicher Gruppen verfolgen" (JARREN 1994, S. 6).

Dabei müsse und dürfe man dieses Publikum auch nicht überfordern. Im Alltag der meisten Menschen spielt Politik doch eine höchst marginale Rolle, er wird von privaten Ereignissen und interpersonaler Kommunikation geprägt.

Unabhängig von der Bedeutung, die das politische Geschehen für die meisten Menschen einnimmt, hat sich die Möglichkeit, die Agenda der Medien sowie die Agenda der politischen Akteure von Seiten der Bürger zu beeinflussen, erheblich verbessert. Vor allem die Expansion des Internets und die immer stärkere Nutzung von Social Media-Kanälen wie Facebook, YouTube oder Twitter ermöglichen die Etablierung einer Gegenöffentlichkeit von unten und die Vernetzung politischer Bewegungen und ihrer Forderungen. So formierten sich 2010 auch die Gegner von „Stuttgart 21", dem Großprojekt der Deutschen Bahn zum Umbau des Stuttgarter Hauptbahnhofs, auf den bekannten Social Media-Kanälen und riefen zum Boykott des Bahnprojekts auf.

Diese „Kommunikationsrevolution" ist gerade in autoritären Regimen von den Machthabern gefürchtet und deshalb zum großen Teil auch verboten. Auch in der Türkei nutzte die türkische Regierung im Jahr 2014 in Anbetracht der anstehenden Kommunalwahlen die Möglichkeit, den Kurznachrichtendienst Twitter zu sperren, um allzu kritische Diskussionen über die Korruptionsaffäre des Ministerpräsidenten zu verhindern.

Die Existenz neuer Medien und die Möglichkeit einer breiten Kommunikation von unten scheinen deutliche Signale einer Demokratisierung der Medienlandschaft zu sein. Allerdings tritt auch die Schattenseite dieser Kommunikation von unten immer häufiger hervor. So nimmt etwa die Anzahl an *Fake News* zu, also die Anzahl an Meldungen und Beiträgen, die offensichtlich falsch sind, und über Social Media-Kanäle verbreitet werden. So werden *Fake News* etwa eingesetzt, um die politische Stimmung in eine bestimmte Richtung zu drehen und anstehende Wahlen entsprechend zu manipulieren, wie dies im US-Präsidentschaftswahlkampf des Jahres 2016 der Fall war. Ob die Demokratisierung der Medienlandschaft für die politische Kultur daher eher Fluch oder Segen ist, bleibt abzuwarten.

7.4 Das Biotop-Modell

Für alle drei bisherigen Modelle – **Top-down**, **Mediokratie** und **Bottom-up** – sprachen plausible Gründe, empirische Fakten und jeweils Protagonisten aus der Literatur. Also liegt das ideale Modell vielleicht einfach in der allgemeinen Symbiose von Alles-hängt-mit-allem-zusammen, irgendwie? Das wäre sicher zu einfach, und es wäre auch unbefriedigend, denn ein solches allseitiges unspezifisches Interdependenz-Modell wäre konturen- und profillos.

Die Studie von KLEINNIJENHUIS/RIETBERG (1995), der auch die Idee zu den drei Modellen entstammt, kommt in ihrem empirischen Korrelationstest der Zusammenhänge zu ziemlich überraschenden Ergebnissen. Sie haben dazu die politische Agenda des Publikums mit Indikatoren einer Inhaltsanalyse zur Medien-Agenda konfrontiert und schließlich zur Agenda der Politik parteiprogrammatische Aussagen mit den beiden anderen Daten korreliert. Sie resümieren:

> „The analyses lead us to reject the model of mediocracy. The top-down model is confirmed. The bottom-up model is confirmed also, since the political agenda is directly influenced by the public agenda" (KLEINNIJENHUIS/RIETBERG 1995, S. 114).

Sie beobachten also ein gewisses Zusammenspiel von Parteipolitik einerseits und Publikum andererseits. Die Medien dagegen seien weder zur einen noch zur anderen Seite responsiv.

Die Diskussion in der deutschen Parteien- und Kommunikationsforschung teilt zwar einen Aspekt dieser Sichtweise, nämlich das Zusammenwirken von zwei Partnern in dem Dreieck aus Politik, Medien und Publikum, aber sie ist völlig anderer Ansicht über die beteiligten Allianzen. Fast einhellig wird hier dem Zusammenspiel von Politik und Medien, meist zulasten des Publikums, der Vorzug gegeben, wenn nicht sogar einem der einseitigen Modelle, die die Übermacht einer Seite favorisieren.

Die abweichenden Ergebnisse der niederländischen Studie sind vielleicht damit zu erklären, dass mit den geschriebenen Parteiprogrammen wohl ein problematischer Indikator für die politische Agenda gewählt wurde. Tatsächlich tendieren Parteien dazu, in ihre Programme viel Schönes, Gutes und in der Öffentlichkeit Akzeptables hineinzuschreiben, was zum Teil durch Umfragen ermittelt wurde. Insofern könnte hier eine Scheinkorrelation vorliegen. Andererseits referieren die Medien selten die Inhalte der oft wenig spannenden Parteiprogramme, da sie nicht ganz zu Unrecht von einem niedrigen Stellenwert für die praktische Politik ausgehen. Parteiprogramme sind sicher wichtiger für die interne Integration der Parteien als für die externe politische Kommunikation.

Abbildung 42   Das Biotop-Modell

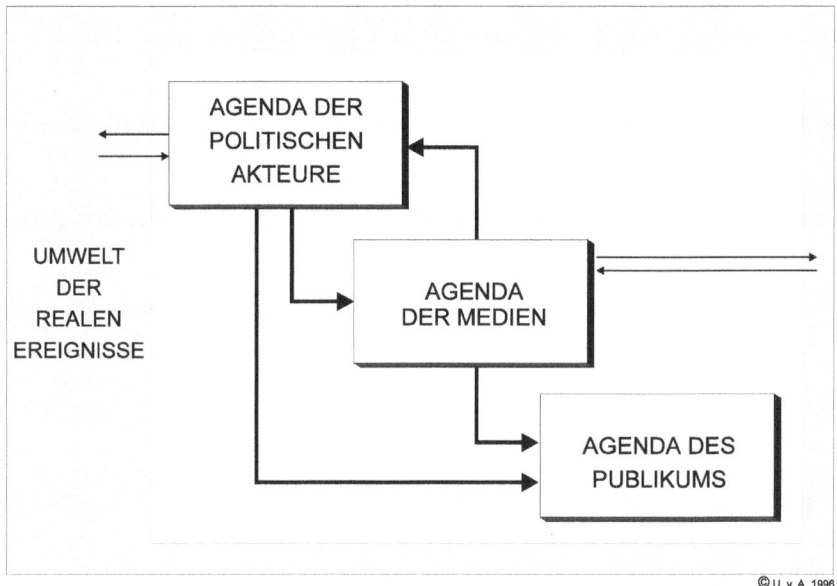

AUS: VON ALEMANN 1997, S. 492

Empirische Untersuchungen in Deutschland bestärken eher die These vom Biotop zwischen Politikern und den Journalisten. Werner PATZELT (1991) hat in seinen Intensivinterviews immer wieder das enge Zusammenwirken von Politikern und Journalisten bestätigt gefunden, wie die typische Äußerung eines Bundestagsabgeordneten belegt:

> „Also, wir spielen auch gut zusammen. Wenn der (Journalist) sagt: ‚Paß auf, könntest du das nicht mal hochfahren?' – ich greife es sofort parlamentarisch auf, und die bespiegeln das wieder" (PATZELT 1991, S. 323).

Die Beziehungen von Politikern und Journalisten sind eine „Art Tauschverhältnis mit wechselseitiger Abhängigkeit" (SARCINELLI 1991, S. 477). Dem Nutzen des Politikers, nämlich

- persönliche Publicity,
- Thematisierung eines ihm nützlichen Themas,
- De-Thematisierung eines ihm schadenden Themas,

- Informierung durch Journalisten (z. B. über Konkurrenten),
- Gewogenheit des Journalisten,

steht ein reziproker Nutzen des Journalisten gegenüber. Auch er hat ein Interesse an persönlichem Prestige, Thematisierung eines nützlichen Themas und De-Thematisierung eines Themas, das er nicht favorisiert, die langfristige Informierung durch Politiker (z. B. auch über konkurrierende Journalisten) und die langfristige Gewogenheit von Politikern. Treffend spricht der Journalist Peter Zudeick vom „Schmiergeld namens Nähe". Beide Seiten verfolgen insofern ein gemeinsames Ziel, nämlich die Aufrechterhaltung der politischen Kommunikation, trotz partiell unterschiedlicher Intentionen und Interessen.

Beide können sich dabei auch in Abhängigkeiten verstricken, sie werden zu interagierenden Akteuren in Verhandlungsnetzwerken (vgl. JARREN 1994). Diese Beziehung kann daher auch als Symbiose bezeichnet werden, in der beide Seiten sich gefangen und auch befangen sehen. Der Journalist muss seine speziellen Quellen pflegen, der Politiker seine vertrauten Diskussionspartner.

In einer Studie zur Responsivität des Deutschen Bundestages gegenüber der Öffentlichkeit resümiert BRETTSCHNEIDER (1995, S. 223 ff.), dass die Responsivität des Deutschen Bundestages gegenüber der öffentlichen Meinung größer sei als vielfach angenommen. Im Übrigen habe sich ihr Grad seit 1949 kaum verändert, sie habe nur in beide Richtungen geschwankt. Bei bedeutsameren Themen sowie bei einem Konsens in der Bevölkerung über einen politischen Streitpunkt sei die Responsivität überdurchschnittlich.

Wenn der Begriff der „politischen Klasse" (VON BEYME 1993) überhaupt Sinn macht, dann muss er auf dieses Biotop von Politikern und Medien mit seinem schwer überschaubaren Nebeneinander von offiziellen und informellen Informationskanälen mit Konferenzen, Hintergrundgesprächen und „geheimbundähnlichen Zirkeln", angewandt werden (vgl. JARREN/GROTE/RYBARCZYK 1994, S. 23 f.). Hier ist durchaus der Begriff „Schattenpolitik" (VON ALEMANN 1994b) angebracht. Diese Schattenpolitik begann im „Raumschiff Bonn" und fand ihre beschleunigte Fortsetzung in der Berliner Republik. Das Ergebnis ist eine politisch-mediale Klasse, die sich durch eine enge Verzahnung von Politikern und ihren Berichterstattern auszeichnet. Die ehemalige Vorsitzende der Bundespressekonferenz, Tissy BRUNS, fasst dies folgendermaßen zusammen:

> „Politik, Publizistik, die neue Kommunikationsbranche stellen sich wechselseitig auf
> die Bühne, beklatschen und kritisieren sich – von den Bürgern werden die öffentlichen
> Akteure zusehends als eine Kaste wahrgenommen, die sich im Fernsehen zwar heftig
> streitet, tatsächlich aber in einem Boot sitzt, weit entfernt von der Lebenswirklichkeit
> der Menschen. Unser Berufsstand, grundgesetzlich durch Artikel 5 privilegiert und

nach unserem eigenen Regelwerk zuerst der Wahrheit verpflichtet, verändert sich rasant" (BRUNS 2007, S. 9).

Verursacht wurde diese Entwicklung nicht durch den neuen Regierungssitz, sondern vor allem durch das Bestreben der Medien nach Exklusivität und durch die geringere Halbwertszeit ihrer Meldungen. Beides wurde wiederum durch die Online-Angebote der großen Nachrichtensender und Zeitungen sowie deren verstärkte Nutzung ausgelöst (vgl. KRAMP/WEICHERT 2008, S. 11 f.). Letztendlich besteht auch in der Berliner Republik das Grundproblem für die Vertreter der Medien darin, die richtige Mischung aus professioneller Nähe und Distanz zu finden.

Struktur: Wie arbeiten Parteien intern? 8

Das Parteienrecht, das wir in Kapitel 4 dargestellt haben, definiert die Parteien, setzt Aufgaben und Pflichten, grenzt Rechte ein. Aber es schweigt darüber, was die Parteien nun tatsächlich tagtäglich tun. Auch die Theorie und Empirie über Parteien und Gesellschaft, die wir im letzten Kapitel betrachtet haben, sagt wenig über den Alltag der Parteien aus. Zunächst einmal sind Parteien große Organisationen, die ein Eigenleben führen wie jede Großorganisation – sei es eine Verwaltung, ein Unternehmen oder ein Verband. Das Innenleben von Organisationen tendiert immer bis zu einem gewissen Grad zur Verselbständigung. Man kennt sich, konkurriert um Posten, wacht eifersüchtig über Kompetenzen, feiert miteinander, kurz: man pflegt eine „Organisationskultur".

So ist es auch in den Parteien. Sie treten an, um miteinander um die Macht zu ringen. Aber im Alltag ist die andere Partei meist weit weg, und die liebsten Machtspiele finden in der eigenen Organisation um Delegiertenstimmen, Beisitzerposten, Resolutionen oder Unterabsätze in Parteiprogrammentwürfen statt. Es geht dort nicht anders zu als z. B. im Unternehmerverband oder in der Gewerkschaft.

Parteien sind besonders komplexe Organisationen wie die meisten Großverbände mit freiwilliger Mitgliedschaft und ohne Profitinteresse: ob Kirchen, Gewerkschaften oder Wohlfahrtsverbände. Andere Organisationen, wie Unternehmen oder Verwaltungen, haben klarere Ziele, rigidere Mitgliedschaftsregeln und härtere Sanktionen gegen abweichendes Verhalten (z. B. Entlassung).

Trotzdem kann die Parteienforschung von der modernen Organisationsforschung lernen. Denn Organisationen werden längst nicht mehr nach dem rationalen Maschinenmodell, in dem jedes Rädchen eine klar definierte – und nur diese eine – Funktion erfüllt, analysiert. Die Parteienforschung hat sich in der Vergangenheit zu sehr separiert und sich selbstgenügsam ausdifferenziert, statt über den Tellerrand auch einmal auf die Nachbartische der Sozialwissenschaften zu schauen und zu verfolgen, was hier angeboten wird.

© Springer Fachmedien Wiesbaden GmbH, ein Teil von Springer Nature 2018   179
U. von Alemann et al., *Das Parteiensystem der Bundesrepublik Deutschland*,
Grundwissen Politik, https://doi.org/10.1007/978-3-658-21159-2_8

Die neuere Organisationsforschung (Näheres in VON ALEMANN/SCHMID 1997) hat besonders eines ins Bewusstsein gerückt: die Vielgestaltigkeit und Unübersichtlichkeit des Objekts, in unserem Falle einen „Wildwuchs" von Gremien und Entscheidungsstrukturen in den Parteien. Im Vergleich dazu geht der traditionelle *Mainstream* in der Parteien- und der Verbändeforschung von sehr viel homogeneren Gebilden aus. Zugleich erinnern diese Disziplinen jedoch daran, dass Parteien nicht im luftleeren Raum oder an beliebiger Stelle operieren, sondern in einem bestimmten System – nämlich im politischen System – verankert sind und ein spezifisches Aufgabenspektrum wahrnehmen.

Um Organisationen zu charakterisieren, kann auf die Metapher von MARCH/ROMELAER (1987, zuerst 1976) zurückgegriffen werden. MARCH ist Vater des berühmten Bildes von Organisationen als „Mülleimern" *(Garbage-can-Modell),* in die alles Mögliche reingepackt und abgeworfen wird, was dort wie Kraut und Rüben durcheinander liegt. Das *Garbage-can-Modell* ist gerade für Parteien und andere politische Großorganisationen mit freiwilliger Mitgliedschaft attraktiv. MARCH wollte damit die klassische Organisationstheorie provozieren, die vom Idealtypus einer streng formalen, hierarchischen Ordnung nach dem Maschinenmodell lebte. MARCH/ROMELAER veranschaulichen die Mülleimer-Organisation mit einem Fußballgleichnis:

> „Stellen Sie sich einen runden, schräg geneigten Fußballplatz mit vielen Toren vor, auf dem Menschen Fußball spielen. Viele verschiedene Leute (aber nicht jeder) können zu verschiedenen Zeiten mitspielen oder aufhören. Einige Leute können Bälle ins Spiel werfen oder welche wegnehmen. Solange sie mitspielen, versuchen die Spieler jeden Ball, der in ihre Nähe kommt, auf die Tore zu schießen, die sie mögen und weg von den Toren, die sie vermeiden möchten" (MARCH/ROMELAER 1987, S. 276; zitiert nach NEUBERGER 1995, S. 189).

Ein absurdes Spiel, hier herrscht das reine Chaos, werden viele meinen. Nein, die Geschichte ist als ein Gleichnis für die Organisationswirklichkeit zu verstehen: Das runde Spielfeld lässt die gewohnte klare Struktur vermissen; die Schräglage symbolisiert, dass es einen *bias* für bestimmte Traditionen und Werte gibt; die vielen Tore sind die vielen Lösungen, die in der Organisation angepeilt werden können; die Bälle sind die Probleme, die herumgeschoben werden; die vielen Akteure verweisen darauf, dass man alle Interessen der Beteiligten sehen muss (vgl. zur Interpretation NEUBERGER 1995, S. 189). Gerade für „politische" Großorganisationen ist dieses Bild eines Spiels mit Regeln, die von Außenstehenden oft nicht verstanden werden, sicher sehr treffend. Auch hier ist man zunächst verblüfft, wie diese „lose verkoppelte Anarchie" überhaupt funktionieren kann. Diese Bezeichnung stammt von Karl WEICK (1985/1969); VON ALEMANN/SCHMID (1997) haben sie auf Gewerkschaften, WIESENDAHL (schon 1984, ausführlich aber 1998) und später LÖSCHE/WALTER (1992) auf die SPD übertragen. Die Spielmetapher sollte jedoch vor allem vor falschen Vereinfachungen warnen. Sie weist nachdrücklich auf die hohe Komplexität des Untersuchungsgegenstandes hin. CROZIER/FRIEDBERG sprechen in diesem Zusammenhang von „Unsicherheitszonen", die von individuellen Akteuren kontrolliert werden und diesen Macht verleihen. Dieser Effekt hängt wiederum von den genauen Strategien und Situationen ab: „Eigentlich existiert die Organisation" – so die beiden Autoren – „nur durch die partiellen Ziele und Rationalitäten der in ihrem Rahmen interagierenden Individuen und Gruppen" (CROZIER/FRIEDBERG 1979, S. 57). Dies hat Anlass gegeben, bei der Analyse von Organisationen dem Faktor interner politischer Spiele einen sehr hohen Stellenwert zu geben. Politik hat eben vor allem mit Macht zu tun und weniger mit Struktur.

Brauchbare Ansätze, eine adäquate Komplexität auch innerhalb der Parteien- und Verbändeforschung abzubilden, haben besonders STREECK (1987) und WIESENTHAL (1993) vorgelegt. Hier wird angesichts der gesellschaftlichen Veränderungen die intermediäre Rolle am Beispiel von Gewerkschaften thematisiert, d. h., es wird die Notwendigkeit betont,

„mit mindestens zwei wichtigen Umwelten zur gleichen Zeit interagieren zu müssen: nach ‚unten‘ mit einer mehr oder weniger ‚freiwilligen‘ Mitgliedschaft oder Klientel – oder allgemeiner: einer der Organisation gegenüber ‚primären‘ Sozial- und Wertestruktur – und nach ‚oben‘ mit einer institutionellen Umgebung, in der sie (mehr oder weniger organisierte) Organisationen unter anderen sind" (STREECK 1987, S. 4).

Diese Konzeption kann von den Gewerkschaften leicht auf die Parteien übertragen werden. Das Dilemma, sich zwischen der „Mitgliedschaftslogik" einerseits, die Interessen der Organisationsmitglieder in den Vordergrund stellt, und der „Einflusslogik" andererseits, die externe Durchsetzung von Interessen der Organisation prämiert, entscheiden zu müssen, betrifft Parteien genauso wie Gewerkschaften und Unternehmerverbände, für die diese Theorie ursprünglich entwickelt wurde (vgl. STREECK 1994b; LEHMBRUCH 1994).

Repräsentation, Rekrutierung und Administration sind schwer zu optimierende Probleme; sie führen häufig zu Konflikten und zu einer organisatorischen Binnendifferenzierung, um die widersprüchlichen Anforderungen abzupuffern. Viele politische Großorganisationen greifen deshalb zum Mittel der übermäßigen Binnendifferenzierung, die eine Tendenz zum Weiterwuchern hat, um dann regelmäßig wieder zurückgeschnitten werden zu müssen. Damit sind schon einige theoretische Fragestellungen eingeführt und angerissen, auf die später näher eingegangen wird. Zunächst nun zur konkreten Organisationsstruktur der Parteien.

8.1 Innerparteiliche Willensbildung

Keine vergleichbare Verfassung fordert innerparteiliche Demokratie und Transparenz so klar wie das Grundgesetz:

> „Die Parteien wirken bei der politischen Willensbildung des Volkes mit. Ihre Gründung ist frei. Ihre innere Ordnung muß demokratischen Grundsätzen entsprechen. Sie müssen über die Herkunft und Verwendung ihrer Mittel sowie über ihr Vermögen öffentlich Rechenschaft geben" (Art. 21 Abs. 1 GG).

Nach überwiegender Verfassungsinterpretation ist die innerparteiliche Demokratie damit doppelt gesichert: nicht nur durch den wörtlichen Auftrag zur demokratischen Regelung der inneren Ordnung, sondern auch durch die Garantie der Mitwirkung der Parteien am Willensbildungsprozess des „demokratischen und sozialen Bundesstaates" (Art. 20 Abs. 1 GG), der seinerseits demokratische Strukturen erfordere und voraussetze.

So bedeutsam der Art. 21 GG für den Durchbruch der Parteien zu anerkannten Trägern und Vermittlern politischer Willensbildung war, so schwer taten sich die Parteien des Bundestages seit 1949 mit der Einlösung des Verfassungsauftrages, ein Parteiengesetz zu schaffen, wie oben bereits geschildert. Erst 1967 wurde in aller Eile ein Gesetz zusammengestellt, nachdem das Bundesverfassungsgericht die bisherige Finanzierung der Bundestagsparteien aus dem Haushalt für rechtswidrig erklärt hatte. Obwohl das Parteiengesetz (PartG) deshalb eher die notgedrungene Erfüllung eines Verfassungsauftrages und ein Unternehmen zur Befriedigung der parteilichen Finanzierungsbedürfnisse ist, enthält es doch materielle Forderungen an innerparteiliche Demokratie, die alle Parteien zu nicht geringen Statutenänderungen zwangen.

Der für unsere Betrachtung wichtigste Abschnitt über die innere Ordnung der Parteien regelt in den §§ 6 bis 16 PartG die Grundsätze eines demokratischen Aufbaus.

- **Vertikaler Aufbau:** Prinzipiell von unten nach oben, von der Mitgliederbasis zur Führungsspitze mit der Kompetenz der Mitglieder- bzw. Delegiertenversammlung als jeweils oberstem Organ für alle Grundfragen der Partei, wie Programm, Satzung, Auflösung.
- **Funktionaler Aufbau:** Verantwortlichkeit der regelmäßig zu wählenden Vorstände gegenüber Mitglieder- und Delegiertenversammlungen, Abberufbarkeit, Gewaltenteilung durch von Vorständen unabhängige Schiedsgerichtsbarkeit.

- **Regionaler Aufbau:** Gebietliche Aufgliederung der Partei mit gewissen Kompetenzen der nachgeordneten Verbände, allerdings starkes Durchgriffsrecht der Spitze gegen dissentierende Teilverbände möglich.
- **Rechte der Mitglieder:** Gleichberechtigung und gleiches Stimmrecht für alle, grundsätzliche Freiheit der Meinungsäußerung im Rahmen der vitalen Parteiinteressen und Schutz vor willkürlichem Ausschluss.

Diese Regeln betreffen interne Bedingungen der innerparteilichen Demokratie. Als externe Bedingungen sind zusätzlich zu nennen:

- Die **Transparenz** der Partei gegenüber der Öffentlichkeit durch Publizitätspflicht von Satzungen, Programm und Vorstandsbesetzungen und Offenlegung der Parteifinanzen im jährlichen Rechenschaftsbericht, der eine generelle Information über die Finanzquellen erlaubt. Die Parteienfinanzierung dominiert nach vielfältigen Änderungen, die oben beschrieben wurden, das Gesetz so stark, dass man es auch als Parteienfinanzierungsgesetz bezeichnen könnte.
- Die **Kandidatenaufstellung** nach Bundes- und Landeswahlgesetzen verlangt die demokratische Nominierung durch gewählte Wahlkreis- und Landesdelegiertenkonferenzen.

Der vertikale Aufbau der Parteien ist im Allgemeinen vierstufig und angelehnt an die regionale politische Gliederung in Gemeinden, Kreise, Länder und Bund. Allerdings gibt es insbesondere bei den beiden großen Parteien einige Besonderheiten. Die Basiseinheit auf Ortsebene kennt im Wesentlichen nur zwei Organe: die demokratische Mitgliederversammlung und den gewählten Ortsvorstand. Bei der SPD heißt diese Einheit Ortsverein, bei der CDU Ortsverband. Die Mitgliederzahl schwankt zwischen einigen Dutzenden in kleinen Diaspora-Gemeinden bis zu mehreren Tausend in Großstädten.

Auf der Kreisebene ist in fast allen Parteien horizontal die gesamte Palette von vier funktional getrennten Organen anzutreffen: neben der von den Ortsverbänden gewählten Delegiertenversammlung, der von dieser gewählte Kreisvorstand, zusätzlich ein Schiedsgericht für parteiinterne Streitfälle und ein Kreisausschuss, der den Vorstand permanenter kontrollieren kann als die seltener tagenden Kreisdelegiertenversammlungen.

Bei kleineren Parteien wie FDP und *Grünen* ist die Kreisebene meist die unterste Stufe. Die Besonderheit der SPD besteht darin, dass diese Ebene zwischen Ortsbasis und Bundesland zweigestuft ist: Zunächst kommt der „Unterbezirk", der meist eine Stadt umfasst, danach der „Bezirk", der mehrere Kreise oder auch ein

Abbildung 43   Schema der Gliederungen und Organe der Parteien

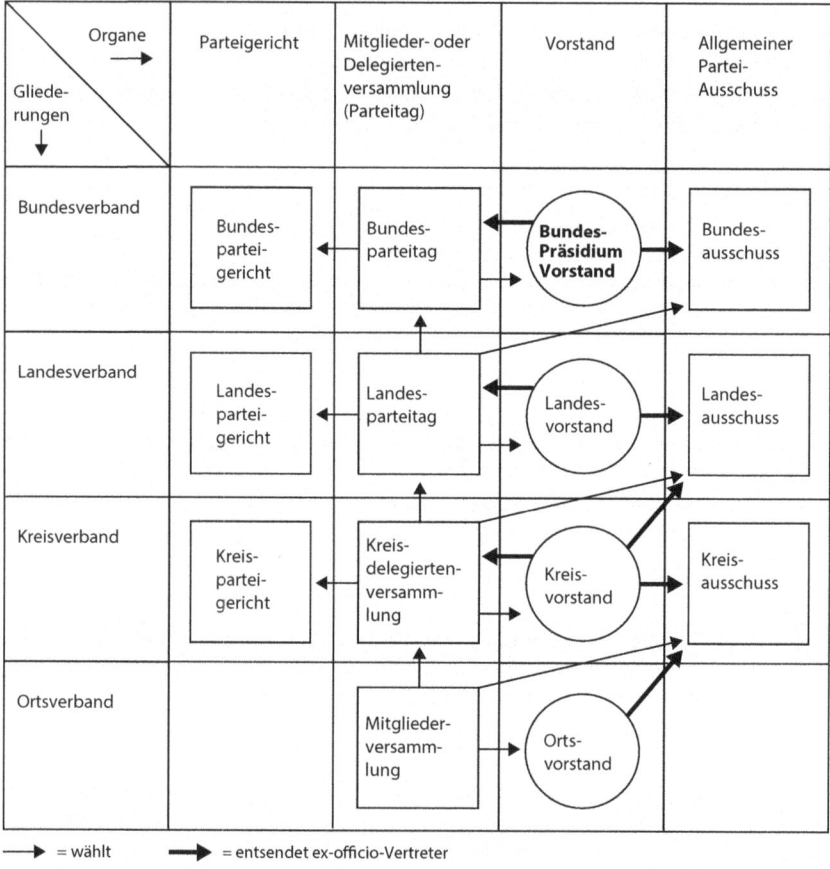

➝ = wählt   ➝ = entsendet ex-officio-Vertreter

Aus: Rudzio 2015, S. 144, ursprünglich von Zeuner 1969

kleines Bundesland repräsentiert. Jedoch ist die SPD nicht in allen Bundesländern in Bezirken organisiert, sondern teilweise nur in Unterbezirken oder Kreisen; in Rheinland-Pfalz wurden als Ersatz für die Bezirke Regionalverbände und in Nordrhein-Westfalen „Regionen" eingeführt.

Die Landesebene kennt analog zur Kreisebene wieder vier Organe: Landesparteitag, Landesvorstand, Landesparteischiedsgericht und Landesausschuss. Das Organisationsstatut der SPD ermöglicht es in § 8 Abs. 3, dass in Ländern mit mehr als einem Bezirk Landesverbände als regionale Zusammenschlüsse gebildet werden können. Die Bundesebene ist analog aufgebaut. Hier wird allerdings oft noch beim Bundesvorstand ein kleineres Präsidium herausgehoben, zum Teil existiert auch noch eine Kontrollkommission (vgl. Abb. 44).

Das, was mit dem Parteiengesetz normiert wurde, ist zwar – gemessen an materiellen Kriterien innerorganisatorischer Demokratie – wenig, erreicht aber dennoch ein beachtliches Plateau von Grunderfordernissen, das sichtbar über dem kleinsten gemeinsamen Nenner der damals beteiligten Parteien lag.

„Das Parteiengesetz hat nicht ‚mehr Demokratie‘ dekretieren können, aber doch Anstoß zur positiven Regelung mancher Mitgliederrechte gegeben. Es hat die Parteien nicht mehr verstaatlicht, als sie es ohnehin längst waren, und es hat das Strukturprinzip der demokratischen Mitgliederpartei über Reste des Honoratiorentums in den bürgerlichen Parteistatuten und des Zentralismus im SPD-Statut dominieren lassen" (VON ALEMANN 1972, S. 202).

Abbildung 44   Organisationsschema der SPD

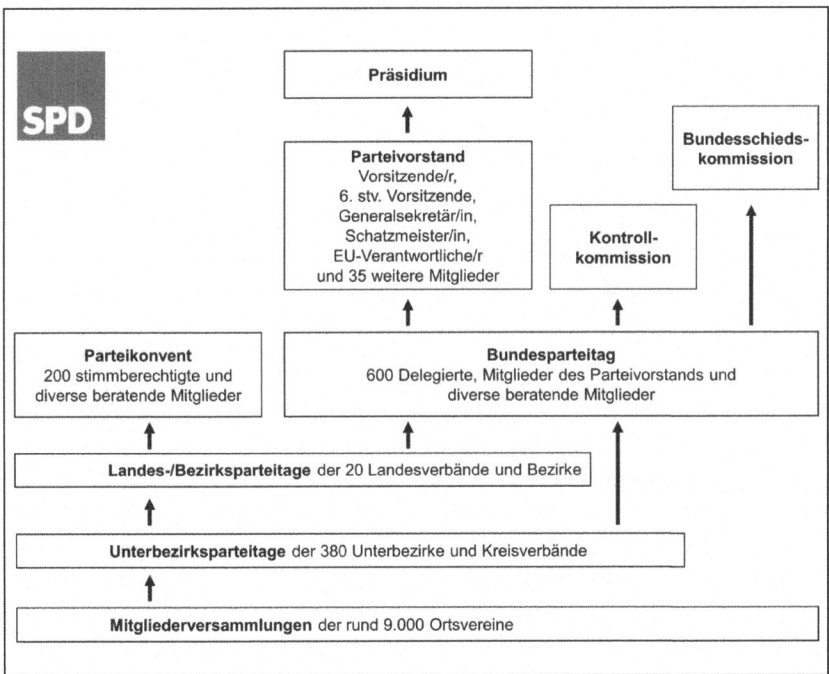

Eigene Darstellung

Soweit die formalen Bestimmungen der Aufbauorganisation. Was passiert nun wirklich an der Basis der Parteien, in den Ortsvereinen? Heino KAACK (1971) hat in seinem klassischen Werk die Arbeitsweise, Struktur und Funktion von Ortsvereinen der großen Parteien so prägnant in 13 Punkten zusammengefasst, dass man dies auch heute noch als realistische Skizze gelten lassen kann:

> „Zusammenfassend läßt sich zur Struktur und Funktion der Ortsvereine der großen Parteien in der Bundesrepublik folgendes festhalten:
>
> 1. Die Ortsvereine sind von höchst unterschiedlicher Größe. Generell muß zwischen Ortsvereinen, die Untergliederungen aufweisen, und Ortsvereinen ohne Untergliederung differenziert werden.
> 2. In mittleren und kleineren Gemeinden erstrecken sich die Ortsvereine über das gesamte Gebiet der Gemeinde. Hier sind sie im Hinblick auf die Kommunalpolitik nahezu autonom.
> 3. In Mittel- und Großstädten existieren nicht selten mehrere Ortsvereine, die für die Kommunalpolitik koordiniert werden müssen.
> 4. Hauptaufgabe der Ortsvereine ist die Rekrutierung von Amtsträgern auf kommunaler Ebene, die Durchführung der Kommunalwahlkämpfe und die Gestaltung der Kommunalpolitik.
> 5. Die Mehrzahl der Parteimitglieder nimmt nicht aktiv am parteipolitischen Leben teil.
> 6. Das Rekrutierungspotential der Ortsvereine ist in zahlreichen Fällen so gering, daß für die zu besetzenden Ämter nicht genügend qualifizierte Bewerber gefunden werden können.
> 7. Die Bildung von Oligarchien wird nicht zuletzt dadurch erleichtert, daß personelle Alternativen mangels Masse vielfach gar nicht bestehen.
> 8. Vor allem in ländlichen Gemeinden herrschen Honoratiorenstrukturen noch vor. Zumeist ist dann das Parteiensystem nicht voll ausgebildet und Wählergemeinschaften dominieren.
> 9. Das Vereinsleben ist nach wie vor ein wichtiger politischer Vorraum für die Parteien, deren Funktion als soziale Gemeinschaft selbst bei der SPD erheblich zurückgegangen ist.
> 10. Konflikte in Ortsvereinen beruhen häufig auf Gegensätzen zwischen den Generationen, die nicht selten vor Gruppengegensätzen rangieren.
> 11. In allen Ortsvereinen bildet sich eine kleine Gruppe von Aktiven, die die Hauptarbeit leistet, die wichtigsten Positionen innehat und im Vergleich zu den einfachen Mitgliedern ein Monopol der Information und des Zugangs zu den höheren Ebenen besitzt.

12. Das Ausmaß der Mitwirkungsmöglichkeit einfacher Mitglieder, insbesondere die Chance der politischen Kontrolle, korreliert mit dem Ausmaß der Heterogenität der politisch Aktiven.
13. Die Chancen der innerparteilichen Demokratie in Ortsvereinen sind vor allem begrenzt durch die geringe Zahl der aktiven Parteimitglieder" (KAACK 1971, S. 481 f.).

Auch heute noch steht die Kommunalpolitik ganz im Mittelpunkt der Ortsvereinsarbeit. Eine Umfrageanalyse der Ortsvereinsaktivitäten von Horst BECKER (1997) in der SPD von Nordrhein-Westfalen hat dies bestätigt und auch die Verteilung der sonstigen Tätigkeiten erkundet. Dabei zeigt sich, dass politische Themen dominieren und die unpolitisch-geselligen Anlässe doch eher im Hintergrund stehen. Trotz mancher Kassandrarufe über den Rückgang der Aktivität ist der Aktivitätsgrad nach dieser Studie doch noch einigermaßen konstant geblieben.

Wie wird nun die innerparteiliche Demokratie in der Wissenschaft eingeschätzt und bewertet? Staatsrechtslehre, Politikwissenschaft und Publizistik sind sich selten so einig wie in dem Punkt, dass innerparteiliche Demokratie eine unerlässliche Notwendigkeit zur Komplettierung allgemeiner Demokratie darstellt. Dass die Meinungen über die eigentliche Ausgestaltung und den Grad innerparteilicher Demokratie weit auseinanderklaffen, z.B. ob sie sich analog zum streng repräsentativen Staatsaufbau oder auch in direktdemokratischer Form realisieren kann und soll, zeigt sich in den täglichen Konflikten in allen Parteien zwischen Basis, Spitze, Fraktionen, Stäben, Arbeitsgemeinschaften oder Regionalverbänden. Festzuhalten bleibt jedenfalls, dass über das Ziel innerparteilicher Demokratie weitgehende Einigkeit besteht und dank des Parteiengesetzes auch über Grundzüge ihrer Ausgestaltung.

Dissens besteht über den Begründungszusammenhang und – damit eng zusammenhängend – über den Konkretisierungsgrad. Wird innerparteiliche Demokratie eher gouvernemental abgeleitet aus der Erhebung der Parteien zu Quasi-Verfassungsorganen, so erfordert diese „Verstaatlichung" die Parallele staatlich-repräsentativer Legitimationsstrukturen innerhalb der Parteien. Wird interne Demokratie aber eher partizipatorisch-emanzipatorisch, nämlich aus der Herrschaftsunterworfenheit des (Partei-)Bürgers abgeleitet, so folgt hieraus die Forderung nach enger Bindung von Basis und Führung mit möglichst starken direktdemokratischen Elementen, z.B. mithilfe des *recall,* der Ämterrotation oder des imperativen Mandats.

Gegentendenzen zu weiterem Ausbau der innerparteilichen Demokratie liegen in dem Hang der Parteien, sich zu „hoheitlichen Institutionen" aufzuschwingen, sich quasi zu verstaatlichen. Dies betrifft mit zunehmender Existenzdauer alle Parteien, ob an der Regierung oder in der Opposition. In Deutschland kommt noch der Drang zur Verrechtlichung der Politik dazu, der solchen gouvernementalen Tendenzen der Parteien weiterhin Vorschub leistet.

Die Grundfrage nach innerparteilicher Demokratie ist eine Schlüsselfrage der jungen Parteiensoziologie bereits vor über 100 Jahren gewesen. Sie hat seither die Politikwissenschaft nicht mehr losgelassen. Die zwei Klassiker der Parteientheorie um die Wende zum 20. Jahrhundert sind so zugleich Begründer empirischer Politikforschung geworden und fordern uns mit ihren Thesen bis heute heraus: In seiner „Soziologie des Parteiwesens" von 1911 thematisierte Robert MICHELS die innerparteiliche Demokratie und spitzte seinen Befund zum „ehernen Gesetz der Oligarchie" zu. Dieses Diktum hat die politische Soziologie und Praxis bis heute nicht losgelassen. Das Werk „Democracy and the Organization of Political Parties" von Moisei OSTROGORSKI (1964; zuerst 1902) behandelte ungleich stärker die systemischen und strukturellen Probleme der Parteiendemokratie seiner Zeit. Erstaunlich, dass OSTROGORSKI bei uns immer im Schatten von MICHELS gestanden hat, denn die wichtigsten Punkte seiner Analyse könnten einem Manifest basisdemokratischer Bewegungen gut anstehen:

A. Diagnose nach OSTROGORSKI:

1) Die politischen und ökonomischen Forderungen und Folgerungen aus der industriellen Revolution und der Erweiterung des Wahlrechts haben die Kapazitäten des Bürgers, diese zu bewältigen, bei Weitem überstiegen.

2) Parteiorganisationen entstehen, um die Bedürfnisse von wachsender Wählerschaft nach einem Bindeglied zwischen Masse und Bevölkerung und politischer Führung zu befriedigen.

3) Die Parteiorganisationen beginnen, Macht und Kontrolle über eine indifferente Bürgerschaft auszuüben.

4) Die Regierung wird abhängig von Parteiorganisationen, um gewählt zu werden, und beginnt so, jenen unterlegen zu werden.

5) Parteiorganisationen denken nur an den eigenen Nutzen: Das Gemeinwohl leidet; Unabhängigkeit und Qualität der Regierungsverantwortlichen sinken; obwohl demokratische Spielregeln eingehalten werden, ist ihre Substanz zunehmend beeinträchtigt.

B. Therapie nach OSTROGORSKI:

1) Die Lösung ist die Abschaffung der Parteien.

2) Die Funktionen von Parteien sind auf zeitlich begrenzte Vereinigungen mit eindeutigem Zweck zu übertragen; die Vereinigungen lösen sich auf, wenn der Zweck erreicht ist.

3) Durch diese zukünftige Organisation der Politik würde der korrumpierende Einfluss von Parteien neutralisiert.

4) Die Partizipation einer informierten, aktiven Bürgerschaft an öffentlichen Entscheidungen würde verstärkt.

5) Eine „natürliche Elite", charakterisiert durch Engagement und Fähigkeiten, würde die Macht durch die Führerschaft in politischen Sachfragen übernehmen.

6) Damit ist die Demokratie mit den zwei Grundwerten „Vernunft" und „Freiheit" wiedergewonnen (vgl. OSTROGORSKI 1964).

Die US-Amerikaner um die Jahrhundertwende haben OSTROGORSKIS Parteienkritik beherzigt und die Macht der damaligen übermächtigen Parteiapparate in den Großstädten, der sogenannten „Parteimaschinen", eingedämmt – insbesondere durch die Einführung von Vorwahlen, den *primaries*. Die relative Schwäche der amerikanischen Parteiorganisationen ist bis heute eine Spätfolge dieser Reaktion.

MICHELS (1911) insistierte monoman auf der Unfähigkeit von Organisationen, die für die Verwirklichung von Demokratie ursprünglich angetreten waren, diese auch nur bei sich selbst zu verwirklichen. Er stieg dabei tief in empirische Details der Parteien der Arbeiterbewegung ein, um sie mit theoretischen Fragestellungen zu verbinden. Aber es blieb doch eine deduktive Methodik, die von einigen deterministischen Hypothesen ausging, für die dann zahllose empirische Illustrationen gesucht wurden: Wer Organisation sagt, sagt Tendenz zur Oligarchie. Alle Arbeitsteilung führt zur Spaltung von Masse und Elite, die Elite muss sich abschotten, um zu funktionieren, die Demokratie wird zur Oligarchie (vgl. zu MICHELS Abb. 45). Gerade die pessimistische Grundannahme der Gesellschaftsspaltung von Masse und Elite machte MICHELS dann den Sprung vom frühen Anarcho-Syndikalismus zu seinem späteren faschistischen Credo leicht. Von der methodischen Entwicklung und der tatsächlichen Aussagekraft her gleicht MICHELS' ehernes Gesetz mehr Quasitheorien, wie Parkinsons „Gesetzen der Bürokratie", als einer sozialwissenschaftlichen Theorie (vgl. zur Kritik EBBIGHAUSEN 1969).

Unter den Versuchen zur Revision von MICHELS' Gesetz ragt die These von Frieder NASCHOLD (1969) heraus, der zu begründen versuchte, dass gerade die Effektivität von Organisationen in komplexeren Gesellschaften nach interner Demokratie verlange. Organisation und Demokratie, Organisationsdemokratie und Effektivität seien nicht widersprüchlich, sondern miteinander vereinbar und geradezu aufeinander angewiesen. Eigene Motivation und Partizipation der Organisationsmitglieder, Dezentralisierung, Identifikation und erhöhte Kommunikation behinderten nicht, sondern stärkten große Organisationen. Gegen MICHELS führt NASCHOLD an: Mehr Effektivität und Demokratie entstünden durch mehr Partizipation in Organisationen. Komplexe Gesellschaften produzierten demnach einen Sachzwang zu mehr Demokratie.

Auch diese These macht es sich zu einfach, weil sie zu optimistisch ist; die empirische Organisationswirklichkeit widerspricht ihr. Die sogenannte Teamarbeit in der Wirtschaft, die aus Effektivitätsgründen propagiert wird, um durch mehr Mitverantwortung mehr Motivation, daher mehr Effektivität und Produktivität zu erzielen, geht ja nicht von einer allgemeinen Partizipation der beteiligten Mitarbeiter als Demokratisierungsprozess und Mittel der Selbstverwirklichung aus, sondern von einer in ganz bestimmten und festgelegten Kanälen organisierten sowie begrenzt zugestandenen Mitwirkung an gewissen Entscheidungen.

Die beiden Werke von Robert MICHELS (1911) und Frieder NASCHOLD (1969) markieren gut 50 Jahre Forschung über Organisationsdemokratie, ohne dass wir bis heute ein abschließendes Resultat formulieren können. Zu einem Klassiker der Organisationsliteratur etwa in der zeitlichen Mitte zwischen den beiden Autoren ist das einflussreiche Werk der Amerikaner LIPSET/COLEMAN/TROW (1956) zu zählen, das die Bedingungen innerorganisatorischer Demokratie in der amerikanischen Druckergewerkschaft analysiert. Für die allgemeinen Problemstellungen innerparteilicher Demokratie sind Bodo ZEUNER (1969) und Helmut TRAUTMANN (1975) sowie Sebastian ROSSNER (2014) lesenswert. Eine umfassende Analyse liefert zudem Oskar NIEDERMAYER (1989). In neuester Zeit sind bezüglich der Struktur und des Wandels von Parteiorganisationen die Werke von Thomas POGUNTKE (2000), von Ulrich von ALEMANN (2005), von Uwe JUN und Benjamin HÖHNE (2010) sowie von Sebastian BUKOW (2013) zu nennen.

Seit den 1970er Jahren haben sich viele Bürger von der verkrusteten Organisationswirklichkeit in den Parteien abgestoßen gefühlt und einen neuen Anlauf zu spontaner Basisdemokratie unternommen. Die direkte Aktion von Bewegungen und Bürgerinitiativen wurde als Allheilmittel gegen den vermeintlichen Mangel an innerparteilicher Demokratie angepriesen. Die Parteien müssten sich in Aktionsgruppen umwandeln und als Bewegung, Initiativgruppe oder Bürgerinitiative neu konstituieren (vgl. MICHAL 1988; LINNEMANN 1995).

Mit einigem Abstand zu den 1970er Jahren zeigt sich, dass die Neuen Sozialen Bewegungen von einem zu engen Feindbild ausgingen: Organisation ist nicht immer nur versteinerte Herrschaft von Apparat und Funktionären, sie schafft auch

Abbildung 45 Versuch eines Schemas zur Ätiologie der Oligarchie in den Parteien der Demokratie

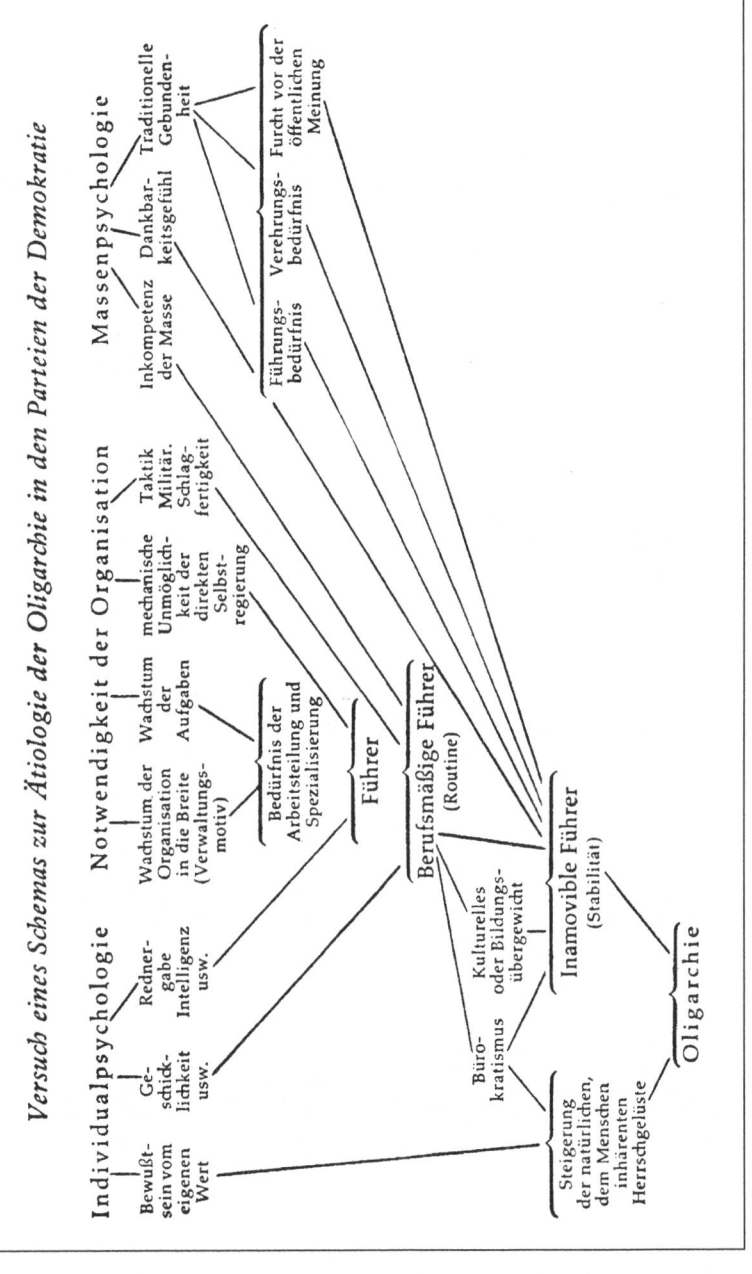

Versuch eines Schemas zur Ätiologie der Oligarchie in den Parteien der Demokratie

Stabilisierung der Aktion, der Motivation und der Interventionsmöglichkeit. Darauf hat Joachim Raschke in seiner bemerkenswerten Studie über soziale Bewegungen bereits 1985 hingewiesen: Man kann von

„zwei charakteristischen Schwächen der neuen Bewegungen (ausgehen, d. Verf.): ihrer Instabilität und ihrer Unterkomplexität. Beide stehen im Zusammenhang mit einem problematischen Organisationsverständnis, das in der Organisation primär die Entfremdung und weniger das Stabilisierungs- und Interventionsinstrument sieht. Dadurch wird einer stärkeren Arbeitsteilung die Legitimationsbasis entzogen. Direkte interne Demokratie und direkte Aktion vermögen aber die Ressourcen der Bewegung nicht auszuschöpfen und bleiben hinter der Komplexität der Gesellschaft zurück" (Raschke 1985, S. 464).

8.2 Mitgliederstruktur

Parteimitglied wird man freiwillig. Die Parteien müssen also einen Anreiz bieten, um Mitglieder zu werben. Andererseits muss die Partei niemanden aufnehmen, den sie nicht will. Sie kann Antragsteller ohne Angabe von Gründen ablehnen. Sie darf allerdings keinen willkürlichen Aufnahmestopp erlassen, und sie darf auch nur Mitglieder ausschließen oder maßregeln, die sich parteischädigend verhalten haben. Dafür gibt es parteiinterne Schiedsgerichte auf mehreren Ebenen.

Die Gesamtzahl der Parteimitglieder der im Bundestag vertretenen Parteien lag im Jahr 2016 bei etwas mehr als 1,2 Millionen (vgl. Niedermayer 2017a, S. 375). Dazu kommen die Mitglieder von Vorfeldvereinigungen der Parteien, die nicht formelle Parteimitglieder sind. Insgesamt ist die Anzahl der Parteimitglieder bis in die 1970er Jahre zunächst stark angestiegen, in den vergangenen Jahrzehnten aber rapide zurückgegangen (vgl. Abb. 46). Dieser Aderlass ist, betrachtet man nicht die absoluten Zahlen, sondern die Anteilswerte, bei FDP und *Linken* am stärksten ausgefallen. So hat die FDP im Vergleich zu 1990 fast 69 % ihrer Mitglieder verloren. Einzig die *Grünen* können im Vergleich zu 1990 eine deutliche Zunahme an Mitgliedern verzeichnen.

Zudem ist zu beachten, dass von den insgesamt 1,2 Millionen Parteimitgliedern sich ein Drittel überhaupt nicht aktiv ins Parteileben einbringt (vgl. Spier 2011, S. 99) – etwa durch die Übernahme eines Parteiamts oder den regelmäßigen Besuch von Veranstaltungen. Daher stellt sich zurecht die Frage: Inwiefern sind die Mitglieder der großen Parteien ein Spiegelbild der Gesellschaft? Auf diese Frage gibt die Deutsche Parteimitgliederstudie (PAMIS) Antwort, die vom Arbeitsbereich für Politische Soziologie der Leibniz Universität Hannover und vom Institut für Deutsches und Internationales Parteienrecht und Parteienforschung

(PRuF) der Heinrich-Heine-Universität Düsseldorf im Jahr 2009 durchgeführt wurde. Ihre Befunde hinsichtlich der sozialstrukturellen Verankerung der Parteimitglieder sind eindeutig:

- Der **Altersaufbau** der Parteien zeigt ein Übergewicht der mittleren und älteren Jahrgänge. Bei den beiden Volksparteien sind 7 bzw. 8 % der Mitglieder unter 35 Jahre alt. Bei CDU und CSU sind zudem mehr als 40 % der Mitglieder älter als 65 Jahre. Bei der SPD stellt die Gruppe der über 65jährigen 37 % aller Parteimitglieder. Extrem überaltert ist zudem *Die Linke*. Hier macht die Gruppe der über 80jährigen 16 % aller Parteimitglieder aus. Doch selbst *Die Grünen* sind keine junge Partei geblieben. Waren 1998 nur 20 % ihrer Mitglieder älter als 50 Jahre, sind dies im Jahr 2009 ganze 53 % (vgl. KLEIN 2011, S. 45).
- Betrachtet man die Mitglieder der Parteien nach **Berufsgruppen** sind Arbeiter und Angestellte aus dem privaten Wirtschaftssektor deutlich unterrepräsentiert. Hingegen ist die Gruppe der im öffentlichen Dienst Beschäftigten deutlich überrepräsentiert. Die Gruppe der Selbstständigen ist zudem nach wie vor am stärksten unter den Mitgliedern der bürgerlichen Parteien vertreten. Auffällig ist auch, dass im Gegensatz zu 1998 im Jahr 2009 der Anteil an Arbeitern unter den Mitgliedern der *Linken* größer ist als unter den Mitgliedern der SPD (vgl. KLEIN 2011, S. 50).
- Der **Bildungsgrad** der Parteimitglieder liegt deutlich höher als in der Gesamtbevölkerung. Den höchsten Anteil an Akademikern weisen *Grüne*, FDP und *Die Linke* auf. Aber auch bei den beiden Volksparteien hat sich der Anteil an Akademikern seit 1998 leicht erhöht und beträgt im Jahr 2009 fast 40 % (vgl. KLEIN 2011, S. 47).
- Wird die **Geschlechterverteilung** unter den Parteimitgliedern in den Fokus genommen, tritt deutlich hervor, dass diese völlig unausgewogen ist. Bei der SPD sind 71 % männlich, bei der CDU 75 % und bei der CSU gar über 80 %. Aber auch die FDP wird deutlich von männlichen Parteimitgliedern dominiert. Hier sind 77 % der Mitglieder männlichen Geschlechts. Nur bei der *Linken* und den *Grünen* fällt der Frauenanteil mit fast 40 % etwas höher aus. Die Geschlechterverteilung ist aber dennoch unausgewogen (vgl. KLEIN 2011, S. 43).

Um die schiefe Geschlechterverteilung in den Parteien auszugleichen, sind von den Organisationen „Frauenquoten" hinsichtlich der Besetzung von Landeslisten oder Fraktionsämtern praktiziert oder mindestens diskutiert worden. Am weitesten gehen hier *Die Grünen*, die eine paritätische Quote von 50 % mit der Maßgabe realisiert haben, dass bei Listen der erste Platz stets mit einer Frau besetzt werden muss. Zudem fungieren hier auch jeweils ein Mann und eine Frau für die Partei und die Fraktion als Vorsitzende. In den beiden Volksparteien ist die Geschlech-

Abbildung 46   Die Mitgliederentwicklung der im Bundestag vertretenen Parteien (gerundet und in tausend)

Jahr	CDU	CSU	FDP	SPD	B 90/Die Grünen	Die Linke*	AfD
1947	400	82	55	875	–	–	–
1952	200	52	83	627	–	–	–
1960	255	53	80	650	–	–	–
1970	329,0	93,0	57,0	820,0	–	30,0	–
1980	693,0	172,0	85,0	987,0	15,0	40,0	–
1990	789,6	186,2	168,2	943,4	41,3	280,9	–
1991	751,2	184,5	140,0	919,9	38,9	172,6	–
1992	713,8	181,8	103,5	886,0	36,3	146,7	–
1993	685,3	177,3	94,2	861,5	39,8	131,4	–
1994	671,5	176,3	88,0	849,4	43,9	123,8	–
1995	657,6	179,6	80,4	817,7	46,4	114,9	–
1996	645,8	178,6	75,0	792,8	48,0	105,0	–
1997	631,7	178,5	69,6	776,2	49,0	98,6	–
1998	626,3	178,8	67,9	775,0	51,8	94,6	–
1999	638,1	183,6	64,4	755,1	49,5	88,6	–
2000	616,7	181,0	62,7	734,7	46,6	83,5	–
2001	604,1	177,7	64,1	717,5	44,1	77,8	–
2002	594,4	177,7	66,6	693,9	43,9	70,8	–
2003	587,2	177,0	65,2	650,8	44,1	65,8	–
2004	579,5	172,9	64,1	605,8	44,3	61,4	–
2005	571,9	170,1	65,0	590,5	45,1	61,3	–
2006	553,9	166,9	64,9	561,2	44,7	60,3	–
2007	536,7	166,4	64,1	539,9	44,3	71,7	–
2008	529,0	162,2	65,6	521,0	45,1	76,0	–
2009	521,1	159,2	72,1	512,5	48,2	78,0	–
2010	505,3	153,9	68,5	502,1	53,0	73,7	–
2011	489,9	150,6	63,1	489,6	59,1	69,5	–
2012	476,3	148,0	58,7	477,0	59,7	63,8	–
2013	467,1	148,4	57,3	473,7	61,4	63,8	17,7
2014	457,5	146,5	55,0	459,9	60,3	60,5	20,7
2015	444,4	144,4	53,2	442,8	59,4	59,0	16,4
2016	431,9	142,4	53,9	432,7	61,6	58,9	26,4

* zunächst DKP, ab 1990 PDS, ab 2007 Die Linke

Nach: Rudzio 2015, S. 157; Niedermayer 2017a, S. 375

Abbildung 47   Die Berufsstruktur der Parteimitglieder in Prozent der Mitglieder

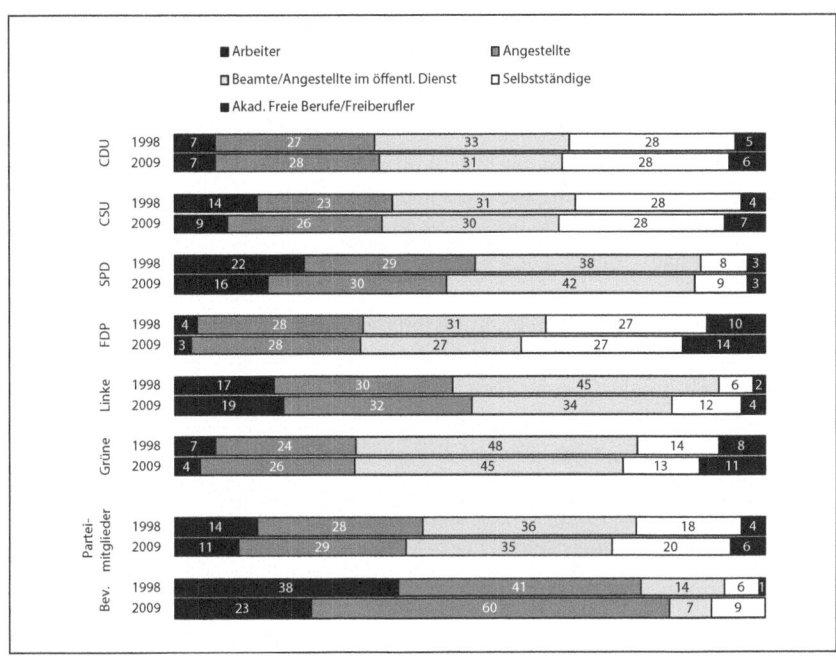

Aus: KLEIN 2011, S. 50, Abb. 45

terverteilung wie folgt geregelt: Die Wahlordnung der SPD schreibt vor, „dass Männer und Frauen zu mindestens je 40 % in den Parlamenten und kommunalen Vertretungskörperschaften vertreten sind" (§ 4 Abs. 1 Wahlordnung der SPD). Bezüglich der Aufstellung von Landeslisten ist daher festgesetzt, dass die Abfolge der Bewerber alternierend erfolgen muss. Auf eine Bewerberin folgt also ein Bewerber und darauf folgt wieder eine Bewerberin. Die CDU hat 1996 nach langer quälender Debatte ein Frauenquorum von einem Drittel eingeführt. Diese „Soll-Vorschrift" gilt es auch bei der Aufstellung von Kandidatenvorschlägen für Parteiämter zu beachten. So sieht das Statut der CDU in § 15 folgende Regelungen vor:

„(2) Frauen sollen an Parteiämtern in der CDU und an öffentlichen Mandaten mindestens zu einem Drittel beteiligt sein."

„(3) Förmliche Kandidatenvorschläge bei Wahlen für Parteiämter haben den Grundsatz nach Abs. 2 zu beachten. Wahlgremien können Kandidatenvorschläge zurückweisen, die Frauen nur unzureichend berücksichtigen. Wird bei Gruppenwahlen zu Parteiämtern von der Kreisverbandsebene an aufwärts in einem ersten Wahlgang das Frauenquorum von einem Drittel nicht erreicht, ist dieser Wahlgang ungültig. Es ist ein zweiter Wahlgang vorzunehmen, zu dem weitere Vorschläge gemacht werden können. Dessen Ergebnis ist unabhängig von dem dann erreichten Frauenanteil gültig."

Nach der zuvor dargestellten sozialstrukturellen Zusammensetzung der Parteien wäre das typische Parteimitglied zwischen 50 und 64 Jahre alt, männlichen Geschlechts, im öffentlichen Dienst angestellt oder beamtet und hätte einen Fach- oder Hochschulabschluss. Dieses statistische Profil ist aber nicht sehr überraschend, denn in Bürgerinitiativen und Selbsthilfegruppen, in Verbänden und Vereinen sieht das aktive Durchschnittsmitglied nicht viel anders aus; höchstens, dass hier der Frauenanteil höher ist. Nicht die Parteien kapseln sich also von der Gesellschaft ab, sondern in der Gesellschaft gibt es bestimmte Gruppen, die sich aktiver beteiligen und einmischen als andere.

Dieses typische Parteimitglied ist aber nur eine statistische Durchschnittsgröße. In der Wirklichkeit unterscheiden sich die Parteimitglieder drastisch innerhalb der Parteien nach dem Grad ihrer Aktivität. Sie bilden eine Pyramide mit breiter Basis und schlanker Spitze. Diese **Mitgliederpyramide** hat mindestens vier Etagen:

1. **Das einfache Mitglied.** Ein großer Teil der Mitglieder an der Basis sind einfache Beitragszahler ohne nennenswerte Aktivitäten, also regelrechte Karteileichen, die nur den geringsten Mitgliedsbeitrag zahlen und nie eine Veranstaltung besuchen. So verweigert sich fast die Hälfte der Parteimitglieder jeglicher parteipolitischer Aktivität (vgl. SPIER 2011, S. 109). Man kann zu Recht fragen, was diese denn überhaupt dazu treibt, Mitglied zu werden und zu bleiben. Die einen sind es aus Tradition oder aus politischer Solidarität, fassen ihren Beitrag als Unterstützungsspende auf, wollen aber ansonsten ihre Ruhe haben; die anderen sind es vielleicht aus Opportunismus, weil sie im öffentlichen Dienst oder als Selbstständige Vorteile und Aufträge von ihrem Parteibuch erhoffen. Aber das ist eine unsichere Kalkulation, weil reine Parteibuchbeförderungen oder Parteiaufträge immer seltener werden.

2. **Die ehrenamtlich Aktiven.** Die aktive Parteiarbeit wird von den restlichen Parteimitgliedern getragen. Sie kommen zu den Mitgliederversammlungen in der Basisorganisation, den Ortsvereinen der SPD oder Stadt- oder Gemeindeverbänden der CDU/CSU. Sie stellen die Vorsitzenden, Beisitzer, Kassierer und Delegierten der ca. 9 000 Ortsvereine der SPD, der etwa 11 800 Ortsverbände der CDU, der ca. 2 800 Ortsverbände der CSU, der ungefähr 2 200 Ortsverbände der FDP und

Abbildung 48 Aktivitätsgrad der Mitglieder

		sehr aktiv	ziemlich aktiv	wenig aktiv	überhaupt nicht aktiv
CDU	1998	7	16	41	36
CDU	2009	7	20	43	31
CSU	1998	5	17	42	36
CSU	2009	4	20	45	30
SPD	1998	6	18	37	39
SPD	2009	6	22	40	33
FDP	1998	7	21	39	32
FDP	2009	10	24	40	26
Linke	1998	4	28	52	16
Linke	2009	8	28	48	16
Grüne	1998	9	22	35	34
Grüne	2009	9	21	35	34
Gesamt	1998	6	18	40	36
Gesamt	2009	6	21	42	31

Aus: SPIER 2011, S. 109, Abb. 7.5

der rund 1 800 Ortsverbände der *Grünen* sowie der ca. 6 000 Basisorganisationen und Ortsverbände der *Linken* (vgl. RUDZIO 2015, S. 142). Sie kleben die Wahlplakate vor Ort, diskutieren über Politik und wählen Delegierte aus ihren Reihen für die nächsthöheren Ebenen. Knapp 30 % der Parteimitglieder nehmen diese Aufgaben wahr (vgl. SPIER 2011, S. 109). Politik an der Basis ist durch hautnahe Probleme geprägt: Verkehrsplanung, Kindergärten, Umweltschutz. In der Regel sind diese Ortsparteien keine hermetisch abgeschlossenen Klüngel, Aktive sind rar. Neue Mitglieder können deshalb schnell Mitverantwortung übernehmen, wenn sie wollen.

3. Die hauptamtlich Aktiven. Dies sind die eigentlichen Parteifunktionäre, d. h. die Parteiangestellten. Auf der Ortsebene gibt es sie in der Regel nicht, hier ist alles ehrenamtlich, sondern erst auf der zweiten Organisationsebene, den Kreisverbänden, die den Städten und Landkreisen entsprechen, bzw. bei der SPD den Unterbezirken. Hier ist die unterste Stufe für hauptamtliches Personal, meist allerdings nur ein Geschäftsführer und ein bis drei Personen Büropersonal. In den

Kreisen und Städten stellen allerdings die Fraktionen der Kreistage und Stadträte noch hauptamtliche Assistenten und Hilfskräfte an, die auch bei der Partei mitwirken. Insgesamt ist also die Personaldecke auf dieser Ebene der Parteien noch sehr dünn, selten gut ausgebildet und nicht sehr gut bezahlt. Ihre Aufgabe ist es fast ausschließlich, Veranstaltungen, Wahlkämpfe und Gremientätigkeit zu organisieren. Inhaltlich sind sie oft wenig gefordert. Allgemein klagen die Parteien, sie müssten hier mehr für die Qualifikation tun.

Die nächsthöhere Stufe ist die Landes- oder Bezirksebene. Während die meisten Parteien als mittlere Ebene die Ländergliederung übernommen haben, hält die SPD aus Tradition in manchen Bundesländern an ihren Bezirken fest. In den Ländern können zudem nach politischer Zweckmäßigkeit Landesverbände als regionale Zusammenschlüsse gebildet werden. Das hauptamtliche Personal ist hier stärker vertreten. Eine Bezirksgeschäftsstelle hat durchaus ein gutes Dutzend Angestellte, die auch mehr für die inhaltliche Arbeit, z. B. die Betreuung und Koordination der Arbeitsgemeinschaften und Fachgremien der Parteien, zuständig sind. Landesebene und Bezirke sind in den beiden großen Parteien CDU und SPD entscheidende Machtzentren. Der Vorsitz einer Landespartei oder eines Bezirks bedeutet eine gehörige Hausmacht. Es ist ein Mythos, dass die mächtigen Bundesvorsitzenden der Partei ihren Willen diktieren könnten und der Parteiapparat zentral beherrscht würde. Eine solche zentrale Beeinflussung funktioniert weder bei der Nominierung der örtlichen Bundestagskandidaten oder Landesvorsitzenden noch bei Programmdebatten. Man sieht: Die Parteien sind sehr komplizierte Gebilde, deren Gliederung sehr plastisch den bundesdeutschen Föderalismus mit seiner Politikverflechtung abbildet (vgl. zum Föderalismus in der CDU SCHMID 1990).

Schließlich gibt es die hauptamtlichen Parteiangestellten in den Parteizentralen, die sich bei den beiden großen Parteien auf jeweils ungefähr 200 Personen addieren. Ist das viel? Ist das ein mächtiger Apparat? Mitnichten, es ist weniger als manche Stadtsparkasse Angestellte hat. Erst recht ist dieser Apparat klein, wenn man ihn mit der Bundestagsverwaltung oder gar mit den Bundesministerien vergleicht. Schon ein mittleres Ministerium kommt auf über 2 000 Mitarbeiter! Kurz und gut: Die hauptamtlichen Parteifunktionäre spielen in der bundesdeutschen Politik eine zahlenmäßig kaum relevante Rolle. Sie werden allerdings beträchtlich verstärkt durch die hauptamtlich angestellten Mitarbeiter von Fraktionen und Abgeordneten, von Land und Bund, in den teilweise halb unabhängigen Vereinigungen der Parteien, insbesondere auch in den Parteistiftungen und natürlich durch parteipolitisch gebundene Beamte in den Spitzen von Verwaltungen und Ministerien, vom persönlichen Referenten bis zum Abteilungsleiter – dies allerdings immer nur dann, wenn die Partei an der Regierung ist. Die jeweilige Opposition hat hier das Nachsehen.

4. Die Mandatsträger. Die vierte Gruppe der Parteimitglieder sind diejenigen, die für ein öffentliches Mandat gewählt wurden – als Stadtratsmitglied, Bürgermeister, Kreis- oder Landtagsabgeordneter, Bundes- oder Europaparlamentarier oder Minister. Hierbei ist darauf hinzuweisen, dass viele Mandatsträger jedoch oft mehr als ein Mandat innehaben, wenn etwa ein Mitglied des Deutschen Bundestages zugleich Mitglied im Stadtrat seines Wohnortes ist. Unter den Parteimitgliedern in Deutschland ist jedoch nur ein Viertel bereit, für ein solches öffentliches Amt auch zu kandidieren (vgl. SPIER 2011, S. 109).

Bei der Betrachtung der Mandatsträger ist eine Grundunterscheidung zu treffen: So sind zum einen die nebenamtlichen Mandatsträger in den Gemeinde- oder Stadträten sowie in den Kreistagen zu nennen, zum anderen gibt es die Gruppe der doch eher hauptberuflichen, professionellen Parlamentarier in den Ländern, im Bund und in Europa (vgl. Abb. 49). Auch wenn manche Abgeordnete auch weiterhin berufstätig sind, bilden diese doch die Ausnahme. Parlamentarier ist ein Vollzeitberuf, der deshalb auch über die Diäten entsprechend bezahlt wird.

Die vier Typen der Parteimitglieder – der Beitragszahler, der Aktivist, der Funktionär und der Abgeordnete – sehen sich verschiedenen vertikalen Ebenen der Parteiorganisation gegenüber: Ortsverein, Kreisebene/Unterbezirk, Landesverband/Bezirksebene und Bundesebene. Wie oben schon erwähnt, gibt es auf jeder dieser Ebenen eine demokratische Mitglieder- oder Delegiertenversammlung. Diese wählt den jeweiligen Vorstand mit dem Vorsitzenden und häufig auch Beiräte, Ausschüsse sowie die Delegierten für die nächsthöhere Ebene. Der innere Aufbau der Parteien ist also durchaus demokratisch, wenn auch vielfach abgestuft. Das einfache Mitglied wählt eben nur seinen Ortsvorstand und seinen Delegierten für die nächsten Stufen, nicht aber direkt in den „Bundestag" der Parteien, die Bundesdelegiertenversammlung.

Neben der vertikalen Parteiorganisation ist auch eine horizontale Ebene zu identifizieren – die Ebene der verschiedenen Arbeitsgemeinschaften und Vereinigungen (vgl. Abb. 50). Diese Sonderorganisationen haben in den Parteien einen unterschiedlichen Status. Sie haben in der Regel keine eigene Mitgliedschaft, Statuten oder Grundsatzprogramme. Trotzdem erreichen sie relative Autonomie, sodass Verselbstständigungstendenzen und Konflikte unvermeidlich sind.

Im Vergleich zur SPD sind die Vereinigungen der CDU als unabhängiger einzustufen. Sie besitzen nicht nur Satzungsrecht, sondern auch das Recht zu eigenen Verlautbarungen. Sie sind aber in ihrer Bedeutung und Struktur höchst unterschiedlich. Die *Schüler Union* ist inzwischen wieder bedeutungslos geworden, aber auch der Einfluss der *Sozialausschüsse* ist zurückgegangen. Die *Junge Union* als Karrieresprungbrett ist weiterhin wichtig. Neben den formellen Vereinigungen gibt es noch ein kompliziertes Netzwerk von an die 60 Fachausschüssen, Arbeitskreisen und ähnlichen Gremien in der CDU (vgl. VON ALEMANN/GODEWERTH 2005).

Abbildung 49 Phasenmodell politischer Karrieren

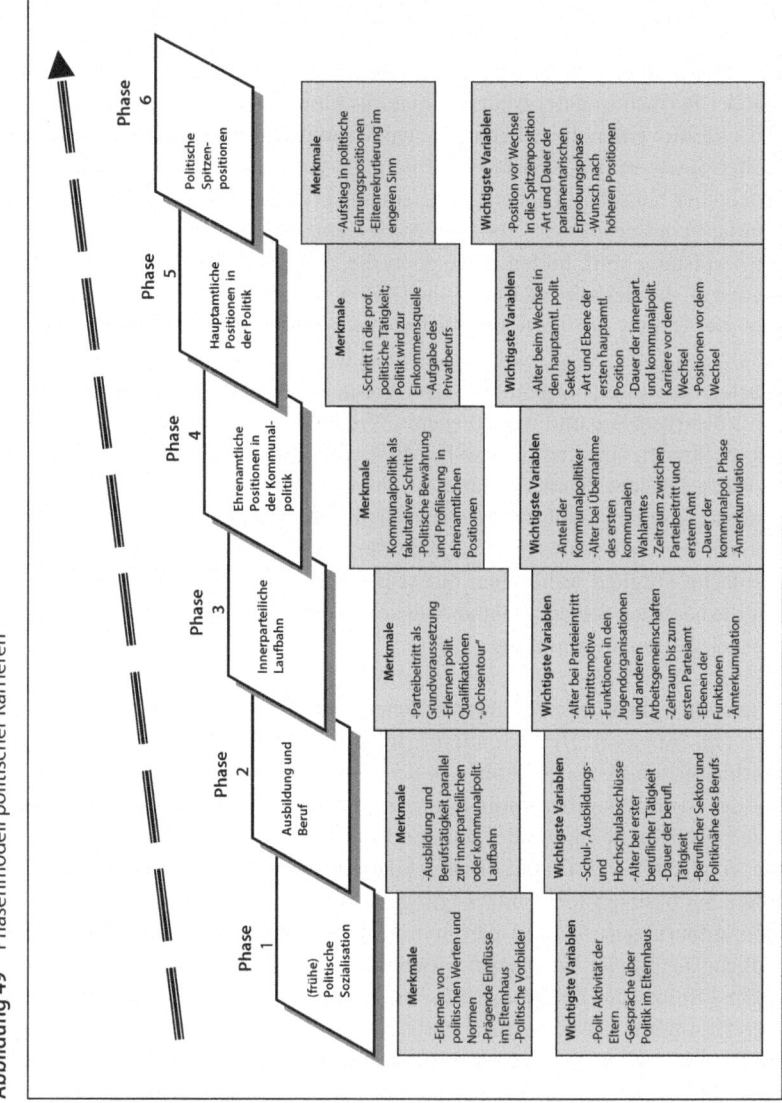

Phase 1

(frühe) Politische Sozialisation

Merkmale
-Erlernen von politischen Werten und Normen
-Prägende Einflüsse im Elternhaus
-Politische Vorbilder

Wichtigste Variablen
-Polit. Aktivität der Eltern
-Gespräche über Politik im Elternhaus

Phase 2

Ausbildung und Beruf

Merkmale
-Ausbildung und Berufstätigkeit parallel zur innerparteilichen oder kommunalpolit. Laufbahn

Wichtigste Variablen
-Schul-, Ausbildungs- und Hochschulabschlüsse
-Alter bei erster beruflicher Tätigkeit
-Dauer der berufl. Tätigkeit
-Beruflicher Sektor und Politiknähe des Berufs

Phase 3

Innerparteiliche Laufbahn

Merkmale
-Parteibeitritt als Grundvoraussetzung
-Erlernen polit. Qualifikationen
-„Ochsentour"

Wichtigste Variablen
-Alter bei Parteieintritt
-Eintrittsmotive
-Funktionen in den Jugendorganisationen und anderen Arbeitsgemeinschaften
-Zeitraum bis zum ersten Parteiamt
-Ebenen der Funktionen
-Ämterkumulation

Phase 4

Ehrenamtliche Positionen in der Kommunal-politik

Merkmale
-Kommunalpolitik als fakultativer Schritt
-Politische Bewährung und Profilierung in ehrenamtlichen Positionen

Wichtigste Variablen
-Anteil der Kommunalpolitiker
-Alter bei Übernahme des ersten kommunalen Wahlamtes
-Zeitraum zwischen Parteibeitritt und erstem Amt
-Dauer der kommunalpol. Phase
-Ämterkumulation

Phase 5

Hauptamtliche Positionen in der Politik

Merkmale
-Schritt in die prof. politische Tätigkeit; Politik wird zur Einkommensquelle
-Aufgabe des Privatberufs

Wichtigste Variablen
-Alter beim Wechsel in den hauptamtl. polit. Sektor
-Art und Ebene der ersten hauptamtl. Position
-Dauer der innerpart. und kommunalpolit. Karriere vor dem Wechsel
-Positionen vor dem Wechsel

Phase 6

Politische Spitzen-positionen

Merkmale
-Aufstieg in politische Führungspositionen
-Elitenrekruiterung im engeren Sinn

Wichtigste Variablen
-Position vor Wechsel in die Spitzenposition
-Art und Dauer der parlamentarischen Erprobungsphase
-Wunsch nach höheren Positionen

Aus: GRUBER 2009, S. 98

Abbildung 50   Vereinigungen, Arbeitsgemeinschaften und Arbeitskreise der beiden großen Parteien (Stand Juli 2017)

CDU	SPD
Junge Union	Jungsozialisten
Ring Christlich-demokratischer Studenten	Juso-Hochschulgruppen
Schüler Union	AG Selbst Aktiv
Frauen Union	AG sozialdemokratischer Frauen
Christlich-Demokratische Arbeitnehmerschaft	AG für Arbeitnehmerfragen
Kommunalpolitische Vereinigung	Gemeinschaft für Kommunalpolitik
Senioren Union	AG SPD 60 plus
Mittelstands- und Wirtschaftsvereinigung	AG Selbständige
Wirtschaftsrat Deutschland	AG für Bildung
AK Christlich Demokratischer Juristen	AG sozialdemokratischer Juristinnen und Juristen
Evangelischer Arbeitskreis	AG Gesundheitswesen
Christdemokraten für das Leben	AK Christinnen und Christen in der SPD
AK Engagierter Katholiken in der CDU	AK Muslimischer Sozialdemokraten
Ost- und Mitteldeutsche Vereinigung	AK Jüdischer Sozialdemokraten
Lesben und Schwule in der Union	SPDqueer
	AG ehemals verfolgter Sozialdemokraten

Eigene Darstellung

Als weitere Organisationen, die in gewisser Nähe zu den Parteien stehen, sind die parteinahen Stiftungen zu nennen. Ihr Tätigkeitsfeld, ihre Größe, ihr Verhältnis zu den politischen Parteien und insbesondere die Finanzkraft durch staatliche Mittel machen sie zu besonderen Institutionen im politischen System der Bundesrepublik Deutschland.

Die Stiftungen sind zwar zum Teil schon in der Weimarer Republik gegründet worden, ihre beachtliche Expansion hängt aber eng mit den Wechselfällen der Parteienfinanzierung in der Bundesrepublik zusammen. So wurde die staatliche Parteienfinanzierung für die politische Bildung der Parteien 1966 durch das Bundesverfassungsgericht verboten. In den Leitsätzen des Urteils heißt es:

„Mit dem demokratischen Grundsatz der freien und offenen Meinungs- und Willensbildung vom Volk zu den Staatsorganen ist es nicht vereinbar, den Parteien Zuschüsse aus Haushaltmitteln des Bundes für ihre gesamte Tätigkeit im Bereich der politischen Meinungs- und Willensbildung zu gewähren" (BVerfGE 20, 56).

So flossen seit 1967 immer mehr staatliche Mittel für die politische Bildung an die Stiftungen statt an die Parteien. Der Betrag, der den Stiftungen aus dem Bundeshaushalt zugewendet wird, wuchs im Jahr 2015 auf 513 Mio. € an (vgl. BUNDESRECHNUNGSHOF 2016, S. 242). Die Stiftungen erhalten zur institutionellen Förderung sogenannte Globalzuschüsse als staatliche Grundstockfinanzierung zur Erfüllung ihrer satzungsmäßigen Aufgaben. Den Umfang und die Verteilung der Zuschüsse bestimmt der Bundeshaushaltsplan. Über die Aufnahme der parteinahen Stiftungen in die Globalförderung, die jährliche Festlegung der Zuschüsse und ihre Verteilung auf die einzelnen Stiftungen entscheidet der Deutsche Bundestag. Die Mittelverteilung orientiert sich an den Durchschnittsergebnissen der letzten vier Bundestagswahlen, welche die Parteien, die den Stiftungen nahestehen, erzielt haben. Eine Anpassung des Verteilungsschlüssels erfolgt nicht unmittelbar nach einer Bundestagswahl, sondern erst im darauffolgenden Jahr.

Neben diesen Globalzuwendungen erhalten die Stiftungen projektbezogene Fördermittel aus dem Bundeshaushalt, die gesondert abgerechnet werden. Auch aus den Landeshaushalten werden die Stiftungen institutionell und projektbezogen gefördert. Nach dem Urteil des BVerfG 1986 ist die Förderung politischer Bildungsarbeit der Stiftungen durch Globalzuschüsse verfassungsrechtlich grundsätzlich zulässig. Voraussetzung der Förderung ist aber, dass es sich bei den Stiftungen um „von den Parteien rechtlich und tatsächlich unabhängige Institutionen" handelt, die ihre Aufgaben in organisatorischer und personeller Unabhängigkeit erfüllen (BVerfGE 73, 1 ff., vgl. MORLOK 1996, MERTEN 1996).

Allerdings hat das BVerfG 1992 seine bisherige Rechtsprechung korrigiert und nicht nur staatliche Wahlkampfkostenerstattung, sondern nunmehr auch Zuschüsse zur politischen Bildung der Parteien gebilligt. Damit ist für die Zukunft die Frage offen, ob der Staat die Parteistiftungen und die Parteien nun doppelt für ihre politische Bildung finanzieren darf. In der rechtswissenschaftlichen Literatur wird seit Langem beklagt, dass die parteinahen Stiftungen die enormen Geldzuwendungen aufgrund von Haushaltsgesetzen erhalten. Ein in der Wissenschaft gefordertes Gesetz zur Finanzierung der parteinahen Stiftungen existiert bisher nicht (siehe KRETSCHMAR/MERTEN/MORLOK 2000).

Die Globalzuschüsse sind im Etat des Bundesinnenministers als Ausgaben deklariert (vgl. Abb. 51). Sie sollen für folgende Zwecke verwendet werden:

„Die Globalzuschüsse werden (…) [den Stiftungen] zur Erfüllung ihrer satzungsgemäßen Aufgaben gewährt, insbesondere für die Durchführung von Seminaren, Tagungen und Kolloquien, die Beschaffung von Lehr- und Lernmitteln sowie die Vergabe

Abbildung 51   Globalzuschüsse für die parteinahen Stiftungen (Beträge in Mio. €)

Jahr	Friedrich-Ebert-Stiftung	Konrad-Adenauer-Stiftung	Hanns-Seidel-Stiftung	Friedrich-Nauman-Stiftung	Heinrich-Böll-Stiftung	Rosa-Luxemburg-Stiftung	Gesamt
2010	32,1	28,5	10,1	10,1	10,1	6,8	97,8
2011	31,2	27,4	9,5	10,2	10,2	9,3	97,9
2012	31,2	27,4	9,5	10,2	10,2	9,3	97,9
2013	31,8	27,9	9,7	10,4	10,4	9,4	99,9
2014	36,9	32,4	11,3	12,0	12,0	11,0	115,9
2015	35,1	34,2	11,2	11,8	12,1	11,2	115,9
2016	35,1	34,2	11,2	11,8	12,1	11,2	115,9
2017	35,1	34,2	11,2	11,8	12,1	11,2	115,9

Nach: Bundeshaushaltsplan 2010 ff., Einzelplan 06, Bundesministerium des Inneren

von Forschungsvorhaben mit gesellschaftspolitischer Zielsetzung vor allem auf dem Gebiet der Bildungsforschung. Aus den Globalzuschüssen werden u. a. Ausgaben für Personal und Verwaltung bestritten. Darüber hinaus dienen die Globalzuschüsse dazu, zeitgeschichtlich bedeutsame Archivalien (z. B. Aufzeichnungen, Redemanuskripte, Briefe u. Ä.) von deutschen Parlamentariern zu erhalten und in den Archiven der den im Deutschen Bundestag vertretenen Parteien nahestehenden Stiftungen zu archivieren" (Bundeshaushaltsplan 2016, Einzelplan 06, Bundesministerium des Innern).

Alle Stiftungen der etablierten Parteien unterhalten dezentrale Bildungsstätten für die regionale Arbeit; die zentralen Institute dienen besonders der zeithistorischen, sozialwissenschaftlichen und ökonomischen Grundlagenforschung. Für die Studienförderung werden Stipendien vergeben, die ebenfalls aus dem Bundeshaushalt kommen. Archive übernehmen für die Parteien die Sammlung und Aufbereitung von Akten, Dokumenten und Materialien. Die internationale Arbeit der Stiftungen besteht ebenfalls aus Stipendien, wichtiger aber noch aus Stützpunkten in aller Welt, besonders in der Dritten Welt und neuerdings in Osteuropa, wo Unterstützung und Information für befreundete Organisationen angeboten werden und beim Aufbau von demokratischen Strukturen geholfen wird. Zu den politischen Stiftungen zählen:

- Die *Friedrich-Ebert-Stiftung* (FES) der SPD ist schon 1925 gegründet worden, benannt nach dem ersten Reichspräsidenten der Weimarer Republik.

- Die *Konrad-Adenauer-Stiftung* (KAS) der CDU wurde 1964 gegründet und ist wie die FES als rechtsfähiger Verein verfasst.
- Die *Hanns-Seidel-Stiftung* der CSU ist nach dem CSU-Vorsitzenden von 1946–1961, der sich besonders um die organisatorische Modernisierung gekümmert hatte, benannt worden und wurde 1965 gegründet.
- Die *Friedrich-Naumann-Stiftung für die Freiheit* der FDP wurde nach dem großen Liberalen der Jahrhundertwende benannt und existiert seit 1958. Sie ist als Einzige tatsächlich als eine Stiftung privaten Rechts formal verfasst.
- Die *Heinrich-Böll-Stiftung* von *Bündnis 90/Die Grünen* ist 1997 aus dem *Stiftungsverband Regenbogen* hervorgegangen, der 1988 gegründet wurde und Dachverband der drei Stiftungen *Buntstift* (Göttingen), *Frauen-Anstiftung* (Hamburg) und *Heinrich-Böll-Stiftung* (Köln) war.
- Die *Rosa-Luxemburg-Stiftung Gesellschaftsanalyse und politische Bildung e. V.* der Partei *Die Linke* ist aus dem 1990 in Berlin gegründeten Verein *Gesellschaftsanalyse und politische Bildung e. V.* hervorgegangen. Sie wurde 1992 von der PDS als parteinahe Stiftung anerkannt.
- Auch die AfD will nach der Bundestagswahl 2017 eine eigene parteinahe Stiftung gründen. Wahrscheinlich wird es auf die bereits bestehende *Desiderius-Erasmus-Stiftung* oder die *Gustav-Stresemann-Stiftung* hinauslaufen.

Zu den Stiftungen der Parteien liegen einige wissenschaftliche Untersuchungen vor: Neben der „klassischen" Arbeit von Henning VON VIEREGGE (1977) seien zudem die Arbeiten von Heike MERTEN (1999), von Jörg GEERLINGS (2003), Ulrich HEISTERKAMP (2014) sowie Holger KLAASSEN (2016) genannt.

Die Parteiorganisation ist also kompliziert genug. Noch unübersichtlicher wird die Lage dadurch, dass ein informelles Netzwerk politischer Richtungsgruppen zwischen rechts und links, Modernisierern und Traditionalisten oder auch Seilschaften von Karrieristen in allen Parteien existiert, das dem Außenstehenden als ein fallenreiches Labyrinth erscheinen muss. Dies schreckt auch neue Mitglieder häufig ab, für die zwar die lokale Ebene weit offen steht, die aber schnell von dem komplizierten Gremiengestrüpp und den politischen Beziehungskisten verwirrt und abgeschreckt werden. Eine ähnliche Wirkung erzielen die politischen Strömungen und Gruppierungen in den einzelnen Parteien bzw. Fraktionen. So fühlen sich beispielsweise die Abgeordneten der SPD dem *Seeheimer Kreis*, dem *Netzwerk Berlin* oder der *Parlamentarischen Linken* zugehörig.

Wie ist es also um die innerparteiliche Demokratie bestellt? MICHELS' ehernes Gesetz, das eine Einbahnstraße von der Demokratie zur Oligarchie postulierte, ist nicht haltbar. Dazu sind die heutigen Mitglieder und Funktionäre einfach zu selbstbewusst und kennen kein Verehrungsbedürfnis gegenüber ihren Führern. Die Herrschaft der zentralen Parteiapparate ist ein Mythos, der mit der deutschen Parteienrealität wenig zu tun hat. Aber natürlich herrscht auch keine Bilderbuchdemokratie mit Basisentscheidung aller Sach- und Personalfragen von unten nach oben. Dazu sind die Parteien als Großorganisationen viel zu kompliziert aufgebaut. Zusätzlich erschwert das Neben- und Gegeneinander von ehrenamtlichen und hauptamtlichen Aktivisten und Funktionären eine idealerweise symmetrische Kommunikation.

Eine differenzierte Zwischenposition wird deshalb wohl der Einschätzung innerparteilicher Demokratie am besten gerecht. Der amerikanische Politologe Samuel ELDERSVELD (1964) hat schon in den 1950er Jahren ein „Stratarchie-Modell" entwickelt, also ein Modell der gestuften und geschichteten Herrschaft von pluralen Eliten und Teilgruppen in den Parteien. Keine Gruppe hat die völlige Kontrolle, nicht die Parteiführungen über die Basis und nicht umgekehrt. Besondere Beachtung finden dagegen die mittleren Eliten und Kader, die häufig als Aktivisten Bannerträger der jeweiligen Parteiideologie sind. Dies wurde durch mehrfache Studien, auch unter der Mitgliedschaft der Parteien, immer wieder erhärtet (vgl. BECKER/HOMBACH 1983; FALKE 1982; GREVEN 1987; NIEDERMAYER 1989).

Das Stratarchie-Modell scheint immer noch überzeugender als das sogenannte „Anarchie-Modell". Josef SCHMID (1990) hat in seiner wegweisenden Analyse der föderativen Struktur der CDU herausgefunden, dass die Landesverbände locker verbundene Subsysteme sind, die „lediglich lose gekoppelt und nur begrenzt zentral steuerbar" seien. In dieser „organisierten Anarchie" ermögliche eine postmoderne Widerspruchstoleranz mit einem weitgehenden Verzicht auf eine übergreifende Vereinheitlichung das Überleben der Organisation. SCHMID stützt sich dabei auf die moderne Organisationsforschung (vgl. u. a. WEICK 1985) und die dort entwickelten Konzepte.

LÖSCHE/WALTER (1992) haben den Begriff von der „lose verkoppelten Anarchie" aufgegriffen und popularisiert, ohne allerdings immer die organisationstheoretischen Verankerungen zu bedenken. Problematisch wird der Begriff dann, wenn er ein reines Chaos in den Parteien suggeriert. Dies ist mitnichten der Fall. Parteien sind kompliziert geknüpfte Netzwerke, die auf Ebene der Ortsvereine zwar ziemlich ausfransen und für jeden Neuankömmling weit offen sind, die aber nach innen an komplexer Struktur immer dichter werden. In diesem Sinne ist das Stratarchie-Modell immer noch das treffendere.

Strategie: Was tun die Parteien extern? 9

Die Antwort auf die Titelfrage dieses Kapitels – „Was tun die Parteien extern?" – wird drei Teilantworten umfassen: Parteien organisieren Wahlen, Parteien stellen Kandidaten für politische Ämter auf und Parteien bewegen sich im gesellschaftlichen Netz ihres Umfeldes.

9.1 Parteien und Wahlen

Wahlkampf hat ein schlechtes Image: „Das ist ja purer Wahlkampf!", „Diese Aktion ist doch nur ein Wahlkampfmanöver!", „Diese lebenswichtige Frage sollte man aus dem Wahlkampf heraushalten!" – so tönt es allerorten. Gerade zentrale Themen und (Über-)Lebensfragen der Gegenwart und Zukunft gehören also angeblich nicht in den Wahlkampf. Aber warum denn nicht? Dass eine Frage zum Wahlkampfthema gemacht wird, kann nicht an sich schlecht sein; im Gegenteil, es belebt die Politik, wenn der Wähler merkt, dass es um etwas geht. Der politischen Kultur in Deutschland merkt man immer noch den Kult des Unpolitischen als des vermeintlich Besseren an.

An wissenschaftlicher Literatur zu Wahlkämpfen mangelt es nicht. Genannt seien die Werke von Christina HOLTZ-BACHA (2001), Frank BRETTSCHNEIDER (2002), Ulrich VON ALEMANN und Stefan MARSCHALL (2002), Harald SCHOEN (2005), Nikolaus JACKOB (2007) und zur vergleichenden Wahlkampfforschung das Werk von Jens TENSCHER und Uta RUSSMANN (2016).

© Springer Fachmedien Wiesbaden GmbH, ein Teil von Springer Nature 2018   207
U. von Alemann et al., *Das Parteiensystem der Bundesrepublik Deutschland*,
Grundwissen Politik, https://doi.org/10.1007/978-3-658-21159-2_9

Parteien wollen Wahlen gewinnen. Dazu treten sie an, das ist insofern völlig legitim. Die Arbeit der Parteien im Wahlkampf besteht ja nicht nur darin, schlichte Slogans zu erfinden ("Sicherheit für alle"), Plakate zu kleben und Großveranstaltungen ("Der Kanzler kommt") durchzuziehen. Ein Wahlkampf besteht aus mindestens fünf Stufen:

1) Programme entwickeln und präsentieren,
2) Kandidaten präsentieren,
3) politische Themen bestimmen,
4) Anhänger mobilisieren und schließlich und endlich
5) Wähler gewinnen.

Das ist eine sehr umfassende Tätigkeit, die keineswegs auf die letzten acht Wochen vor der Wahl beschränkt ist. Der Wahlkampf beginnt am Wahlabend der vorhergehenden Kampagne.

1. Stufe: Programme entwickeln. Parteien haben politische Ziele, die sie langfristig mit ihren Wählern und Anhängern durchsetzen wollen. In der Vergangenheit waren dies Weltanschauungen und Ideologien, die eine geschlossene Weltsicht und ein festes Menschenbild verkörperten: Liberalismus oder Konservatismus, Sozialismus oder Christentum. Diese Weltbilder wurden in Grundsatzprogrammen niedergelegt, die oft für mehrere Jahrzehnte Bestand hatten.

Missionarische Weltanschauungsparteien auf unverbrüchlicher ideologischer Grundlage gibt es heute kaum mehr – höchstens als skurrile politische Sekten, die glauben, das Patentrezept für alle Probleme dieser Welt zu wissen. Die Parteien sind pragmatischer, pluralistischer geworden. Sie sind selbst Koalitionen vielfältiger Interessen, die sich nur lose an gemeinsamen Leitbildern orientieren. Dazu dienen weiterhin die Grundsatzprogramme als kleinster gemeinsamer Nenner für die interne Integration.

Der christliche Bezug bei der CDU hat genauso wie der Rückgriff auf den "demokratischen Sozialismus" bei der SPD in der Tagespolitik aber keinen Platz. Jahrelang wird auf Parteitagen, in Ausschüssen, Gremien und Arbeitskreisen entworfen und verworfen, beantragt und verändert, bis das Programm fertig ist. Danach vergilbt es in Schubladen und auf den Info-Tischen der Parteien. Überflüssig sind die Grundsatzprogramme trotzdem nicht, sie schweißen die Partei im Streit darüber zusammen und bestimmen den gegenwärtigen Standpunkt. Die Grundsatzprogramme der Parteien sind daher vor allem nach innen gerichtet.

Unterhalb der Grundsatzebene bieten die Parteien noch Aktionsprogramme, Wahlprogramme, Regierungsprogramme und verschiedene Bereichsprogramme für alle möglichen Teilpolitiken – vom Umweltschutz bis zur Rentenpolitik – an,

Abbildung 52 Grundwerte der Volksparteien

Aus dem SPD-Grundsatzprogramm 2007:

„Freiheit, Gleichheit, Brüderlichkeit, die Grundforderungen der Französischen Revolution, sind die Grundlage der europäischen Demokratie. Seit das Ziel der gleichen Freiheit in der Moderne zum Inbegriff der Gerechtigkeit wurde, waren und sind Freiheit, Gerechtigkeit und Solidarität die Grundwerte des freiheitlichen, demokratischen Sozialismus. Sie bleiben unser Kriterium für die Beurteilung der politischen Wirklichkeit, Maßstab für eine bessere Ordnung der Gesellschaft, Orientierung für das Handeln der Sozialdemokratinnen und Sozialdemokraten."

Aus dem CDU-Grundsatzprogramm 2007:

„Unser Gemeinwesen lebt von geistigen Grundlagen, die weder selbstverständlich noch für alle Zeiten gesichert sind. Es ist die besondere Selbstverpflichtung der CDU, die christlich geprägten Wertgrundlagen unserer freiheitlichen Demokratie zu bewahren und zu stärken. Sie sind Maßstab und Orientierung unseres politischen Handelns. Aus ihnen leiten sich unsere Grundwerte Freiheit, Solidarität und Gerechtigkeit her. Sie erfordern, begrenzen und ergänzen einander und sind gleichrangig. Ihre Gewichtung untereinander sinnvoll zu gestalten, ist unsere Aufgabe und Kern der politischen Auseinandersetzung. Die Grundwerte als unteilbare Menschenrechte gelten universell und über unsere nationalen Grenzen hinaus."

Eigene Darstellung

die sehr viel konkreter benennen, was die Parteien wirklich wollen. Diese Broschüren werden für Wahlen aktualisiert und von den Parteien verteilt. Die Aktionsprogramme sind also nach außen gerichtet, an den Wähler und an die Medien, und werben um Zustimmung. Leere Schlagworte und Gemeinplätze sind leider auch hier zu finden.

Problematisch wird es besonders dann, wenn die Parteien vor Wahlen zahlreiche konkrete Forderungen und Vorhaben vorstellen, aber „im Kleingedruckten" einen allgemeinen Finanzierungsvorbehalt formulieren oder einen Kassensturz fordern. Damit kann der Wähler nicht viel anfangen, denn er will wissen, wofür tatsächlich sein Steuergeld ausgegeben werden soll.

2. Stufe: Kandidaten präsentieren. Politik wird von Personen gemacht, nicht durch Sachzwänge, Strukturen oder anonyme Kräfte. Auch die Parteien bestehen aus Personen, vom einfachen Mitglied über den Funktionär bis zum Spitzenpolitiker – mit allen ihren Stärken und menschlichen Schwächen. Programme sind wichtig, aber sie müssen von Politikern glaubwürdig repräsentiert werden. Konrad Adenauer stand für eine konservative, westorientierte Politik, Ludwig Erhard für Marktwirtschaft, Willy Brandt für mehr Demokratie und Entspannungspolitik nach Osten. Die Personalisierung ist also nichts Neues in der Politik und auch keine amerikanische Erfindung.

In den USA wird in der Politik und erst recht im Wahlkampf zwar mehr personalisiert als bei uns. Das folgt aber aus einem ganz anderen politischen System: Der direkt gewählte Präsident und die einzelnen Senatoren und Abgeordneten in ihren Wahlkreisen bis zu den Gouverneuren, Staatsanwälten und Sheriffs führen alle individuelle Wahlkämpfe mithilfe kommerzieller Politikberater und Werbeagenturen, unterstützt durch ad hoc angeworbene Freiwillige. Die Parteien spielen hier nur eine untergeordnete Rolle. Wenn wir solche durchkommerzialisierten Verhältnisse nicht wollen, sollten wir die deutschen (und europäischen) Parteien nicht zu sehr verteufeln, die ein Gegengewicht zur Amerikanisierung der Politik bieten.

Die Parteien stellen in Delegiertenversammlungen Kandidaten für alle Ämter und Mandate auf – vom Stadtrat bis zum Bundestagsabgeordneten (siehe hierzu BUKOW/POGUNTKE 2013, S. 187 ff.). Die lokalen Parteigremien wachen eifersüchtig über ihr Nominierungsrecht und lassen sich ungern von der Parteispitze hineinregieren. Wenn die Parteispitzen so mächtig wären, wie oft kolportiert, dann hätte etwa 2008 nach der Landtagswahl in Hessen Andrea Ypsilanti sicher nicht den Versuch einer von der *Linken* tolerierten rot-grünen Minderheitsregierung in Hessen unternommen.

Seit einiger Zeit wird damit experimentiert, nicht nur wenige Delegierte, sondern alle Parteimitglieder an der Kandidatenauswahl zu beteiligen: So wurde schon 1993 Rudolf Scharping als Parteivorsitzender und Spitzenkandidat von der SPD-Basis durch eine Urwahl vorbestimmt (siehe DECKER/KÜPPERS 2015, S. 253 f.). Allerdings war die Entscheidung der Parteibasis damals nur als Empfehlung für den darauffolgenden Bundesparteitag der SPD zu verstehen.

3. Stufe: Politische Themen bestimmen. Programme und Personen sind aber noch nicht alles, was die Parteien bei Wahlen präsentieren müssen. Es müssen auch Themen bestimmt werden, um die die Wahl sich dreht. Hier gibt es einen gravierenden Unterschied zwischen Parteien an der Regierung und Oppositionsparteien – ob auf kommunaler, Landes- oder Bundesebene. Die Regierungsparteien können immer auf eine Sachbilanz verweisen, die Opposition nur auf ihre Vorschläge, Forderungen, Pläne und Kritik. Besonders tief klafft die Lücke, wenn es sich auf Landes- oder Kommunalebene um eine dauerhafte Minderheitsopposition handelt – wie etwa die SPD in Bayern. Dann fällt es erst recht schwer, Themenvorreiter zu spielen, weil auch die Presse, die Verbände und die ganze poli-

Abbildung 53 Slogans bei Bundestagswahlen 1972 bis 2017

	CDU	SPD
1972	„Wir bauen den Fortschritt auf Stabilität – CDU"	„Willy Brandt muß Kanzler bleiben! Deshalb SPD Sozialdemokraten"
1976	„Aus Liebe zu Deutschland: Freiheit statt Sozialismus"	„Modell Deutschland – Freiheit – Sicherheit – Soziale Demokratie"
1980	„Franz Josef Strauß – Kanzler für Frieden und Freiheit"	„Sicherheit für Deutschland – SPD"
1983	„Dieser Kanzler schafft Vertrauen"	„Im deutschen Interesse – SPD"
1987	„Weiter so, Deutschland. CDU – die Zukunft"	„Den Besten für Deutschland: Johannes Rau"
1990	„Kanzler für Deutschland"	„Der neue Weg SPD – sozial, ökologisch, wirtschaftlich stark"
1994	„Es geht um Deutschland – CDU"	„Gemeinsam sind wir stark – SPD"
1998	„Weltklasse für Deutschland"	„Wir sind bereit"
2002	„Zeit für Taten"	„Wir tun was für Deutschland"
2005	„Deutschlands Chancen nutzen"	„Vertrauen in Deutschland"
2009	„Die Mitte"	„Anpacken. Für unser Land"
2013	„Gemeinsam erfolgreich"	„Das Wir entscheidet"
2017	„Für ein Deutschland, in dem wir gut und gerne leben"	„Zeit für mehr Gerechtigkeit"

Eigene Darstellung

tische Kultur von der Mehrheitspartei dominiert werden. Die Minderheitsrolle wird zum Teufelskreis, der die kleinere Partei demotiviert, da sie nie ein Bein auf den Boden bekommt.

Wichtige politische Themen werden dann von den Parteien zu Slogans komprimiert, um die Sachaussage auf den Punkt zu bringen. Hieran wird in der Öffentlichkeit die meiste Kritik geübt, da die Slogans inhaltsleer und schlagwortartig seien, ohne wirkliche politische Gegenkonzepte erkennen zu lassen. Ein guter Slogan sollte, da er die zentrale politische Botschaft darstellt, immer auch den Rahmen einer Wahlkampagne bilden, auf den die einzelnen Kampagnenformen ausgerichtet sind.

Die wichtigste Rolle bei der Bestimmung von Themen spielen aber nicht die Parteien mit ihren Slogans, sondern die Medien. Eine Schlagzeile in der Zeitung ist wichtiger als ein Plakat. Ein Aufmacher der Fernsehnachrichten oder eine „Brennpunkt-Sendung" sind wirksamer als eine Broschüre. Deshalb sind die Parteien dazu übergegangen, die Medien in ihren Wahlkampf einzuplanen. Das gilt sowohl für *paid media* (bezahlte Meldungen in Anzeigen, Werbespots und Broschüren) als auch für *free media* (kostenlose Meldungen der Nachrichten- und Zeitungsberichterstattung). Die Parteien setzen alles daran, Ereignisse zu schaffen, über die von den Medien berichtet wird: Das reicht von den konventionellen Pressekonferenzen über Regierungsberichte, Autobahneröffnungen, Grundsteinlegungen bis zu Auftritten in Unterhaltungsshows. Die willkommenste kostenlose Werbung machen die Medien für die Parteien, wenn sie über auffällige oder kontroverse Wahlkampfereignisse berichten.

Auf das Verhältnis von Parteien und Medien ist oben schon näher eingegangen worden. Hier soll nun das Kommunikationsverhalten zwischen Parteien und Bürgern etwas näher beleuchtet werden, vorrangig im Wahlkampf, aber auch darüber hinaus. Dabei steht eine doppelte Fragestellung im Vordergrund: Wie informiert sich der Bürger über die Parteien, wie informieren die Parteien die Bürger?

Überblickt man den Gesamtbereich möglicher politischer Erfahrungsfelder der Bürger, so kann man für deren Informationshaushalt zahlreiche Politikvermittlungsquellen unterscheiden. Die Parteien selber informieren die Bürger durch ein vielfältiges Angebot von Formen und Wegen:

- über Massenmedien,
- über parteinahe Zeitungen und Mitgliederzeitschriften,
- über ihre Internetauftritte,
- über Social Media,
- über Mitteilungsdienste für Funktionsträger,
- über Großveranstaltungen und Parteitage,
- über direkte Anschauungen von Parteipolitik im lokalen Bereich,
- über direkten Kontakt mit Parteipolitikern (z. B. Bürgersprechstunden),
- über Wahlkampfkommunikation (Anzeigen, Fernsehspots, Plakate, Info-Stände, Hausbesuche, Broschüren),
- über Mitgliederversammlungen der Parteibasis und schließlich
- über in der politischen Bildung der Parteien (und der parteinahen Stiftungen) vermittelte Kenntnisse.

Über den Einfluss der Massenmedien streitet die Forschung intensiv – exemplarisch abzulesen am Dissens über die „Schweigespirale" von Elisabeth Noelle-Neumann (1980), die Journalisten vorwirft, durch die Vorspiegelung eines positiven Meinungsklimas (in diesem Fall für die sozial-liberale Koalition vor der Bundestagswahl 1976) die Wählerschaft unzulässig manipuliert zu haben (vgl. kritisch dazu Merten 1982).

Eine von der Deutschen Forschungsgemeinschaft geförderte Studie aus dem Jahr 2012 zum Medienkonsum der Bundesbürger liefert einen Überblick über die Informationsquellen, die herangezogen werden, um sich über Politik zu informieren (vgl. Abb. 54). Bei einer Betrachtung der Ergebnisse wird deutlich, dass über 80 % der Befragten immer noch auf das Fernsehen als Informationsquelle vertrauen, gefolgt von Zeitungen und Internet. Information zum politischen Geschehen werden nur von einer kleinen Minderheit über die sozialen Medien bezogen. Allerdings fällt hinsichtlich der Mediennutzung der 16 bis 29jährigen auf, dass diese zu über 40 % das Internet als Informationsquelle nutzen und auch über Facebook und Twitter deutlich häufiger ihre Informationen beziehen.

Neben den Fragen „Wie informiert sich der Bürger über die Parteien?" und „Wie informieren die Parteien die Bürger?" sollte auch die Frage gestellt werden: „Wie informieren sich die Parteien über Wünsche, Interessen und Meinungen der Bürger?" Sie nutzen dazu natürlich die Kanäle der innerparteilichen Kommunikation und Willensbildung. Aber diese sind doch recht verengt auf die Parteistruktur ausgerichtet und nicht weit offen für die Alltagsanliegen der Bürger und Wähler. Wenn ein Parteivorsitzender die Welt nur durch den Spiegel der Anträge seiner Parteigliederungen auf Parteitagen zur Kenntnis nähme, wäre sein Weltbild sicher etwas verzerrt. Der breiteste Strom an Information fließt über den Weg der Massenmedien. Hier sind wieder die bekannten Filter eingebaut, die Interessen auswählen und Meinungen fälschen. Die Filterung wird noch dadurch verstärkt, dass viele Spitzenpolitiker die Massenmedien kaum selbst wahrnehmen, sondern „lesen lassen". Morgendliche Pressedienste verdichten Zeitungsausschnitte zu einem Informationsverschnitt, der oft mehr zur Selbstbespiegelung der Politiker (wer wird wie oft zitiert?) als zur Sammellinse für Bürgermeinungen dient.

Meinungsumfragen sind die dritte Informationsquelle der Politiker über die Wählerschaft. Auch wenn sie repräsentativ ist, bleibt die Demoskopie selektiv auf bestimmte Fragen fixiert. Schließlich nutzen Politiker noch ihr unmittelbares Umfeld für ihr Meinungsbild über die Bedürfnisse der Bevölkerung – sei es der persönliche Referent, die Sekretärin oder auch der Fahrer, ganz abgesehen von dem privaten Umfeld aus Familie und Bekanntenkreis. Das recht zufällige und nicht repräsentative persönliche Umfeld der Politiker beeinflusst die Entscheidungen von Parteien und Regierungen sicher mehr, als manche Politikwissenschaftler zugestehen wollen. Nun aber zurück zu den fünf Stufen der Dramaturgie der Wahlkampfführung von Parteien.

4. Stufe: Anhänger mobilisieren. Programme formulieren, Personen nominieren und Politikthemen bestimmen: Dies beschäftigt die Parteien vor den Wahlen zur Mobilisierung ihrer Anhängerschaft. Die Mobilisierung ihrer eigenen Mitglieder ist sehr wichtig, da ja nur höchstens 30 % auch wirklich aktiv sind. Die Iden-

Abbildung 54   Mediennutzung zur politischen Information (Angaben in Prozent)

	Gesamt	16–29jährige	30–49jährige	Über-50jährige
Fernsehen				
täglich/mehrmals pro Woche	81,1	70,3	72,8	90,3
mehrmals pro Monat	4,7	6,8	8,4	1,3
seltener/nie	14,3	22,9	18,8	8,3
Zeitungen				
täglich/mehrmals pro Woche	64,3	42,7	53,3	79,1
mehrmals pro Monat	9,2	14,5	10,7	6,7
seltener/nie	26,4	42,7	36,0	14,2
Nachrichtenseiten im Internet				
täglich/mehrmals pro Woche	32,2	42,4	40,8	23,5
mehrmals pro Monat	7,2	13,6	7,7	4,6
seltener/nie	60,7	44,1	51,5	71,9
Facebook				
täglich/mehrmals pro Woche	6,4	14,4	6,9	3,5
mehrmals pro Monat	2,2	5,9	2,3	1,1
seltener/nie	91,3	79,7	90,8	95,4
Twitter				
täglich/mehrmals pro Woche	0,5	0,0	1,1	0,3
mehrmals pro Monat	0,7	1,7	0,8	0,3
seltener/nie	98,9	98,3	98,1	99,5
YouTube				
täglich/mehrmals pro Woche	4,0	11,0	6,1	0,5
mehrmals pro Monat	3,6	8,5	3,4	2,2
seltener/nie	92,4	80,5	90,4	97,3

Basis: n = 771

Aus: Bernhard/Dohle/Vowe 2014, S. 161, Tabelle 1

Abbildung 55 Phasenplan der SPD zur Bundestagswahl 2013

PHASENPLAN MEILENSTEINE

03

DER WEG ZUM WAHLSIEG
DIE KAMPAGNE 2013

MÄRZ · APRIL · MAI · JUNI · JULI · AUGUST · SEPTEMBER

Bis 14. April
PEER STEINBRÜCK UND DIE SPD HÖREN ZU
DIALOGPHASE

15. April – 16. August
PEER STEINBRÜCK UND DIE SPD TREFFEN
MOBILISIERUNGSPHASE

17. August – 15. September
PEER STEINBRÜCK UND DIE SPD ÜBERZEUGEN
ENTSCHEIDUNGSPHASE

15. –22. September
ENDSPURT

Wahlen und Termine

- 8. März Internat. Frauen-Tag
- 21. März Equal Pay-Day
- Ostern 29. März bis 1. April
- 26. Mai Kommunalwahl in Schleswig-Holstein
- 1. Mai Tag der Arbeit
- 17. Juni 60. Jahrestag des Volksaufstands in der eh. DDR
- 13. August 100. Todestag von August Bebel
- 15. September LTW Bayern
- 22. September LTW Hessen
- **22. SEPTEMBER BUNDESTAGSWAHL**

Öffentliche Veranstaltungen und Formate – bundesweit

- 1.–2. März SPD-BürgerInnen-Konvent
- Länderreisen von Peer Steinbrück
- 1. Mai Start der Wahlkreis-Tour der Dialog-Box
- Start Von-Tür-zu-Tür Kampagne
- 9.–12. Mai Workers Youth Festival Dortmund
- 23. Mai Festakt „150 Jahre SPD" im Gewandhaus in Leipzig
- 24.–26.5. Woche der Sozialdemokratie
- 31. Mai Start der Reihe von 6 öffentlichen Themenkonferenzen zu den Wahlkampfschwerpunkten
- Sommeraktionen in den Wahlkreisen
- 17. und 18. August „Deutschland-Fest" am Brandenburger Tor in Berlin
- Bundesweite Wahlkampfkundgebungen
- TV-Duell
- 72-Stunden-Wahlkampfaktionen in allen Wahlkreisen

Partei-Veranstaltungen und -termine

- 14. April a.o. BPT in Augsburg (Reg.-Programm)
- 18.–28. April Kampagnen-Tour durch die Betriebe
- 16. Juni 3. Partei-Konvent

Service und wichtige Termine für KandidatInnen & ihre Teams

- 4.–12. + 15.–17. April zentrales KandidatInnen-Shooting in Berlin
- 20. April Treffen der CampaignerInnen mit Peer Steinbrück
- ab 2. Mai KandidatInnenmaterial im Druckvorlagenportal

PHASENPLAN MEILENSTEINE

AUS: WILLY-BRANDT-HAUS 2013

tifikation der Mitglieder muss gestärkt werden, da nur eine Anhängerschaft mit optimistischer und aktiver Ausstrahlung einen Übertragungseffekt auf die Wählerschaft auslöst. Pessimistische und passive Anhänger könnten die raffinierteste Werbekampagne der Parteien ins Leere laufen lassen. Die Wirkung der Gespräche von Anhängern mit Familie, Freunden, Nachbarn und Arbeitskollegen ist gar nicht hoch genug einzuschätzen. Es handelt sich dabei um eine alte Erkenntnis der Kommunikationsforschung, die von einem „Zweistufenmodell" ausgeht. Erst wenn Meldungen, die man über Medien vermittelt bekommt, in einem zweiten Schritt im persönlichen Gespräch verarbeitet und eingeordnet worden sind, bildet sich eine Meinung. Natürlich wissen die Parteien auch, dass sie in Wahlen nur bestärken und abschwächen, aber kaum das Weltbild eines Wählers umkrempeln und neu erfinden können.

5. Stufe: Wähler gewinnen. Erst die letzte Stufe betrifft den eigentlichen, öffentlich sichtbaren Wahlkampf der Parteien. Hier setzen die Parteien nun alle nur denkbaren Ressourcen ein:

- Plakatwerbung und Fernsehspots,
- Anzeigenkampagnen und Werbeschriften,
- aktuelle Internetauftritte mit verschiedenen Online-Angeboten,
- Großveranstaltungen und Stadtfeste,
- Kleinwerbemittel vom Luftballon bis zum Kugelschreiber,
- Ansprache von Zielgruppen.

Zielgruppenarbeit ist ein Modewort bei allen Parteistrategen. Gemeint sind Teile der Stammwähler (die Alten, die Arbeiter, die Kirchgänger) oder umgekehrt die umworbenen Wechselwähler (junge Frauen, technische Intelligenz, Ärzte, katholische Facharbeiter). Für sie werden spezielle Broschüren, Briefe und Diskussionsforen angeboten.

Bei diesen Aktionen sind auch die Auswüchse zu beobachten, die den Wahlkampf in der Öffentlichkeit so unpopulär machen. Der Hauptvorwurf lautet, dass die Parteien für leere Sprüche, sinnlosen Schnickschnack und nichtssagende Plakate Millionen zum Fenster hinauswerfen (vgl. Abb. 56). An diesem Vorwurf ist vieles berechtigt, wenn man beispielsweise Studien zur Wirksamkeit von Wahlplakaten auf die Wahlentscheidung der Wählerinnen und Wähler betrachtet (vgl. HOLTZ-BACHA/LESSINGER 2006).

Trotz der oftmals geäußerten Kritik an Plakaten, Slogans oder den Wahlkampfkosten stellt die Zeit des Wahlkampfs doch eine der wichtigsten Phasen repräsentativer Demokratien dar. Die politischen Parteien präsentieren ihre Ziele und ihr Führungspersonal und versuchen für beides um Unterstützung im

Abbildung 56   Wahlkampfkosten der Bundesparteien (gerundet und in Mio. €)

	2011	2012	2013	2014	2015
CDU	27,0	15,3	47,2	48,6	13,3
SPD	24,1	15,2	47,4	52,1	12,5
CSU	0,9	1,3	20,2	24,2	0,4
FDP	7,9	4,2	13,4	10,6	1,9
Grüne	7,2	4,1	14,2	12,8	2,6
Die Linke	4,5	2,9	8,9	8,5	1,2
AfD	–	–	3,8	4,8	1,2

Nach: Rechenschaftsberichte der Parteien 2011 ff.

Wahlvolk zu werben. Während Ziel und Funktion eines Wahlkampfs sich nicht grundlegend ändern, unterliegt die Art der Wahlkampfführung einem ständigen Wandel, da diese stark vom Wandel der Medien bzw. der Mediennutzung abhängig ist.

Während im deutschen Kaiserreich die Rolle der politischen Parteien im Wahlkampf sich vor allem darauf beschränkte, in öffentlichen Veranstaltungen ihre Programme und ihre Kandidaten zu präsentieren sowie Stimmzettel an den Mann zu bringen, steht den Parteien zu Beginn des 21. Jahrhundert eine ganze Palette an Wahlkampfinstrumenten zur Verfügung. Interessant ist dabei, dass im Bundestagswahlkampf 2017 aber auch weiterhin auf die urtümlichste Form des Wahlkampfs rekurriert wurde: den Haustürwahlkampf – also die direkte Kommunikation des Kandidaten mit dem Wähler.

Auch wenn klassische Wahlkampfinstrumente weiterhin zum Einsatz kommen, nimmt der Wahlkampf in den sozialen Medien immer mehr an Fahrt auf. So haben jede Partei und jeder Spitzenkandidat ein Facebook-Profil, einen Twitter-Account und einen eigenen YouTube-Kanal (siehe THIMM et al. 2017). Ursachen für dieses verstärkte mediale Engagement sind wohl zum einen, dass immer mehr vor allem junge Wähler sich primär über soziale Medien informieren, und zum anderen, dass es zu einem guten Teil auch von den Politikern erwartet wird, die sozialen Medien zu nutzen.

Soziale Medien sind aber, und das darf man nicht vergessen, ein Kommunikationsinstrument neben vielen klassischen Wahlkampfinstrumenten. Genannt seien Großveranstaltungen, Podiumsdiskussionen aber auch das Verteilen von Werbematerialien im Straßenwahlkampf sowie das Kleben von Plakaten.

Parallel zum Bedeutungszuwachs der sozialen Medien wächst aber auch die Gefahr, dass *Fake News* den Wahlkampf inhaltlich dominieren. So warnte etwa der Bundeswahlleiter im Januar 2017 vor gezielten Falschinformationen im Wahlkampf. Nach dem Wahlkampf von Donald Trump im Jahr 2016 scheint das Zeitalter des Postfaktischen eingeläutet zu sein. Auch diese Gefahr muss von den politischen Parteien wahrgenommen und in ihre Strategie eingebunden werden.

Um Wahlkämpfe zu vergleichen (siehe TENSCHER/RUSSMANN 2016), wird oftmals der Grad der Amerikanisierung des Wahlkampfs analysiert. Ein solcher Vergleich setzt jedoch voraus, dass es bestimmte Merkmale gibt, mit der sich die Amerikanisierung eines Wahlkampfs messen lässt. Die theoretische Annahme dahinter lautet, dass sich Wahlkämpfe in Deutschland immer mehr dem amerikanischen Vorbild angleichen. KORTE verweist in diesem Zusammenhang auf drei Merkmale eines amerikanisierten Wahlkampfs: Personalisierung, Mediatisierung und Professionalisierung (vgl. KORTE 2017).

Unter der **Personalisierung** eines Wahlkampfs ist die verstärkte Konzentration der Wahlkampagne auf den Spitzenkandidaten zu verstehen. Ein Vorgehen, das in präsidentiellen oder semi-präsidentiellen Systemen wie den USA oder Frankreich naturgemäß ungleich stärker ausgeprägt ist (siehe PASSARELLI 2017). Aber auch in Deutschland ist die Personalisierung von Wahlkämpfen nicht unüblich. Erinnert sei etwa an den Bundestagswahlkampf der SPD im Jahr 2005, in dem der eher nüchtern und zahlenorientiert anmutenden Wahlkampagne der Union von Seiten der SPD eine Wahlkampagne entgegengestellt wurde, die klar auf die Person des damaligen Bundeskanzlers Gerhard Schröder zugeschnitten war. Zudem sei daran erinnert, dass es personalisierte Wahlkampagnen seit Gründung der Bundesrepublik Deutschland immer wieder gab. So stellte die SPD etwa 1972 ihre Kampagne ganz unter das Motto „Willy wählen", während die Union 2009 Angela Merkel in den Mittelpunkt ihrer Kampagne stellte und plakatierte „Wir wählen die Kanzlerin".

Diese Fokussierung auf den Spitzenkandidaten scheint vor allem in Zeiten einer rückläufigen Parteibindung und einer immer komplizierter werdenden Welt eine rationale Entscheidung zu sein. Um jedoch ein möglichst geschlossenes Bild abzugeben, ist es für alle politischen Parteien wichtig, dass die Spitzenkandidaten – zumal dann, wenn sie in den Fokus der Kampagne gerückt werden – das Programm ihrer Partei bzw. deren zentralen thematischen Schwerpunkte auch verkörpern. Der Spitzenkandidat muss die Politik seiner Partei personifizieren, also für ein politisches Programm und nicht nur für sich selbst stehen.

Die **Mediatisierung** von Wahlkämpfen bezieht sich auf die vermeintliche Tatsache, dass die unmittelbare Kommunikation zwischen politischen Akteuren und Wählern nur noch selten stattfindet (vgl. MAIER/FAAS/MAIER 2013, S. 79). Die Bürger erhalten folglich vermittelt über die Medien ihre Informationen, anhand

derer sie sich ihre Meinung und ihre Wahlabsicht bilden. Relevante Wahlkampf-
medien stellen das Fernsehen (vor allem TV-Duelle und sonstige politische Talk-
runden), Zeitungen (ob print oder online) und die sozialen Medien dar. Dabei
muss darauf hingewiesen werden, dass im Bundestagswahlkampf 2013 das Fernsehen weiterhin das Leitmedium darstellte. So bezogen 66 % der Bürger ihre Informationen aus dem Fernsehen, während 38 % auch weiterhin zur Meinungsbildung
auf die klassische Zeitungslektüre vertrauten. Erst an dritter Stelle folgte das Internet (vgl. RUSSMANN/TENSCHER 2016, S. 6).

Eine Frage, die sich jede wahlkämpfende Partei stellen muss, ist, inwieweit sie
in ihrer Kampagne *paid* oder *free media* einsetzt. Während *paid media* den Vorteil
mit sich bringen, dass die Parteien den zu vermittelnden Inhalt vorgeben können,
zeichnen sich *free media*, also etwa die Berichterstattung des öffentlich-rechtlichen
Rundfunks, durch eine höhere Glaubwürdigkeit aus (vgl. SCHOEN 2005, S. 510).

Der Einsatz von sozialen Medien ermöglicht zudem eine direkte Kommunikation zwischen Bürgern und Politikern. So können die Anhänger oder Unterstützer einer Partei von deren Spitzenkandidaten direkt angesprochen werden und
selbst ihre Meinung kundtun. Zudem bietet die Video-Plattform YouTube den
Parteien die Möglichkeit, eigene Kanäle einzurichten, um TV-Spots oder Videos
von Wahlkampfauftritten zu verbreiten.

Unter der **Professionalisierung** von Wahlkämpfen wird im Allgemeinen der
verstärkte Einsatz von externen Beratern bei der Planung und Koordination einer
Wahlkampagne jenseits des Parteiapparats verstanden. Diesbezüglich hatte die
SPD-Kampagne zur Bundestagswahl 1998 neue Maßstäbe in Deutschland ge-
setzt. Bereits im Mai 1997 wurde die Entscheidung getroffen, die Wahlkampftrup-
pe aus dem Parteihaus in eine Kampagnenzentrale auszulagern, die von da an
Kampa genannt wurde. Die Leitung der Kampagne hatte Franz Müntefering als
Bundesgeschäftsführer inne. Zum engsten Führungskreis gehörten sein Büroleiter,
Matthias Machnig, und der Düsseldorfer Wahlkampforganisator Bodo Hom-
bach. 70 Mitarbeiter aus der Partei, aber auch „eingekaufte" Experten aus Werbung, Veranstaltungsmarketing, Mediaplanung und Meinungsforschung misch-
ten mit.

„Das Signal an die Öffentlichkeit lautete: Wir lösen uns aus dem alten Trott, wir sind
bereit. Den Medien, insbesondere den elektronischen, wurde ein Objekt der Begierde
angeboten" (RISTAU 1998, S. 7).

Die *Kampa* kann als Paradebeispiel für die Übernahme amerikanischer Kampagnenformen angesehen werden. Wurde sie doch von der SPD in Anlehnung an
Bill Clintons *war room* von 1992 konzipiert. Der Einsatz externer Berater bzw. Be-
ratungsagenturen prägte auch im Bundestagswahlkampf 2017 die Kampagnen der

großen Parteien. So setzte die SPD auf die etablierte Hamburger Agentur *KNSK,* während die CDU mit *Jung von Matt* in den Wahlkampf zog.

Zur Professionalisierung des Wahlkampfs gehört neben der Einbeziehung von externen Beratern aber auch der zielgruppenspezifische Einsatz von Werbemitteln. Gerade für Volksparteien mit unterschiedlichsten Wählerklientel ist eine differenzierte Wähleransprache essentiell für den Wahlerfolg.

Weiterführende Literatur zu diesem Thema findet sich bei SIEDSCHLAG/ BILGERI/LAMATSCH (2002), GELLNER/STROHMEIER (2002), HEBECKER (2002) sowie MERZ/RHEIN (2009) und KORTE (2017).

9.2   Parteien im Amt

Die gesellschaftliche Kooperation und Konkurrenz der Parteien zeigt sich nicht nur in der Bundespolitik, die manche Kommunalpolitiker immer noch „die große Politik" nennen, sondern gerade auch auf lokaler Ebene. Die Parteien haben zwar in den letzten Jahrzehnten die Kommunalpolitik zunehmend durchpolitisiert und sie ihres vermeintlich unpolitischen Charakters als lokale Selbstverwaltung entkleidet. Aber sie haben dort nicht die politische Willensbildung monopolisieren können. Obwohl die Durchdringung der Kommunalpolitik durch die Parteien manchen übermächtig erscheint, erwachsen den Parteien hier andererseits mehr und andere Konkurrenten als auf Landes- und Bundesebene. Neben den Verbänden und den Medien, die überall mit den Parteien arbeiten, kommen auf lokaler Ebene die freien Wählergemeinschaften hinzu, die lokalen Bürgerinitiativen und in manchen kleineren Gemeinden mit einseitiger Wirtschaftsstruktur Einzelunternehmen mit einer monopolartigen Stellung auf dem Arbeitsmarkt.

Die Literatur zur Kommunal- und Gemeindepolitik ist sehr umfangreich. Zu den wichtigsten Einführungs- und Überblickswerken zählen Oscar W. GABRIEL (1989), HEINELT/WOLLMANN (1991), ROTH/WOLLMANN (1994), Ralf KLEINFELD (1996), Marion REISER (2006a), Lars HOLTKAMP (2008), Siegfried FRECH (2009) KOST/WEHLING (2010) sowie HOLTMANN/RADE-MACHER/REISER (2017).

Die jeweilige lokale Mehrheitspartei ist in der Kommunalpolitik zwar ein Knotenpunkt, eine zentrale Schaltstelle, aber sie muss mit der Macht einer Monopolzeitung rechnen, die örtliche Vereinsstruktur respektieren, das Großunternehmen am Platz und den größten Arbeitgeber im Ort hofieren. Gerhard Lehmbruch (1979) hat deshalb vom „Januskopf der Ortsparteien" gesprochen. Das eine Gesicht sei ganz auf die lokale Politik und die örtliche Kommunikationsstruktur gerichtet. Das andere Gesicht blicke „nach oben" auf die große Politik der Parteien und versuche, diese nach unten zu vermitteln. Dies könne zu einem schwierigen Balanceakt werden und erkläre die defizitäre politische Effizienz vieler lokaler Parteiorganisationen. Der Gegensatz zwischen lokalen und überlokalen Orientierungen könne die nach außen gerichteten Aktivitäten lahmlegen.

> „Die Ortsgruppe macht sich dann nach außen hin unsichtbar und beschränkt sich im wesentlichen darauf, den Mitgliedern das Bewußtsein der Zusammengehörigkeit zu vermitteln und den Binnenkontakt zu stärken. Sie wird gewissermaßen ein Verein unter anderen, der Familienausflüge und Sommerfeste für die Mitglieder organisiert und allenfalls periodisch einen von den oberen Parteigliederungen vermittelten Wahlredner präsentiert, so wie andere Vereine für die Außendarstellung beispielsweise ihre jährliche Kleintierschau veranstalten" (Lehmbruch 1979, S. 330).

Was Lehmbruch für die 1970er Jahre beschrieb, persiflierte Wolfgang Michal (1988) in bewusster polemischer Überzeichnung. Seine Patentlösung, die Ortsvereine sollten sich in der alten Form auflösen und sich ihren lokalen, organisatorischen Konkurrenten, den Bürgerinitiativen, anpassen und deren Struktur übernehmen, ist freilich Wunschdenken. Es käme der Abdankung einer kontinuierlichen Basisarbeit der Parteien gleich, die dann nur noch Ad-hoc-Projekte, aber keine längerfristigen Programme verfolgen könnten. Im Sinne von innerparteilicher Demokratie fehlte dann im Übrigen eine ständige, kritische Basis für die höheren Parteigliederungen. Auf dieses Problem wurde bereits hingewiesen.

In der Realität lokaler Politik ist es mitnichten leicht zu entscheiden, wer wen bestimmt: die Parteien die lokale Vereinsstruktur oder umgekehrt. Sicher ist zweifellos: „Vereinsarbeit zählt zu den Standardaktivitäten jeder lokalen Partei" (Simon 1983, S. 241). Vereine können als Forum benutzt werden, um in überschaubaren Gruppen persönliche Kontakte mit sozial aktiven und gesellschaftlich informierten Personen anzuknüpfen.

> „Sie sind Treffpunkte für die Mitglieder der lokalen Elite (nicht nur der lokalen Parteielite ...), an denen Pläne und Strategien diskutiert sowie Absprachen getroffen werden können" (Engel 1988, S. 139).

Der Streitpunkt in der Forschung, ob der „vorpolitische Raum" das Reservoir für die Parteien personell bereitstellt sowie die politische Sozialisation übernimmt oder ob es umgekehrt ist, kann sinnvollerweise in eine gegenseitige Austauschlogik aufgelöst werden. Kommunale Eliten nutzen beide Kanäle der Mitwirkung an der politischen Willensbildung. Falls durch die dauerhafte Hegemonie solcher Netzwerke Verfilzungen entstehen, haben in den letzten Jahrzehnten zunehmend und manchmal erfolgreich Bürgerinitiativen und Wählergemeinschaften diese Symbiose zerstört.

Der Alltag des Parteipolitikers, der in ein Amt oder Mandat gewählt wurde, ist schwer auf einen Nenner zu bringen. Denn er kann im Stadtrat sitzen oder als Oberbürgermeister die Stadt regieren, seine Wähler im Landtag vertreten oder als Ministerpräsident amtieren, als Bundestagsabgeordneter oder sogar als Bundesminister dienen oder im Europaparlament weit entfernt von der Basis arbeiten. Alles völlig unterschiedliche Rollen, für die es kein gemeinsames Drehbuch gibt. Unsere Leitfrage „Was tun die Parteien in der Politik?" lässt sich also so allgemein kaum beantworten: Jeder tut etwas anderes. Werfen wir einen Blick auf ein einzelnes Segment der Berufspolitiker, den Bundestagsabgeordneten. Mit ihnen beschäftigt sich ein besonderer Zweig der Politikwissenschaft, die „Abgeordnetensoziologie".

An Literatur zur Abgeordnetensoziologie vgl. HERZOG et al. (1990), Werner J. PATZELT (1993, 1995, 1999 und 2014), Joachim KRIEGER (1998), Jürgen VON OERTZEN (2006), Annette KNAUT (2011) und BEST/VOGEL (2014). Als älteres Standardwerk sei auf BADURA/REESE (1976) verwiesen.

Aus der Fülle der Ergebnisse soll nur das Zeitbudget der Bundestagsabgeordneten herausgegriffen werden, um eine Vorstellung von der tatsächlichen Tätigkeit der Politiker zu gewinnen. Man stellt dabei fest, dass die Abgeordneten in zwei Welten leben: in Berlin und im Wahlkreis (vgl. Abb. 57).

Exemplarisch sei auf das Zeitbudget eines ehemaligen Bonner Bundestagsabgeordneten verwiesen, der während der Sitzungswochen folgenden Tätigkeiten nachkommen musste, die auch heute noch die Arbeitsbelastung eines Bundestagsabgeordneten charakterisieren:

„I. (a) Sitzungen im Bundestag: Plenarsitzungen, Fragestunden, Ausschüsse und Arbeitsgruppen des Bundestages, Vorbesprechungen wichtiger Sitzungen;

Abbildung 57   Stellenwert einzelner Tätigkeiten eines Abgeordneten

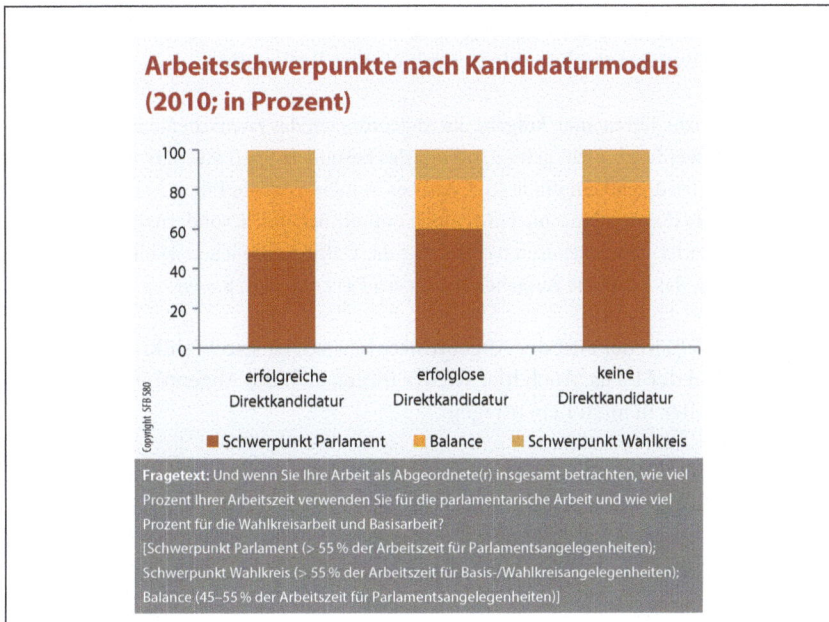

Aus: Best et al. 2010, S. 14

    (b) Sitzungen in der Fraktion: Fraktionssitzungen, Fraktionsvorstandssitzungen, Sitzungen von Fraktionsarbeitskreisen und -gruppen, Sitzungen sonstiger Fraktionsgruppen, Sitzungen der Landesgruppe, Sitzungen von Parteigremien.

II.   Informations- und Kontakttätigkeiten: Informations- und Kontaktgespräche, Pressegespräche, Betreuung von Besuchergruppen, Empfänge, Telefonate, Tätigkeiten für sonstige politische und gesellschaftliche Ämter, Referate und Diskussionen, Arbeitsessen.

III. Administrative und Routinetätigkeiten: Sichtung und Bearbeitung der Post, Besprechung mit persönlichen Mitarbeitern, Lesen von Zeitungen, u. ä.

IV. Innovative Tätigkeiten: Ausarbeitung von Reden, Artikeln, Stellungnahmen etc., fachliche und politische Vorbereitung, Einarbeitung, Weiterbildung, Teilnahme an Kongressen und Seminaren.

V.   Sonstige Tätigkeiten: Reisen, berufliche Tätigkeiten, Mittagessen, soweit nicht Arbeitsessen u. ä." (Herzog et al. 1990, S. 85).

Manche Abgeordnete zweifeln, ob sie mit dieser Fülle von Tätigkeiten im Bundestag nicht zum „Laufburschen" degradiert werden, oder netter gesagt, zum „Mädchen für alles", das überall einspringen muss. Im Interview antwortete ein ehemaliger Bonner Bundestagsabgeordneter mit einiger Resignation:

> „Es ist schlicht Teil meiner Aufgabe als Abgeordneter, das zu machen, und deshalb tue ich es. Da werde ich nicht gefragt, ob mir das besonders Spaß macht und ob ich es besonders befriedigend empfinde (…). Aber es ist meine Arbeit. Einen Arzt fragt ja auch keiner, ob es ihm Spaß macht, daß er einen Fußpilz behandelt, sondern das muß er halt, weil er Arzt ist. Ein Abgeordneter ist dafür da. Dafür werde ich gewählt, dafür werde ich bezahlt, das ist meine Aufgabe" (zitiert aus PATZELT 1993, S. 165).

Die andere Welt, in der sich der Abgeordnete bewegt, ist sein Wahlkreis, die politische Arbeit an der Basis. Auch hier wieder fühlen sich die Abgeordneten oft überfordert als Helfer in allen Lebenslagen:

> „Also ich würde zunächst einmal sagen: es gibt nichts, was es nicht gibt. Ich habe in all meinen Sprechstunden die unmöglichsten Punkte – von Nachbarstreiten, Problemen häuslicher Art bis zu Fragen der Renten-, der Versetzungs-, der Beförderungswünsche u. ä. – mit auf den Tisch bekommen. Mir ist eigentlich nicht bekannt, daß es irgendwas nicht gegeben hätte. Und von daher (…) hat man natürlich viele unmittelbare Begegnungen und Informationen. Was sehr, sehr gut ist, weil man mit dem ja Probleme auch der Gesellschaft erfährt. Also es kommen alle Punkte. Oft natürlich sind sich die Bürger nicht über die Zuständigkeit im klaren. Ich würde sagen: Vielleicht hat sich sogar in unserer Gesellschaft ein Wandel vollzogen. Mir hat kürzlich jemand gesagt: ‚Herr Abgeordneter, Sie habe ich gewählt, aber den Oberregierungsrat in der Regierung habe ich nicht gewählt. Der hat mir den und den Bescheid gegeben. Ich komme zu Ihnen: Helfen Sie mir! Sie wähle ich; oder ich wähle Sie nicht, wenn Sie mir nicht helfen. Die Regierung, sprich Verwaltung, kann ich nicht wählen'" (zitiert nach PATZELT 1993, S. 367).

Der Beruf eines Parlamentariers ist aufreibend und anstrengend. Durch ständige Überarbeitung und Abwesenheit von zu Hause ist er familienfeindlich. Durch permanente Rollenkonflikte ist er persönlichkeitsverschleißend: mal kleiner König im Wahlkreis, mal bloßer Hinterbänkler im Plenum. Auch im Wahlkreis ist die Arbeit oft frustrierend, da das Ansehen, das man als bloßer Parteiabgeordneter gewinnen kann, nicht hoch ist – ein Landrat oder Bürgermeister wird von den Wählern ungleich mehr respektiert. Oft machen sich die Bürger ein völlig falsches Bild von der Alltagsarbeit des Abgeordneten, weil sie im Fernsehen die leeren Bänke des Bundestages sehen und im eigenen Wahlkreis den Abgeordneten fast nur in ihrer Freizeit erleben – auf Schützenfesten und Jubiläen. Wann und wo arbeitet der eigentlich? – fragt da der Wähler. Man könnte die Berufspolitiker bedauern ob ihrer entsagungsreichen und manchmal sogar selbstzerstörerischen Unrast. Aber das ist natürlich Unsinn, denn die Aufgabe ist freiwillig gewählt, recht gut bezahlt und umfassend abgesichert durch Pensionen. Trotzdem könnten viel Leerlauf und Verschwendung von Arbeitskraft vermieden werden, wenn die Konzentration der Parteipolitiker vom Wahlkreis und von der Verbandspflege weg stärker auf die parlamentarische Haupttätigkeit zurückverlagert würde.

Die Rekrutierung von Mitgliedern, Aktivisten und Wählern aus der Gesellschaft in die politischen Parteien wurde oben im ersten Abschnitt angesprochen. Nun drehen wir die Blickrichtung um und fassen die Rückwirkung der Parteien auf die personelle Ausstattung der politischen Entscheidungsebene ins Auge. Diese Perspektive steht unter der Frage nach der Responsivität: Gibt es einen offenen Austausch (und das heißt Responsivität) oder einseitige Patronage?

In einer repräsentativ-liberalen Demokratie, in der politische Ämter über organisierte politische Richtungsgruppen, also über die Parteien, vergeben werden, mögen manche ihre Allgegenwart in der Politik beklagen. Aber es gibt keine Alternative dazu. Weder der unpolitische Experte noch der überparteiliche Beamte oder der neutrale Fachmann sind ein diskutabler Ersatz. In der Regel ist die vorgebliche politische Neutralität nur eine Bemäntelung von politischer Ideologie und verborgenen Interessen. Denn auch Fachleute entscheiden bei knappen Mitteln nach Interessen.

Aber die Parteien besitzen auch nicht das alleinige Monopol auf Rekrutierung von politischem Personal. Neben dem Parteiensystem bestehen Netzwerke der Information, Kommunikation und des personellen Einflusses. Korporative Kartelle formieren sich in manchen Bereichen von Wirtschafts-, Sozial- oder Technologiepolitik, die am Parlament vorbei Entscheidungen zu beeinflussen versuchen. Solche Tendenzen und Strategien sind aber kein Anlass, eine korporative Verschwörung an die Wand zu malen. Die Parteien bleiben die wichtigsten Kanäle für politische Karrieren.

Man kann deshalb mit STEFFANI (1988, S. 559) ganz unbefangen formulieren: „Parteien sind Interessengruppen in eigener Sache, die an politischen Führungsaufgaben interessierten Bürgern Karrierechancen eröffnen." In der Parteienforschung steht dieser Tatbestand nicht im Mittelpunkt, er bestimmt eher die Parteienkritik. Eine der ausführlichsten Darstellungen von Rekrutierung und Struktur der politischen Führungselite hat Heino KAACK (1971) in seinem großen Werk „Geschichte und Struktur des deutschen Parteiensystems" vorgelegt. Er trug eine Fülle von statistischem Material und Quellen zusammen, einschließlich hochinteressanter interner Kriterienkataloge der großen Parteien zur Auswahl von Mandatsträgern. Dabei muss man berücksichtigen, dass die Auswahl

z. B. eines Bundestagskandidaten unter den mehreren Tausend Parteimitgliedern eines Bundestagswahlkreises sich von vornherein auf eine Handvoll Personen konzentriert. Kaack hat die Eingrenzung des Potentials von Personen sehr anschaulich in einer Modellrechnung illustriert (vgl. Abb. 58).

Natürlich kommt durch einen solchen Flaschenhals der Auswahlprozedur für politische Ämter kein repräsentatives Abbild der Bevölkerung zustande. Betrachtet man sich allein den Frauenanteil im Deutschen Bundestag, fällt auf, dass dieser deutlich vom Anteil der Frauen in der deutschen Gesellschaft abweicht. Der niedrigste Anteil an Frauen war in der 7. Legislaturperiode zu verzeichnen. Damals waren nur 5,8 % der Mitglieder des Deutschen Bundestages weiblichen Geschlechts (siehe hierzu weiterführend Kinzig 2007). Seit der 14. Wahlperiode liegt der Frauenanteil jedoch stabil bei über 30 % und erzielte seinen Höhepunkt mit 36,5 % in der 18. Legislaturperiode. Nach der Bundestagswahl 2017 ist allerdings wieder ein Rückgang des Frauenanteils auf knapp 31 % zu verzeichnen.

Abbildung 58   Eingrenzung des Kandidatenpotentials

3200			Durchschnittl. Mitgliederzahl auf Bundestagswahlkreisebene (SPD)
− 2720	=	85 %	Nicht aktiv
480	=	15 %	Aktive Mitglieder
− 96	=	3 %	Ohne Funktion
384	=	12 %	Funktionäre
− 288	=	9 %	Auf kommunalpolitischen Horizont begrenzt
96	=	3 %	Überlokal aktive Mitglieder
− 64	=	2 %	Infolge mehrstufiger Hierarchie ohne Chance
32	=	1 %	Innerer Kern der Partei
− 16	=	0,5 %	Mit Ämtern saturiert (aus eigener Überlegung, vielleicht mit Nachhilfe der Parteifreunde)
16	=	0,5 %	Ernsthafte Ambitionierte
− 8	=	0,25 %	Ohne Anhang, Hausmacht bzw. Protektion, ohne Ausgangsbasis (Kandidaten der einsamen Illusion)
8	=	0,25 %	Ambitionierte mit Hintergrund
− 4	=	0,125 %	Repräsentanten aussichtsloser Minderheiten
4	=	0,125 %	Ambitionierte, die in engere Wahl kommen können: das effektive Kandidatenpotential

Nach: Kaack 1971, S. 602

Differenziert man zudem nach den einzelnen Fraktionen, ergibt sich folgendes Bild: Während im 19. Deutschen Bundestag die Fraktionen der *Linken* und von *Bündnis 90/Die Grünen* sogar mehr weibliche als männliche Bundestagsabgeordnete aufweisen, liegt der Anteil an weiblichen Abgeordneten bei der Fraktion von CDU/CSU nur bei knapp 20 %. Den geringsten Frauenanteil hat mit knapp 11 % die Fraktion der AfD (vgl. Abb. 59).

Auch bei einer Betrachtung der Berufsstruktur wird deutlich: Der Bundestag ist genauso wie die politische Elite (und die ökonomische oder kulturelle) kein Spiegelbild der Sozialstruktur und erst recht nicht der Parität der Geschlechter. An den Daten von Abb. 60 ist nicht so sehr die Überrepräsentation von öffentlichem Dienst und Freiberuflichen im Bundestag überraschend. Dies zeigt sich ja bereits in der Parteimitgliedschaft. Bemerkenswert ist, dass vor allem die Gruppe der Hausfrauen/Hausmänner und die der einfachen Arbeiter nur marginal vertreten sind.

Es ist allerdings durchaus fraglich, ob der Bundestag ein Spiegelbild der Geschlechterverhältnisse darstellen bzw. ob die Zusammensetzung eines Parlaments die gesellschaftliche Struktur in Gänze widerspiegeln muss. Dies ist eine umstrittene Thematik der Repräsentationstheorie (vgl. VON ALEMANN 1985; PATZELT 1993). Anerkannt wird jedoch mehr oder weniger, dass eine bessere Gleichberechtigung der Geschlechter verwirklicht werden sollte. Vor allem *Die Grünen* haben demonstriert, dass dies möglich ist. Aber auf die Berufs-, Alters- oder Einkommensstruktur muss die Forderung nach sozialer Repräsentation nicht ausgedehnt werden. Wichtiger bleibt für die Frage politischer Repräsentation: Bildet die Volksvertretung im Parlament die politischen Strömungen und Willensbekun-

Abbildung 59   Frauenanteil im 19. Deutschen Bundestag

Fraktion	Frauen	Männer	zusammen
CDU/CSU	49	197	246
SPD	64	89	153
AfD	10	82	92
FDP	19	61	80
Die Linke	37	32	69
Bündnis 90/Die Grünen	39	28	67
Fraktionslos	1	1	2
insgesamt	**219**	**490**	**709**

Nach: KAILITZ 2017, S. 6

Abbildung 60   Die Berufsstruktur des 18. Deutschen Bundestages

Berufsgruppen	17. Deutscher Bundestag	18. Deutscher Bundestag
Beamte	184	183
Angestellte des Öffentlichen Dienstes	31	20
Pfarrer und Diakone	3	2
Angestellte von politischen und gesellschaftlichen Organisationen	103	124
Angestellte der Wirtschaft	84	93
Selbstständige in der Wirtschaft	60	61
Angehörige freier Berufe	101	87
Hausfrau/Hausmann	3	4
Arbeiter	2	1
Sonstige (darunter in Ausbildung befindliche, Arbeitslose oder bisher ohne Berufsausübung)	27	28
Nicht verwendbare Angaben	24	28
Insgesamt	**622**	**631**

Aus: Kintz 2014, S. 584 f.

dungen in der Bevölkerung angemessen ab? Denn Repräsentation bedeutet keine bloße Widerspiegelung der Wählerinnen und Wähler, sondern die Vertretung ihrer Interessen.

9.3   Parteien im gesellschaftlichen Netz

Die Vertreter der Parteien sitzen in Parlamenten und Regierungen, im Verwaltungsapparat und in Justizpositionen. Sie mischen auch in sozialen Bewegungen, Bürgerinitiativen, Verbänden und Vereinen oder in den Massenmedien mit. Wer wen treibt, die organisierten Interessen die Parteien oder umgekehrt, ist nicht ausgemacht. Bestimmen die Bauernverbände die CDU/CSU, die Gewerkschaften die SPD oder umgekehrt? Das ist schwer zu sagen. Jedenfalls sind Parteien und organisierte Interessen eng verknüpft, und die Parteien sind die Scharniere zwischen Politik und Gesellschaft. Politikverflechtung nennt das die Politikwissenschaft. So können Parteien zwischen den vielen Ebenen und Teilsegmenten vermitteln und Blockaden verhindern.

Die wichtigsten Impulsgeber für die Parteien sind die Verbände. Fragt man Abgeordnete nach den wichtigsten Partnern für ihre Wahlkreisarbeit, so rangieren die Verbände obenan, gefolgt vom Kommunalbereich, Vereinen und erst an vierter Stelle dem Parteiapparat vor Ort (vgl. PATZELT 1993, S. 416 ff.). PATZELT hat auch nach dem Verflechtungsbereich der Abgeordneten außerhalb der Partei gefragt. Und wieder nehmen die Verbände nach dem Kommunalbereich den prominentesten Platz ein.

Bei der Frage nach dem wichtigsten Partner der Abgeordneten bei der Parlamentsarbeit dominieren die Verbände noch stärker, gefolgt vom Kommunalbereich und erst an dritter Stelle den Ministerien. Das gleiche Bild, wenn man die Abgeordneten nach den wichtigsten Quellen politischer Impulse fragt: wieder die Verbände an erster Stelle, dann der Parteibereich, die Bürger und an vierter Stelle die Presse.

In der Jenaer Parlamentarierbefragung von 2010 wird die Bedeutung von Verbänden für die Arbeit der Abgeordneten abermals bestätigt:

„Fragt man danach, welchen Verband die Parlamentarier als wichtigsten Ansprechpartner ansehen, so lässt sich die politische Relevanz und Bedeutsamkeit erkennen, die Verbänden seitens der Parlamentarier zugemessen wird. Wichtige Ansprechpartner sind die Gewerkschaften (24 Prozent), Wohlfahrtsverbände und Berufsverbände (beide neun Prozent). Aber auch Verbände der Gebietskörperschaften, also z. B. der Städte- und Gemeindebund, sowie Unternehmerverbände und Umweltschutzorganisationen (alle rund fünf Prozent) werden als maßgebliche Gesprächspartner bezeichnet" (BEST et al. 2010, S. 9).

Auch die Vereinslandschaft vor Ort, im Wahlkreis, ist ein besonders beliebter Platz, auf dem sich die Parteien tummeln. Zwei bayerische Abgeordnete haben hierzu allerdings eine entgegengesetzte Meinung. Der eine Abgeordnete meinte in einem Intensivinterview, er wolle einfach Mensch sein im Verein:

„Der vorpolitische Raum spielt eine große Rolle, (…) weil Sie damit die Möglichkeit haben, als Mensch, wenn ich das mal so sagen darf, (…) in diese ganzen Institutionen, Organisationen einzudringen. Der Abgeordnete, der nur ‚ex officio' auftritt, wird dort mit Mißtrauen empfangen. Wenn Sie aber selber dort aktiv sind und selber im vorpolitischen Raum tätig sind, haben Sie die Möglichkeit, daß die Leute Sie auch so kennenlernen und sagen: ‚Ja Mensch, schau 'mal an, der macht ja auch 'ne ganz normale Arbeit, ist ja genauso ein Mensch, wie wir auch!' Wenn Sie nur als Abgeordneter kommen zu dem 50jährigen Jubiläum, gut, dann sind Sie hier als Repräsentant, Honoratior, der so empfangen wird. Wenn Sie sich aber wirklich um den vorpolitischen Raum in dem Sinn kümmern, indem sie immer eigentlich anwesend sind, nicht nur zu den

Jubiläen, sondern auch zu anderen Veranstaltungen anwesend sind, dann haben Sie
die Chance, damit einzubrechen, sozusagen, in gewisse verkrustete Strukturen" (zitiert
nach PATZELT 1993, S. 354).

Ein anderer Abgeordneter äußert sich kritisch gegenüber dem Vereinsleben:

„Vorpolitischer Raum – das ist wichtig, der spielt eine Rolle. (…) Ja, die Dinge habe ich
weidlich vernachlässigt, weil ich das nicht auch noch kann, da würde ich hin! Außerdem ist mir das oft viel zu blöd, das muß ich Ihnen auch sagen. Nichts gegen das Vereinsleben. Aber die ungeheure Bedeutsamkeit – ich spür's natürlich dann, wenn mein
zweiter Schriftführer vom Ortsverein zugleich beim Karnickelzuchtverein Beisitzer ist,
und ich bin bei dem wichtigsten Ereignis nicht da, weil ich grade in Amerika sein muß
oder daß in Bonn was ist, dann heißt's: ‚Das ist natürlich eine Sauerei, an uns denkt er
ja nicht!' Da müßte man eben zusammenhelfen, auch als Parlamentarier, daß man den
Schmarrn, der bloß belastet und der nichts bedeutet, ein bißchen fallen läßt, nicht. (…)
Sicher darf's nicht vernachlässigt werden. Aber man sollte dem Vereinsleben nicht so
den ungeheuren Stellenwert einräumen, der dann in Deutschland überhaupt zur Ver-
flachung aller Individuen noch mehr führt als eh schon es unlieb genug da ist" (zitiert
nach PATZELT 1993, S. 354).

Wenn man organisierte Interessen versteht als „freiwillig gebildete soziale Einhei-
ten mit bestimmten Zielen und arbeitsteiliger Gliederung, die individuelle, materielle und ideelle Interessen ihrer Mitglieder im Sinne von Bedürfnissen, Nutzen und Rechtfertigungen zu verwirklichen suchen" (VON ALEMANN 1989a, S. 38),
dann fallen darunter nicht nur die klassischen Verbände und Lobbys, die in Berlin die Parteien unter Druck setzen. Auch das gesamte traditionelle Vereinswesen
ist damit gemeint, aber auch Neue Soziale Bewegungen und Bürgerinitiativen, die
durchaus Organisationen im soziologischen Sinn sein können.

Das Thema Parteien und Verbände ist viel zu komplex und wechselseitig, um
auf einen simplen Nenner gebracht zu werden. Auf die alte Formel von Druck
und Lobby lassen sich diese Beziehungen nicht so leicht bringen, hier ist meist
ein *push-and-pull*-Verhältnis zu beobachten. Dieses Austauschverhältnis ist allerdings nicht so wörtlich zu verstehen, dass die Verbände über die Parteien bestimmte sie interessierende, politische Entscheidungen erreichen und sie dafür im
Gegenzug bei anstehenden Wahlen Stimmenpakete ihrer Mitglieder den Parteien
überantworten. Zwar versuchen die Kirchen, die Bauernverbände, die Gewerkschaften und auch der ADAC vor Wahlen ihren Mitgliedern Abstimmungsempf-
fehlungen mehr oder weniger verklausuliert zu geben. Aber bei der individuellen Wahlentscheidung dürfte dies selten der ausschlaggebende Faktor sein. Dafür
existieren zu viele überlappende Mitgliedschaften in der Wählerschaft. Die streng

Abbildung 61   Die wichtigsten Verflechtungsbereiche eines Abgeordneten außerhalb der eigenen Partei (121 Nennungen von 63 Abgeordneten)

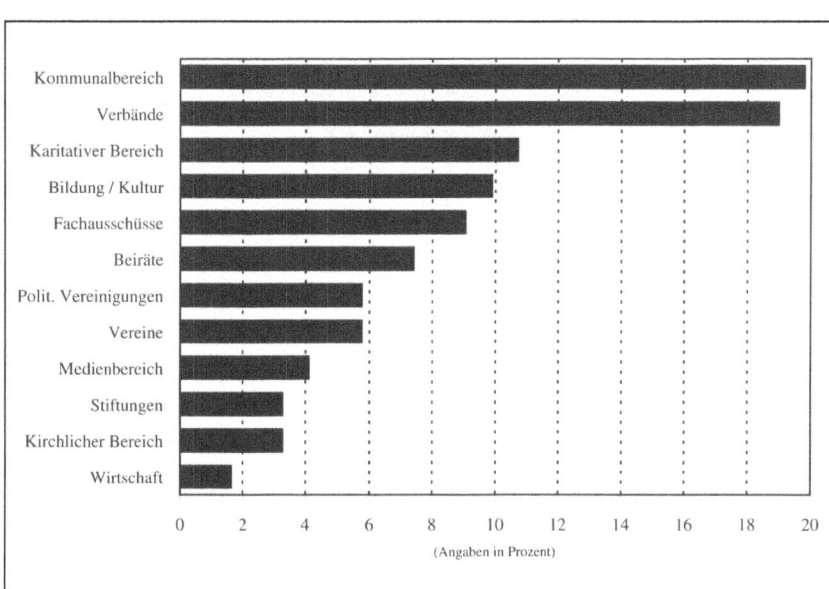

Aus: Patzelt 1993, S. 430

katholische, auf dem Land lebende Bauersfrau, die nur die Kirchenzeitung liest und ihre Kinder auf die katholische Schule schickt, ist selten geworden (vgl. zu den Verbänden auch von Alemann 1996b).

   Auch ein weiterer Punkt des Verhältnisses von Parteien und Verbänden, der international eine große Rolle spielt, gehört in der Bundesrepublik nicht zu den problematischsten Aspekten. Gemeint ist das Geld. Parteienfinanzierung durch organisierte Interessen und Verbände – sei es mit Hilfe von *Political Action Committees* (PACs) wie in den USA oder durch korporative Mitgliedschaft, wie früher zwischen Gewerkschaften und *Labour Party* in Großbritannien – ist in Deutschland kaum relevant. Was nicht heißen soll, dass hier alles zum Besten steht. Aber die Hauptquellen der Parteienfinanzen – staatliche Mittel, Beiträge sowie Spenden von Einzelpersonen und Unternehmen – fließen verglichen mit anderen Ländern so reichlich und kontinuierlich, dass auf das Geld organisierter Interessen weniger zurückgegriffen werden muss. Ausnahmen sind wenige Wirtschaftsverbände, die Großspenden an die bürgerlichen Parteien geben, wie der *Verband der Bayerischen Metall- und Elektroindustrie.*

Abbildung 62   Die wichtigsten Quellen politischer Impulse (216 Nennungen von 94 Abgeordneten)

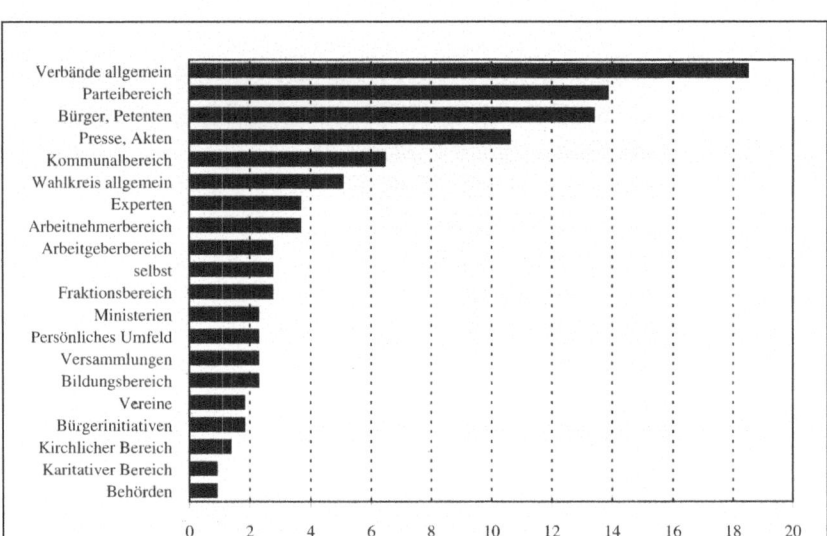

Aus: Patzelt 1993, S. 439

Trotz beträchtlicher Finanzkraft der deutschen Parteien darf allerdings nicht übersehen werden, dass viele Großverbände ihnen hier noch bei Weitem überlegen sind. Das betrifft vielleicht nicht das strategisch einsetzbare Geld für Kampagnen. Aber die Großverbände, ob Industrieverbände, Gewerkschaften, sonstige Berufsverbände, Kirchen oder Automobilclubs, können über unvergleichlich höhere Ressourcen an personellem Sachverstand verfügen. Die Parteien unterhalten zwar auf Bundesebene ihre Parteizentralen mit einem entsprechenden Mitarbeiterstab, allerdings sind die Landes- und Regionalgeschäftsstellen überall chronisch unterbesetzt und auf Ortsebene dominiert das Ehrenamt. Stellt man die personellen Ressourcen der Verbände dagegen, wird ein drastisches Missverhältnis deutlich.

Die Großverbände sind selbstbewusste Kooperationspartner des Staates geworden, die aus der Rolle des Bittstellers in der Lobby des Parlaments herausgewachsen sind. Parlament und Parteien werden für manche Interaktion zwischen Exekutive und organisierten Interessen kaum benötigt. Keineswegs sind aber die Parteien aus solchen Entscheidungsstrukturen völlig ausgeschlossen. Denn schließlich bestimmen sie im „Parteienstaat" die „Staatspolitik" personell

und inhaltlich mit. Eine Konkurrenz zwischen Parteien und organisierten Interessen bleibt auf Spitzenebene aber durchaus bestehen und zeigt sich auf Landes-
und Kommunalebene oft schärfer, wo die Exekutive noch deutlicher den direkten Kontakt mit Verbänden und Großinvestoren gegenüber dem schwierigen Weg
über das Parlament bevorzugt.

Agieren hier Parteien und Verbände als Konkurrenten, so leben sie andererseits mit den organisierten Interessen des eigenen sozio-politischen Milieus
in enger Symbiose. Nicht ohne gewisse gebietsherrschaftliche Allüren sehen die
Parteien die Organisationen des eigenen Spektrums als ihre politischen „Vorfeldorganisationen" an. Bei der SPD gehören nicht nur Teile der Gewerkschaften, sondern auch die Arbeiterwohlfahrt und viele Genossenschaften dazu. Bei CDU/
CSU sind dies Teile der katholischen Vereine, Bauernverbände, Mittelstandsver-
einigungen oder der Vertriebenenverbände. Durch Arbeitsgemeinschaften der
Parteien, Fachausschüsse, besondere Vereinigungen und Unterorganisationen
versuchen die Parteien, die Bindungen zu speziellen Gruppen und den dort organisierten Interessen noch enger zu knüpfen.

Verlässliche vergleichende Daten über Mitgliedschaften von Parteimitgliedern
in Verbänden gibt es wenige. WALTER-ROGG/HELD kommen anhand ihrer Befragung Stuttgarter Parteimitglieder zu dem Schluss: „In weiteren Organisationen
außerhalb der Partei Mitglied zu sein, erscheint für den Großteil aller Befragten
Parteimitglieder selbstverständlich" (WALTER-ROGG/HELD 2004, S. 310). Auch
KLEIN kann aufgrund der Ergebnisse der Deutschen Parteimitgliederstudie bele-
gen, dass Parteimitglieder deutlich häufiger Mitglied einer Gewerkschaft sind (vgl.
KLEIN 2011, S. 53; siehe auch BIEHL 2004, S. 111).

> Zum Verhältnis von Parteien und Verbänden in der Korporatismustheo-
> rie vgl. ursprünglich VON ALEMANN/HEINZE (1981) und VON ALEMANN
> (1981a); vgl. ebenso Wolfgang STREECK (1994b) und Roland CZADA (1994)
> sowie SEBALDT/STRASSNER (2004); international vergleichend VON ALE-
> MANN/WESSELS (1997).

Mit dem Aufkommen der Bürgerinitiativen und der Neuen Sozialen Bewegungen seit Beginn der 1970er Jahre wurde allgemein diese neue Konkurrenz als bedrohlich für die Organisationskraft der alten Parteien angesehen. Wird es eine
Abstimmung mit den Füßen von den alten Parteien hin zu den Neuen Sozialen
Bewegungen geben? Wird die Partizipation über Parteien durch diese Konkur-

renz ausgetrocknet? Diese Befürchtungen waren so nicht gerechtfertigt. Neue Soziale Bewegungen sind nicht losgelöst von Parteien als völlig neue Form der politischen Willensbildung zu betrachten – nicht nur deshalb, weil natürlich mit den *Grünen* ein enger Kontakt zu einer politischen Partei bestanden hat. Mitglieder auch der anderen Parteien, insbesondere der SPD, stellen einen nicht geringen Teil des aktiven Kerns von Bürgerinitiativen und neuen Initiativgruppen. Statt Konkurrenz gibt es auch hier ein komplexeres Arbeitsteilungs- und Austauschverhältnis, wie generell zwischen Parteien und organisierten Interessen (siehe NÈVE/ OLTEANU 2013).

Funktion: Wie sollen die Parteien funktionieren?

10

In diesem Kapitel wird ein Aspekt aufgriffen, der im ganzen Text immer schon explizit oder implizit angesprochen wurde: Welches sind die Funktionen der Parteien? Oder einfacher gesagt: Welches sind die Aufgaben der Parteien? Wem nutzen sie? Wozu brauchen wir Parteien? Ob es um die Gründung von Parteien, ihre Rolle in Politik und Gesellschaft, ihre verfassungsrechtliche Position, ihre Finanzierung oder ihre Aktionsformen in der Praxis geht, alles das haben wir schon angesprochen, aber immer neu stehen diese Fragen im Hintergrund, nein, neuerdings auch wieder im Vordergrund, wenn wir an die grundsätzliche Parteienkritik der AfD denken.

Es handelt sich dabei um eine normative Diskussion im politiktheoretischen Sinne. Das heißt, wir fragen nicht, wie sind die Parteien, sondern: Was sollen sie sein? Vielleicht ist das auch ein Grund dafür, warum es auf die Funktionsfrage so viele Antworten gibt. Aber diese Fragestellung schwebt nicht abgehoben in einem politischen Wertehimmel, sondern die Antwort muss auch mit empirischen Fakten kompatibel sein. Idealtypische Funktionskataloge der Parteien, die mit der Wirklichkeit wenig gemein haben, helfen nicht weiter.

Die Ambivalenz zwischen normativem theoretischem Postulat und empirischorientierter Theoriebildung wird auch die Darstellung prägen. Zunächst soll die Funktionsdebatte der jüngeren deutschen Parteiensoziologie resümiert werden. Anschließend folgt ein eigener Vorschlag für einen differenzierten Funktionskatalog.

10.1 Die Funktionsdebatte der Parteiensoziologie

Die Aufgaben- und Funktionskataloge von Parteien sind fast so zahlreich, wie es Parteienforscher gibt (vgl. WIESENDAHL 1984; GREVEN 1977; VON BEYME 1984). Die Aufgabenlisten fast so vielfältig, wie die Parteien Satzungen und Programme

© Springer Fachmedien Wiesbaden GmbH, ein Teil von Springer Nature 2018 235
U. von Alemann et al., *Das Parteiensystem der Bundesrepublik Deutschland*,
Grundwissen Politik, https://doi.org/10.1007/978-3-658-21159-2_10

besitzen. Eine einheitliche Vorgabe, wie die Parteien an der politischen Willensbildung mitzuwirken haben, formuliert das Parteiengesetz in § 1:

> „Die Parteien wirken an der Bildung des politischen Willens des Volkes auf allen Gebieten des öffentlichen Lebens mit, indem sie insbesondere
>
> 1. auf die Gestaltung der öffentlichen Meinung Einfluß nehmen,
> 2. die politische Bildung anregen und vertiefen,
> 3. die aktive Teilnahme der Bürger am politischen Leben fördern,
> 4. zur Übernahme öffentlicher Verantwortung befähigte Bürger heranbilden,
> 5. sich durch Aufstellung von Bewerbern an den Wahlen in Bund, Ländern und Gemeinden beteiligen,
> 6. auf die politische Entwicklung in Parlament und Regierung Einfluß nehmen
> 7. die von ihnen erarbeiteten politischen Ziele in den Prozeß der staatlichen Willensbildung einführen und
> 8. für eine ständige lebendige Verbindung zwischen dem Volk und den Staatsorganen sorgen"

Das sind hehre Ziele, die über die konkreten Aktionen, wie die Parteien Politik machen, wenig aussagen. Schließlich haben die Parteien sich in diesem Gesetz so beschrieben, wie sie sein *wollen*. Dennoch bestimmen diese Funktionen die Politik, denn sie sind nicht zuletzt die Messlatte, nach der der Bundeswahlausschuss bei der Prüfung der Wahlzulassung entscheidet, ob junge neue Gruppierungen als Parteien zur Wahl zugelassen werden.

Die Parteienforschung hat die Handlungsformen der einzelnen Mitglieder, ob an der Basis oder an der Spitze, unterbelichtet gelassen und die Systemleistungen in den Vordergrund gestellt. Neu ist diese Erkenntnis von Ausblendungen der Parteienforschung freilich nicht, denn schon 1984 hat Elmar WIESENDAHL darauf hingewiesen, dass das politologische „Zweck- und Funktionsmodell der Partei" zu eng sei:

> „Indem allerdings der Forscher der Parteiorganisation als verdinglichter Entität Ziele bzw. Funktionen zuschreibt, verdeckt er die Tatsache, daß nicht personifizierte Organisationen, sondern die in ihnen handelnden Individuen und Gruppen Träger von konkurrierenden Zielvorstellungen und Nutzenbestrebungen sind. Die sich hieraus ergebende charakteristische Vielfalt, Unstimmigkeit, Konfliktträchtigkeit und Dynamik der Ziele von Parteien kann das politische Zweck- und Funktionsmodell somit nicht erfassen" (WIESENDAHL 1984, S. 79).

Etwas weniger kompliziert hat Winfried STEFFANI (1988, S. 550) einige nützliche Vorschläge zur politikwissenschaftlichen Parteienforschung unterbreitet. Er unterscheidet vier gesamtgesellschaftliche Hauptfunktionen der Parteien, denen die folgenden vier Sektoren der Parteienanalyse zugeordnet werden:

> „1. Parteien als Ausdruck sozialer Kräfte sowie ideologischer und/oder programmatischer Ziele und Forderungen.
> 2. Parteien als Instrumente der Machtausübung (Parteien als Herrschaftsinstrumente).
> 3. Parteien als Vermittler demokratischer Legitimation für verbindliche Entscheidungen.
> 4. Parteien als Interessengruppen in eigener Sache und als Vermittler politischen Führungspersonals (Parteien als Karrierevehikel)".

Man kann diesen Sektoren die vier Funktionen Transmission (sozialer und ideologischer Kräfte), Herrschaft, Legitimation und Rekrutierung zuordnen. Das Thema „Parteien und Gesellschaft" aus Kapitel 6 wird hauptsächlich von zwei Sektoren tangiert, nämlich „Parteien als Ausdruck sozialer Kräfte und programmatischer Ziele" sowie „Parteien als Interessengruppen in eigener Sache und Karrierevehikel". Die übrigen beiden Sektoren gehören eher zu den „Staatsfunktionen" politischer Parteien. Die Abb. 63 zeigt die vier Sektoren in ihrer gesellschaftlichen Verortung.

Diese Systematik von STEFFANI fügt den zahlreichen Funktionskatalogen der politischen Parteien noch eine weitere Variante hinzu – aber es ist eine plausible und interessante. Denn gerade die vierte Funktion von Parteien als Interessengruppe „in eigener Sache" und als Karrierevehikel gerät in Lehrbüchern der politischen Bildung oft zu schamhaft an den Rand. Das wäre einseitige Staatsbürgerkunde, die vor realen Phänomenen wie Patronage oder Parteienfilz die Augen verschließt oder sie der politischen Skandalpublizistik überlässt. Eine umfassende Darstellung der Rolle von Parteien in der Gesellschaft hat auch die Schattenseiten auszuleuchten.

Aber es geht auch noch viel komplizierter. WIESENDAHL (1980, S. 188) hat aus der Parteienforschung der 1960er und 70er Jahre nicht weniger als 18 verschiedene Funktionen herausgearbeitet, die als Aufgabe und Aktionsform den Parteien zugeschrieben werden. In der Reihenfolge ihrer Häufigkeit, wie sie in den 28 von ihm untersuchten Quellen auffindbar waren, handelt es sich um:

„Elitenauslese, -rekrutierung
Willensbildung, Programm- und Zielformulierung
Meinungsbildung, Information, Kommunikation
Regierungsbildung, -steuerung und -koordination
Stimmenwerbung, Wahlbeteiligung und Wahlkampf

Abbildung 63   Die vier Sektoren politologischer Parteienanalyse

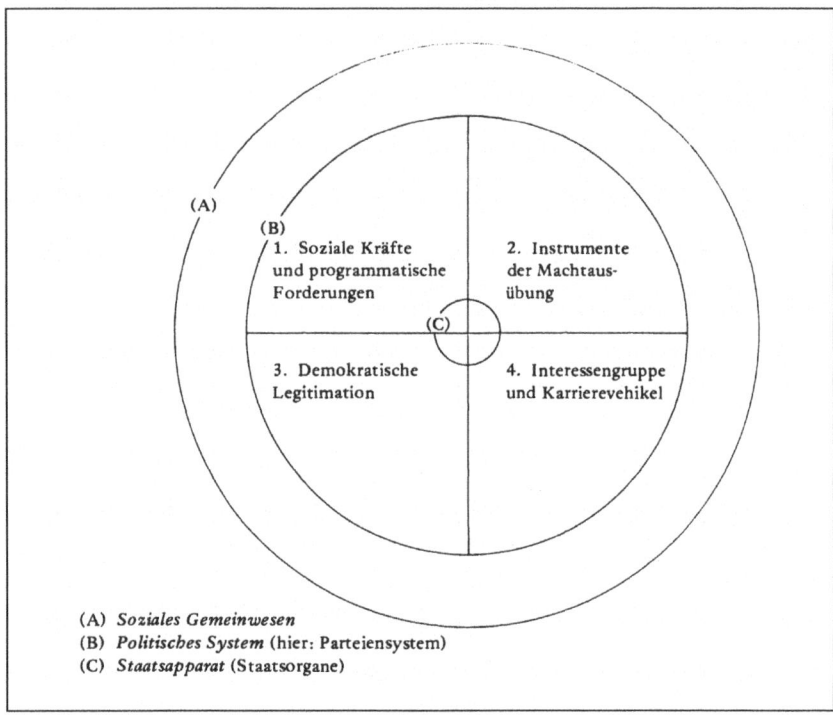

(A)

(B)
1. Soziale Kräfte   2. Instrumente
und programmatische   der Machtaus-
Forderungen   übung

(C)

3. Demokratische   4. Interessengruppe
Legitimation   und Karrierevehikel

(A) *Soziales Gemeinwesen*
(B) *Politisches System* (hier: Parteiensystem)
(C) *Staatsapparat* (Staatsorgane)

Aus: Steffani 1988, S. 550

Interessenartikulation und -repräsentation
Gruppenintegration
Interessenaggregation
Kandidatennominierung und -präsentation
Erziehung und politische Sozialisation
Massenmobilisierung und -organisation, Partizipation
Propaganda, Mobilisierung und Unterstützung
Legitimation, Konsensbildung
Bindegliedfunktion
Interessenmediatisierung und -transformation
Regierungskontrolle
Systemerhaltung
Systemreform und -innovation".

Dies ist natürlich eine völlig unhandliche Materialsammlung. ZEUNER (1969) hatte ursprünglich einen Vorschlag vorgelegt, der die Parteiaufgaben auf drei Funktionen reduziert: Transmission, Selektion und Integration. GREVEN (1977) hat diese Funktionen variiert in Transmission, Selektion und Legitimierung. Wie soll man also vorgehen? Acht Aufgaben laut Parteiengesetz oder drei, vier bzw. 18 Funktionen laut Parteienforschung unterscheiden?

10.2 Vorschlag: sieben Funktionen politischer Parteien

Eine Verknüpfung der verschiedenen Funktionskataloge erscheint uns am sinnvollsten, sodass sich zunächst vier Hauptfunktionen von Parteien in pluralistisch-parlamentarischen Demokratien ergeben: Transmission, Selektion, Integration und Legitimierung.

Diese konventionellen vier Funktionen werden aber zu stark aus einer Systemperspektive „von oben" gesehen. Die Bedeutung und Leistungen der Parteien für den einzelnen Bürger kommen dabei zu kurz. Auch das Interesse der Parteien in eigener Sache gemäß STEFFANIS Vorschlag fällt dabei unter den Tisch. Die Beteiligungschancen, die Parteien bieten, zeigen sich in ihrer Partizipationsfunktion. Die Rückwirkung der Beteiligung auf den Einzelnen bewirkt eine Sozialisation, die prägender sein kann als jede gut gemeinte politische Bildung. Dies kann zum selbstständigen politischen Handeln führen, das Fragen unmittelbar löst, ohne den Umweg des Dienstweges einzuhalten, z. B. wenn ein Parteipolitiker über seine Bürgersprechstunde Probleme direkt erledigt. Dadurch entsteht Selbstregulierung. Zu den vier genannten Funktionen sollten also noch Partizipation, Selbstregulation und Sozialisation hinzukommen.

Damit erhalten wir sieben Funktionen der politischen Parteien:

- Partizipation,
- Transmission,
- Selektion,
- Integration,
- Sozialisation,
- Selbstregulation,
- Legitimation.

Anhand dieser sieben Funktionen werden nun die Aktionsformen von Parteien kurz skizziert.

Partizipation:

Politische Beteiligung erschöpft sich auch in der repräsentativen parlamentarischen Demokratie für die Bürger nicht in der Teilnahme am regelmäßigen Wahlakt. Die Mitwirkung in Parteien ist ein ganz wesentliches zusätzliches Partizipationspotential. Sie ermöglicht den Bürgern zunächst einmal die Mitwirkung an allen übrigen Funktionen, d. h. insbesondere auch an der Transmission von Interessen in Programme, Ziele und Aktionen. Parteimitglieder genießen darüber hinaus das Privileg, an der Nominierung aller durch allgemeine Wahlen zu bestimmenden Mandatsträger teilnehmen zu können.

Während die übrigen Wähler nur ihre Stimme bei den Kandidatinnen und Kandidaten ankreuzen können, haben die Parteimitglieder das Recht, bei der Nominierung der Kandidatenliste mitzubestimmen. Dass auch hier die innerparteiliche Demokratie noch durchgreifender verwirklicht werden könnte, wie oben angesprochen, ändert nichts an dem beträchtlichen zusätzlichen Partizipationspotential für Parteimitglieder.

Transmission:

Die Funktion der Transmission bedeutet die Umformung von gesellschaftlichen Interessen in politisches Handeln. Parteien bündeln gesellschaftliche Interessen von ökonomischen, sozialen, ökologischen und ideellen Zielen zu Handlungsalternativen, die zu politischen Entscheidungen führen sollen.

Die politischen Parteien bündeln diese Kräfte insbesondere in Wahlkämpfen zu politischen Handlungsalternativen. Dazu werden langfristige Grundsatzprogramme und kurzfristige Aktions-, Wahl- und Regierungsprogramme entwickelt, mit denen die politische Auseinandersetzung geführt wird. Mit diesen Programmen werden die aggregierten Interessen der jeweiligen Partei artikuliert und kommuniziert.

Wahlkämpfe haben nicht nur in Deutschland eine schlechte Presse. Den Parteien wird oft vorgeworfen, hier mit Mitteln der modernen Werbung und des politischen Marketings die Wähler zu manipulieren. Das ist ein schwerer Vorwurf, der zwar auf einige recht reale Erscheinungsformen von „Waschmittelwerbung" bzw. von nichteingelösten Wahlversprechen zurückgeführt werden kann, der aber dann weit überzogen ist, wenn er von einem Bild des „dummen Wählers" als „Stimmvieh", dem die raffinierten Parteimanipulatoren das „Blaue vom Himmel" vorlügen, ausgeht.

In den Wahlen der Bundesrepublik gibt es durchaus Konkurrenz und Alternativen, trotz häufiger Großer Koalitionen. Wer sich vom Wahlkampf und der Wahlwerbung einer großen Partei abgestoßen fühlt, der kann eine andere wählen; wer sich von allen größeren Parteien falsch angesprochen fühlt, kann kleinere Alternativen auswählen. Die Erfolge der *Grünen* seit den 1980er Jahren sind nicht nur auf Wertwandel in ökologischen und partizipatorischen Interessen, sondern auch auf das Bedürfnis nach neuen Politikstilen zurückzuführen. Die *Linkspartei* hat erfolgreich eine Nische links von der SPD besetzt und sich von der Regionalpartei des Ostens emanzipiert. Piraten haben kurzfristig in Landtagen die IT-Defizite aller Parteien unterlaufen. Die AfD spielt hemmungslos auf der Klaviatur des rechten Populismus.

Selektion:
Die politische Funktion der Selektion durch Parteien meint zwei ganz unterschiedliche Aufgaben: Zum einen die Rekrutierung von Personal, zum anderen die Auswahl von Alternativen aus dem gesamtgesellschaftlichen Interessenspektrum.

Personalselektion erscheint manchen Kritikern des deutschen Parteienstaates als hervorstechendes Merkmal schlechthin. Parteien als Karriereleitern, Parteibuchwirtschaft in Staat und Gesellschaft, Patronage für Funktionäre auf allen Ebenen, so lauten die Stichworte (vgl. z. B. WASSERMANN 1988).

Weithin unbestritten ist das Privileg der Parteien, über die Nominierung von Mandatsträgern das politische Regierungspersonal zu stellen. Den Vorschlag, z. B. bei Ministerposten, dem kompetenten Experten oder unpolitischen Fachmann den Vorzug zu geben, hört man mittlerweile seltener, weil der Mythos des unpolitischen, über den Parteien stehenden Fachmanns doch verblasst ist, gerade angesichts eines vorgeblich „unpolitischen" Beamtentums oder Militärs der Weimarer Republik und im Nationalsozialismus. Thomas Mann hat diese Haltung einmal treffend als die „Lüge des Obrigkeitsstaates" bezeichnet. Eine Herrschaft der Sachzwänge, eine Expertokratie hat sich zum anderen in den letzten Jahrzehnten angesichts der ökologischen oder ökonomischen „Risikogesellschaft" endgültig als eine Ideologie entlarvt.

Unter den vier Funktionen, die STEFFANI (1988) den Parteien zugeordnet hat – Transmission, Herrschaft, Legitimation, Rekrutierung – spricht der letztere Aspekt das Faktum offen und ohne Scheu aus: „Parteien sind Interessengruppen in eigener Sache, die an politischen Führungsaufgaben interessierten Bürgern Karrierechancen eröffnen" (STEFFANI 1988, S. 559). Allerdings trifft dieses Motiv sicher nicht auf alle knapp anderthalb Millionen Mitglieder aller Parteien in der Bundesrepublik zu. Denn davon ist weit über die Hälfte passiv, von den Aktivisten sind die meisten mit lokalen oder regionalen Parteiämtern zufrieden. Öffentliche Mandate in allen Gemeinden, Ländern und im Bund belaufen sich auf vielleicht 10 % der Parteimitglieder, also ca. 200 000. Höchstens eine kleine winzige Spitzengruppe der Parteimitglieder von unter 1 % der Aktivmitglieder, also ungefähr 2 000, kommt für relevante politische Ämter in Frage – also nicht mehr als ein paar Tausend und damit nicht mehr als ein Promille der Parteimitgliedschaft insgesamt.

Aber die Parteien besitzen nicht das alleinige Monopol auf Rekrutierung von politischem Personal. Neben und mit den Parteien bestehen Netzwerke der Durchdringung von Parteien und Interessengruppen bei der Personalselektion. Auch die Verbände wirken an der Stellung des politischen Personals mit, wie sich deutlich an den Fachausschüssen des Deutschen Bundestages ablesen lässt. In den Ausschüssen für Landwirtschaft, Arbeit und Soziales, Wirtschaft, Umwelt, Technologie agieren besonders deutlich Verbandsvertreter, die allerdings nur mithilfe der Parteien in das Parlament gelangen können.

Integration:
Die Funktion der Integration durch Parteien ist in gewisser Weise die Kehrseite der drei bisher skizzierten Funktionen Partizipation, Transmission und Selektion. Denn gerade die Partizipationschancen in und durch Parteien bewirken eine Integration in Strukturen und Prozesse, die für Gruppenzusammenhalt und auch für die Anerkennung des Systems an sich wichtig sind.

Auch Transmission als Artikulation und Bündelung von Interessen führt zu einer Integration. Die zentripetalen Kräfte, die in einer pluralistischen Gesellschaft mit konfligierenden Teilinteressen notwendigerweise bestehen und die sich in Interessenselektivität ausdrücken, werden durch die Gruppenintegration wieder zurückgebunden. Gerade die größeren politischen Parteien, die allein oder mit Koalitionspartnern in der Lage sind, handlungsfähige Mehrheiten zu bündeln, erbringen diese Integrationsleistungen, indem sie die Interessen verschiedener sozioökonomischer Gruppen verknüpfen.

Die Integration ist dabei immer eine Gratwanderung. Ein Übermaß an Integration schafft in Großorganisationen eine zu starke Rigidität, sodass sie sich entweder abschließen oder in Teilgruppen und Strömungen auseinanderfallen. Zu geringe Integration andererseits öffnet der Unverbindlichkeit Tür und Tor.

Innerparteilicher Demokratie kommt deshalb gerade auch bei der Integrationsfunktion eine entscheidende Bedeutung zu, um intern für einen offenen Kommunikationsprozess aufnahmefähig zu bleiben. Die Integration führt zu einer Form der politischen Kultur, die maßgeblich von den spezifischen Konturen des Parteien- und Verbändesystems eines Landes geprägt wird. Man kann mit großem Recht davon ausgehen, dass weniger die Verfassungen und Institutionen die entscheidenden Differenzen zwischen den Industriestaaten in Europa ausmachen, sondern vielmehr die politische Kultur des intermediären Sektors in den unterschiedlichen Formen der Integrationsfähigkeit des Parteien- und Verbändesystems.

Sozialisation:
Im Grunde ist die Funktion der Sozialisation ein besonders herausragender Bestandteil der Integration. Denn das Lernen von Politik findet mehr im Alltag als

in Veranstaltungen der politischen Bildung oder der Staatsbürgerkunde statt. Ein wesentlicher Faktor sind dabei die Massenmedien, deren Inhalt allerdings wiederum durch die Aktivität des intermediären Bereiches von Parteien und Verbänden geprägt wird. Dies ist aber eine rezeptive bis passive Form der Sozialisation. Die wirksamste politische Sozialisation überhaupt besteht immer in *learning by doing*. Dies gilt zwar stärker und breitenwirksamer für die Verbände und Vereine als für die politischen Parteien. Sicher ist aber auch deren Sozialisationsfunktion keineswegs zu vernachlässigen. Ein Parteimitglied lernt Politik von der Pike auf: Anträge formulieren, Versammlungen leiten, Personalpakete schnüren, Verhandlungen führen. Es lernt durch die Praxis in der Organisation, aber auch durch die Schulungsmöglichkeiten, die die Parteien selbst und ihre assoziierten politischen Stiftungen anbieten.

Aber nur wenige Prozent der Wahlbevölkerung sind Mitglied in einer politischen Partei. Insofern ist deren Beitrag zur politischen Sozialisation doch begrenzt, gerade bei sinkendem Anteil der jüngeren Mitgliedschaft. Die breite Mitgliedschaft in fast allen Organisationen – ob Parteien oder lokale Vereine – bleibt nur an wenigen Leistungen der Organisation interessiert und verbleibt im Übrigen passiv. Die Aktivisten, ehrenamtlichen Funktionäre, professionellen Mandatsträger gleichen sich in fast allen Organisationsformen in Hinblick auf ihre Schichtzugehörigkeit. Die recht gut ausgebildete Mittelschicht, besonders auch die Beamten und Angestellten im Öffentlichen Dienst sowie die Selbstständigen, tragen in fast allen Organisationen die meisten Aktivitäten. Im Grunde treffen sich in Bürgerinitiativen, Friedensgruppen, Vereinen, Verbänden und auch in den politischen Parteien immer dieselben Mittelschichten der Gesellschaft, um ihre Bedeutung für die Politische Kultur dadurch ständig zu verstärken und zu vervielfältigen. Ehrenamtliche Bürgermeister in kleineren Kommunen sind dafür ein Exempel: Wenn die nicht in allen Vereinen und im Brauchtum der Gemeinde integriert sind, egal von welcher Partei, haben sie schon verloren.

Selbstregulation:

Die Funktion der Selbstregulation scheint auf den ersten Blick eher auf das Verbändesystem gemünzt und weniger auf die Parteien zu passen, da diese doch immer Vehikel für politische Ziele von Einzelnen und Gruppen sind in Konkurrenz zu alternativen politischen Gruppierungen.

Schaut man den Alltag politischer Parteien genauer an, so überrascht manche Beobachter, in wie starkem Maße sie auf sich selbst bezogen sind. Wie jede größere komplexe Organisation dominiert auch bei Parteien ein „Interesse an sich selbst". Sie sind überaus ausdifferenzierte Gebilde mit eigenen Vorfeldorganisationen, Parteistiftungen, Wirtschaftsunternehmen, Kulturvereinen und Beratungsgremien, die einen großen Teil ihrer Zeit der Eigenbeschäftigung widmen. Sie sind deshalb zwar nicht wie Wohlfahrtsverbände oder Kammern selbstregulativ tätig, zumindest aber sind sie selbstreflexiv. Obwohl gerade Wahlkämpfe die große Zeit der Auseinandersetzung mit dem politischen Gegner sind, ist es höchst überraschend, wie auch hier bei wichtigen Entscheidungen über Slogans, Plakate, Personen und Programme die Fixierung auf die eigene Organisation, nicht aber die Beobachtung des „politischen Gegners", eher die Konkurrenz unter eigenen Landesverbänden und funktionalen Untergruppen der eigenen Partei das Feld beherrscht, während der politische Gegenpart in der Konkurrenzpartei die große Unbekannte bleibt.

Legitimation:
Die Funktion der Legitimation hat ähnlich wie die Funktion der Integration einen zusammenfassenden Charakter: Weil die Parteien einen wesentlichen Beitrag zur Partizipation, Transmission, Selektion, Integration und Sozialisation leisten, erfüllen sie damit Aufgaben der Legitimation des Systems insgesamt. Sie tragen – insofern die Funktionen tatsächlich wahrgenommen werden – zur Anerkennung und damit zur Systemstabilisierung bei.

Sie tun dies insbesondere, wenn bei dysfunktionalen Erscheinungen – Verkrustungen und Verstaatlichung der Parteien – die Optionen von *exit* und *voice* für frustrierte Mitglieder offenbleiben, d. h., wenn sie entweder ihre Stimme in der Organisation bei abweichender Meinung erheben können *(voice)*, um Abhilfe bei Missständen zu schaffen, oder wenn die freie Möglichkeit des Austritts *(exit)* gegeben ist, einschließlich einer Neugründung von alternativen Organisationen (vgl. Hirschman 1974). Die jüngste Geschichte Deutschlands zeigte, wie das Fehlen beider Optionen in der alten DDR zu deren Verkrustung und schließlichem Ende beitrug, während in der alten Bundesrepublik soziale Bewegungen (Umwelt, Frieden, Frauen) Defizite des etablierten Parteiensystems auffangen konnten.

Diese sieben Parteienfunktionen haben bereits Pate gestanden bei der Definition von Parteien im ersten Kapitel dieses Textes, die hier abschließend noch einmal wiederholt wird. Zu Anfang war der Sinn dieser Definition vielleicht noch etwas kryptisch. Jetzt wird er hoffentlich mehr einleuchten.

► **Parteien sind auf Dauer angelegte, freiwillige Organisationen, die politische Partizipation für Wähler und Mitglieder anbieten, diese in politischen Einfluss transformieren, indem sie politisches Personal selektieren, was wiederum zur politischen Integration und zur Sozialisation beiträgt und zur Selbstregulation führen kann, um damit die gesamte Legitimation des politischen Systems zu befördern.**

Diskussion: Warum sind die Parteien in der Krise?

11

Welche Funktionen kommen Parteien in der Gesellschaft zu? So haben wir im letzten Kapitel gefragt. Nun drehen wir diese Frage um: Gelingt es den Parteien heute noch, angesichts vielfach gewandelter Rahmenbedingungen, diese Funktionen tatsächlich auszuüben?

Mit dieser Frage befinden wir uns mitten in der Debatte um Krise oder Wandel der Parteien. Hier ist in den vergangenen beiden Jahrzehnten viel Abgesang auf die Parteien gehalten worden. So ist schon die bloße Tatsache, dass Parteien ihre Interessen wahrnehmen, immer wieder Gegenstand erbitterter Kritik geworden. Von Politikverdrossenheit, von Parteienverdrossenheit ist allenthalben die Rede. Dabei ist die Feststellung, dass Parteien ihre Interessen wahrnehmen, nichts weiter als die einfachste Formel, die manche hehren Ziele – ob selbst formuliert oder zugeschrieben – auf ihren Kern reduziert.

Doch auch wenn einige Auswüchse der parteienkritischen Debatte sicherlich überzogen sind, sollen die Probleme keineswegs verharmlost oder die Situation verniedlicht werden. Vielmehr wollen wir versuchen, die Debatte kritisch zu reflektieren. In Kapitel 11.1 kommen deshalb zunächst die normativen Kritiker der Parteien zu Wort. Anschließend werden in Kapitel 11.2 eine Reihe von bedenkenswerten empirischen Befunden diskutiert, die zumindest nach Ansicht einiger Forscher Symptome einer wirklichen Parteienkrise darstellen.

Die kritische Hinterfragung der Parteien blieb nicht begrenzt auf politikwissenschaftliche Fachliteratur, wie in den 1970er Jahren, als man das „Parteiensystem in der Legitimationskrise" (DITTBERNER/EBBIGHAUSEN 1973) sah, oder in den 80ern, als ein Buch nach dem anderen die „Parteien in

© Springer Fachmedien Wiesbaden GmbH, ein Teil von Springer Nature 2018
U. von Alemann et al., *Das Parteiensystem der Bundesrepublik Deutschland*,
Grundwissen Politik, https://doi.org/10.1007/978-3-658-21159-2_11

der Krise" (KROCKOW/LÖSCHE 1986; zumindest noch in Frage gestellt bei HAUNGS/JESSE 1987) verstrickt glaubte. Seit den 90er Jahren sind die Parteien frontal auch aus Kreisen der etablierten politischen Eliten angegriffen worden, so vom damaligen Bundespräsidenten Richard von Weizsäcker in dem Buch von HOFMANN/PERGER (1992a), generalisiert in dem Sammelband HOFMANN/PERGER (1992b); von Hans Herbert VON ARNIM (1993a) sowie von SCHEUCH/SCHEUCH (1992). Abgewogenere wissenschaftliche Einschätzungen der Debatte finden sich bei WIESENDAHL (1992, 1993), STARKE (1993), VON ALEMANN (2017, 1996c) sowie auch bei GABRIEL/HOLTMANN (2009) und LIEDHEGENER (2009).

Erfreulicherweise erschöpft sich die aktuelle Diskussion zumeist nicht mehr in reiner Krisenrhetorik. Wo dies doch der Fall ist, stehen derartige Diagnosen häufig im Zusammenhang mit dem vermeintlichen Niedergang oder Versagen der Volksparteien (MERKEL 2017, NIEDERMAYER 2013C, VON ARNIM 2009, BRUNNEMANN 2009, JESSE 2006). Stärker im Blickpunkt stehen heute jedoch die veränderten gesellschaftlichen, institutionellen, organisatorischen und strategischen Rahmenbedingungen, mit denen sich die Parteien auseinandersetzen müssen (VON ALEMANN/SPIER 2009). An die Stelle der Rede von einem allgemeinen *decline of parties* ist folglich das Stichwort *party change* getreten. Art, Ausmaß und Richtung der Veränderungen wie auch deren Ursachen sind jedoch heftig umstritten (PANEBIANCO 1988, HARMEL/JANDA 1994, MAIR 1997, VON BEYME 2002, POGUNTKE 2000 oder WIESENDAHL 2010, 2006b).

11.1 Parteienkritik: Die normative Debatte

Angesichts der weltweiten Probleme und immer neuer Krisen erscheint es fast wie ein Luxus, dass sich die Deutschen so intensiv mit ihren Parteien und Politikern beschäftigen. Haben sie denn keine anderen Sorgen? Stets waren die Medien voll mit Artikeln über die Krise der Parteien. Was ist los mit den deutschen Parteien? Ist das deutsche Parteiensystem nicht immer noch um ein Vielfaches stabiler als in Frankreich oder Italien, von Osteuropa und der Dritten Welt ganz zu schweigen? Vom Ausland her betrachtet erscheinen die Deutschen wie immer ein bisschen hysterisch und so, als würden sie ihre Probleme maßlos übertreiben. Was haben Amerikaner, Franzosen oder Italiener dagegen für Sorgen mit ihrem politischen Personal!

Tatsächlich ist die Kritik an den Parteien so alt wie die Parteien selbst. Sie ist ein Grundrauschen, das nie endet. Dabei sind die grundlegenden Topoi der Parteienkritik im Wesentlichen immer dieselben geblieben:

> „▪ Parteien dienen Einzelinteressen in der Gesellschaft, aber nicht dem Staatsganzen und nicht dem Gemeinwohl, da sie eben pars, nur Teile seien.
> ▪ Herrschende Parteien entwickeln sich zu einem Kartell oder zu Oligarchien, die sich von neuen Parteien abkapseln.
> ▪ Parteien üben auf die einzelnen Volksvertreter einen unzulässigen Zwang („Fraktionszwang") aus, der das freie Mandat konterkariert.
> ▪ Parteien sind anfällig für Korruption, für Nepotismus (Vetternwirtschaft) und Patronage.
> ▪ Die Parteienfinanzierung ist ein besonderer Einflusskanal für häufig verdeckte Einflussnahme auf Parteien.
> ▪ Staatliche Parteienfinanzierung macht die Sache nicht besser, da damit eine Art der Verstaatlichung der Parteien einhergeht, die sich von den wirklichen Interessen der Bevölkerung abkoppelt.
> ▪ Die herrschenden Parteiapparate tendieren dazu, innerparteiliche Demokratie zu beeinträchtigen, um damit Herausforderungen ihrer Vorherrschaft zu vereiteln.
> ▪ Parteien formulieren in ihren Wahlkämpfen unrealistische Versprechungen, die den Wählern Wahlkampfgeschenke versprechen (politics oft he pork barrel) und der Demagogie Vorschub leisten.
> ▪ Der Populismus von Parteien, die auf Stimmenmaximierung fixiert sind, führt zu demagogischen Entwicklungen.
> ▪ Die Interessenpolitik von Klientelparteien führt zu einer Selbstbedienungsmentalität und schadet dem Gemeinwohl.
> ▪ Parteien sind machtversessen und machtvergessen zugleich.
> ▪ Parteien fällen ihre Entscheidungen intern in Hinterzimmern und Kungelrunden, die der Öffentlichkeit unzugänglich sind." (VON ALEMANN 2017: 54 f.).

So kann man in der Debatte um die Parteienverdrossenheit im Grunde bereits seit Anfang der 1990er Jahre zwei Szenarien unterscheiden:

> „Allumfassende Kraken umklammern die Gesellschaft – sagen die einen. Die Parteien nehmen alles in Griff und in Besitz, was in der Gesellschaft Macht, Einfluß und Pfründe verspricht, so die Thesen des Staatsrechtlers Hans Herbert von Arnim oder des Oberlandesgerichtspräsidenten Rudolf Wassermann. Funkhäuser und Kreiskrankenanstalten, Lottogesellschaften und Wasserwerke, Schuldirektorien und Landeszentralbanken, Bundesligavereine und Goetheinstitute und natürlich die ganze staatliche Bürokratie sowieso – kein Bereich entkommt ihrem vielarmigen Zugriff. Und dabei be-

dienen sie sich noch ungeniert aus der Staatskasse für die Parteienfinanzierung, durch Spendenabzüge, über Stiftungen und mit fetten Diäten. Schlägt man eine Hand ab, wachsen schnell andere nach, wo man sie noch nicht vermutete. Haut man ihnen aufs Haupt, schreien sie Politikverdrossenheit, Parteienfeindschaft wie bei Weimars Untergang oder gleich Verfassungswidrigkeit. Schließlich haben sie doch durch das Parteienprivileg laut Art. 21 des Grundgesetzes die legitime Pflicht, die politische Willensbildung des Volkes zu gestalten. Staat und Gesellschaft zappeln hilflos im Schwitzkasten der Parteien – so das eine Szenario.

Die Dinosaurier werden immer trauriger – klagen die anderen. Als ,ratlose Riesen', so der Politologe Rudolf Wildenmann, tapern die Großparteien durch die politische Landschaft, in der sie fremd geworden sind. Verkrustet sind ihre inneren Strukturen, verhärtet ihre Strategien, humorlose Funktionäre die meisten Akteure. Selbst die fröhlichen Mitglieder der Toskana-Fraktion können davon nicht ablenken. Die Parteien merken nicht, wie überflüssig sie geworden sind: mobilisieren können die organisierten Interessen, die Verbände und Bewegungen, besser und aktiver; artikulieren und Öffentlichkeit simulieren können die Medien effektiver; integrieren können die Sinnstifter in den Feuilletons, in den evangelischen Akademien und der gute Mensch in der Villa Hammerschmidt besser und würdiger; regieren wollen die Bürokratien am liebsten ganz allein; wirtschaften – das wichtigste – tut der Markt ganz von selbst, so macht man uns glauben; und überhaupt die ganze Zukunft gestalten kann sowieso keiner. Wozu also Parteien? Die Parteien sind die letzten wirklichen Selbsthilfegruppen: sie machen nur Bewegung für sich selbst, für ihre Karriere, ihre Macht, ihre Posten, ihre Politik. Sie glauben, sie haben alles besetzt, wie die Kraker in Holland die Abbruchhäuser. Aber sie merken nicht, daß sie auf Ruinen sitzen. Das Leben geht woanders weiter. Das ist das zweite Szenario" (VON ALEMANN/TÖNNESMANN 1992, S. 15 f.).

Kraken oder Dinosaurier? Die Diskussion ist fast unüberschaubar geworden, und es fällt schwer, die Argumente zu bündeln. Natürlich haben sich auch Parteipolitiker zu Wort gemeldet, um sich zu verteidigen. Aber auch von ihnen kam doch keiner umhin, gravierende Probleme zuzugestehen. Lassen wir also zunächst stellvertretend die damals meistgelesenen Kritiker der Parteien zu Wort kommen: Erwin und Ute SCHEUCH, Richard von Weizsäcker und Hans Herbert VON ARNIM plädieren für das Szenario „Kraken".

Der Kölner Soziologe Erwin K. SCHEUCH und seine Frau Ute SCHEUCH veröffentlichten im Frühjahr 1992 ein Taschenbuch, das Furore machte: „Cliquen, Klüngel und Karrieren. Über den Verfall der politischen Parteien – eine Studie". Es handelte sich im Kern ursprünglich um ein Gutachten für die Wirtschaftsvereinigung der CDU von Nordrhein-Westfalen, also um eine Auftragsarbeit zur innerparteilichen Auseinandersetzung. Das merkt man vielen Argumenten noch an, haben sich die Autoren doch selbst im innerparteilichen Clinch der Kölner CDU oft wund gerieben. Um was geht es? Es geht um innerparteilichen Filz und zwischenparteilichen Klüngel in Köln, den die Autoren mit zahlreichen Beispielen über Seilschaften und kommunale Karrieren von Kölner Lokalpolitikern anhand von Zitaten aus der Lokalpresse illustrieren. Ihr Fazit:

> „Die Politik in der Bundesrepublik [wird] inzwischen von Berufspolitikern beherrscht. Für deren Erfolg ist dreierlei bestimmend: Zunächst und vor allem die Unterstützung in einer Seilschaft, um die Wiedernominierung als Kandidat zu erreichen. Ein Verfehlen der Kandidatur ist meist gleichbedeutend mit Existenzvernichtung. An zweiter Stelle ist das über die Medien vermittelte Ansehen wichtig. An dritter Stelle ist ein Kapital von Gefälligkeiten wichtig, vor allem erwiesen den politischen Gegnern und einflußreichen Bürgern" (SCHEUCH/SCHEUCH 1992, S. 116 f).

Auf der Basis von Insiderkenntnissen und intensiver Auswertung von Zeitungsmeldungen skizzieren sie mit groben Strichen ein erschreckendes Bild des „Kölschen Klüngels": Lukrative Posten werden von Cliquen in den Parteien langfristig verschoben, Proporz-Absprachen zwischen den Parteien ausgemauschelt, die innerparteiliche Demokratie ausgehebelt. Die Absprachen werden teilweise in Geheimpapieren niedergelegt, die ausnahmsweise nur deshalb ans Licht kamen, weil sie veröffentlicht wurden, um der jeweils anderen Seite Vertragsbruch vorzuwerfen (vgl. Abb. 64).

Ist Köln überall, wie die Autoren unterstellen? Ähnliche Ansätze gibt es sicherlich in deutschen Großstädten häufig, ob Berlin oder München, Frankfurt oder Hamburg. Andererseits hat in Köln die Presse die Zustände ans Licht gebracht und aufgeklärt. So kann der Wähler reagieren, z. B. mit satten 15 % Wählerstimmen für *Die Grünen* bei der Kommunalwahl 1994.

Auch der frühere Bundespräsident Richard von Weizsäcker, um eine zweite Stimme zu Wort kommen zu lassen, hat sich 1992 in die Parteienkrisendebatte eingeschaltet. In einem langen Gespräch mit zwei Bonner Journalisten, das als Buch erschien, sagte er unter anderem:

> „Die Parteien haben sich zu einem ungeschriebenen sechsten Verfassungsorgan entwickelt, das auf die anderen fünf einen immer weitergehenden, zum Teil völlig beherrschenden Einfluß ausübt" (HOFMANN/PERGER 1992a, S. 140).

Weiter führt er in dem Interview aus, und das hat seine Kritiker besonders aufgebracht:

> „Bei uns ist ein Berufspolitiker im allgemeinen weder ein Fachmann noch ein Dilettant, sondern ein Generalist mit dem Spezialwissen, wie man politische Gegner bekämpft.

Abbildung 64   Geheimabsprache über Posten in der Kölner CDU

Geheim-Dokument Nr. 1 zur CDU-Spitze

(Abschrift eines handschriftlichen Konzeptes)

Vereinbarung
Zur Vorbereitung der Wahlen zum Parteivorstand am 7.3.88 treffen die Unterzeichnenden nach ausführlichen Beratungen in ihren jeweiligen Gremien folgende Vereinbarung:

1. Es werden gewählt:
a) zum Parteivorsitzenden
Dr. Ottmar Pohl

b) zum stellvertretenden Vorsitzenden
aa) Dr. Rolf Bietmann
bb) Josef Fink
cc) Marie-Th. Ley

c) Zum Schatzmeiser Dr. Fritz Gläser sowie zu seinen Stellvertretern Axel Rodert und Victor Hensel oder ersatzweise ein von Herr Dr. Bietmann zu benennender anderer Kandidat

d) zu Beisitzern
12 Kandidaten auf Vorschlag von Dr. Bietmann
12 Kandidaten auf Vorschlag von R. Blömer
sowie Dr. H. Blens

Beide Seiten verpflichten sich, über die Zahl der vorgenannten Kandidaten hinaus keine Nominierung vorzunehmen und darauf hinzuwirken, daß auch von dritter Seite weitere Nominierungen nicht erfolgen. (...)

Köln, den 06.03.88
(9 Unterschriften)

Zusatzabkommen

1. Die anstehenden personellen Entscheidungen in Fraktion und Partei sollen in den nächsten 5 Jahren einvernehmlich und ohne öffentliche Auseinandersetzungen getroffen werden.
2. Das gilt auch für die Wahl des nächsten Parteivorstandes.
3. Die Entscheidung des PV über die Vorschläge der Kölner Kreispartei für die Reihenfolge der Listenplätze für den Landtag ist endgültig und wird nicht problematisiert. (Sie ist auch kein Thema auf dem nächsten Kreisparteitag.) (...)

Bietmann   Blömer   Pohl

Nach: SCHEUCH/SCHEUCH 1992, S. 82 ff.

(...) Man lernt, wie man die Konkurrenz der anderen Parteien abwehrt und sich gegen die Wettbewerber im eigenen Lager durchsetzt. Doch wo bleibt der politische Wille des Volkes?" (ebd., S. 150 f.).

Und er setzt wenig später den Satz drauf, der ihm am meisten angekreidet wurde:

> „Nach meiner Überzeugung ist unser Parteienstaat von beidem zugleich geprägt, nämlich machtversessen auf den Wahlsieg und machtvergessen bei der Wahrnehmung der inhaltlichen und konzeptionellen politischen Führungsaufgabe" (ebd., S. 164).

Ob der damalige Bundespräsident hiermit nun wirklich den amtierenden Bundeskanzler und Parteifreund Helmut Kohl persönlich treffen wollte oder nicht, ist sekundär. Noch unerheblicher erscheint der Vorwurf, der Bundespräsident habe seine engen Kompetenzgrenzen überschritten. Wichtig ist allein die Frage: Hat er recht?

Er hat recht mit der Forderung, dass die Parteien eine inhaltliche und konzeptionelle Führungsaufgabe haben sollen, damit sie den gewaltigen Orientierungsbedarf in unserer Zeit befriedigen helfen können. Und er hat recht darin, dass diese Orientierungsaufgabe von den Parteien in ihrem emsigen Tagesgeschäft sträflich vernachlässigt wird. Dass der Machtkampf mit dem politischen Gegner, ob innerhalb einer Partei oder der Parteien untereinander, alle anderen Aufgaben zu sehr beiseite drängt, ist ebenfalls richtig. Problematisch ist aber Weizsäckers Kritik an den Berufspolitikern generell. Politik als Beruf mit kompetenten Personen, die ihr Geschäft verstehen und die um die Konzeptionen miteinander konkurrieren, ist nicht pauschal abzulehnen. Man darf nicht gleichzeitig mehr Kompetenz und weniger Professionalität fordern, denn wir leben in einer Konkurrenzdemokratie, in der die bessere politische Konzeption und politische Kompetenz eine Mehrheit erhalten soll.

Noch weitaus problematischer ist aber von Weizsäckers Hang zur politischen Harmonie, sein Lob der Überparteilichkeit, seine Neigung zum Unpolitischen, wie viele Wendungen in dem Gespräch zeigen: „Da wirkt das (Bundesverfassungs-)Gericht wie eine ersehnte überparteiliche Oase ...". Politik ist parteilich, wenn sie in der Demokratie konkurrierende Konzepte durchsetzen will. Parteien sollen einzelne Interessen in der Gesellschaft bündeln und sie gegenüber anderen vertreten. Parteien haben deshalb zwangsläufig unterschiedliche Konzeptionen, weil sie auch Partikularinteressen vertreten. Natürlich reklamiert jede Partei, die bessere Konzeption für das Gemeinwohl zu haben. Das übergeordnete Gemeinwohl, das es allen recht macht und nur Gutes tut, gibt es nur als Mainzer Karnevalsmotto: Allen wohl, niemand weh. Politik muss Prioritäten setzen, dazu müssen die Parteien den Mut haben. Wenn der damalige Bundespräsident dies bekräftigen wollte, so ist ihm zuzustimmen. Manche Kritik der Parteienkrise erinnert allerdings fatal an die Verachtung der Parteien gegen Ende der Weimarer Republik. Dies ist am stärksten bei der dritten und letzten Stimme aus dem großen Chor der Parteienkritiker der Fall, die exemplarisch herausgegriffen wird, weil sie sicherlich zu den lautesten gehört. Hans Herbert VON ARNIM hat sich in den 1970er und 80er Jahren Verdienste bei der Aufdeckung von überhöhter Parteienfinanzierung, zu üppigen Abgeordnetendiäten und unangemessenen Politikerpensionen erworben. Meist als Gutachter des Bundes der Steuerzahler hat er unermüdlich Skandale aufgedeckt und Vertuschungen publik gemacht. In seinen neueren Büchern („Demokratie ohne Volk", „Staat ohne Diener", beide 1993, „Der Staat als Beute", 1998 neu aufgelegt und „Volksparteien ohne Volk" 2009) scheint er allerdings über das Ziel hinauszuschießen und das Kind Parteiendemokratie mit dem Bade auszuschütten.

Was sind seine Argumente? Im Schlusskapitel seines Buches „Staat ohne Diener" listet er die folgenden Defizite unseres politischen Systems auf:

> „Die Auswüchse im Wirken der politischen Parteien, die sich zu Herren des Volkes aufgeschwungen haben, aber ihre eigentlichen Aufgaben im Dienst des Volkes nicht mehr befriedigend erfüllen; das Krebsgeschwür der Ämterpatronage, durch welche die letzten verbliebenen Gegengewichte gegen Fehlentwicklungen im Parteienstaat allmählich gleichgeschaltet und die Gewaltenteilung unterlaufen wird; eine staatliche Politikfinanzierung wie im Schlaraffenland, welche die politische Klasse in eigener Sache und zum eigenen Nutzen beschließt; die mangelnde institutionelle Gerüstetheit der Politiker, dem Druck organisierter Partikularinteressen standzuhalten und das Gemeinwohl zu wahren; das Auseinanderfallen von Entscheidung und Verantwortung in vielen Bereichen und zahlreiche Schieflagen im Föderalismus und in der Verfassungsordnung der Bundesländer.
>
> Alle diese Defizite hängen letztlich mit der fehlenden Verantwortung der Repräsentanten gegenüber dem entmündigten Volk zusammen. Umgekehrt ist die Aktivierung des Volkes durch Schaffung und Nutzung von Institutionen, die es zu Wort kommen lassen, letztlich das zentrale Gegengewicht, mit dem Fehlentwicklungen sich wirksam bekämpfen lassen. Die Abtrennung der demokratischen Wurzeln hat die Politiker zu einer isolierten, abgehobenen Kaste gemacht, die ihre Kraft nicht mehr aus der Verankerung im Volke bezieht, sondern sich aus sich selbst rekrutiert" (VON ARNIM 1993b, S. 336f).

Natürlich werden hier viele wichtige Missstände angesprochen. Aber seine Kernthese ist einfach überzogen:

„Die Parteien haben im politischen Leben der Bundesrepublik Deutschland alle Fäden in der Hand. Kehrseite ihrer alles beherrschenden Stellung ist die völlige Entmachtung des Volkes" (VON ARNIM 1993b, S. 105).

Wo bleibt da Platz für die Macht von Bürokratie und Wirtschaft, die Macht der Medien und der Verbände? All das wird bei ihm ausgeblendet, da er allein auf die Allmacht der Parteien einerseits und die Ohnmacht des Volkes andererseits fixiert ist. Dies führt ihn zu Überzeichnungen wie dieser:

> „Weil das Volk entmündigt ist, kann es nichts Wertvolles ausbilden, bleibt es dumpfe Masse, politisch apathisch und uninteressiert. Unsere Demokratie ist kritikwürdig, weil sie in Wahrheit keine Demokratie ist. Die Pseudodemokratie muß erst zur wirklichen Demokratie gemacht werden. (…) Nur Verantwortung erzieht. Ein Volk ohne Verantwortung muß fast notwendig politisch uninteressiert und eigensüchtig bleiben" (VON ARNIM 1993b, S. 59 f).

Eine solche überzogene Parteienkritik könnte eher den Kritikern der Demokratie überhaupt in die Hände arbeiten. So krass wie VON ARNIM formulieren nur wenige der anderen Parteienkritiker (für eine Übersicht vgl. VON ALEMANN 2017 sowie GABRIEL/HOLTMANN 2009). Aber bei vielen von ihnen schimmert die alte deutsche Parteienfeindschaft durch. Der Unterschied zu altkonservativer Polemik besteht hauptsächlich darin, dass die heutigen Kritiker zumindest immer wieder versichern, dass wir Parteien grundsätzlich brauchen.

11.2 Krise oder Wandel: Die empirischen Befunde

Gäbe es nur eine sozialwissenschaftliche Krisendebatte, wie weitgehend bis in die 1980er Jahre, oder die publizistische und normative Debatte seit den Neunzigern, die wir eben zusammengefasst haben, könnte man achselzuckend zur Tagesordnung übergehen. Es gibt aber zahlreiche Symptome, die über die Parteienverdrossenheit auf allgemeinere Politikverdrossenheit und wachsende Zukunftsängste verweisen. Für Deutschland kann man diese Symptome in acht Punkten zusammenfassen:

1) Die **Mitgliedschaft** der (Volks-)Parteien schmilzt. Die SPD als lange Zeit größte deutsche Partei hatte in ihrem Spitzenjahr 1976 über eine Mio. Mitglieder. 1980 lag sie knapp darunter. Noch kurz nach der Wende betrug die Zahl ihrer Mitglieder um die 900 000. Vor allem in den Jahren ihrer Regierungsbeteiligung ab 1998 hatte die Partei dann zum Teil dramatische Verlustraten zu be-

klagen. Im Jahr 2016 liegt ihre Mitgliederzahl bei rund 433 000. Besonders
dünn ist die Personaldecke in den fünf neuen Bundesländern, wo die SPD zusammen gerade einmal etwas mehr als 20 000 Mitglieder zählt. Die CDU erreichte ihren Höchststand 1983 mit über 700 000 Mitgliedern und verlor seitdem ebenfalls stetig, aber nicht ganz so rapide wie die Sozialdemokratie auf
heute rund 432 000 Mitglieder. In diesem „race to the bottom" hat die SPD
die CDU nach neuesten Berechnungen inzwischen als mitgliederstärkste Partei Deutschlands wieder „überholt" (vgl. Abb. 46). Etwas differenzierter ist die
Lage bei den kleinen Parteien zu bewerten. Die FDP hatte sich nach massi-
ven Verlusten zu Beginn der 1990er Jahre einigermaßen gefangen. Dann folg-
ten die missglückten Regierungsjahre und sogar der tiefe Fall in die außer-
parlamentarische Opposition. Nach ihrer Rückkehr in den Bundestag steht
sie aktuell bei rund 54 000 Mitgliedern. Ähnlich ist die Lage bei den *Linken,* die sich bei ca. 60 000 Genossen auf niedrigem Niveau eingependelt haben. *Die Grünen* konnten zuletzt sogar leicht zulegen und zählen momentan
knapp 62 000 Mitglieder. Sie sind auch die einzige der etablierten Parteien, die
auf lange Sicht – seit 1990 – Zuwächse verzeichnen konnten. Die noch junge
AfD ist teilweise enormen Schwankungen unterworfen und zählt derzeit etwa
26 500 Mitglieder (vgl. Abb. 65).

2) Die **Wahlbeteiligung** sinkt. Sie ist bei Bundestagswahlen von erstaunlich hohen 91,1 % (1972) über 88,6 % (1980) auf 77,8 % (1990) gefallen, erholte sich
   1998 leicht auf 82,2 % und fiel seitdem kontinuierlich auf ihren bisherigen Tief-
   stand von 70,8 % bei der Wahl 2009. 2017 ging es mit 76,2 % wieder leicht bergauf. Zwar sind 70–75 % im internationalen Vergleich durchaus kein drama-
   tisch tiefer Wert, etwa mit Blick auf die USA, wo man sich – abgesehen von
   der Rekordwahl Barack Obamas 2008, als zwei Drittel der Wahlberechtigten
   von ihrem Stimmrecht Gebrauch machten – gewöhnlich mit 50 % zufrieden-
   geben muss. Aber der generelle Trend ist schon bedenkenswert. Bei Landtagswahlen in Deutschland lag die Wahlbeteiligung zuletzt zwischen ordentlichen
   73,2 % in Hessen (2013) und dem Tiefstwert 47,9 % in Brandenburg (2014). Die
   Beteiligung an den letzten Europawahlen im Jahr 2014 lag in Deutschland
   ebenfalls bei 47,9 %, bei Kommunalwahlen liegt sie häufig noch deutlich darunter.

3) Der **Konzentrationsgrad** der Parteien lässt nach. Die großen Volksparteien
   konnten in den 1970er Jahren über 90 % der gültigen Stimmen auf sich vereinigen, bei den Bundestagswahlen in den 90er Jahren noch gut 75 %, aber bei
   der letzten Wahl 2017 sage und schreibe nur noch 53,5 %. Seit den 80er Jahren
   mussten die etablierten Parteien Mandate an *Die Grünen* abgeben. Mit Beginn
   der 90er Jahre bedrohten zeitweise rechtsradikale Parteien die Stabilität. Am
   linken Rand punktete die PDS zunächst als regionale Volkspartei im Osten. Sie

Abbildung 65 Entwicklung der Mitgliederzahlen der Parteien seit 1990

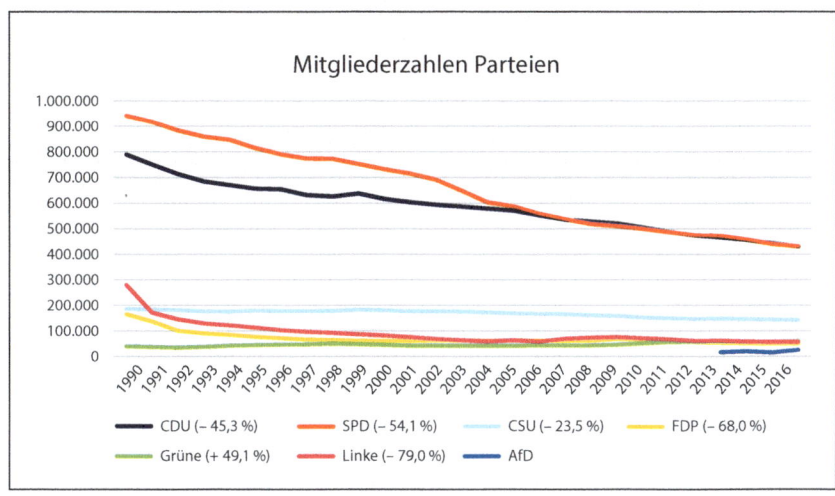

Aus: Niedermayer 2017b, S. 2

ist mittlerweile unter dem Logo *Die Linke* in ganz Deutschland etabliert. Die FDP, in der Geschichte der Bundesrepublik häufig als Juniorpartner an Regierungen beteiligt, legte zwischenzeitlich auf fast 15 % (2009) zu. Inzwischen hat die AfD die Freien Demokraten als drittstärkste politische Kraft abgelöst (vgl. Abb. 27). Konkurrenz erfahren die Alteingesessenen zusätzlich durch kleine Parteien und *Freie Wähler*.

4) Der **Stammwähleranteil**, d. h. der Prozentsatz der Wähler, die stets die gleiche Partei wählen, ist beträchtlich gesunken. Bei Bundestagswahlen lag die Quote derjenigen, die wenigstens zweimal hintereinander ihr Kreuz an derselben Stelle machten, zuletzt nur noch zwischen 50 und 60 %. Und dies gilt nur für Westdeutschland. In den neuen Bundesländern macht dieser verhältnismäßig treue Wählertypus nicht einmal mehr die Hälfte des Elektorats aus. Betrachtet man gar einen längeren Untersuchungszeitraum und bezieht auch den Wechsel von und zur Nichtwahl mit ein, muss man ganz klar zu dem Ergebnis kommen, dass der Stammwähler in Deutschland eine Minderheit darstellt (vgl. Rattinger/Schoen 2009, S. 91 f). Spiegelbildlich zu diesem Befund stieg der Anteil der Wechselwähler, also der Personen, die zeitweise gar nicht zur Wahl gehen oder immer wieder einmal einer anderen Partei das Vertrauen schenken. Bemerkenswerterweise finden sich in dieser Gruppe nicht wenige, die von einer Wahl zur anderen sogar komplett das politische Lager wechseln.

5) Die Anzahl der **politischen Skandale**, die von den Medien und vor allem im
    Internet berichtet werden, steigt: Korruption, illegale Spenden, Patronage, Filz,
    Dienstwagen und Bonusmeilen; man muss nur die Zeitung oder eine beliebi-
    ge Webseite aufschlagen, schon springt eine neue Affäre in den Blick. Natür-
    lich hat es Korruption und Skandale schon immer gegeben, aber die Bericht-
    erstattung darüber nimmt heute einen ungleich größeren Raum ein. Ob dies
    an einer offeneren Berichterstattung, den sozialen Medien mit ihren Echo-
    kammern oder am wirklichen Anstieg der Missstände liegt, ist zunächst ein-
    mal zweitrangig, denn die Tatsache der breiteren Debatte zählt für den Leser
    und den Wähler.

6) Die **Entfremdung der Jugendlichen von der (Partei-)Politik** hält nach wie vor
    an. Empirische Untersuchungen im Rahmen der politischen Kulturforschung
    zeigen langfristige Trends. In der großen Shell Jugendstudie 2015 bezeichne-
    ten nur rund 41 Prozent der Jugendlichen sich selbst als „politisch interessiert".
    Im Vergleich zu den lediglich 30 Prozent im Jahr 2002 ist dieser Wert zuletzt
    zwar etwas gestiegen. Auch wächst offenbar wieder die generelle Bereitschaft,
    sich politisch zu engagieren, bevorzugt durch den Boykott bestimmter Waren
    aus politischen Gründen, das Unterzeichnen von (Online-)Petitionen oder die
    klassische Teilnahme an Demonstrationen. Die etablierten Parteien können
    davon jedoch nicht profitieren. Hier ist die Verdrossenheit unverändert hoch.
    Zieht man als Faktor die Beteiligung bei Wahlen mit heran, so sinkt neben
    dem Interesse gleichzeitig die tatsächliche politische Partizipation. Bei Jung-
    wählern liegt die Wahlbeteiligung mitunter mehr als 20 % unter dem Durch-
    schnitt der Gesamtwählerschaft. Generell kann man von einer sehr großen Di-
    stanz der Jugendlichen zu traditionellen Politikbereichen sprechen. Darunter
    leiden ähnlich wie die Parteien etwa auch Kirchen und Gewerkschaften.

7) Auch das **Vertrauen in die Parteien** und die Politiker schwindet. Laut einer
    Umfrage des Meinungsforschungsinstituts Ipsos im Januar 2017 sagten 80 %
    der Befragten, dass sie kein oder wenig Vertrauen in Parteien haben. Folgt
    man einer anderen Erhebung, sagen ebenfalls rund 70 % der Menschen, den
    Parteien gehe es nur um die Macht. Ungefähr die Hälfte meint, die Parteien be-
    trachteten den Staat als Selbstbedienungsladen und immerhin ein gutes Drittel
    vertritt die Ansicht, wonach die meisten Parteien und Politiker korrupt seien
    (vgl. GABRIEL/HOLTMANN 2009, S. 201). Die zuletzt genannten Autoren haben
    aber andererseits auch positive Einstellungen gegenüber Parteien festgestellt,
    etwa als funktionierende Einrichtungen der Interessenvermittlung. Auch
    WESSELS (2009) rät zu etwas mehr Gelassenheit. Die Bürger vertrauten zwar
    nicht „den" Parteien im Allgemeinen, ihrer präferierten Partei aber durchaus.
    Durchschnittlich niedriges Vertrauen in Parteien sei deshalb kein Krisensym-
    ptom der Parteiendemokratie, sondern ein Ergebnis von Parteilichkeit.

8) Anders, als dies früher die Regel war, profitiert heute die jeweilige Volkspartei in der **Opposition** nicht mehr automatisch von wachsender Unzufriedenheit mit der Regierung. So verloren sowohl die SPD als auch die Unionsparteien bei den Bundestagswahlen seit 2002 dreimal in Folge Stimmen. Ein Teil dieser Verluste kann sicherlich mit Verweis auf die Große Koalition erklärt werden, von der traditionell die kleinen Parteien profitieren. Allerdings verlor die Union ebenfalls 2005, also am Ende der rot-grünen Ära und dem Beginn der Kanzlerschaft Angela Merkels, an Unterstützung. Im Herbst 2017 ist die Union bei nur noch 33 % der Stimmen und damit ihrem niedrigsten Wert seit 1949 angelangt. Die SPD steht mit dem Allzeit-Tief von 20,5 % vor einem noch größeren Scherbenhaufen und sogar der Existenzfrage, weshalb vor allem viele Genossen an der Basis keine weiteren Auflagen der Großen Koalition wollen und stattdessen eine erfolgreiche „Erholung in der Opposition" (von ALEMANN/ SPIER 2011) herbeisehnen.

Sind diese empirischen Befunde Symptome einer tiefen Krise der hiesigen Parteiendemokratie, wie einige Forscher glauben (vgl. LANDFRIED 2004, VESTER 2003)? Oder werden durch die skizzierten Entwicklungen lediglich die außerordentlichen deutschen Verhältnisse auf Normalmaß zurückgestutzt? Brauchen die Parteien überhaupt Millionen Mitglieder, von denen ohnehin die meisten inaktiv sind? Müssen die Stammwähleranteile so hoch sein, sind Wechselwähler nicht politisch beweglicher? Ist die Wahlbeteiligung in anderen Demokratien nicht viel niedriger? Inwiefern stellt es ein Problem für die Demokratie dar, wenn die Großparteien abspecken?

Tatsächlich gibt es in der deutschen Parteienforschung einen gewissen Hang, jeglichen Wandel des Parteiensystems als krisenhafte Erscheinung zu thematisieren. Bei einer kritischen Bestandsaufnahme der einschlägigen Diskussion in Medien und Wissenschaft konnte man so bereits Anfang der 1980er Jahre auf zehn als gravierend empfundene „Parteienkrisen" kommen (vgl. VON ALEMANN 1981b, S. 111). Deren Quantität und wahrgenommene Intensität dürften in den vergangenen Jahren noch deutlich zugenommen haben. Aber woher kommt dieser Alarmismus?

GEHNE/SPIER (2010) haben drei Faktoren herausgearbeitet, die eine Deutung von Wandlungstendenzen als Krisen in der Debatte begünstigen. Demnach seien (1) in der politischen Kultur Deutschlands Ressentiments gegen Parteien historisch tief verwurzelt. Die Krisenrhetorik werde (2) durch die innere Funktionslogik unserer Medienlandschaft begünstigt. Die alte Journalistenweisheit bringt es auf den Punkt: „Only bad news is good news!" Der Nachrichtenwert einer Entwicklung steigt also, je mehr negative oder dramatische Implikationen sich mit ihr verknüpfen. Und (3) spiele für die Charakterisierung von Wandlungstendenzen als Krisenphänomene auch eine gewisse nostalgische Perspektive eine Rolle. Auch diese Erklärung scheint plausibel. Wer kennt nicht die Klagen: Die Politiker werden immer schlechter, jedenfalls aber immer blasser. Es fehlen kantige, unverwechselbare Persönlichkeiten, es gibt nur noch die stromlinienförmigen Geschäftsführertypen, die allein nach ihrem kurzfristigen Vorteil handeln usw. Politik erscheint in dieser Sichtweise als bloßes Aufstiegsverhalten in der Dienstleistungsgesellschaft. Aber das Argument vermag nicht recht zu überzeugen; es klingt zu sehr nach ebenjener Nostalgie, die in jedem gesellschaftlichen Teilbereich gern artikuliert wird, wie etwa beim Fußball, wo es angeblich auch keine Spielerpersönlichkeiten mehr gibt.

Interessanterweise scheint die Öffentlichkeit in nahezu allen westlichen Ländern davon überzeugt, dass gerade in ihrem Land die Politiker, die Parteien und die Medien besondere Probleme haben, ob in den USA, Frankreich, England oder Italien. Vergleicht man die Umfrageergebnisse, so ist das Ansehen der Parteien in fast allen Ländern bescheiden. In Frankreich gibt es traditionell starke Affekte und Aversionen gegen die politischen Parteien (vgl. KIMMEL 2009). In der Schweiz sieht sich das dortige, einstmals so stabile Parteiensystem mit dem wachsenden Rechtspopulismus vor eine schwierige Bewährungsprobe gestellt (vgl. VON SCHRÖTTER 2009). In Belgien belastet aktuell wieder einmal der Nationalitätenkonflikt zwischen Flamen und Wallonen das dortige Parteiensystem schwer. In Italien sind die Parteien durch anhaltende Bestechungsaffären und Korruptionsvorwürfe völlig desavouiert. In den USA wurden die Parteien lange als „empty bottles" regelrecht veralbert (vgl. DREYER 2009). Schon Anfang der 1970er Jahre publizierte der Journalist David S. BRODER dort ein einflussreiches Buch mit dem Titel „The Party's over" (1972). Ist die Party, die Partei, tatsächlich vorbei? Über *party decline*, also den Niedergang der Parteien, forschen seitdem Politologen in aller Welt. Aber auch die Gegenthese wird vertreten: „The Party's just begun" nannte Larry J. SABATO sein Buch (1988), das eine Wiederbelebung der amerikanischen Parteien propagiert, für die es seit Bill Clintons Wahlsiegen von 1992 und 1996 und erst recht seit der fulminanten Kampagne Barack Obamas auch handfeste Indizien gibt.

Wenn die etablierten Parteien europaweit, ja weltweit, in die Defensive geraten, dann kann es sich jedenfalls nicht allein um hausgemachte Probleme handeln. Es muss ein allgemeiner Trend in den Industriegesellschaften dahinter stecken. Es kann sich weder um das Versagen bestimmter Parteien oder einzelner Politiker handeln, noch um Strukturmängel nur des deutschen politischen Systems. Denn die Symptome treten in allen vergleichbaren Parteiensystemen in ähnlicher Stärke auf. Mit drei Wandlungstendenzen werden die Veränderungen des Parteiensystems am häufigsten erklärt: mit dem Wertewandel, dem Medienwandel und dem Politikwandel.

Ausblick: Wie sind die Parteien noch zu retten?

12

Natürlich ist die Debatte um die Parteienverdrossenheit nicht spurlos an den Parteien selbst vorbeigegangen. Sie beschäftigen sich ja generell gerne mit sich selbst. Zwar gab es auch die Meinung, die massive Kritik sei ein reines Medienphänomen und die Journalisten würden Skandale und Missstände nur hochjubeln, um Auflagen und Einschaltquoten zu steigern. Doch die selbstkritischen Töne in den Parteien als Reaktion auf die Kritik überwiegen.

Die Parteien begannen also, Kommissionen und Arbeitskreise zu gründen nach dem beliebten Motto: „Wenn du nicht mehr weiter weißt, gründe einen Arbeitskreis." Am weitesten ging die SPD, die, angetrieben von ihrem ehemaligen Bundesgeschäftsführer Karl-Heinz Blessing, schon 1992 eine hochrangige Kommission *SPD 2000* gründete, die 1993 ihre Ergebnisse vorlegte (BLESSING 1993). Die zahlreichen Vorschläge waren einerseits recht konventionell („Aktivierung der Mitgliedschaft"), andererseits geriet das Papier in den Strudel des Rücktritts von Björn Engholm als Parteivorsitzender und damit seines Bundesgeschäftsführers Blessing.

Der neue Bundesgeschäftsführer der SPD, Günter Verheugen, hatte in der Vorbereitung der Bundestagswahl 1994 Wichtigeres zu tun, als Parteireformen zu betreiben, und so versickerten die Aktivitäten zunächst. Nur ein Element wurde sofort umgesetzt: die plebiszitäre Auswahl des neuen Parteivorsitzenden Rudolf Scharping durch Mitgliederbefragung. Sie war 1993 mit überraschenden 56 % Wahlbeteiligung ein voller Erfolg für die Mobilisierung der Partei und stärkte die Position des neugewählten Vorsitzenden gegenüber seinem Konkurrenten Gerhard Schröder nachhaltig.

Diese Form der Mitgliederbeteiligung bei Personalentscheidungen ist auf Bundesebene immer noch eine Seltenheit, die einzig von den *Grünen* genutzt wird. So bestimmte die grüne Parteibasis bei der Bundestagswahl 2013 und 2017 per Urwahl ihre beiden Spitzenkandidaten. Solche Mitwirkungsrechte sind sicher ein

© Springer Fachmedien Wiesbaden GmbH, ein Teil von Springer Nature 2018 259
U. von Alemann et al., *Das Parteiensystem der Bundesrepublik Deutschland*,
Grundwissen Politik, https://doi.org/10.1007/978-3-658-21159-2_12

vernünftiger Ansatz, um die Parteimitglieder zu einem stärkeren parteipolitischen Engagement zu motivieren. Allerdings sind sie wohl immer noch mehr als symbolische Aktion zu verstehen, die weit hinter einer durchgreifenden Reform zurückbleibt.

12.1 Parteienreformansätze

In der Debatte befinden sich seit Langem drei Reformvorschläge, die man radikal so zuspitzen kann:

- alle Macht den Wählern,
- alle Macht den Mitgliedern,
- alle Macht den Profis.

„Alle Macht den Wählern", so fordern viele, die sich an den amerikanischen Vorwahlen, den *primaries,* orientieren. Dort hat man schon früh die korrupten Parteimaschinen zerschlagen, indem man die Wähler selbst die Kandidaten nominieren lässt. Eingetragene Parteimitglieder gibt es deshalb in den USA kaum. Jeder Sympathisant einer Partei lässt sich in Wahllisten eintragen und beteiligt sich an der Vorwahl der Kandidaten. In manchen Bundesstaaten kann man sich sogar frei an dem Nominierungsverfahren auch der Partei, die man nicht unterstützt, beteiligen. Aus Sicht der Parteiorganisationen ist dies überaus problematisch, weil sie damit ziemlich überflüssig werden.

„Alle Macht den Mitgliedern", so lautet der zweite Vorschlag. Die Parteien müssten von den sozialen Bewegungen lernen: Basisdemokratie durch Partizipation aller Mitglieder sei die Devise. Alle Übel stammten von den Parteiapparaten, den Funktionären – eine alte These aus der Parteientheorie seit Robert MICHELS und Moisei OSTROGORSKI. Die Parteien müssten sich lokal nicht nach Wohnbezirken, sondern nur noch nach Themen orientieren. Sie müssten zu Bürgerinitiativen werden, zu themenorientierten sozialen Bewegungen. Dabei bleibt jedoch unberücksichtigt, dass Bürgerinitiativen kommen und gehen (oder aber zu Sekten verkrusten) und dass auch *Die Grünen* ebenso wie die *Piratenpartei* mit ihrer ursprünglichen Parteiorganisation Schiffbruch erlitten haben. Die radikale partizipatorische Basisdemokratie ist auch kein Allheilmittel für die Parteien.

„Alle Macht den Profis", so lautet der Untertitel eines Buches von dem Journalisten und Politikberater der SPD, Peter GRAFE (1991). Er plädiert dafür, die SPD zu einer politischen Dienstleistungsfirma zu machen, die ihr Produkt perfekt anbietet. Und dieses Produkt bestehe in kompetenten und exzellenten Führungspersonen. In das gleiche Horn stieß Peter RADUNSKI (1991), langjähriger

Wahlkampfmanager der CDU. Er forderte eine „Fraktionspartei", in der Profis aus den gewählten Gemeindeparlamenten bestimmen und nicht die Amateure, das heißt die einfachen Mitglieder. Auf die alte Vereinsmeierei in den Parteien, die dem 19. Jahrhundert als Organisationstypus angehöre, könne man getrost verzichten. Die Finanzierung durch Mitgliedsbeiträge, die zurzeit noch den Parteien einen beträchtlichen Teil ihres Etats bringt, könne man komplett durch Spenden ablösen. Für die Abkehr von der Mitgliederpartei sprach sich Joachim RASCHKE schon in seinem monumentalen Werk „Die Grünen. Wie sie wurden, was sie sind" (1993b) aus (kritisch hierzu WIESENDAHL 2006b; siehe zudem Barbara VIEL-HABER 2015). Er plädierte für das Modell einer professionellen „Rahmenpartei". Dieses Modell empfiehlt er auch mit Thomas LEIF in seinem Buch „Rudolf Scharping, die SPD und die Macht":

> „Die Rahmenpartei kann auf vier Kreisen aufbauen:
> - den aktiv-professionellen Kernen aus Abgeordneten, Hauptamtlichen, Ehrenamtlichen sowie dem Reservoir mehr oder weniger Aktiver, aus dem die Funktionsträger erneuert werden;
> - Menschen, die sich mit der Partei identifizieren und als Förderer das in der Regel schlecht zahlende sowie – manchmal mit schlechtem Gewissen – inaktive Mitglied ersetzen;
> - den sozialen Milieus, mit denen die Partei verbunden, teilweise auch verflochten ist, und aus denen sie einen Teil ihrer Vitalität bezieht;
> - den Wählern. (…)
>
> Dies ist das Modell einer führungszentrierten Rahmenpartei mit einem professionellen, kontinuierlichen Rahmen, der in den Wellen gesellschaftlicher Probleme und Bewegungen durch neue Aktive aufgefrischt wird. Der Parteiführer trägt die letzte Verantwortung für den Wahlerfolg, den wichtigsten Bezugspunkt der Partei. Deshalb hat er auch das letzte Wort über die Richtung der Partei. Im Konfliktfall kann er sich auf die Wähler berufen und sich dabei gegen seine eigene Partei stellen. Neben den Abgeordneten spielen aber auch Parteiaktive eine Rolle. So wird die Partei als widersprüchliche Einheit von Gefolgschaft, Mobilisierung und Diskurs entworfen" (LEIF/RASCHKE 1994, S. 202 ff.).

Ob eine solche Professionalisierung der Parteien durch Stärkung der Führung – der Mandatsträger und Hauptamtlichen – mit Reduzierung der Vereinselemente und der Konzentration auf politische Dienstleistungen wirklich der Königsweg ist, mag bezweifelt werden. Die Unverbindlichkeit der „Rahmenpartei" gegenüber den Wählern oder eine neue Abschließung der Professionellen könnten die Folge sein.

Das Modell Rahmenpartei nimmt die klassische Parteiorganisation zurück und will stattdessen die Personalisierung der Politik nutzen, um den Parteien der Zukunft ein Profil zu geben. Liegt aber wirklich in der Personalisierung der Politik (und der Parteien) eine vernünftige Zukunftsentwicklung? Sicher weisen Tendenzen der Mediengesellschaft in diese Richtung. Wenn man manche Leitartikel oder Titelstorys liest, so scheinen die Kämpfe der Gladiatoren wie zwischen Merkel und Schulz oder Lindner und Özdemir den politischen Alltag zu dominieren.

Was ist also zu tun? Führen alle drei Wege – Wähler-, Mitglieder- und Profi-Partei – in die falsche Richtung? Der richtige Pfad liegt wohl in keiner dieser drei radikalen Lösungen, sondern in einer Kombination von zahlreichen Aktivitäten.

Da die deutschen Parteien immer noch als klassische Mitgliederparteien beschrieben werden können, konzentrieren sie sich in ihren Reformmaßnahmen vor allem darauf, für potentielle Neumitglieder attraktiver zu werden. Die Parteien versuchen etwa über materielle Anreize neue Mitglieder zu werben. So werden mit der Parteimitgliedschaft bestimmte Sonderkonditionen und Rabatte etwa bei Krankenversicherungen oder Automobilclubs verbunden (vgl. WIESENDAHL 2006b, S. 152). Ob dies jedoch eine sinnvolle Strategie darstellt, ist mehr als fraglich, wenn man sich die Motive für den Parteibeitritt näher betrachtet. So geben nur 2 % der im Rahmen der Deutschen Parteimitgliederstudie befragten Parteimitglieder solche unpolitischen Motive als Anlass für ihren Beitritt an (vgl. LAUX 2011, S. 73).

Weitere Reformmaßnahmen der Parteien erstrecken sich auf die Aufnahme direktdemokratischer Elemente in ihre Satzungen. Wie bereits dargestellt, nutzen Parteien immer wieder die Möglichkeit, die Parteibasis über ihre Spitzenkandidaten entscheiden zu lassen. Gerade eine solche direkte Beteiligung der Basis am Entscheidungsprozess soll die Parteimitglieder dazu motivieren, sich politisch mehr einzubringen. Aber nicht nur bei Personalentscheidungen wird die Basis befragt. Nach den Bundestagswahlen 2013 und 2017 ließ etwa der Parteivorstand der SPD über den mit CDU und CSU ausgehandelten Koalitionsvertrag abstimmen. So durften die über 470 000 Mitglieder der SPD über die zukünftige Regierungskoalition in Deutschland entscheiden. DECKER und KÜPPERS fassen die verschiedenen Verfahren und Regeln der Mitgliederbeteiligung folgendermaßen zusammen:

> „In den meisten Parteien hat ein Mitgliederentscheid die Qualität eines Parteitagsbeschlusses, wohingegen Mitgliederbefragungen formal unverbindlich sind und lediglich eine faktische Bindungswirkung für die Partei(führung) erzeugen. Die CDU sieht auf Bundesebene keinerlei verbindliche Mitspracherechte ihrer Mitglieder vor. Gleiches gilt für die CSU. Urwahlen können (außer in den Unionsparteien) sowohl ‚von oben‘ durch die Parteispitze als auch in Form eines Mitgliederbegehrens ‚von unten‘ durch

die Basis ausgelöst werden. Nur in der Linken bleibt dem Bundesvorstand das Recht vorenthalten, einen Mitgliederentscheid zu initiieren" (DECKER/KÜPPERS 2015, S. 250).

Neben der Nutzung direktdemokratischer Entscheidungsverfahren wurden die Parteistrukturen für Nichtmitglieder geöffnet. So wurden etwa die Satzungen der Parteien dahingehend angepasst, dass auch Nichtmitglieder bzw. Unterstützer in den Parteien mitarbeiten können. Beispielhaft sei auf das Organisationsstatut der SPD verwiesen, in dem es heißt:

„§ 10 a Öffnung für Gastmitglieder und Unterstützer/innen

(1) Wer die Grundwerte der SPD anerkennt, kann ohne Mitglied der SPD zu werden, den Status eines Gastmitglieds erhalten. Gastmitglieder können an allen Mitgliederversammlungen der Partei teilnehmen. Sie haben dort Rede-, Antrags- und Personalvorschlagsrecht. Das Recht an Wahlen und Abstimmungen teilzunehmen sowie gewählten Gremien anzugehören ist für Gastmitglieder auf Projektgruppen beschränkt.

(2) Der Antrag auf Gastmitgliedschaft ist schriftlich zu stellen und mit der Anerkennung der Schiedsgerichtsbarkeit der Partei verbunden. Gastmitglieder zahlen den Beitrag nach § 1 Abs. 6 FO [Finanzordnung]. Die Gastmitgliedschaft gilt für ein Jahr. Sie kann längstens um ein weiteres Jahr verlängert werden. §§ 3 bis 7 Organisationsstatut gelten sinngemäß.

(3) Interessierte können ohne Mitglied der SPD zu werden, den Status einer Unterstützerin oder eines Unterstützers erhalten. Unterstützerinnen und Unterstützer können in einer Arbeitsgemeinschaft oder einem Themenforum die vollen Mitgliedsrechte wahrnehmen. Vertreterinnen und Vertreter dieser Arbeitsgemeinschaft in Gremien der Partei müssen Parteimitglied sein. Der Unterstützerantrag ist schriftlich zu stellen und mit der Anerkennung der Schiedsgerichtsbarkeit der Partei verbunden. Unterstützerinnen und Unterstützer zahlen den Beitrag nach § 1 Abs. 6 FO. Für die Nur-Juso-Unterstützer/innen der Arbeitsgemeinschaft der Jungsozialistinnen und Jungsozialisten ist der ermäßigte Beitrag nach § 1 Absatz 6 FO zu zahlen.

(4) Der Parteivorstand erlässt Richtlinien zur Öffnung der Partei für Nichtmitglieder, Gastmitglieder und Unterstützerinnen und Unterstützer.

(5) Die Mitarbeit von Nichtmitgliedern ist ausdrücklich erwünscht.

(6) Wer Mitglied ist oder war, kann kein Gastmitglied oder Unterstützerin und Unterstützer werden. Über Ausnahmen entscheidet der zuständige Gliederungsvorstand."

Trotz der Versuche der Parteien, sich für neue Mitglieder zu öffnen und attraktiver zu werden, muss abschließend festgehalten werden, dass der Mitgliederschwund zumindest bei den beiden großen Volksparteien dennoch bis heute nicht gestoppt werden konnte. WIESENDAHL kommt zu dem Schluss, dass es nicht „die fehlenden innerparteilichen Beteiligungsmöglichkeiten, sondern mentale Vertrauens- und Entfremdungsprobleme sind, die Eintrittswillige vom Parteibeitritt abhalten" (WIESENDAHL 2006b, S. 162). Eine durchgreifende Parteienreform muss daher wohl auf breiter Front antreten, sie kann nicht auf kleine Organisationskosmetik beschränkt bleiben. Sie muss auch das Wahlrecht und die Parteienfinanzierung sowie das Verhältnis von Parteien und Gesellschaft thematisieren.

12.2 Alternativen zu den etablierten Parteien?

Wenn die beiden Volksparteien die „Dinosaurier der Demokratie" sind, wie der Titel eines Buches von Jürgen RÜTTGERS (1993) lautet, dann können sie entweder, wie zuvor dargestellt, durch tiefgreifende Reformen reanimiert werden oder sie verlieren immer mehr an Bindekraft, und es treten andere Parteien und Gruppierungen an ihre Stelle.

So ist nicht zuletzt auch bei der Bundestagswahl 2017 die Dekonzentration des Parteiensystems weiter fortgeschritten. Protestparteien stellen für immer mehr Wähler Alternativen zu den etablierten Parteien dar. Die abnehmende gesellschaftliche Verankerung der beiden Volksparteien führt immer häufiger zu komplizierten Mehrfachbündnissen (z. B. Ampel-, Jamaika- oder Deutschland-Koalition) oder zur unliebsamen Großen Koalition.

Menetekel für solche unsicheren Aussichten war die Wahl zur Hamburger Bürgerschaft im September 1993. Das Hamburger Verfassungsgericht hatte überraschend die vorherige Bürgerschaftswahl wegen schwerer formaler Verstöße bei der Kandidatenaufstellung der CDU für ungültig erklärt. Das frühere CDU-Mitglied Markus Wegener hatte zusammen mit vier weiteren CDU-Mitgliedern gegen seine Partei vor Gericht erstritten, was er parteiintern vergeblich durchsetzen wollte: eine demokratischere Form der Kandidatenaufstellung. Für die Neuwahl gründete er als neue Gruppierung die *STATT-Partei*, zog auf Anhieb mit 5,6 % der Stimmen in die Bürgerschaft ein und konnte nach der Wahl sogar eine Kooperation mit der SPD-Stadtregierung erreichen.

Die *STATT-Partei* erlangte durch diesen Sieg überraschende Popularität. Hektisch wurden in anderen Städten, Bundesländern und auf Bundesebene Neugründungen vorgenommen, die sich allerdings heftig in Personal-, Politik-, Programm- und Satzungsquerelen verstrickten. Das führte zu konkurrierenden Landesverbänden und mehreren sich rechtlich bekämpfenden Bundesvorsitzenden, so dass die neue Kraft bei keiner folgenden Wahl mehr nennenswerte Erfolge erzielen konnte.

Bei solchen Protestparteien ist zu differenzieren, ob die Partei selbst als Protestpartei bzw. Anti-System-Partei auftritt (etwa in ihren Äußerungen oder in ihrem Partei- bzw. Wahlprogramm) oder von den Wählern als solche wahrgenommen wird. So trat etwa die 2006 gegründete *Piratenpartei* mit einem neuen Politikansatz, nämlich der Liquid Democracy, in die politische Arena. Für viele ihrer Wähler spielte jedoch dieses neue inhaltliche Angebot weniger eine Rolle, als die Möglichkeit den etablierten Parteien einen Denkzettel zu verpassen. Eine Motivation, von der lange Zeit auch die Linkspartei profitierte und seit ihrer Gründung 2013 auch die Alternative für Deutschland (AfD) (vgl. von Alemann 2016b, S. 66 f.). So gaben bei der Bundestagswahl 2017 etwa 85 % der AfD-Wähler an, dass die AfD die einzige Partei sei, „mit der ich meinen Protest ausdrücken kann" (Infratest dimap 2017).

Die Unzufriedenheit mit den etablierten Parteien macht Erfolge solcher Gruppierungen wahrscheinlicher. Allerdings kranken diese Gruppen notorisch daran, dass sie zunächst Frustrierte und Querulanten aller Schattierungen magisch anziehen, die sich dann schnell selbst paralysieren. Bestes Beispiel dafür ist der rasante Auf- und Abstieg der *Piratenpartei*. Diese konnte zwischen 2011 und 2012 in eine Reihe von Landtagen einziehen, bis sie durch zahlreiche innerparteiliche Debatten immer mehr ins politische Abseits geriet.

Diese Tendenz zur Selbstblockade galt lange Zeit auch für rechtsextreme und rechtspopulistische Parteien. Solche „Rechtsaußenparteien" wie NPD, DVU, *Republikaner, Schill-Partei* oder AfD (vgl. Spier 2016, S. 257 f.) stellen ebenfalls Alternativen zu den etablierten Parteien dar. Sie profitieren von der Unzufriedenheit und dem Protest gegen die etablierten Parteien. In der Forschung wurden solche Rechtsaußenparteien lange Zeit nur als kurzatmige Protestparteien angesehen. So gelangen ihnen immer wieder teils beachtliche Wahlerfolge bei Landtagswahlen, doch konnten sie nie in den Deutschen Bundestag einziehen und wurden nach einer Legislaturperiode oftmals wieder aus dem Landesparlament gewählt. Die NPD erzielte etwa bei der Landtagswahl 1968 in Baden-Württemberg 9,8 % der Stimmen, scheiterte dann jedoch bei der Bundestagswahl mit 4,3 % an der Fünf-Prozent-Hürde. Auch die 2009 aufgelöste DVU konnte immer wieder in den ostdeutschen Bundesländern reüssieren. So erzielte sie bspw. bei der Landtagswahl im April 1998 in Sachsen-Anhalt ganze 12,9 %, bei der im September 1998 anstehenden Bundestagswahl allerdings nur 1,2 % der Stimmen.

Diese vermeintliche Kurzatmigkeit rechtsextremer und rechtspopulistischer Parteien scheint durch den Wahlsieg der AfD bei der Bundestagswahl 2017 widerlegt. Erstmals gelang es einer Partei rechts von der Union in den Bundestag einzuziehen und dies mit aus dem Stand 12,6 % der Zweitstimmen. Im September 2017 ist die AfD in 14 von 16 Landtagen vertreten. Es ist jedoch wichtig darauf hinzuweisen, dass die AfD „zunächst als Abspaltung von den Unionsparteien" (Botsch 2016, S. 67) entstand. Botsch beschreibt ihre Entwicklung folgendermaßen:

> „Sie trat zwar von Anfang an als nationalpopulistische Rechtspartei auf, bemühte sich allerdings ernsthaft um Abgrenzung vom verfassungsfeindlichen Rechtsextremismus. (…) Im Zuge der Flüchtlingskrise im Herbst 2015 radikalisierte sich die AfD zunehmend. Ihre öffentlich wahrnehmbaren Repräsentantinnen und Repräsentanten bedienten sich immer öfter eines fundamentaloppositionellen, teilweise sogar völkischen Jargons, so dass die Abgrenzung zum Rechtsextremismus schwieriger wurde" (Botsch 2016, S. 67).

Die jüngsten Wahlerfolge der AfD zeigen, dass es in Deutschland ein nicht geringes Potential an Personen gibt, die ihre Unzufriedenheit durch die Wahl solcher Gruppierungen artikulieren. Zudem sind autoritäre Werte sowie rechtsextreme Gesinnungen mit Ausländerhass und deutschem Chauvinismus in Teilen der Gesellschaft weiterhin verbreitet. So ergab die „Mitte"-Studie der Leipziger Universität für das Jahr 2016, dass 5 % der Bundesbürger eine rechtsautoritäre Diktatur befürworten würden. Zudem stimmen 20 % der Bundesbürger ausländerfeindlichen Aussagen zu. Differenziert man nach Ost- und Westdeutschland, ergeben sich für das Jahr 2016 fast keine Unterschiede in der Höhe der Zustimmung (vgl. Decker et al. 2016, S. 43 ff.). Besonders erschreckend ist dieses Potential bei Jugendlichen, wenn es sich in ausländer- und minderheitenfeindlichen Gewaltakten entlädt. Die Mischung aus rechter Gesinnung und sozialer Perspektivlosigkeit ist explosiv, wie sich bei hasserfüllten Aktionen Jugendlicher nicht nur in Ostdeutschland gezeigt hat. So unterstreicht auch der Blick ins europäische Ausland, dass die Gefahr des Erfolges von rechtsextremistischen Parteien auch in sehr fortgeschrittenen Industriegesellschaften weiterbesteht.

Eine weitere Alternative zur Wahl der etablierten Bundesparteien stellen Regionalparteien dar. In der alten Bundesrepublik war es besser als in vielen anderen Staaten gelungen, regionale politische Bewegungen zu integrieren. In den 1950er Jahren hatte es noch regionale Schwerpunktparteien gegeben, so die *Deutsche Partei* in Niedersachsen oder die *Bayernpartei*. Das immer schon ausgeprägte Sonderbewusstsein der Bayern, das auch in der Weimarer Zeit eigene Parteien hervorrief, ist durch den – man kann schon fast sagen genialen – Trick einer „eigenen" Unionspartei, der CSU, domestiziert worden. Genial deshalb, weil sie eine urbayerische Partei ist, aber auf Bundesebene aufgrund des gegenseitigen Konkurrenzverzichts mit der CDU eben doch keine „richtige" Einzelpartei. Bis zur deutschen Einigung schienen andere Regionalbewegungen ohne jede politische Erfolgs-

chance. Verhältnisse wie in Italien, wo die *Lega Nord* aus der Lombardei spekta-
kuläre Erfolge erzielte, oder auch in Spanien, wo Basken und Katalanen, in Frankreich, wo Basken, Bretonen, Okzitanier und Korsen, in England, wo Schotten und
Waliser wichtige regionale Faktoren sind, schienen in Deutschland undenkbar.

Mit den Erfolgen der PDS hielten jedoch weitere regionale Faktoren in das
deutsche Parteiensystem Einzug. Zwar war die PDS programmatisch eigentlich
keine Regionalbewegung, aber faktisch wurde sie zu einer regionalen Interessenpartei von großen Wählergruppen in den neuen Bundesländern. Die PDS wurde offensichtlich als eine spezifische „Ost-Partei" von ihren Wählern unterstützt,
die durch die übrigen „westdeutschen" Parteien ihren sozialen und ökonomischen
Schutz nicht gewährleistet sahen. Zu einem guten Teil verkörperte die PDS als
Nachfolgepartei der SED wohl auch vom Lebensgefühl und von der politischen
Kultur her ein Stück der eigenen Identität der ostdeutschen Wähler.

Auch die Wahlverweigerung kann als eine Alternative zur Wahl der etablierten
Parteien angesehen werden. Von einer niedrigen Wahlbeteiligung sind vor allem
Wahlen auf lokaler Ebene betroffen, etwa die Wahl des Gemeinderats oder des
Bürgermeisters. Wahlbeteiligungen von unter 30 % sind dort keine Seltenheit und
lassen die Debatte um die Einführung von Wahlquoren oder gar die Einführung
einer Wahlpflicht wieder aufflammen (vgl. WALTHER 2017). Aber auch bei Landtagswahlen sind niedrige Wahlbeteiligungen keine Seltenheit. So gaben etwa bei
der Landtagswahl 2014 in Sachsen nur 49,1 % der Wahlberechtigten ihre Stimme ab.

Obwohl bei Bundestagswahlen die Wahlbeteiligung zwar noch höher ausfällt, verweigern sich auch hier seit der Wechselwahl 1998 ungefähr 20 bis 25 % der
Wahlberechtigten der Stimmabgabe. Bei der Bundestagswahl 2009 lag die Wahlbeteiligung sogar nur noch bei 70,8 %. Die Wahlbeteiligung von 2009 erreichte damit den mit deutlichem Abstand niedrigsten Wert bei einer Bundestagswahl. Die
Gruppe der Nichtwähler wuchs auf 29,2 % der stimmberechtigten Deutschen an.
Auch bei der Bundestagswahl 2017 enthielten sich trotz des Wahlerfolgs der AfD
fast 24 % der Wahlberechtigten der Stimmabgabe.

Die „Partei der Nichtwähler" ist erst seit Beginn der 1990er Jahre als Problem-
gruppe entdeckt worden – auch wenn die Bezeichnung natürlich falsch ist, denn
es handelt sich hier eher um eine ganz diffuse Ansammlung unterschiedlichster
Motivgruppen. Dennoch sind die Nichtwähler zu einem politischen Faktor geworden. Vor allem seitdem ihr Anteil größer ist, als die jeweils größte Partei bei
manchen Wahlen Stimmen erhält. Zu den Motiven der Nichtwähler lieferte eine
im Jahr 2012 durchgeführte Studie im Auftrag der Friedrich-Ebert-Stiftung wesentliche Ergebnisse:

„Unmut über die politischen Akteure (in erster Linie das Gefühl, mit den eigenen Sorgen, Ängsten und Nöten von der Politik nicht mehr ernst genommen zu werden) und

Unzufriedenheit mit dem programmatischen und personellen Angebot der Parteien sind nach diesen Befunden die wichtigsten Ursachen für die Entscheidung, sich nicht mehr an Wahlen zu beteiligen" (GÜLLNER 2013, S. 72).

Die Ergebnisse dieser Studie zeigen zudem, dass das Vertrauen in die politischen Parteien, das schon in der Gesamtbevölkerung sehr niedrig ausgeprägt ist, bei den Nichtwählern noch geringer ausfällt. So vertrauen nur 22 % der Bundesbürger den Parteien, während nur 13 % der Nichtwähler Vertrauen in die Parteien haben (vgl. GÜLLNER 2013, S. 37).

Laut HOFFMANN-JABERG/ROTH (1994, S. 157) kann die Gruppe der Nichtwähler insgesamt in vier Typen unterteilt werden:

- Die **technischen Nichtwähler** erhalten keine Wahlberechtigung wegen Umzugs oder Verwaltungsfehlern oder sind bereits verstorben.

- Die **grundsätzlichen Nichtwähler** haben kein politisches Interesse, sind schlecht integriert und haben meist wenige Kontakte, häufig geringe Bildung und geringen Berufsstatus. Frauen sind überproportional vertreten. Außerdem gehören dazu die Angehörigen von Sekten und weltanschaulichen Minderheiten, die es grundsätzlich ablehnen zu wählen.

- Die **konjunkturellen Nichtwähler** entscheiden je nach Bedeutung der Wahl über ihre Beteiligung: Kommunal- und Europawahlen sind für sie am unwichtigsten. Sie haben durchaus Interesse an Politik und favorisieren eine Partei – sie müssen aber besonders mobilisiert werden, um aktiv zu werden. Ihre Zahl ist in letzter Zeit deutlich gewachsen.

- Die **bekennenden Nichtwähler** sind eine neue Erscheinung. Sie sind politisch interessiert, aber höchst unzufrieden mit „ihrer" Partei und strafen sie mit Wahlabstinenz; sie gehen aber nicht so weit, eine andere Partei zu wählen. Möglicherweise lehnen sie auch alle etablierten Parteien als unfähig ab, ohne allerdings eine Protestpartei zu wählen.

Für die Zukunft der etablierten Parteien ist die Gruppe der „bekennenden Nichtwähler" sicherlich die wichtigste. Nur wenn es den Parteien gelingt, deutlich zu machen, dass der Wähler zu einer wichtigen Entscheidung aufgerufen ist, dass die Wahl einen Unterschied macht und es nicht völlig egal ist, welche Partei regiert, wird der langfristige Trend zur wachsenden „Partei der Nichtwähler" gestoppt werden können. Es bleibt jedoch grundsätzlich die Frage, ob die Entwicklung der Wahlbeteiligung in Deutschland eine Krise oder eine Normalisierung und Angleichung an westeuropäische Verhältnisse darstellt bzw. ob Wahlenthaltung gleichbedeutend ist mit Protest gegen die Parteien und das politische System als Ganzes.

Neben der Zunahme von Nichtwählern dürfte schließlich auch die wachsende Bedeutung von „Nicht-Parteien" ein Trend der Zukunft sein. Solche parteifreien Akteure treten vor allem auf kommunaler Ebene als Bürgerinitiativen oder Wählergemeinschaften auf (vgl. MORLOK/POGUNTKE/WALTHER 2012). Diese parteifreien Akteure werden in der Wissenschaft unter dem Begriff „Kommunale Wählergemeinschaften" zusammengefasst (vgl. REISER 2006b). Diese mehr oder weniger festen Zusammenschlüsse von Bürgern sind oftmals aus Ablehnung oder aus Enttäuschung über die vor Ort handelnden Parteien entstanden. Sie können politikwissenschaftlich als Anti-Parteien-Parteien bezeichnet werden, da sie die politischen Parteien zwar zum einen ablehnen, zum anderen aber eben die Funktionen einer Partei wahrnehmen. Sie artikulieren Forderungen, bündeln Interessen zu Wahlprogrammen und rekrutieren Personal für Ämter und Mandate.

In Baden-Württemberg, das als Kernland dieser parteifreien Akteure bezeichnet werden kann, erreichten Wählervereinigungen bei den Gemeinderatswahlen 2014 insgesamt 31,4 % der abgegebenen Stimmen. Sie erzielten damit mehr Stimmen als die CDU und alle anderen Parteien. Aber auch in den anderen Bundesländern – vor allem im Osten Deutschlands – können parteifreie Akteure zunehmend reüssieren.

Das Wirkungsfeld dieser Bürgerinitiativen und Wählergemeinschaften ist auf die lokale Ebene beschränkt. Hier kandidieren sie zur Wahl des Gemeinde- oder Kreistags und stellen Kandidaten für das Amt des Bürgermeisters und des Landrats auf. Dieser Fokus auf die Kommunalpolitik erscheint im politischen System der Bundesrepublik Deutschland auch rechtlich geboten, sofern diese Akteure sich klar von den politischen Parteien abgrenzen wollen. So sieht das deutsche Parteiengesetz vor:

„Parteien sind Vereinigungen von Bürgern, die dauernd oder für längere Zeit für den Bereich des Bundes oder eines Landes auf die politische Willensbildung Einfluß nehmen und an der Vertretung des Volkes im Deutschen Bundestag oder einem Landtag mitwirken wollen, wenn sie nach dem Gesamtbild der tatsächlichen Verhältnisse, insbesondere nach Umfang und Festigkeit ihrer Organisation, nach der Zahl ihrer Mitglieder und nach ihrem Hervortreten in der Öffentlichkeit eine ausreichende Gewähr für die Ernsthaftigkeit dieser Zielsetzung bieten. Mitglieder einer Partei können nur natürliche Personen sein" (§ 2 Abs. 1 PartG).

Würden Wählergemeinschaften also bei einer Landtagswahl kandidieren, würden sie rein rechtlich und nolens volens zu einer Partei. Eine Problematik mit der sich vor allem der bekannteste parteifreie Akteur auseinandersetzen musste: die *Freien Wähler*. Die *Freien Wähler* konkurrieren schon seit Gründung der Bundesrepublik Deutschland mit den politischen Parteien um Wählerstimmen. Sie entstanden zwar als klare Alternative zu den politischen Parteien, blieben aber bezüglich ihres politischen Engagements nicht auf die kommunale Ebene beschränkt. Die *Freien Wähler* haben immer wieder in Form von Landeswählergruppen an Landtagswahlen teilgenommen (vgl. MORLOK/POGUNTKE/WALTHER 2012, S. 11). Das beste Ergebnis bei einer Landtagswahl erzielten sie mit 10,2 % der Stimmen 2008 in Bayern. Auch bei der darauffolgenden Landtagswahl glückte ihnen mit 9 % der Wiedereinzug in den Bayerischen Landtag. Zur Europawahl 2009 gründeten sie zudem die *Bundeswählergruppe Freie Wähler e. V.*, die 2010 in *die Freie Wähler Bundesvereinigung* umgewandelt wurde. Diese Bundesvereinigung besitzt wie eine Bundespartei Untergliederungen auf Ebene der Bundesländer, sogenannte Landesvereinigungen (vgl. WALTHER/POGUNTKE 2013), mit denen sie bei Landtagswahlen antritt. Sie ist somit eindeutig eine Partei im Sinne des Parteiengesetzes. Gleichzeitig existieren weiterhin auf kommunaler Ebene Wählergemeinschaften der *Freien Wähler,* die ihrerseits keine Untergliederung einer Landesvereinigung sind, nur auf kommunaler Ebene zu Wahlen antreten und somit nicht als Partei einzustufen sind. Die *Freien Wähler* bilden somit einen Hybrid aus Partei und Wählergemeinschaft und stellen auf diese Weise zumindest organisatorisch eine klare Alternative zu den etablierten Parteien dar.

Eine Möglichkeit, auf die Kritik an den politischen Parteien und am streng repräsentativen Parlamentarismus zu reagieren, stellt die Einführung direktdemokratischer Elemente – wie Volksabstimmungen, Bürgerbegehren oder Referenden – dar. Während auf Landesebene Volksinitiative, Volksbegehren und Volksentscheide etabliert sind, wurden solche Instrumente – mit Ausnahme des Art. 29 GG – auf Bundesebene bisher nicht eingeführt. Das Beispiel der Schweiz und der USA, wo diese direktdemokratischen Elemente zum Alltag gehören, zeigt zudem, dass dort gleichzeitig die Parteien schwächer und Verbände und Aktionsgruppen stärker werden. In den Bundesländern waren allerdings in der Vergangenheit nur solche Volksabstimmungen erfolgreich, bei denen ein Bündnis einer großen (meist Oppositions-)Partei mit einem großen Verband für die Initiative und die Mobilisierung sorgte. Als Beispiel sei auf den 2010 erfolgreich durchgeführten Volksentscheid zum Nichtraucherschutz im Freistaat Bayern verwiesen. Initiiert wurde das Volksbegehren, also die Vorstufe zu einem Volksentscheid, zunächst von der ÖDP bzw. der Initiative *„Ja! zum Nichtraucherschutz".* Später schlossen sich SPD und *Grüne* dieser Initiative an. Wann auch auf Bundesebene die Möglichkeit einer Volksgesetzgebung eingeführt werden wird, bleibt abzuwarten. Bisher sind alle Versuche an der notwendigen verfassungsändernden Mehrheit gescheitert.

Die Überlegungen in diesem Kapitel haben deutlich gemacht, dass eine reine Krisenrhetorik im Hinblick auf die Entwicklung der deutschen Parteien nicht

überzeugen kann. Zugegeben, manch mahnendes Wort der normativen Parteienkritik mag seine Berechtigung haben. Und auch die geschilderten empirischen
Befunde machen nachdenklich. Sie sprechen alles in allem für eine nachlassende Verankerung der Parteien in der Gesellschaft. Angesichts dieser unüberseh-
baren Wandlungstendenzen besteht die Aufgabe der Parteienforschung aber nicht
in schlagzeilenträchtigem Alarmismus, sondern in unaufgeregter Analyse. Die
Parteien selbst, so haben wir zudem festgehalten, stehen den sich ständig weiter
ändernden Rahmenbedingungen nicht passiv oder gar hilflos gegenüber. Sie können diese selbst verändern oder sich gegebenenfalls anpassen. Nicht zuletzt müssen diejenigen, die die Parteien für überholt halten, sich die Frage nach den politischen und organisatorischen Alternativen in der parlamentarischen Demokratie
gefallen lassen.

Literaturverzeichnis

ABENDROTH, Wolfgang (1997): Einführung in die Geschichte der Arbeiterbewegung. Von den Anfängen bis 1933. 3. Aufl. Heilbronn.

ABT, Gottlieb Christian (1848): Parteien. In: ROTTECK, Carl von/WELCKER, Theodor (Hrsg.): Das Staats-Lexikon. Encyklopädie der sämtlichen Staatswissenschaften für alle Stände, in Verbindung mit vielen der angesehensten Publicisten Deutschlands. Bd. 10. 2. Aufl. Altona, S. 479–496.

ALBERTIN, Lothar (1972): Liberalismus und Demokratie am Anfang der Weimarer Republik: Eine vergleichende Analyse der Deutschen Demokratischen Partei und der Deutschen Volkspartei. Düsseldorf.

ALEMANN, Ulrich von (1972): Mehr Demokratie per Dekret? Innerparteiliche Auswirkungen des deutschen Parteiengesetzes von 1967. In: Politische Vierteljahresschrift, Jg. 13, H. 2 (1972), S. 181–204.

ALEMANN, Ulrich von (1973): Parteiensysteme im Parlamentarismus. Eine Einführung und Kritik von Parlamentarismustheorien. Düsseldorf.

ALEMANN, Ulrich von (Hrsg.) (1981a): Neokorporatismus. Frankfurt a. M.

ALEMANN, Ulrich von (1981b): Parteiendemokratie und Bürgermitwirkung. In: Landeszentrale für politische Bildung NRW (Hrsg.): Demokratie als Teilhabe. Köln, S. 107–118.

ALEMANN, Ulrich von (1982): Parteiendemokratie und Willensbildung der Bürger. In: Landeszentrale für politische Bildung des Landes NRW (Hrsg.): Ziele für die Zukunft – Entscheidungen für morgen. Köln, S. 137–152.

ALEMANN, Ulrich von (1985): Repräsentation. In: NOHLEN, Dieter/SCHULTZE, Rainer-Olaf (Hrsg.): Pipers Wörterbuch zur Politik. Bd. 1: Politikwissenschaft. München, S. 863–868.

ALEMANN, Ulrich von (1986): Verdorrte Wurzeln. Das „Ahlener Programm" der CDU: Ein Mythos der Parteigeschichte. In: Deutsches Allgemeines Sonntagsblatt vom 12. Januar 1986, S. 5.

ALEMANN, Ulrich von (1989a): Organisierte Interessen in der Bundesrepublik. 2. Aufl. Opladen.

© Springer Fachmedien Wiesbaden GmbH, ein Teil von Springer Nature 2018   273
U. von Alemann et al., *Das Parteiensystem der Bundesrepublik Deutschland*,
Grundwissen Politik, https://doi.org/10.1007/978-3-658-21159-2

ALEMANN, Ulrich von (1989b): Wahlkampf in den USA: All Politics is Local. In: Jahrbuch der Gesellschaft der Freunde der FernUniversität e. V. Hagen, S. 80–88.

ALEMANN, Ulrich von (1994a): Parteien und Interessenorganisationen in der pluralistischen Demokratie. In: DERS./LOSS, Kay/VOWE, Gerhard (Hrsg.): Politik. Eine Einführung. Opladen, S. 255–317.

ALEMANN, Ulrich von (1994b): Schattenpolitik. In: LEGGEWIE, Claus (Hrsg.): Wozu Politikwissenschaft? Über das Neue in der Politik. Darmstadt, S. 135–144.

ALEMANN, Ulrich von (Hrsg.) (1995): Politikwissenschaftliche Methoden. Grundriß für Studium und Forschung. Opladen.

ALEMANN, Ulrich von (1996a): Solidarier aller Parteien – verschont uns! Eine Polemik. In: Gewerkschaftliche Monatshefte, Jg. 47, H. 11/12 (1996), S. 756–761.

ALEMANN, Ulrich von (1996b): Interessenverbände (= Bundeszentrale für politische Bildung (Hrsg.): Informationen zur politischen Bildung, H. 253).

ALEMANN, Ulrich von (1996c): Die Parteien in den Wechsel-Jahren? Zum Wandel des deutschen Parteiensystems. In: Aus Politik und Zeitgeschichte, Jg. 6 (1996), S. 3–8.

ALEMANN, Ulrich von (2005): Neue Bürgergesellschaft, alte Parteien? Zur Notwendigkeit einer partizipativen Parteireform. In: DETTLING, Daniel (Hrsg.): Parteien in der Bürgergesellschaft. Zum Verhältnis von Macht und Beteiligung. Wiesbaden, S. 43–48.

ALEMANN, Ulrich von (2009): Das deutsche Parteiensystem: Transformation statt Erosion. Ein Essay in sieben Thesen. In: RÜTTGERS, Jürgen (Hrsg.): Berlin ist nicht Weimar. Zur Zukunft der Volksparteien. Essen, S. 83–89.

ALEMANN, Ulrich von (2016a): Otto Kirchheimer – ein Hidden-Champion. Mittler zwischen Staatslehre und Politikanalyse. In: Mitteilungen des Instituts für Deutsches und Internationales Parteienrecht und Parteienforschung, Jg. 22 (2016), S. 84–91.

ALEMANN, Ulrich von (2016b): Krisenphänomen AfD: Volkspartei, Fokuspartei oder Protestpartei? In: BIEBER, Christoph/BLÄTTE, Andreas/KORTE, Karl-Rudolf/SWITEK, Niko (Hrsg.): Regieren in der Einwanderungsgesellschaft. Studien der NRW School of Governance. Wiesbaden, S. 63–68.

ALEMANN, Ulrich von (2017): Kritik der Parteienkritik. In: KOSCHMIEDER, Carsten (Hrsg.): Parteien, Parteiensysteme und politische Orientierung. Aktuelle Beiträge der Parteienforschung. Wiesbaden, S. 53–69.

ALEMANN, Ulrich von/ALEMANN, Florian von (2007): Staatsrecht für die Politik. Baden-Baden.

ALEMANN, Ulrich von/BÄCKER, Alexandra/SCHMIDT Christian K. (2008/09): Politische Korruption im staatlichen Bereich der Mitgliedstaaten der Europäischen Union. In: Mitteilungen des Instituts für Deutsches und Europäisches Parteienrecht und Parteienforschung, Jg. 15 (2008/09), S. 16–40.

ALEMANN, Ulrich von/GODEWERTH, Thelse (2005): Die Parteiorganisation der SPD. Erfolgreiches Scheitern? In: SCHMID, Josef/ZOLLEIS, Udo (Hrsg.): Zwischen Anarchie und Strategie. Der Erfolg von Parteiorganisationen. Wiesbaden. S. 158–171.

ALEMANN, Ulrich von/HEINZE, Rolf G. (Hrsg.) (1981): Verbände und Staat. Vom Pluralismus zum Korporatismus. Analysen, Positionen, Dokumente. 2. Aufl. Opladen.

ALEMANN, Ulrich von/MARSCHALL, Stefan (Hrsg.) (2002): Parteien in der Mediendemokratie. Wiesbaden.

ALEMANN, Ulrich von/SCHMID, Josef (1997): „Und sie bewegt sich doch!" Die ÖTV: Innenansichten einer politischen Großorganisation. Projektendbericht. Hagen.

ALEMANN, Ulrich von/SPIER, Tim (2008): Doppelter Einsatz, halber Sieg? Die SPD und die Bundestagswahl 2005. In: NIEDERMAYER, Oskar (Hrsg.): Die Parteien nach der Bundestagswahl 2005. Wiesbaden, S. 37–65.

ALEMANN, Ulrich von/SPIER, Tim (2009): Die deutschen Parteien unter veränderten Rahmenbedingungen. In: ANDERSEN, Uwe (Hrsg.): Parteien – Parteiensystem – Parteienforschung, Schwalbach/Ts., S. 32–49.

ALEMANN, Ulrich von/SPIER, Tim (2011): Erholung in der Opposition? Die SPD nach der Bundestagswahl 2009. In: NIEDERMAYER, Oskar (Hrsg.): Die Parteien nach der Bundestagswahl 2009. Wiesbaden, S. 57–77.

ALEMANN, Ulrich von/TÖNNESMANN, Wolfgang (1992): Die Dinosaurier werden immer trauriger: Ein kleiner Essay über große Parteien. In: Perspektiven DS, H. 1 (1992), S. 15–23.

ALEMANN, Ulrich von/WESSELS, Bernhard (Hrsg.) (1997): Verbände in vergleichender Perspektive. Berlin.

ALLEMANN, Fritz René (1956): Bonn ist nicht Weimar. Köln.

ANDERSEN, Uwe (2009): Parteien in Deutschland. Krise oder Wandel? Schwalbach/Ts.

ANONYM (1822): Giebt es einen specifischen Unterschied zwischen Royalisten und Liberalen? In: Neue Monatsschrift für Deutschland, historisch-politischen Inhalts 8, S. 367–379.

ARNIM, Hans Herbert von: (1993a) Demokratie ohne Volk. Plädoyer gegen Staatsversagen, Machtmißbrauch und Politikverdrossenheit. München.

ARNIM, Hans Herbert von (1993b): Staat ohne Diener. München.

ARNIM, Hans Herbert von (1996): Die Partei, der Abgeordnete und das Geld. Parteienfinanzierung in Deutschland. Überarbeitete Neuausgabe. München.

ARNIM, Hans Herbert von (1998): Der Staat als Beute. 5. Aufl. München.

ARNIM, Hans Herbert von (2009): Volksparteien ohne Volk. Das Versagen der Politik. München.

ARZHEIMER, Kai (2008): Die Wähler der Extremen Rechten 1980–2002. Wiesbaden.

ARZHEIMER, Kai/SCHMITT, Annette (2005): Der ökonomische Ansatz. In: FALTER, Jürgen W./SCHOEN, Harald (Hrsg.): Handbuch Wahlforschung. Wiesbaden, S. 243–303.

BACKES, Uwe (2000): Liberalismus und Demokratie – Antinomie und Synthese. Zum Wechselverhältnis zweier politischer Strömungen im Vormärz. Düsseldorf.

BACKES, Uwe/STEGLICH, Henrik (Hrsg.) (2007): Die NPD. Erfolgsbedingungen einer rechtsextremistischen Partei. Baden-Baden.

BADURA, Bernhard/REESE, Jürgen (1976): Jungparlamentarier in Bonn. Ihre Sozialisation im Deutschen Bundestag. Stuttgart.

BAER, Christian-Claus/FAUL, Erwin (Hrsg.) (1953): Das deutsche Wahlwunder. Frankfurt a. M.

BATTIS, Ulrich/KERSTEN, Jens (2003): Regelungsdefizite des neuen Parteispendenrechts. In: Juristenzeitung, Jg. 58, H. 13 (2003), S. 655–662.

BECKER, Horst (1997): NRW-SPD von innen 1996 (Beratungspapier). München.

BECKER, Horst/HOMBACH, Udo (1983): Die SPD von innen. Bestandsaufnahme an der Basis der Partei. Bonn.

BENTELE, Günter (1992): Symbolische Politik im Fernsehen. Ein Analysemodell. In: HESS-LÜTTICH, Ernest W. B. (Hrsg.): Medienkultur – Kulturkonflikt. Massenmedien in der interkulturellen und internationalen Kommunikation. Opladen, S. 215–232.

BERGSTRÄSSER, Ludwig (1965): Geschichte der politischen Parteien in Deutschland (= Deutsches Handbuch der Politik, Bd. 2). 11. Aufl. München/Wien.

BERNHARD, Uli/DOHLE, Marco/VOWE, Gerhard (2014): Wie werden Medien zur politischen Information genutzt und wahrgenommen? In: Media Perspektiven, H. 3 (2014), S. 159–168.

BEST, Heinrich/VOGEL, Lars (2014): The sociology of legislators and legistlatures. Socialization, recruitment, and representation. In: STROM, Kaare/SAALFELD, Thomas/SHANE, Martin (Hrsg.): The Oxford Handbook of Legislative Studies. Oxford, S. 57–81.

BEST, Heinrich/EDINGER, Michael/GERSTENHAUER, Daniel/VOGEL, Lars (2010): Jenaer Parlamentarierbefragung 2010. Ausgewählte Ergebnisse. Jena.

BEYME, Klaus von (1984): Parteien in westlichen Demokratien. 2. Aufl. München.

BEYME, Klaus von (1993): Die politische Klasse im Parteienstaat. Frankfurt a. M.

BEYME, Klaus von (2002): Parteien im Wandel. Von den Volksparteien zu den professionalisierten Wählerparteien.

BEYME, Klaus von (2004): Das politische System der Bundesrepublik Deutschland. Eine Einführung. 10. Aufl. Wiesbaden.

BIEHL, Heiko (2004): Parteimitglieder im Wandel. Partizipation und Repräsentation. Wiesbaden.

BLESSING, Karl-Heinz (Hrsg.) (1993): SPD 2000. Die Modernisierung der SPD. Marburg.

BLYTH, Mark/KATZ, Richard S. (2005): From Catch-all Politics to Cartelisation: The Political Economy of the Cartel Party. In: West European Politics, Jg. 28, H. 1 (2005), S. 33–60.

BÖCKELMANN, Frank E. (Hrsg.) (1989): Medienmacht und Politik. Mediatisierte Politik und politischer Wertewandel. Berlin.

BÖSCH, Frank (2001): Die Adenauer-CDU. Gründung, Aufstieg und Krise einer Erfolgspartei 1945–1969. Stuttgart.

BÖSCH, Frank (2002): Macht und Machtverlust. Die Geschichte der CDU. Stuttgart.

BOTSCH, Gideon (2012): Die extreme Rechte in der Bundesrepublik Deutschland. 1949 bis heute. Darmstadt.

BOTSCH, Gideon (2016): ‚Nationale Opposition‘ in der demokratischen Gesellschaft. Zur Geschichte der extremen Rechten in der Bundesrepublik Deutschland. In: VIRCHOW, Fabian/HÄUSLER, Alexander/LANGEBACH, Martin (Hrsg.): Handbuch Rechtsextremismus. Wiesbaden, S. 43–82.

BOTSCH, Gideon (2017): Wahre Demokratie und Volksgemeinschaft. Ideologie und Programmatik der NPD und ihres rechtsextremen Umfelds. Wiesbaden.

BOYKEN, Friedhelm (1998): Die neue Parteienfinanzierung. Entscheidungsprozeßanalyse und Wirkungskontrolle. Baden-Baden.

BRACHER, Karl-Dietrich/FUNKE, Manfred/JACOBSEN, Hans-Adolf (Hrsg.) (1983): Die nationalsozialistische Diktatur 1933–1945. Eine Bilanz. Bonn.

BRANDENBURG, Erich (1919): Zum älteren deutschen Parteiwesen. Eine Erwiderung. In: Historische Zeitschrift, Jg. 119, H. 1 (1919), S. 63–84.

BRANDSTETTER, Marc (2006): Die NPD im 21. Jahrhundert. Eine Analyse ihrer aktuellen Situation, ihrer Erfolgsbedingungen und Aussichten. Marburg.

BRANDT, Peter/LEHNERT, Detlef (2013): „Mehr Demokratie wagen". Geschichte der Sozialdemokratie 1830–2010. Berlin.

BRAUN, Stephan/GEISLER, Alexander/GERSTER, Martin (2016): Strategien der extremen Rechten. Hintergründe – Analysen – Antworten. 2. Aufl. Wiesbaden.

BREMER, Helmut (2006): Soziale Milieus und Wandel der Sozialstruktur. Die gesellschaftlichen Herausforderungen und die Strategien der sozialen Gruppen. Wiesbaden.

BRETTSCHNEIDER, Frank (1995): Öffentliche Meinung und Politik. Eine empirische Studie zur Responsivität des deutschen Bundestages zwischen 1949 und 1990. Opladen.

BRETTSCHNEIDER, Frank (2002): Spitzenkandidaten und Wahlerfolg. Personalisierung – Kompetenz – Parteien. Ein internationaler Vergleich. Wiesbaden.

BRIE, Michael (Hrsg.) (2005): Die Linkspartei. Ursprünge, Ziele, Erwartungen. Berlin.

BRODER, David S. (1972): The Party's over. New York.

BROSZAT, Martin (1984): Die Machtergreifung. Der Aufstieg der NSDAP und die Zerstörung der Weimarer Republik. München.

BRUNNEMANN, Daniel (2009): Auslaufmodell Volkspartei. Wie die Volksparteien sich selbst das Grab schaufeln. Marburg.

BRUNS, Tissy (2007): Geleitwort. In: WEICHERT, Stephan/ZABEL, Christian (Hrsg.): Die Alpha-Journalisten. Deutschlands Wortführer im Portrait. Köln, S. 9–12.

BUCHHEIM, Karl (1966): Geschichte der christlichen Parteien in Deutschland. München.

BUKOW, Sebastian (2013): Die professionalisierte Mitgliederpartei. Politische Parteien zwischen institutionellen Erwartungen und organisierter Wirklichkeit. Wiesbaden.

BUKOW, Sebastian/POGUNTKE, Thomas (2013): Innerparteiliche Organisation und Willensbildung. In: NIEDERMAYER, Oskar (Hrsg.): Handbuch Parteienforschung. Wiesbaden, S. 179–209.

BUNDESMINISTERIUM DES INNEREN (Hrsg.) (1996): Verfassungsschutzbericht 1995. Bonn.

BUNDESPRÄSIDIALAMT (Hrsg.) (2001): Bericht der Kommission Unabhängiger Sachverständiger zu Fragen der Parteienfinanzierung (= Schriften zum Parteienrecht, Bd. 27). Baden-Baden.

BUNDESRECHNUNGSHOF (2016): Bemerkungen 2016. Band I zur Haushalts- und Wirtschaftsführung des Bundes. Bd. 2. Bonn.

CAO, Ci (2010): Parteien als Eigentümer von Medien. Am Beispiel ihrer Beteiligung an Presseunternehmen. Frankfurt am Main.

CORDES, Malte (2009): Medienbeteiligungen politischer Parteien. Zur verfassungsrechtlichen Zulässigkeit von Unternehmensbeteiligungen politischer Parteien in Presse, Rundfunk und Neuen Medien. Göttingen.

CROZIER, Michel/FRIEDBERG, Erhard (1979): Macht und Organisation. Die Zwänge kollektiven Handelns. Königstein.

CZADA, Roland (1994): Konjunkturen des Korporatismus. Zur Geschichte eines Paradigmenwechsels in der Verbändeforschung. In: STREECK, Wolfgang (Hrsg.): Staat und Verbände (= Sonderheft der Politischen Vierteljahresschrift, Bd. 25). Opladen, S. 37–64.

DANN, Otto (2005): Die Anfänge politischer Vereinsbildung in Deutschland. In: REINALTER, Helmut (Hrsg.): Politische Vereine, Gesellschaften und Parteien in Zentraleuropa 1815–1848/49. Frankfurt a. M., S. 11–47.

DECKER, Frank (2011): Parteien und Parteiensysteme in der Bundesrepublik Deutschland. Stuttgart.

DECKER, Frank (2015a): Das Parteiensystem vor und nach der Bundestagswahl 2013. In: DERS. (Hrsg.): Parteiendemokratie im Wandel. Baden-Baden, S. 101–126.

DECKER, Frank (2015b): Parteiendemokratie im Wandel. Beiträge zur Theorie und Empirie. Baden-Baden.

DECKER, Frank/NEU, Viola (Hrsg.) (2018): Handbuch der deutschen Parteien. Wiesbaden.

DECKER, Frank/KÜPPERS, Anne (2015): Reformen der Mitgliederpartei. In: DECKER, Frank (Hrsg.): Parteiendemokratie im Wandel. Beiträge zur Theorie und Empirie. Baden-Baden, S. 237–260.

DECKER, Oliver/KIESS, Johannes/BRÄHLER, Elmar (2016): Die „Mitte"-Studie 2016: Methode, Ergebnisse und Langzeitverlauf. In: DECKER, Oliver/KIESS, Johannes/BRÄHLER, Elmar (Hrsg.): Die enthemmte Mitte. Autoritäre und rechtsextreme Einstellungen in Deutschland. Die Leipziger „Mitte"-Studie 2016. Gießen, S. 23–66.

DETTERBECK, Klaus (2011): Parteien und Parteiensystem. Konstanz.

DEUTSCHER BUNDESTAG (2017): Abgeordnete, URL: https://www.bundestag.de/abge ordnete/biografien18/mdb_zahlen/frauen_maenner/260128 [Stand: 15.12.2017].

DITTBERNER, Jürgen/EBBIGHAUSEN, Rolf (Hrsg.) (1973): Parteisystem in der Legitimationskrise – Studien und Materialien zur Soziologie der Parteien in der Bundesrepublik Deutschland. Opladen.

DITTBERNER, Jürgen (2010): Die FDP. Geschichte, Personen, Organisation, Perspektiven. Eine Einführung. Wiesbaden.

DONSBACH, Wolfgang/JANDURA, Olaf (Hrsg.) (2003): Chancen und Gefahren der Mediendemokratie. Konstanz.

DOWE, Dieter/KOCKA, Jürgen/WINKLER, Heinrich A. (Hrsg.) (1999): Parteien im Wandel vom Kaiserreich zur Weimarer Republik. Rekrutierung – Qualifizierung – Karrieren. München/Wien.

DOWNS, Anthony (1968): Ökonomische Theorie der Demokratie. Tübingen.

DREIER, Horst (2015): Der verfassungsrechtliche Status politischer Parteien in der Weimarer Republik. In: KRÜPER, Julian/MERTEN, Heike/POGUNTKE, Thomas (Hrsg.): Parteienwissenschaften. Schriften zum Parteienrecht und zur Parteienforschung. Bd. 50. Baden-Baden, S. 42–58.

DREYER, Michael (2009): Empty bottles no more. Parteien und Verfassung in den USA. In: LIEDHEGENER, Antonius/OPPELLAND, Torsten (Hrsg.): Parteiendemokratie in der Bewährung. Festschrift für Karl Schmitt. Baden-Baden, S. 365–379.

DUVERGER, Maurice (1959): Die politischen Parteien. Tübingen.

EBBIGHAUSEN, Rolf (1969): Die Krise der Parteiendemokratie und die Parteiensoziologie. Eine Studie über Moisei Ostrogorski, Robert Michels und die neuere Entwicklung der Parteienforschung. Berlin.

EBBIGHAUSEN, Rolf et al. (1996): Die Kosten der Parteiendemokratie. Studien und Materialien zu einer Bilanz staatlicher Parteienfinanzierung in der Bundesrepublik Deutschland. Opladen.

EDELMAN, Murray (1976): Politik als Ritual. Die symbolische Funktion staatlicher Institutionen und politischen Handelns. Frankfurt a. M.

EIMEREN, Birgit van/KOCH, Wolfgang (2016): Nachrichtenkonsum im Netz steigt an – auch klassische Medien profitieren. In: Media Perspektiven, H. 5 (2016), S. 277–285.

EISENMANN, Peter/HIRSCHER, Gerhard (Hrsg.) (1992): Die Entwicklung der Volksparteien im vereinten Deutschland. Bonn.

ELDERSVELD, Samuel J. (1964): Political Parties. A Behavioural Analysis. Chicago.

ENGEL, Andreas (1988): Wahlen und Parteien im lokalen Kontext. Eine vergleichende Untersuchung des Basisbezugs lokaler Parteiakteure in 24 nordhessischen Kreisparteiorganisationen von CDU, FDP und SPD. Frankfurt a. M.

ERBENTRAUT, Philipp (2016): Theorie und Soziologie der politischen Parteien im deutschen Vormärz 1815–1848. Tübingen.

EUKORR-ABSCHLUSSBERICHT (2007): Studie zur Korruption innerhalb des staatlichen Bereichs der EU-Mitgliedstaaten, URL: http://www.pruf.de/fileadmin/re daktion/Oeffentliche_Medien/PRuF/Forschungsprojekte/Sonstiges/EUKorr_Bericht.pdf [Stand: 16. 01. 2018].

FALKE, Wolfgang (1982): Die Mitglieder der CDU. Eine empirische Studie zum Verhältnis von Mitglieder- und Organisationsstruktur der CDU 1971–1977. Berlin.

FALTER, Jürgen W. (1981): Kontinuität und Neubeginn: Die Bundestagswahl 1949 zwischen Weimar und Bonn. In: Politische Vierteljahresschrift, Jg. 22, H. 2 (1981), S. 236–263.

FALTER, Jürgen W. (1991): Hitlers Wähler. München.

FALTER, Jürgen W. (1994): Wer wählt rechts? Die Wähler und Anhänger rechtsextremistischer Parteien im wiedervereinigten Deutschland. München.

FALTER, Jürgen W. (2016): 10 Millionen ganz normale Parteigenossen. Neue Forschungsergebnisse zu den Mitgliedern der NSDAP 1925–1945. Stuttgart/Mainz.

FALTER, Jürgen W./JASCHKE, Hans-Gerd/WINKLER, Jürgen R. (Hrsg.) (1996): Rechtsextremismus. Ergebnisse und Perspektiven der Forschung (= Sonderheft der Politischen Vierteljahresschrift, Bd. 27). Opladen.

FALTER, Jürgen W./SCHOEN, Harald (Hrsg.) (2005): Handbuch Wahlforschung. Wiesbaden.

FAUL, Erwin (1964): Verfemung, Duldung und Anerkennung des Parteiwesens in der Geschichte des politischen Denkens. In: Politische Vierteljahresschrift, Jg. 5, H. 1 (1964), S. 60–80.

FAULENBACH, Bernd (2012): Die Geschichte der SPD. Von den Anfängen bis zur Gegenwart. München.

FEHR, Helmut (1989): Korporatistische Interessenpolitik am Beispiel des Verhältnisses von Staat und Kirche in Polen und der DDR. In: RYTLEWSKI, Ralf (Hrsg.): Politik und Gesellschaft in sozialistischen Ländern (= Sonderheft der Politische Vierteljahresschrift, Bd. 20). Opladen, S. 309–334.

FENSKE, Hans (1994): Deutsche Parteiengeschichte. Von den Anfängen bis zur Gegenwart. Paderborn.

FES-STUDIE (2006): Gesellschaft im Reformprozess, URL: http://www.fes.de/inhalt/Dokumente/061017_Gesellschaft_im_Reformprozess_komplett.pdf [Stand: 08.03.2010].

FLANAGAN, Scott C. (1987): Value Change in Industrial Societies. In: American Political Science Review, Jg. 81, H. 4 (1987), S. 1303–1319.

FLEMMING, Lars (2005): Das NPD-Verbotsverfahren. Vom „Aufstand der Anständigen" zum „Aufstand der Unfähigen". Baden-Baden.

FRANZMANN, Simon T. (2009): Der Wandel der Ideologien. Die Transformation des Links-Rechts Gegensatzes in einen themenbasierten Parteienwettbewerb. Eine Analyse von Parteisystemen auf der Basis von Wahlprogrammen. Köln.

FRANZMANN, Simon T./KAISER, André (2006): Locating Political Parties in Policy Space. A Reanalysis of Party Manifesto Data. In: Party Politics, Jg. 12, H. 2 (2006), S. 163–188.

FRECH, Siegfried (Hrsg.) (2009): Handbuch Kommunalpolitik. Stuttgart.

FRICKE, Dieter et al. (Hrsg.) (1983–1986): Lexikon zur Parteiengeschichte. Die bürgerlichen und kleinbürgerlichen Parteien und Verbände in Deutschland 1789–1945. 4 Bde. Köln/Leipzig.

FRÖBEL, Julius (1847): System der sozialen Politik. Bd. 2. Mannheim.

FUCHS, Dieter/GERHARDS, Jürgen/NEIDHARDT, Friedhelm (1992): Öffentliche Kommunikationsbereitschaft. Ein Test zentraler Bestandteile der Theorie der Schweigespirale. In: Zeitschrift für Soziologie, Jg. 21, H. 4 (1992), S. 284–295.

GABRIEL, Oscar W. (Hrsg.) (1989): Kommunale Demokratie zwischen Politik und Verwaltung. München.

GABRIEL, Oscar W./NIEDERMAYER, Oskar/STÖSS, Richard (Hrsg.) (2002): Parteiendemokratie in Deutschland. 2. Aufl. Wiesbaden.

GABRIEL, Oscar W./HOLTMANN, Everhart (2009): Der Parteienstaat – Gefahrengut für die Demokratie? Ideologiekritische und empirische Anmerkungen zu einer aktuellen Debatte. In: LIEDHEGENER, Antonius/OPPELLAND, Torsten (Hrsg.): Parteiendemokratie in der Bewährung. Festschrift für Karl Schmitt. Baden-Baden, S. 189–209.

GEERLINGS, Jörg (2003): Verfassungs- und verwaltungsrechtliche Probleme bei der staatlichen Finanzierung parteinaher Stiftungen. Berlin.

GEHNE, David/SPIER, Tim (2010): Krise oder Wandel der Parteiendemokratie? In: DIES. (Hrsg): Krise oder Wandel der Parteiendemokratie? Festschrift für Ulrich von Alemann. Wiesbaden, S. 7–15.

GELBERG, Theresia Anna (2009): Das Parteiverbotsverfahren nach Art. 21 Abs. 2 GG am Beispiel des NPD-Verbotsverfahrens. Göttingen.

GELLNER, Winand/STROHMEIER, Gerd (2002): Parteien in Internetwahlkämpfen. In: ALEMANN, Ulrich von/MARSCHALL, Stefan (Hrsg.): Parteien in der Mediendemokratie. Wiesbaden, S. 189–209.

GLAESSNER, Gert-Joachim (1977): Herrschaft durch Kader. Leitung der Gesellschaft und Kaderpolitik in der DDR. Opladen.

GRAFE, Peter (1991): Tradition und Konfusion – SPD. Alle Macht den Profis. Frankfurt a. M.

GREBING, Helga (2007): Geschichte der deutschen Arbeiterbewegung. Von der Revolution 1848 bis ins 21. Jahrhundert. Berlin.

GREIFFENHAGEN, Martin/GREIFFENHAGEN, Sylvia (1979): Ein schwieriges Vaterland – Zur politischen Kultur Deutschlands. München.

GREIFFENHAGEN, Martin/GREIFFENHAGEN, Sylvia (1993): Ein schwieriges Vaterland – Zur politischen Kultur im vereinigten Deutschland. München.

GREVEN, Michael Th. (1977): Parteien und politische Herrschaft. Zur Interdependenz von innerparteilicher Ordnung und Demokratie in der BRD. Meisenheim a. G.

GREVEN, Michael Th. (1987): Parteimitglieder. Ein empirischer Essay über das politische Alltagsbewußtsein in Parteien. Opladen.

GROH, Dieter (1973): Negative Integration und revolutionärer Attentismus. Die deutsche Sozialdemokratie am Vorabend des Ersten Weltkrieges. Frankfurt a. M.

GROTZ, Florian (2005): Bundestagswahl 2005. Kontext, Ergebnisse, absehbare Konsequenzen. In: Zeitschrift für Staats- und Europawissenschaften, Jg. 3, H. 3 (2005), S. 470–495.

GRUBER, Andreas K. (2009): Der Weg nach ganz oben. Karriereverläufe deutscher Spitzenpolitiker. Wiesbaden.

GUGGENBERGER, Bernd (1994): Das Verschwinden der Politik. In: DIE ZEIT, Nr. 41, vom 7. Oktober 1994, S. 65 f.

GÜLLNER, Manfred (2013): Nichtwähler in Deutschland. Eine Studie im Auftrag der Friedrich-Ebert-Stiftung. Berlin.

GUSY, Christoph (1993): Die Lehre vom Parteienstaat in der Weimarer Republik. Baden-Baden.

HAAS, Melanie (2008): Statt babylonischer Gefangenschaft eine Partei für alle Fälle? Bündnis 90/Die Grünen nach der Bundestagswahl 2005. In: NIEDERMAYER, Oskar (Hrsg.): Die Parteien nach der Bundestagswahl 2005. Wiesbaden, S. 101–133.

HABERMAS, Jürgen (1996): Strukturwandel der Öffentlichkeit. Untersuchungen zu einer Kategorie der bürgerlichen Gesellschaft. Frankfurt a. M.

HABICHT, Thomas (1987): Medien und Parteien. Ein gespanntes Verhältnis. In: HAUNGS, Peter/JESSE, Eckhard (Hrsg.): Parteien in der Krise? In- und ausländische Perspektiven. Köln, S. 139–142.

HARMEL, Robert/JANDA, Kenneth (1994): An Integrated Theory of Party Goals and Party Change. In: Journal of Theoretical Politics, Jg. 6, H. 3 (1994), S. 259–287.

HAUNGS, Peter/JESSE, Eckhard (Hrsg.) (1987): Parteien in der Krise? In- und ausländische Perspektiven. Köln.

HEBECKER, Eike (2002): Experimentieren für den Ernstfall. Der Online-Wahlkampf 2002. In: Aus Politik und Zeitgeschichte, Jg. 49/50 (2002), S. 48–54.

HEINELT, Hubert/WOLLMANN, Hellmut (Hrsg.) (1991): Brennpunkt Stadt. Stadtpolitik und lokale Politikforschung in den 80er und 90er Jahren. Basel u. a.

HEINSOHN, Kirsten (2010): Konservative Parteien in Deutschland 1912 bis 1933. Demokratisierung und Partizipation in geschlechterhistorischer Perspektive. Düsseldorf.

HEISTERKAMP, Ulrich (2014): Think Tanks der Parteien? Eine vergleichende Analyse der deutschen politischen Stiftungen. Wiesbaden.

HEMMELMANN, Petra (2017): Der Kompass der CDU. Analyse der Grundsatz- und Wahlprogramme von Adenauer bis Merkel. Wiesbaden.

HENKE, Wilhelm (1972): Das Recht der politischen Parteien. 2. Aufl. Göttingen.

HENNIS, Wilhelm (1983): Überdehnt und abgekoppelt. An den Grenzen des Parteienstaates. In: KROCKOW, Christian Graf von (Hrsg.): Brauchen wir ein neues Parteiensystem? Frankfurt a. M., S. 28–46.

HENNIS, Wilhelm (1992): Der „Parteienstaat" des Grundgesetzes. Eine gelungene Erfindung. In: Der Spiegel, Dokument Nr. 5 (Oktober).

HERMENS, Ferdinand Alois (1968): Demokratie oder Anarchie? Untersuchung über die Verhältniswahl. 2. Aufl. Köln/Opladen.

HERZOG, Dietrich/REBENSTORF, Hilke/WERNER, Camilla/WESSELS, Bernhard (1990): Abgeordnete und Bürger. Ergebnisse einer Befragung der Mitglieder des 11. Deutschen Bundestages und der Bevölkerung. Opladen.

HESSE, Konrad (1959): Die verfassungsrechtliche Stellung der politischen Parteien im modernen Staat (= Veröffentlichungen der Vereinigung deutscher Staatsrechtslehrer, Bd. 17). Berlin.

HILMER, Richard/MÜLLER-HILMER, Rita (2006): Die Bundestagswahl vom 18. September 2005. Votum für Wechsel in Kontinuität. In: Zeitschrift für Parlamentsfragen, Jg. 37, H. 1 (2006), S. 183–218.

HIRSCHER, Gerhard (Hrsg.) (1995): Parteiendemokratie zwischen Kontinuität und Wandel. Die deutschen Parteien nach den Wahlen 1994. München.

HIRSCHMAN, Albert O. (1974): Abwanderung und Widerspruch. Reaktionen auf Leistungsabfall bei Unternehmungen, Organisationen und Staaten. Tübingen.

HOFFMANN-JABERG, Birgit/ROTH, Dieter (1994): Die Nichtwähler. Politische Normalität oder wachsende Distanz zu den Parteien? In: BÜRKLIN, Wilhelm/ROTH, Dieter (Hrsg.): Das Superwahljahr. Deutschland vor unkalkulierbaren Regierungsmehrheiten? Köln, S. 132–159.

HOFMANN, Robert (1993): Geschichte der deutschen Parteien. Von der Kaiserzeit bis zur Gegenwart. München.

HOFMANN, Gunter/PERGER, Werner A. (1992a): Richard von Weizsäcker im Gespräch. Frankfurt a. M.

HOFMANN, Gunter/PERGER, Werner A. (1992b): Die Kontroverse. Weizsäckers Parteienkritik in der Diskussion. Frankfurt a. M.

HOLTKAMP, Lars (2008): Kommunale Konkordanz- und Konkurrenzdemokratie. Parteien und Bürgermeister in der repräsentativen Demokratie. Wiesbaden.

HOLTMANN, Everhard (2002): Die angepassten Provokateure. Aufstieg und Niedergang der rechtsextremen DVU als Protestpartei im polarisierten Parteiensystem Sachsen-Anhalts. Opladen.

HOLTMANN, Everhard (2006): Voller Einsatz, halber Machtwechsel. Die vorgezogene Bundestagswahl vom 18. September 2005. In: Gesellschaft – Wirtschaft – Politik, Jg. 55, H. 1 (2006), S. 13–24.

HOLTMANN, Everhard/RADEMACHER, Christian/REISER, Marion (2017): Kommunalpolitik. Eine Einführung. Wiesbaden.

HOLTZ-BACHA, Christina (Hrsg.) (2001): Wahlwerbung als politische Kultur. Parteienspots im Fernsehen 1957–1998. Wiesbaden.

HOLTZ-BACHA, Christina (Hrsg.) (2015): Die Massenmedien im Wahlkampf. Die Bundestagswahl 2013. Wiesbaden.

HOLTZ-BACHA, Christina/LESSINGER, Eva-Maria (2006): Politische Farbenlehre. Plakatwahlkampf 2005. In: HOLTZ-BACHA, Christina (Hrsg.): Die Massenmedien im Wahlkampf. Die Bundestagswahl 2005. Wiesbaden, S. 80–125.

HRADIL, Stefan (2006): Die Sozialstruktur Deutschlands im internationalen Vergleich. 2. Aufl. Wiesbaden.

HUBER, Ernst Rudolf (1988): Deutsche Verfassungsgeschichte seit 1789. Bd. 2: Der Kampf um Einheit und Freiheit. 3. Aufl. Stuttgart.

HUBER, Victor Aimé (1841): Ueber die Elemente, die Möglichkeit oder Nothwendigkeit einer konservativen Parthei in Deutschland. Marburg.

INFRASTEST DIMAP (2015): Glaubwürdigkeit der Medien. Eine Studie im Auftrag des WDR, URL: https://www.infratest-dimap.de/umfragen-analysen/bundesweit/umfragen/aktuell/glaubwuerdigkeit-der-medien/ [Stand: 15.12.2017].

INFRATEST DIMAP (2017): Bundestagswahl 2017 Deutschland. Umfragen zur AfD, URL: https://wahl.tagesschau.de/wahlen/2017-09-24-BT-DE/umfrage-afd.shtml [Stand: 16.01.2018].

INGLEHART, Ronald (1983): Traditionelle politische Trennungslinien und die Entwicklung der neuen Politik in westlichen Gesellschaften. In: Politische Vierteljahresschrift, Jg. 24, H. 2 (1983), S. 139–165.

IPSEN, Jörn (Hrsg.) (2008): Parteiengesetz. Gesetz über die politischen Parteien. Kommentar. München.

JÄCKEL, Michael (2011): Medienwirkungen. Ein Studienbuch zur Einführung. 5. Aufl. Wiesbaden.

JACKOB, Nikolaus (Hrsg.) (2007): Wahlkämpfe in Deutschland. Fallstudien zur Wahlkampfkommunikation 1912–2005. Wiesbaden.

JÄGER, Wolfgang (Hrsg.) (1973): Partei und System. Eine kritische Einführung in die Parteienforschung. Stuttgart u. a.

JARREN, Otfried (1994): Politik und politische Kommunikation in der modernen Gesellschaft. In: Aus Politik und Zeitgeschichte, Jg. 39 (1994), S. 3–10.

JARREN, Otfried/GROTE, Thorsten/RYBARCZYK, Christoph (1994): Medien und Politik – eine Problemskizze. In: DONSBACH, Wolfgang/JARREN, Otfried/KEPPLINGER, Hans M./PFETSCH, Barbara (Hrsg.): Beziehungsspiele – Medien und Politik in der öffentlichen Diskussion. 2. Aufl. Gütersloh, S. 9–44.

JASCHKE, Hans-Gerd (1994): Die Republikaner. Profile einer Rechtsaußen-Partei. 3. Aufl. Bonn.

JASCHKE, Hans-Gerd (1998): Fundamentalismus in Deutschland. Hamburg.

JESSE, Eckhard (1992): Parteien in Deutschland. Ein Abriß der historischen Entwicklung. In: MINTZEL, Alf/OBERREUTER, Heinrich (Hrsg.): Parteien in der Bundesrepublik Deutschland. Opladen, S. 41–88.

JESSE, Eckhard (2006): Die Volksparteien in der Krise. In: Das Parlament vom 25. 09. 2006, S. 8.

JESSE, Eckhard (2013): Das Parteiensystem des Kaiserreichs und der Weimarer Republik. In: NIEDERMAYER, Oskar (Hrsg.): Handbuch Parteienforschung. Wiesbaden, S. 685–710.

JUN, Uwe/HÖHNE, Benjamin (Hrsg.) (2010): Parteien als fragmentierte Organisationen. Erfolgsbedingungen und Veränderungsprozesse. Opladen.

KAACK, Heino (1971): Geschichte und Struktur des deutschen Parteiensystems. Opladen.

KAILITZ, Susanne (2017): Männlicher, älter und bunter. In: Das Parlament, Nr. 42-43 (2017), S. 6.

KATZ, Richard S./MAIR, Peter (1995): Changing Models of Party Organisation an Party Democracy: The Emerge of the Cartel Party. In: Party Politics, Jg. 1, H. 1 (1995), S. 5–28.

KELLERHOFF, Sven F. (2017): Die NSDAP. Eine Partei und ihre Mitglieder. Stuttgart.

KEPPLINGER, Hans Matthias (1989): Voluntaristische Grundlagen der Politikberichterstattung. In: BÖCKELMANN, Frank E. (Hrsg.): Medienmacht und Politik. Mediatisierte Politik und politischer Wertewandel. Berlin, S. 59–83.

KEPPLINGER, Hans Matthias (1994): Am Pranger: Der Fall Spaeth und der Fall Stolpe. In: DONSBACH, Wolfgang/JARREN, Otfried/KEPPLINGER, Hans M./PFETSCH, Barbara (Hrsg.): Beziehungsspiele – Medien und Politik in der öffentlichen Diskussion. 2. Aufl. Gütersloh, S. 159–220.

KERSTEN, Jens/RIXEN, Stephan (Hrsg.) (2009): Parteiengesetz (PartG) und europäisches Parteienrecht. Kommentar. Stuttgart.

KIESSLING, Andreas (2004): Die CSU. Machterhalt und Machterneuerung. Wiesbaden.

KIMMEL, Adolf (2009): Die V. französische Republik – eine Parteiendemokratie? In: LIEDHEGENER, Antonius/OPPELLAND, Torsten (Hrsg.): Parteiendemokratie in der Bewährung. Festschrift für Karl Schmitt. Baden-Baden, S. 415–432.

KINTZ, Melanie (2014): Die Berufsstruktur des Deutschen Bundestages – 18. Wahlperiode. In: Zeitschrift für Parlamentsfragen. Jg. 45, H. 3 (2014), S. 582–595.

KINZIG, Silke (2007): Auf dem Weg zur Macht? Wiesbaden.

KIRCHHEIMER, Otto (1965): Wandel des westeuropäischen Parteiensystems. In: Politische Vierteljahresschrift, Jg. 6, H. 1 (1965), S. 20–41.

KITSCHELT, Herbert (1992): The Formation of Party Systems in East Central Europe. In: Politics & Society, Jg. 20, H. 1 (1992), S. 7–50.

KLAASSEN, Holger (2016): Die Finanzierung parteinaher Stiftungen in den Ländern. Zugleich eine Diskussion des Begriffes der „parteinahen Stiftungen". Marburg.

KLEIN, Hans Hugo (2005): Art. 21. In: MAUNZ, Theodor/DÜRIG, Günter (Hrsg.): Grundgesetz Kommentar. Bd. 3. München, S. 1–248.

KLEIN, Markus (2011): Wie sind die Parteien gesellschaftlich verwurzelt? In: SPIER, Tim/KLEIN, Markus/ALEMANN, Ulrich von/HOFFMANN, Hanna/LAUX, Annika/NONNENMACHER, Alexander/ROHRBACH, Katharina (Hrsg.): Parteimitglieder in Deutschland. Wiesbaden, S. 39–59.

KLEIN, Markus/FALTER, Jürgen (2003): Der lange Weg der Grünen. Eine Partei zwischen Protest und Regierung. München.

KLEINERT, Hubert (1992): Aufstieg und Fall der Grünen. Analyse einer alternativen Partei. Bonn.

KLEINFELD, Ralf (1996): Kommunalpolitik. Eine problemorientierte Einführung. Opladen.

KLEINNIJENHUIS, Jan/RIETBERG, Ewald M. (1995): Parties, Media, the Public and the Economy: Patterns of Societal Agenda-Setting. In: European Journal of Political Research, Jg. 28, H. 1 (1995), S. 95–118.

KLUGE, Friedrich (1995): Etymologisches Wörterbuch der deutschen Sprache. 23. Aufl. Berlin/New York.

KNABE, Hubertus (2009): Honeckers Erben. Die Wahrheit über Die Linke. Berlin.

KNAUT, Annette (2011): Abgeordnete als Politikvermittler. Zum Wandel von Repräsentation in modernen Demokratien. Baden-Baden.

KOLB, Eberhard (Hrsg.) (1997): Demokratie in der Krise. Parteien im Verfassungssystem der Weimarer Republik. München.

KORTE, Karl-Rudolf (2009): Wahlen in der Bundesrepublik Deutschland. 6. Aufl. Bonn.

KORTE, Karl-Rudolf (2017): Wahlen in Deutschland. Grundsätze, Verfahren und Analysen. Bonn.

KOSS, Michael (2008): Staatliche Parteienfinanzierung und politischer Wettbewerb. Die Entwicklung der Finanzierungsregimes in Deutschland, Schweden, Großbritannien und Frankreich. Wiesbaden.

KOSCHMIEDER, Carsten (Hrsg.) (2017): Parteien, Parteiensysteme und politische Orientierungen. Aktuelle Beiträge der Parteienforschung. Wiesbaden.

KOST, Andreas/WEHLING, Hans-Georg (Hrsg.) (2010): Kommunalpolitik in den deutschen Ländern. Eine Einführung. 2. Aufl. Wiesbaden.

KRAMP, Leif/WEICHERT, Stephan A. (2008): Journalismus in der Berliner Republik. Wer prägt die politische Agenda in der Bundeshauptstadt? Wiesbaden.

KRETER, Maximilian P. (2015): Die Wähler der NPD. Theoretische Erklärungsmodelle und empirische Analyse ihrer Motive. Frankfurt a. M.

KRETSCHMAR, Gustav/MERTEN, Heike/MORLOK, Martin (2000): Wir brauchen ein „Parteistiftungsgesetz". In: Zeitschrift für Gesetzgebung, Jg. 15, H. 1 (2000), S. 41–62.

KRIEGER, Joachim Eduard (1998): Rollenorientierungen, Rollenerwartungen und Rollenverhalten von Ost-Abgeordneten im Deutschen Bundestag. Frankfurt a. M.

KROCKOW, Christian Graf von/LÖSCHE, Peter (Hrsg.) (1986): Parteien in der Krise. Das Parteiensystem der Bundesrepublik und der Aufstand des Bürgerwillens. München.

KRONENBERG, Volker/MAYER, Tilman (Hrsg.) (2009): Volksparteien: Erfolgsmodell für die Zukunft? Konzepte, Konkurrenten und Konstellationen. Freiburg.

KRONENBERG, Volker/WECKENBROCK, Christoph (2011): Schwarz-Grün. Die Debatte. Wiesbaden.

KRUKE, Anja/WOYKE, Meik (2012): Deutsche Sozialdemokratie in Bewegung 1848 – 1863 – 2013. Bonn.

KRÜPER, Julian (2016): Parteien und Parteienrecht. Rechtliche Grundlagen der Parteien. Wiesbaden.

KUHN, Axel (2004): Die deutsche Arbeiterbewegung. Stuttgart.

KÜHR, Hana (2014): Legalität und Legitimität von Mandatsträgerbeiträgen. Baden-Baden.

LANDFRIED, Christine (1994): Parteifinanzen und politische Macht. Eine vergleichende Studie zur Bundesrepublik Deutschland, zu Italien und den USA. 2. Aufl. Baden-Baden.

LANDFRIED, Christine (2004): Die Krise der Parteiendemokratie in Deutschland. In: TSATSOS, Dimitris Th./VENIZELOS, Evangelos/CONTIADES, Xenophon I. (Hrsg.): Political Parties in the 21st Century. Berlin u. a., S. 67–78.

LANG, Anne-Katrin (2008): Demokratieschutz durch Parteiverbot? Die Auseinandersetzung um ein mögliches Verbot der Nationaldemokratischen Partei Deutschlands. Marburg.

LANG, Jürgen P./MOREAU, Patrick/NEU, Viola (1995): Auferstanden aus Ruinen …? Die PDS nach dem Super-Wahljahr 1994 (= Konrad Adenauer Stiftung, Interne Studien, Nr. 111). Bonn.

LANGE, Hans-Jürgen (1994): Responsivität und Organisation. Eine Studie über die Modernisierung der CDU von 1973–1989. Marburg/Berlin.

LAPP, Peter J. (2010): Die Staatspartei der DDR. In: KOST, Andreas/RELLECKE, Werner/WEBER, Reinhold (Hrsg.): Parteien in den deutschen Ländern. Geschichte und Gegenwart. München, S. 49–70.

LAUX, Annika (2011): Was motiviert Parteimitglieder zum Beitritt? In: SPIER, Tim/KLEIN, Markus/ALEMANN, Ulrich von/HOFFMANN, Hanna/LAUX, Annika/NONNENMACHER, Alexandra/ROHRBACH, Katharina (Hrsg.): Parteimitglieder in Deutschland. Wiesbaden, S. 61–78.

LEES, Charles (2006): The German Party System(s) in 2005. A Return to Volkspartei Dominance. In: German Politics, Jg. 15, H. 4 (2006), S. 361–375.

LEGGEWIE, Claus (1990): Die Republikaner. Ein Phantom nimmt Gestalt an. Berlin.

LEGGEWIE, Claus (Hrsg.) (2002): Verbot der NPD oder mit Rechtsradikalen leben? Die Positionen. Frankfurt a. M.

LEHMBRUCH, Gerhard (1979): Der Januskopf der Ortsparteien. Kommunalpolitik und das lokale Parteiensystem. In: KÖSER, Helmut (Hrsg.): Der Bürger in der Gemeinde. Kommunalpolitik und politische Bildung. Bonn, S. 320–334.

LEHMBRUCH, Gerhard (1994): Dilemmata verbandlicher Einflußlogik im Prozeß der deutschen Vereinigung. In: STREECK, Wolfgang (Hrsg.): Staat und Verbände (= Sonderheft der Politischen Vierteljahresschrift, Bd. 25). Opladen, S. 370–392.

LEHNER, Franz (1981): Einführung in die Neue Politische Ökonomie. Königstein/Ts.

LEHNERT, Detlef (2016): SPD und Parlamentarismus. Entwicklungslinien und Problemfelder 1890–1990. Köln.

LEIBHOLZ, Gerhard (1932): Die Wahlrechtsreform und ihre Grundlagen. In: Entwicklung und Reform des Beamtenrechts. Die Reform des Wahlrechts (= Veröffentlichungen der Vereinigung der Deutschen Staatsrechtslehrer, H. 7), Berlin/Leipzig, S. 159–188. [Neu abgedruckt als: Die Grundlagen des modernen Wahlrechts. In: LEIBHOLZ, Gerhard: Strukturprobleme der modernen Demokratie. 3. Aufl. Karlsruhe, S. 9–40].

LEIBHOLZ, Gerhard (1973): Verfassungsstaat – Verfassungsrecht. Stuttgart u. a.

LEIF, Thomas/RASCHKE, Joachim (1994): Rudolf Scharping, die SPD und die Macht. Reinbek.

LENSKI, Sophie-Charlotte (2011): Parteiengesetz und Recht der Kandidatenaufstellung. Baden-Baden.

LEPSIUS, Rainer M. (1966): Parteiensystem und Sozialstruktur: Zum Problem der Demokratisierung der deutschen Gesellschaft. In: ABEL, Wilhelm et al. (Hrsg.): Wirtschaft, Geschichte und Wirtschaftsgeschichte. Festschrift zum 65. Geburtstag von F. Lütge. Stuttgart, S. 371–393.

LIEDHEGENER, Antonius (2009): Krise der Parteien und kein Ende? Zur zivilgesellschaftlichen Verankerung der bundesdeutschen Parteiendemokratie. In: DERS./OPPELLAND, Torsten (Hrsg.): Parteiendemokratie in der Bewährung. Festschrift für Karl Schmitt. Baden-Baden, S. 211–230.

LIEDHEGENER, Antonius/OPPELLAND, Torsten (Hrsg.) (2009): Parteiendemokratie in der Bewährung. Festschrift für Karl Schmitt. Baden-Baden.

LINNEMANN, Rainer (1994): Die Parteien in den neuen Bundesländern. Konstituierung, Mitgliederentwicklung, Organisationsstrukturen. Münster/New York.

LINNEMANN, Rainer (1995): Die Parteiorganisation der Zukunft. Innerparteiliche Projektarbeit. Münster/New York.

LIPPMANN, Walter (1922): Public Opinion. New York. [Ins Deutsche übersetzt als: Die öffentliche Meinung, München 1990].

LIPSET, Seymour M. (1981): Political Man. The Social Bases of Politics. Garden City.

LIPSET, Seymour M./COLEMAN, James/TROW, Martin (1956): Union Democracy: The internal Politics of the international Typographical Union. Garden City.

LIPSET, Seymour M./ROKKAN, Stein (Hrsg.) (1967): Party Systems and Voter Alignements: Cross-National Perspectives. New York.

LÖBLER, Frank/SCHMID, Josef/TIEMANN, Heinrich (Hrsg.) (1991): Wiedervereinigung als Organisationsproblem: Gesamtdeutsche Zusammenschlüsse von Parteien und Verbänden. Bochum.

LORENZ, Christian (2007): Schwarz-Grün auf Bundesebene – politische Utopie oder realistische Option? In: Aus Politik und Zeitgeschichte, Jg. 35/36 (2007), S. 33–40.

LÖSCHE, Peter (1994): Kleine Geschichte der deutschen Parteien. 2. Aufl. Stuttgart u. a.

LÖSCHE, Peter (2006): Parteiensystem der Bundesrepublik Deutschland. München.

LÖSCHE, Peter/WALTER, Franz (1992): Die SPD: Klassenpartei – Volkspartei – Quotenpartei. Zur Entwicklung der Sozialdemokratie von Weimar bis zur deutschen Vereinigung. Darmstadt.

LOTH, Wilfried (1984): Katholiken im Kaiserreich. Der politische Katholizismus in der Krise des wilhelminischen Deutschlands. Düsseldorf.

LUDZ, Peter Christian (Hrsg.) (1979): DDR-Handbuch. 2. Aufl. Köln.

MAIER, Jürgen (2003): Der CDU-Parteispendenskandal im Spiegel der Massenmedien. Bamberg.

MAIER, Jürgen/FAAS, Thorsten/MAIER, Michaela (2013): Mobilisierung durch Fernsehdebatten. Zum Einfluss des TV-Duells 2009 auf die politische Involvierung und die Partizipationsbereitschaft. In: WESSELS, Bernhard/SCHOEN, Harald/GABRIEL, Oscar W. (Hrsg.): Wahlen und Wähler. Analysen aus Anlass der Bundestagswahl 2009. Wiesbaden, S. 79–96.

MAIR, Peter (1997): Party System Change. Approaches and Interpretations. Oxford u. a.

MANNSTEIN, Coordt von (2006): Die politische Marke. Alles bleibt anders. In: BALZER, Axel/GEILICH, Marvin/RAFAT, Shamim (Hrsg.): Politik als Marke. Politikvermittlung zwischen Kommunikation und Inszenierung. 2. Aufl. Berlin, S. 121–133.

MARCH, James G./ROMELAER, Pierre J. (1987): Position and Presents in the Drift of Decisions. In: MARCH, James G./OLSEN, Johan P. (Hrsg.): Ambiguity and Choice in Organisations. 2. Aufl. Bergen, S. 251–276.

MARSCHALL, Stefan (2007): Das politische System Deutschlands. Konstanz.

MATTHIAS, Erich/MORSEY, Rudolf (Hrsg.) (1960): Das Ende der Parteien 1933. Düsseldorf.

MEINECKE, Friedrich (1917): Zur Geschichte des älteren deutschen Parteiwesens. In: Historische Zeitschrift, Jg. 118, H. 1 (1917), S. 46–62.

MERKEL, Wolfgang (2017): Der Niedergang der Volksparteien. In: Frankfurter Allgemeine Zeitung am 10.11.2017, URL: http://www.faz.net/aktuell/politik/die-gegenwart/der-niedergang-der-volksparteien-15258528.html [Stand: 15.12.2017].

MERTEN, Heike (1996): Die Genehmigung einer sog. parteinahen Stiftung. In: Mitteilungen des Instituts für Deutsches und Europäisches Parteienrecht, Jg. 6 (1996), S. 14–28.

MERTEN, Heike (1999): Parteinahe Stiftungen im Parteienrecht. Baden-Baden.

MERTEN, Heike (2007): Rechtliche Grundlagen der Parteiendemokratie. In: DECKER, Frank/NEU, Viola (Hrsg.): Handbuch der deutschen Parteien. Wiesbaden, S. 79–113.

MERTEN, Klaus (1982): Der wahlentscheidende Einfluß des Fernsehens auf die Bundestagswahl 1976 – oder Alchimie in der empirischen Sozialforschung. In: SCHATZ, Heribert/LANGE, Klaus (Hrsg.): Massenkommunikation und Politik. Aktuelle Probleme und Entwicklungen im Massenkommunikationssystem der Bundesrepublik Deutschland. Frankfurt a. M., S. 121–139.

MERZ, Manuel/RHEIN, Stefan (Hrsg.) (2009): Wahlkampf im Internet. 2. Aufl. Münster.

MEYER, Thomas (2003): Die Theatralität der Politik in der Mediendemokratie. In: Aus Politik und Zeitgeschichte, Jg. 53 (2003), S. 12–19.

MICHAL, Wolfgang (1988): Die SPD – staatstreu und jugendfrei. Wie altmodisch ist die Sozialdemokratie? Reinbek.

MICHELS, Robert (1911): Zur Soziologie des Parteiwesens in der modernen Demokratie. Untersuchungen über die oligarchischen Tendenzen des Gruppenlebens. Leipzig.

MIELKE, Gerd (2006): Auf der großen Baustelle. Anmerkungen zur Lage der SPD in der Großen Koalition. In: Forschungsjournal Neue Soziale Bewegungen, Jg. 19, H. 2 (2006), S. 7–21.

MILLER, Susanne (1974): Burgfrieden und Klassenkampf. Die deutsche Sozialdemokratie im Ersten Weltkrieg. Düsseldorf.

MINTZEL, Alf (1977): Geschichte der CSU. Ein Überblick. Opladen.

MINTZEL, Alf (1978): Die CSU: Anatomie einer konservativen Partei 1945–1972. Opladen.

MINTZEL, Alf (1984): Die Volkspartei. Typus und Wirklichkeit. Ein Lehrbuch. Opladen.

MINTZEL, Alf/OBERREUTER, Heinrich (Hrsg.) (1992): Parteien in der Bundesrepublik Deutschland. 2. Aufl. Opladen.

MORLOK, Martin (1996): Die Rechtsprechung des Bundesverfassungsgerichts zur staatlichen Stiftungsfinanzierung. In: Mitteilungen des Instituts für Deutsches und Europäisches Parteienrecht, Jg. 6 (1996), S. 7–13.

MORLOK, Martin (2003): Was kümmern den Staat die Parteifinanzen? Leitlinien einer Verfassungstheorie der Parteienfinanzierung. In: Jahrbuch der Heinrich-Heine-Universität Düsseldorf 2002, S. 427–437.

MORLOK, Martin (2007): Kommentar zum Gesetz über die politischen Parteien. In: Das deutsche Bundesrecht. Systematische Sammlung der Gesetze und Verordnungen mit Erläuterungen. Baden-Baden.

MORLOK, Martin (2009): Parteienfinanzierung im demokratischen Rechtsstaat. Reformmöglichkeiten der Gewährung staatlicher Leistungen an politische Parteien. Berlin (unter Mitarbeit von Julian KRÜPER und Sebastian ROSSNER).

MORLOK, Martin/ALEMANN, Ulrich von/STREIT, Thilo (Hrsg.) (2004): Medienbeteiligungen politischer Parteien. Baden-Baden.

MORLOK, Martin/ALEMANN, Ulrich von/STREIT, Thilo (2006): Sponsoring – ein neuer Königsweg der Parteienfinanzierung? Baden-Baden.

MORLOK, Martin/POGUNTKE, Thomas/WALTHER, Jens (Hrsg.) (2012): Politik an den Parteien vorbei. Freie Wähler und Kommunale Wählergemeinschaften als Alternative. Baden-Baden.

MÜLLER, Markus (2001): Die Christlich-Nationale Bauern- und Landvolkpartei 1928–1933. Düsseldorf.

NASCHOLD, Frieder (1969): Organisation und Demokratie. Stuttgart.

NASSMACHER, Karl-Heinz (1992): Parteifinanzen im westeuropäischen Vergleich. In: Zeitschrift für Parlamentsfragen, Jg. 23, H. 3 (1992), S. 462–488.

NASSMACHER, Karl-Heinz (2017): Schwachstellen in der Parteienfinanzierung – Was die Zeitungen uns (bisher) zu notwendigen Reformen verschweigen. In: Mitteilungen des Instituts für Deutsches und Internationales Parteienrecht und Parteienforschung, Jg. 23 (2017), S. 131–134.

NEUBERGER, Oswald (1995): Mikropolitik. Der alltägliche Aufbau und Einsatz von Macht in Organisationen. Stuttgart.

NEUGEBAUER, Gero (2007): Politische Milieus in Deutschland. Die Studie der Friedrich-Ebert-Stiftung. Bonn.

NEUGEBAUER, Gero/STÖSS, Richard (1996): Die PDS. Geschichte, Organisation, Wähler, Konkurrenten. Opladen.

NEUGEBAUER, Gero/STÖSS, Richard (2008): Die Partei Die Linke. Nach der Gründung in des Kaisers neuen Kleidern? Eine politische Bedarfsgemeinschaft als neue Partei im deutschen Parteiensystem. In: NIEDERMAYER, Oskar (Hrsg.): Die Parteien nach der Bundestagswahl 2005. Wiesbaden, S. 151–199.

NEUMANN, Sigmund (1974): Parteiensysteme und Integrationsstufen. In: LENK, Kurt/NEUMANN, Franz (Hrsg.): Theorie und Soziologie der politischen Parteien. Bd. 1. Darmstadt/Neuwied, S. 102–112.

NEUMANN, Sigmund (1986): Die Parteien der Weimarer Republik. 5. Aufl. Stuttgart. [Zuerst erschienen als: Die politischen Parteien in Deutschland. Berlin 1932].

NÈVE, Dorothée de/OLTEANU, Tina (Hrsg.) (2013): Politische Partizipation jenseits der Konventionen. Opladen.

NICLAUSS, Karlheinz (1995): Das Parteiensystem des Bundesrepublik Deutschland. Eine Einführung. Paderborn u. a.

NICLAUSS, Karlheinz (2002): Das Parteiensystem der Bundesrepublik Deutschland. Eine Einführung. 2. Aufl. Paderborn u. a.

NIEBUHR, Barthold G. (1815): Ueber geheime Verbindungen im preußischen Staat, und deren Denunciation. Berlin.

NIEDERMAYER, Oskar (1989): Innerparteiliche Partizipation. Opladen.

NIEDERMAYER, Oskar (Hrsg.) (1996): Intermediäre Strukturen in Ostdeutschland. Opladen.

NIEDERMAYER, Oskar (Hrsg.) (1999): Die Parteien nach der Bundestagswahl 1998. Opladen.

NIEDERMAYER, Oskar (Hrsg.) (2003): Die Parteien nach der Bundestagswahl 2002. Opladen.

NIEDERMAYER, Oskar (2006): Der Wahlkampf zur Bundestagswahl 2005 (= Arbeitspapiere des Otto-Stammer-Zentrums, Nr. 8). Berlin.

NIEDERMAYER, Oskar (Hrsg.) (2008a): Die Parteien nach der Bundestagswahl 2005. Wiesbaden.

NIEDERMAYER, Oskar (2008b): Das fluide Fünfparteiensystem nach der Bundestagswahl 2005. In: DERS. (Hrsg.): Die Parteien nach der Bundestagswahl 2005. Wiesbaden, S. 9–35.

NIEDERMAYER, Oskar (2008c): Wertorientierungen in der Parteien- und Wahlforschung. In: Politische Studien, Jg. 59, Nr. 417 (2008), S. 34–40.

NIEDERMAYER, Oskar (Hrsg.) (2011): Die Parteien nach der Bundestagswahl 2009. Wiesbaden.

NIEDERMAYER, Oskar (Hrsg.) (2013a): Handbuch Parteienforschung. Wiesbaden.

NIEDERMAYER, Oskar (2013b): Die Analyse von Parteiensystemen. In: DERS. (Hrsg.): Handbuch Parteienforschung. Wiesbaden, S. 83–117.

NIEDERMAYER, Oskar (2013c): Die Kontroverse um die Entwicklung der Volksparteien in Deutschland. In: GALLUS, Alexander/SCHUBERT, Thomas/THIEME, Tom (Hrsg.): Deutsche Kontroversen. Festschrift für Eckhard Jesse. Baden-Baden, S. 523–534.

NIEDERMAYER, Oskar (2015a): Das deutsche Parteiensystem nach der Bundestagswahl 2013. In: DERS. (Hrsg.): Die Parteien nach der Bundestagswahl 2013. Wiesbaden, S. 1–23.

NIEDERMAYER, Oskar (2015b): Eine neue Konkurrentin im Parteiensystem? Die Alternative für Deutschland. In: DERS. (Hrsg.): Die Parteien nach der Bundestagswahl 2013. Wiesbaden, S. 175–207.

NIEDERMAYER, Oskar (Hrsg.) (2015c): Die Parteien nach der Bundestagswahl 2013. Wiesbaden.

NIEDERMAYER, Oskar (2017a): Parteimitgliedschaften im Jahre 2016. In: Zeitschrift für Parlamentsfragen, Jg. 48, H. 2 (2017), S. 370–396.

NIEDERMAYER, Oskar (2017b): Parteimitglieder in Deutschland: Version 2017. In: Arbeitshefte aus dem Otto-Stammer-Zentrum Berlin. Nr. 27.

NIEDERMAYER, Oskar/STÖSS, Richard (Hrsg.) (1993): Stand und Perspektiven der Parteienforschung in Deutschland. Opladen.

NIEDERMAYER, Oskar/STÖSS, Richard (Hrsg.) (1994): Parteien und Wähler im Umbruch. Parteiensystem und Wählerverhalten in der ehemaligen DDR und den neuen Bundesländern. Opladen.

NIPPERDEY, Thomas (1961): Die Organisation der deutschen Parteien vor 1918. Düsseldorf.

NOELLE-NEUMANN, Elisabeth (1980): Die Schweigespirale. Öffentliche Meinung – unsere soziale Haut. München. [Neu erschienen als: Öffentliche Meinung: Die Entdeckung der Schweigespirale. Frankfurt a. M./Berlin 1996].

OBERREUTER, Heinrich (1984): Parteien – Zwischen Nestwärme und Funktionskälte. 2. Aufl. Osnabrück.

OBERREUTER, Heinrich (1989): Mediatisierte Politik und politischer Wertewandel. In: BÖCKELMANN, Frank E. (Hrsg.): Medienmacht und Politik. Mediatisierte Politik und politischer Wertewandel. Berlin, S. 31–41.

OBERREUTER, Heinrich (1992): Politische Parteien: Stellung und Funktion im Verfassungssystem der Bundesrepublik. In: MINTZEL, Alf/OBERREUTER, Heinrich (Hrsg.): Parteien in der Bundesrepublik Deutschland. 2. Aufl. Opladen, S. 15–40.

OBERREUTER, Heinrich et al. (2000): Die politischen Parteien in Deutschland. Geschichte – Programmatik – Organisation – Personen – Finanzierung. 26. Aufl. München.

OERTZEN, Jürgen von (2006): Das Expertenparlament. Abgeordnetenrollen in den Fachstrukturen bundesdeutscher Parlamente. Baden-Baden.

OHNEZEIT, Maik (2011): Zwischen „schärfster Opposition" und dem „Willen zur Macht". Die Deutschnationale Volkspartei (DNVP) in der Weimarer Republik 1918–1928. Düsseldorf.

OPPONG, Marvin (2009): Freiwilliger Zwang. In: liberal. Vierteljahreshefte für Politik und Kultur, Jg. 51, H. 2 (2009), S. 33–36.

OPPELLAND, Torsten/TRÄGER, Hendrik (2014): Die Linke. Willensbildung in einer ideologisch zerstrittenen Partei. Baden-Baden.

OSTROGORSKI, Moisei (1964): Democracy and the Organization of Political Parties. 2 Bde. Chicago (zuerst 1902).

PALETZ, David C./VINSON, C. Danielle (1994): Mediatisierung von Wahlkampagnen. In: Media Perspektiven, H. 7 (1994), S. 362–368.

PANEBIANCO, Angelo (1988): Political Parties. Organisation and Power. Cambridge.

PAPPI, Franz Urban (1977): Sozialstruktur, gesellschaftliche Wertorientierungen und Wahlabsichten. Ergebnisse eines Zeitvergleichs des deutschen Elektorats 1953 und 1976. In: Politische Vierteljahresschrift, Jg. 18, H. 2/3 (1977), S. 195–229.

PASSARELLI, Gianluca (Hrsg.) (2017): The Presidentialization of Political Parties. Organizations, Institutions and Leaders. New York.

PATZELT, Werner J. (1991): Abgeordnete und Journalisten. In: Publizistik, Jg. 36, H. 3 (1991), S. 315–329.

PATZELT, Werner J. (1993): Abgeordnete und Repräsentation. Amtsverständnis und Wahlkreisarbeit. Passau.

PATZELT, Werner J. (1995): Abgeordnete und ihr Beruf. Interviews – Umfrage – Analysen. Berlin.

PATZELT, Werner J. (1999): Parlamentarische Rekrutierung und Sozialisation. Normative Erwägungen, empirische Befunde und praktische Empfehlungen. In: Zeitschrift für Politik, Jg. 46, H. 3 (1999), S. 243–282.

PATZELT, Werner J. (2014): Abgeordnete und ihr Beruf. Von wahren Vorurteilen und falschen Vorverurteilungen. Wiesbaden.

PEDERSEN, Mogens (1982): Towards a New Typology of Party Lifespans and Minor Parties. In: Scandinavian Political Studies, Jg. 5, H. 1 (1983), S. 1–16.

PFETSCH, Barbara (1994): Themenkarrieren und politische Kommunikation. Zum Verhältnis von Politik und Medien bei der Entstehung der politischen Agenda. In: Aus Politik und Zeitgeschichte, Jg. 39 (1994), S. 11–20.

PILNIOK, Arne (2016): Die staatliche Finanzierung der Jugendorganisationen der politischen Parteien. In: Zeitschrift für Gesetzgebung, Jg. 31, H. 1 (2016), S. 62–80.

POGUNTKE, Thomas (2000): Parteiorganisation im Wandel. Gesellschaftliche Verankerung und organisatorische Anpassung im Vergleich. Wiesbaden.

POTTHOFF, Heinrich/MILLER, Susanne (2002): Kleine Geschichte der SPD 1848–2002. Bonn.

PROBST, Lothar (2011): Bündnis 90/Die Grünen auf dem Weg zur „Volkspartei"? Eine Analyse der Entwicklung der Grünen seit der Bundestagswahl 2005. In: NIEDERMAYER, Oskar (Hrsg.): Die Parteien nach der Bundestagswahl 2009. Wiesbaden, S. 131–156.

PROBST, Lothar (2015): Bündnis 90/Die Grünen: Absturz nach dem Höhenflug. In: NIEDERMAYER, Oskar (Hrsg.): Die Parteien nach der Bundestagswahl 2013. Wiesbaden, S. 135–158.

RAABE, Johannes/LINHART, Eric (2015): Wahlsystem-Effekte und die Rolle verschiedener politischer Ebenen bei Wahlen in Deutschland. In: Zeitschrift für Parlamentsfragen, Jg. 46, H. 3 (2015), S. 608–621.

RADUNSKI, Peter (1991): Fit für die Zukunft? Die Volksparteien vor dem Superwahljahr 1994. In: Die Sonde, Jg. 24, H. 4 (1991), S. 3–8.

RASCHKE, Joachim (1985): Soziale Bewegungen. Ein historisch-systematischer Grundriß. Frankfurt a. M./New York.

RASCHKE, Joachim (1993a): Krise der Grünen. Bilanz und Neubeginn. 2. Aufl. Marburg.

RASCHKE, Joachim (1993b): Die Grünen. Wie sie wurden, was sie sind. Köln.

RASCHKE, Joachim (2001): Die Zukunft der Grünen. „So kann man nicht regieren". Frankfurt a. M.

RATTINGER, Hans/SCHOEN, Harald (2009): Ein Schritt vorwärts und zwei zurück? Stabiles und wechselndes Wahlverhalten bei Bundestagswahlen 1994 bis 2005. In: GABRIEL, Oskar W./WESSELS, Bernhard/FALTER, Jürgen W. (Hrsg.): Wahlen und Wähler. Analysen aus Anlass der Bundestagswahl 2005. Wiesbaden, S. 78–102.

REISER, Marion (2006a): Zwischen Ehrenamt und Berufspolitik. Professionalisierung der Kommunalpolitik in deutschen Großstädten. Wiesbaden.

REISER, Marion (2006b): Kommunale Wählergemeinschaften in Ost- und Westdeutschland. Eine Analyse zur Präsenz der parteifreien Gruppierungen in vier Bundesländern. In: JUN, Uwe/KREIKENBOM, Henry/NEU, Viola (Hrsg.): Kleine Parteien im Aufwind. Frankfurt a. M., S. 277–297.

RICHTER, Ludwig (2002): Die Deutsche Volkspartei 1918–1933. Düsseldorf.

RISTAU, Malte (1998): Wahlkampf für den Wechsel. Die Wahlkampagne der SPD 1997/1998. Bonn.

RITTER, Gerhard A. (1985): Die deutschen Parteien 1830–1914. Parteien und Gesellschaft im konstitutionellen Regierungssystem. Göttingen.

RITTER, Gerhard A. (Hrsg.) (1997): Wahlen und Wahlkämpfe in Deutschland. Von den Anfängen bis zur Bundesrepublik. Düsseldorf.

ROESSING, Thoma (2011): Schweigespirale. Baden-Baden.

RHOMBERG, Markus (2009): Politische Kommunikation. Eine Einführung für Politikwissenschaftler. München.

ROHMER, Friedrich (1844): Friedrich Rohmer's Lehre von den Politischen Parteien. Erster Theil: Die Vier Parteien. Durch Theodor Rohmer. Zürich/Frauenfeld.

RÖMMELE, Andrea (1995): Unternehmensspenden in der Parteien- und Wahlkampffinanzierung. Die USA, Kanada, die Bundesrepublik Deutschland und Großbritannien im internationalen Vergleich. Baden-Baden.

ROSENKRANZ, Karl (1843): Über den Begriff der politischen Partei. Rede zum 18. Januar 1843 am Krönungsfeste Preußens in der Königl. Deutschen Gesellschaft zu Königsberg. In: LÜBBE, Herrmann (Hrsg.): Die Hegelsche Rechte. Stuttgart/Bad Cannstatt (1962), S. 65–85.

ROSSNER, Sebastian (2008): Der Parteiausschluss als Entzug verfassungsrechtlich geformter Statusrechte. In: Zeitschrift für Gesetzgebung, Jg. 23, H. 4 (2008), S. 335–354.

ROSSNER, Sebastian (2010): Spenden, nicht investieren. Parteispenden durch Unternehmen. In: Legal Tribune Online vom 22. 04. 2010, URL: http://www.lto.de/de/html/nachrichten/28/Spenden-nicht-investieren/ [Stand: 04. 05. 2018].

ROSSNER, Sebastian (2014): Parteiausschluss, Parteiordnungsmaßnahmen und innerparteiliche Demokratie. Zu Voraussetzungen, Verfahren, Grenzen und Rechtsschutz. Baden-Baden.

RÖSSEL, Jörg (2007): Sozialstruktur Deutschlands: Strukturierte soziale Ungleichheit, Lebensstile und Milieus. Wiesbaden.

ROTH, Roland/WOLLMANN, Hellmut (Hrsg.) (1994): Kommunalpolitik. Opladen.

RUDZIO, Wolfgang (1982): Die organisierte Demokratie. Parteien und Verbände in der Bundesrepublik. 2. Aufl. Stuttgart.

RUDZIO, Wolfgang (2006): Das politische System der Bundesrepublik Deutschland. 7. Aufl. Opladen.

RUDZIO, Wolfgang (2015): Das politische System der Bundesrepublik Deutschland. 9. Aufl. Wiesbaden.

RUGE, Arnold (1842): Kritik und Partei. In: Deutsche Jahrbücher für Wissenschaft und Kunst, Jg. 5 (1842), S. 1175–1182.

RUGE, Arnold (1843): Selbstkritik des Liberalismus. In: DERS. (Hrsg.): Arnold Ruge's sämmtliche Werke. Bd. 4. Mannheim, S. 76–116.

RUSSMANN, Uta/TENSCHER, Jens (2016): Bundestags-, EU- und Landtagswahlkämpfe in Deutschland im Vergleich. In: DIES. (Hrsg.): Vergleichende Wahlkampfforschung. Studien anlässlich der Bundestags- und Europawahlen 2013 und 2014. Wiesbaden, S. 5–18.

RÜTTGERS, Jürgen (1993): Dinosaurier der Demokratie. Wege aus der Parteienkrise und Politikverdrossenheit. Hamburg.

RÜTTGERS, Jürgen (Hrsg.) (2009): Berlin ist nicht Weimar. Zur Zukunft der Volksparteien. Essen.

RÜTHER, Günter (Hrsg.) (1989): Geschichte der christlich-demokratischen und christlich-sozialen Bewegungen in Deutschland. Bonn.

SABATO, Larry J. (1988): The Party's just begun. Boston.

SARCINELLI, Ulrich (1987a): Symbolische Politik. Zur Bedeutung symbolischen Handelns in der Wahlkampfkommunikation der Bundesrepublik Deutschland. Opladen.

SARCINELLI, Ulrich (Hrsg.) (1987b): Politikvermittlung. Beiträge zur politischen Kommunikationskultur. Bonn.

SARCINELLI, Ulrich (1990): Krise des Vermittlungssystems? Parteien, neue soziale Bewegungen und Massenmedien in der Kritik. In: CREMER, Will/KLEIN, Ansgar (Hrsg.): Umbrüche in der Industriegesellschaft. Herausforderungen für die politische Bildung. Opladen, S. 149–168.

SARCINELLI, Ulrich (1991): Massenmedien und Politikvermittlung – ein Problem – Forschungsskizze. In: Rundfunk und Fernsehen, Jg. 39, H. 4 (1991), S. 469–486.

SARCINELLI, Ulrich (2009): Politische Kommunikation in Deutschland. Zur Politikvermittlung im demokratischen System. 2. Aufl. Wiesbaden.

SARCINELLI, Ulrich (2011): Politische Kommunikation in Deutschland. Medien und Politikvermittlung im demokratischen System. 3. Aufl. Wiesbaden.

SARTORI, Giovanni (1976): Parties and party systems. A framework for analysis. Bd. 1. Cambridge.

SCHÄFER, Gert/NEDELMANN, Carl (Hrsg.) (1972): Der CDU-Staat. Analysen zur Verfassungswirklichkeit der Bundesrepublik. 3. Aufl. Frankfurt a. M.

SCHENK, Michael (2007): Medienwirkungsforschung. 3. Aufl. Tübingen.

SCHEUCH, Erwin K./SCHEUCH, Ute (1992): Cliquen, Klüngel und Karrieren. Über den Verfall der politischen Parteien – Eine Studie. Reinbek.

SCHINDLER, Alexandra (2006): Die Partei als Unternehmer. Baden-Baden.

SCHMID, Josef (1990): Die CDU. Organisationsstrukturen, Politiken und Funktionsweisen einer Partei im Föderalismus. Opladen.

SCHMID, Josef (2008): Die CDU nach 2005: Von Wahl zu Wahl – und doch kein Wandel? In: NIEDERMAYER, Oskar (Hrsg.): Die Parteien nach der Bundestagswahl 2005. Wiesbaden, S. 67–82.

SCHMIDT, Ute (1983): Die Christlich Demokratische Union Deutschlands. In: STÖSS, Richard (Hrsg.): Parteien-Handbuch. Die Parteien der Bundesrepublik Deutschland 1945–1980. Bd. 1. Opladen, S. 490–660.

SCHMITT, Hermann (1987): Neue Politik in alten Parteien. Zum Verhältnis von Gesellschaft und Parteien in der Bundesrepublik. Opladen.

SCHMITT-BECK, Rüdiger (1994): Eine „vierte Gewalt"? Medieneinfluß im Superwahljahr 1994. In: BÜRKLIN, Wilhelm/ROTH, Dieter (Hrsg.): Das Superwahljahr. Deutschland vor unkalkulierbaren Regierungsmehrheiten? Köln, S. 266–292.

SCHMITTER, Phillip C./LEHMBRUCH, Gerhard (Hrsg.) (1979): Trends Towards Corporatist Intermediation. London/Beverley Hills.

SCHOEN, Harald (2005): Wahlkampfforschung. In: FALTER, Jürgen W./SCHOEN, Harald (Hrsg.): Handbuch Wahlforschung. Wiesbaden, S. 503–542.

SCHÖNBOHM, Wulf (1985): Die CDU wird moderne Volkspartei. Selbstverständnis, Mitglieder, Organisation und Apparat 1950–1980. Stuttgart.

SCHRÖTTER, Dieter von (2009): Nachbar Schweiz: Rechtspopulismus als Bewährungsprobe für die Konkordanzdemokratie. In: LIEDHEGENER, Antonius/OPPELLAND, Torsten (Hrsg.): Parteiendemokratie in der Bewährung. Festschrift für Karl Schmitt. Baden-Baden, S. 433–451.

SCHULTZE, Rainer-Olaf (1985): Partei. In: NOHLEN, Dieter (Hrsg.): Pipers Wörterbuch zur Politik. Bd. 1. München, S. 656–660.

SCHULZ, Winfried (2008): Politische Kommunikation. Theoretische Ansätze und Ergebnisse empirischer Forschung zur Rolle der Massenmedien in der Politik.
2. Aufl. Wiesbaden.

SCHUMACHER, Martin (Hrsg.) (2004): Annotierte Bibliographie 2004. Die Veröffentlichungen der Kommission für Geschichte des Parlamentarismus und der politischen Parteien seit 1952. Düsseldorf.

SEBALDT, Martin/STRASSNER, Alexander (2004): Verbände in der Bundesrepublik
Deutschland. Eine Einführung. Wiesbaden.

SEIFERT, Jürgen (1966): Die Spiegel-Affäre. 2 Bde. Olten.

SELL, Friedrich C. (1981): Die Tragödie des deutschen Liberalismus. 2. Aufl. Baden-
Baden.

SHIRVANI, Foroud (2010): Das Parteienrecht und der Strukturwandel im Parteiensystem. Staats- und europarechtliche Untersuchungen zu den strukturellen Veränderungen im bundesdeutschen und europäischen Parteiensystem. Tübingen.

SIEDSCHLAG, Alexander/BILGERI, Alexander/LAMATSCH, Dorothea (Hrsg.) (2002):
Kursbuch Internet und Politik 2002. Bd. 1: Wahlkampf im Netz. Opladen.

SIMON, Klaus (1983): Lokale Vereine – Schule der Demokratie? Zum Einfluß loka-
ler Freizeitvereinigungen auf die politische Beteiligung in der Gemeinde. In:
GABRIEL, Oscar W. (Hrsg.): Bürgerbeteiligung und kommunale Demokratie.
München, S. 241–269.

SIMONIS, Georg et al. (1996): Das Modell Deutschland in der neuen Weltordnung.
Kurs-Nr. 04672 der FernUniversität. Hagen.

SOLAR, Marcel (2010): Klarmachen zum Ändern? Aufstieg und Perspektiven der deutschen Piratenpartei. In: Mitteilungen des Instituts für Deutsches und Europäisches Parteienrecht und Parteienforschung, Jg. 16 (2010), S. 106–109.

SOZIALDEMOKRATISCHE PARTEI DEUTSCHLANDS (2009): SPD-Intern. Richtungswei-
send – Sozial und demokratisch. Nr. 4.

SPIER, Tim et al. (Hrsg.) (2007): Die Linkspartei. Zeitgemäße Idee oder Bündnis ohne
Zukunft? Wiesbaden.

SPIER, Tim (2011): Wie aktiv sind die Mitglieder der Parteien? In: DERS. et al. (Hrsg.):
Parteimitglieder in Deutschland. Wiesbaden, S. 97–119.

SPIER, Tim (2016): Die Wahl von Rechtsaußenparteien in Deutschland. In: VIRCHOW,
Fabian/HÄUSLER, Alexander/LANGEBACH, Martin (Hrsg.): Handbuch Rechtsextremismus. Wiesbaden, S. 257–284.

STANG, Joachim (1994): Die Deutsche Demokratische Partei in Preußen 1918–1933.
Düsseldorf.

STARKE, Frank Christian (1993): Krise ohne Ende? Parteiendemokratie vor neuen Herausforderungen? Köln.

STARZACHER, Karl/SCHACHT, Konrad (Hrsg.) (1995): Rechtsextremismus. Ursachen,
aktuelle Entwicklungen, Auseinandersetzungen. Wiesbaden.

STEFFANI, Winfried (1988): Parteien als soziale Organisationen. Zur politologischen
Parteienanalyse. In: Zeitschrift für Parlamentsfragen, Jg. 19, H. 4 (1988), S. 549–
560.

STEPHAN, Cora (1977): „Genossen, wir dürfen uns nicht von der Geduld hinreißen
lassen!" Aus der Urgeschichte der Sozialdemokratie 1862–1878. Frankfurt a. M.

STEPHAN, Gerd-Rüdiger (Hrsg.) (2002): Die Parteien und Organisationen der DDR. Ein Handbuch. Berlin.

STÖSS, Richard (Hrsg.) (1983/84): Parteien-Handbuch. Die Parteien der Bundesrepublik Deutschland 1945–1980. 2 Bde. Opladen.

STÖSS, Richard (1989): Die Extreme Rechte in der Bundesrepublik. Entwicklungen – Ursachen – Gegenmaßnahmen. Opladen.

STÖSS, Richard/NEUGEBAUER, Gero (1998): Die SPD und die Bundestagswahl 1998. Ursachen und Risiken eines historischen Wahlsiegs unter besonderer Berücksichtigung der Verhältnisse in Ostdeutschland. Berlin.

STREECK, Wolfgang (1987): Vielfalt und Interdependenz. Überlegungen zur Rolle von intermediären Organisationen in sich ändernden Umwelten. In: Kölner Zeitschrift für Soziologie und Sozialpsychologie, Jg. 39, H. 3 (1987), S. 471–495.

STREECK, Wolfgang (Hrsg.) (1994a): Staat und Verbände (= Sonderheft der Politischen Vierteljahresschrift, Bd. 25). Opladen.

STREECK, Wolfgang (1994b): Staat und Verbände. Neue Fragen. Neue Antworten? In: DERS. (Hrsg.): Staat und Verbände (= Sonderheft der Politischen Vierteljahresschrift, Bd. 25). Opladen, S. 7–34.

STREIT, Thilo (2005): Parteispenden – Skandal oder zivilgesellschaftliche Bürgerbeteiligung? In: Mitteilungen des Instituts für Deutsches und Europäisches Parteienrecht und Parteienforschung, Jg. 12 (2005), S. 74–80.

STRICKER, Gregor (1998): Der Parteienfinanzierungsstaat. Baden-Baden.

SWITEK, Niko (2015): Bündnis 90/Die Grünen: Koalitionsentscheidungen in den Ländern. Baden-Baden.

TENSCHER, Jens/RUSSMANN, Uta (Hrsg.) (2016): Vergleichende Wahlkampfforschung. Studien anlässlich der Bundestags- und Europawahlen 2013 und 2014. Wiesbaden.

THIMM, Caja/EINSPÄNNER, Jessica/DANG-ANH, Mark (2012): Twitter als Wahlkampfmedium. Modellierung und Analyse politischer Social-Media-Nutzung. In: Publizistik, Jg. 57, H. 3 (2012), S. 293–313.

TORMIN, Walter (1966): Geschichte der deutschen Parteien seit 1848. Stuttgart.

TRAUTMANN, Helmut (1975): Innerparteiliche Demokratie im Parteienstaat. Berlin.

TREIBEL, Jan (2014): Die FDP: Prozesse innerparteilicher Führung 2000–2012. Baden-Baden.

TREITSCHKE, Heinrich von (1897): Politik. Bd. 1. Leipzig.

TRIEPEL, Heinrich (1927): Staatsrecht und Politik. Rede beim Antritte des Rektorats der Friedrich Wilhelms-Universität zu Berlin am 15. Oktober 1926. Berlin/Leipzig.

TRIPPE, Christian F. (1995): Konservative Verfassungspolitik 1918–1923. Die DNVP als Opposition in Reich und Ländern. Düsseldorf.

TSATSOS, Dimitris Th. (Hrsg.) (1992): Parteienfinanzierung im europäischen Vergleich. Die Finanzierung der politischen Parteien in den Staaten der Europäischen Gemeinschaft. Baden-Baden.

TSATSOS, Dimitris Th./MORLOK, Martin (1982): Parteienrecht. Eine verfassungsrechtliche Einführung. Heidelberg.

ULLMANN, Hans-Peter (1978): Bibliographie zur Geschichte der deutschen Parteien und Interessenverbände. Göttingen.

VALJAVEC, Fritz (1951): Die Entstehung der politischen Strömungen in Deutschland: 1770–1815. München.

VEEN, Hans-Joachim/GLUCHOWSKI, Peter (1983): Tendenzen der Nivellierung und Polarisierung in den Wählerschaften von CDU/CSU und SPD von 1959 bis 1983. Eine Fortschreibung. In: Zeitschrift für Parlamentsfragen, Jg. 14, H. 4 (1983), S. 545–555.

VEEN, Hans-Joachim/HOFFMANN, Jürgen (1992): Die Grünen zu Beginn der neunziger Jahre. Profil und Defizite einer fast etablierten Partei. Bonn/Berlin.

VESTER, Michael (2003): Die Krise der politischen Repräsentation. Spannungsfelder und Brüche zwischen politischen Eliten, oberen Milieus und Volksmilieus. In: HRADIL, Stefan/IMBUSCH, Peter (Hrsg.): Oberschichten – Eliten – Herrschende Klassen. Opladen, S. 237–270.

VIELHABER, Barbara (2015): Mitgliederpartei oder Professionelle Wählerpartei. Abgeordnetenbefragung zum Parteiwandel in CDU und SPD. Wiesbaden.

VIEREGGE, Henning von (1977): Parteistiftungen. Zur Rolle der Konrad-Adenauer-, Friedrich-Ebert-, Friedrich-Naumann- und Hanns-Seidel-Stiftung im politischen System der Bundesrepublik Deutschland. Baden-Baden.

VOLKENS, Andrea/LEHMANN, Pola/MATTHIESS, Theres/MERZ, Nicolas/REGEL, Sven/WESSELS, Bernhard (2017): The Manifesto Data Collection. Manifesto Project (MRG/CMP/MARPOR). Version 2017b. Berlin.

VOLKMANN, Ute (2006): Legitime Ungleichheiten. Journalistische Deutungen vom „sozialdemokratischen Konsensus" zum „Neoliberalismus". Wiesbaden.

VOLMER, Ludger (2009): Die Grünen. Von der Protestbewegung zur etablierten Partei – Eine Bilanz. München.

VORLÄNDER, Hans (2013): Die Freie Demokratische Partei (FDP). In: NIEDERMAYER, Oskar (Hrsg.): Handbuch Parteienforschung. Wiesbaden, S. 497–507.

WAGNER, Inga (2016): Informelle politische Kommunikation. Eine Rekonstruktion des Falls Nikolaus Brender. Wiesbaden.

WALTER, Franz (2008): Baustelle Deutschland. Politik ohne Lagerbindung. Frankfurt a. M.

WALTER, Franz (2009a): Die SPD. Biographie einer Partei. Reinbek.

WALTER, Franz (2009b): Im Herbst der Volksparteien. Eine kleine Geschichte von Aufstieg und Rückgang politischer Massenintegration. Bielefeld.

WALTER-ROGG, Melanie/HELD, Kerstin (2004): Sozialstrukturelle Charakteristika der Stuttgarter Parteimitglieder und Datenreport. In: WALTER-ROGG, Melanie/GABRIEL, Oscar W. (Hrsg.): Parteien, Parteieliten und Mitglieder in einer Großstadt. Städte und Regionen in Europa. Bd. 11. Wiesbaden, S. 293–312.

WALTHER, Jens (2010): Zwischen Kooperation und Blockade – Entwicklung und Strategie der Oppositionsparteien während der Großen Koalition 2005–2009. In: BUKOW, Sebastian/SEEMANN, Wenke (Hrsg.): Die Große Koalition. Eine Bilanz. Wiesbaden, S. 317–333.

WALTHER, Jens (2017): Mehrheitswahlsysteme. Bedingungen demokratischer Legitimität am Beispiel von Bürgermeisterwahlen. Wiesbaden.

WALTHER, Jens/POGUNTKE, Thomas (2013): Freie Wähler. In: ANDERSEN, Uwe/WOYKE, Wichard (Hrsg.): Handwörterbuch des politischen Systems der Bundesrepublik Deutschland. 7. Aufl. Heidelberg, S. 233–238.

WARE, Alan (1996): Political parties and party systems. Oxford.

WASSERMANN, Rudolf (1988): Die Zuschauerdemokratie. Düsseldorf/Wien.

WEBER, Herrmann (1971): Die Sozialistische Einheitspartei Deutschlands 1946–1971. Hannover.

WEBER, Herrmann (Hrsg.) (1982): Parteiensystem zwischen Demokratie und Volksdemokratie. Dokumente und Materialien zum Funktionswandel der Parteien und Massenorganisationen in der SBZ/DDR 1945–1950. Köln.

WEBER, Max (1976): Wirtschaft und Gesellschaft. Grundriß der verstehenden Soziologie. 5. Aufl. Tübingen. [Zuerst erschienen Tübingen 1922].

WEICK, Karl (1985): Der Prozeß des Organisierens. Frankfurt a. M.

WELSKOPP, Thomas (2000): Das Banner der Brüderlichkeit. Die deutsche Sozialdemokratie vom Vormärz bis zum Sozialistengesetz. Bonn.

WENDE, Peter (1975): Radikalismus im Vormärz. Untersuchungen zur politischen Theorie der frühen deutschen Demokratie. Wiesbaden.

WESSELS, Bernhard (2009): Bürgervertrauen ist parteiisch. In: WZB-Mitteilungen, H. 124 (2009), S. 9–12.

WESTERWELLE, Guido (1994): Das Parteienrecht und die politische Jugendorganisation. Düsseldorf.

WETTIG-DANIELMEIER, Inge/FELDMANN, Hans/WETTIG, Klaus (Hrsg.) (1997): Handbuch zur Parteienfinanzierung. 2. Aufl. Marburg.

WEWER, Göttrik (Hrsg.) (1990): Parteienfinanzierung und politischer Wettbewerb. Rechtsnormen – Realanalysen – Reformvorschläge. Opladen.

WIESENDAHL, Elmar (1980): Parteien und Demokratie. Eine soziologische Analyse paradigmatischer Ansätze der Parteienforschung. Opladen.

WIESENDAHL, Elmar (1984): Wie politisch sind politische Parteien? In: FALTER, Jürgen et al. (Hrsg.): Politische Willensbildung und Interessenvermittlung. Opladen, S. 78–88.

WIESENDAHL, Elmar (1992): Volksparteien im Abstieg. Nachruf auf eine zwiespältige Erfolgsgeschichte. In: Aus Politik und Zeitgeschichte, Jg. 34/35 (1992), S. 3–14.

WIESENDAHL, Elmar (1993): Parteien in der Krise. Mobilisierungsdefizite, Integrations- und Organisationsschwächen der Parteien in Deutschland. In: Sozialwissenschaftliche Informationen, Jg. 22, H. 2 (1993), S. 77–87.

WIESENDAHL, Elmar (1998): Parteien in Perspektive. Theoretische Ansichten der Organisationswirklichkeit politischer Parteien. Opladen.

WIESENDAHL, Elmar (2006a): Parteien. Frankfurt a. M.

WIESENDAHL, Elmar (2006b): Mitgliederparteien am Ende? Eine Kritik der Niedergangsdiskussion. Wiesbaden.

WIESENDAHL, Elmar (2010): Zwei Dekaden Party Change-Forschung. Eine kritische Bilanz. In: GEHNE, David/SPIER, Tim (Hrsg.): Krise oder Wandel der Parteiendemokratie. Wiesbaden, S. 92–118.

WIESENTHAL, Helmut (1993): Akteurkompetenz im Organisationsdilemma. Grundprobleme strategisch ambitionierter Mitgliederverbände und zwei Techniken ihrer Überwachung. In: Berliner Journal für Soziologie, Jg. 3, H. 1 (1993) S. 3–18.

WILLY-BRANDT-HAUS (2013): Wahlkampfhandbuch 2013. Miteinander für Deutschland. Berlin.

WINKLER, Jürgen (2010): Parteien und Parteiensysteme. In: LAUTH, Hans-Joachim (Hrsg.): Vergleichende Regierungslehre. Eine Einführung. 3. Aufl. Wiesbaden, S. 215–236.

WITZLEBEN, Cäsar Dietrich von (1847): Die Grenzen der Volksrepräsentation in der constitutionellen Monarchie. Ein Versuch im Gebiete des constitutionellen Staatsrechts. Eine bei der Bewerbung als Beste anerkannte Preisschrift. Leipzig.

WOLINETZ, Steven B. (2006): Party Systems and Party System Types. In: KATZ, Richard S./CROTTY, William J. (Hrsg.): Handbook of Party Politics. London, S. 51–62.

WOLLER, Hans (1983): Die Wirtschaftliche Aufbau-Vereinigung. In: STÖSS, Richard (Hrsg.): Parteien-Handbuch. Die Parteien der Bundesrepublik Deutschland 1945–1980. Bd. 2. Opladen, S. 2458–2481.

WOYKE, Wichard (Hrsg.) (2003): Parteien und Parteiensystem in Deutschland. Eine Einführung. Schwalbach/Ts.

WÜST, Andreas M./ROTH, Dieter (2006): Schröders' Last Campaign. An Analysis of the 2005 Bundestag Election in Context. In: German Politics, Jg. 15, H. 4 (2006), S. 439–459.

ZEUNER, Bodo (1969): Innerparteiliche Demokratie. Berlin.

ZIEMANN, Benjamin (2016): Das Kaiserreich als Nationalstaat, URL: http://www.bpb.de/izpb/224729/das-kaiserreich-als-nationalstaat [Stand: 04. 05. 2018].

ZOLLEIS, Udo (2008): Die CDU. Das politische Leitbild im Wandel der Zeit. Wiesbaden.

The manufacturer's authorised representative in the EU is Springer
Nature Customer Service Centre GmbH, Europaplatz 3, 69115 Heidelberg,
Germany. If you have any concerns regarding our products, please
contact ProductSafety@springernature.com

Printed and bound by CPI Group (UK) Ltd, Croydon, CR0 4YY
27/04/2026
02097564-0006